로마서 I

믿음으로 믿음에

로마서 1-4장

이상원성경강해
BIBLE EXPOSITION 06

로마서 I
믿음으로 믿음에, 로마서 1-4장

지은이	이상원
펴낸이	조혜경
디자인	김이연
발행처	지혜의언덕
초판발행	2025년 2월 17일
출판등록	제2022-000024호 (2022.03.11)
주소	성남시 분당구 운중로 242 리버스토리 407호
문의	전화 070-7655-7739 팩스 0504-264-7739
	이메일 hkcho7739@naver.com

ISBN 979-11-991045-0-1 (04230)
      979-11-979845-4-9 (세트)

이상원성경강해 **06**
BIBLE EXPOSITION

로마서 I

믿음으로 믿음에
로마서 1-4장

이상원 지음

지혜의언덕

1974년에 교회에 출석하기 시작하여 신앙을 고백하고 세례를 받은 후 십 년이 넘는 기간 동안 필자가 반복해 온 일이 하나 있습니다. 그것은 평균 2-3개월 간격으로 예수님을 새롭게 구주로 영접하는 것이었습니다. 처음 세례를 받고 2-3개월 지난 후 마음과 생활이 죄로 얼룩져서 엉망이 된 나 자신의 모습을 발견했습니다. 그때 내가 과연 구원받은 하나님의 백성인가 하는 불안감이 엄습했습니다. 이 불안감을 해소하기 위해 "이번에는 정말로, 진심으로 예수님을 영접하는 거다!"라고 결심한 다음 회개하고 예수님을 영접하는 기도를 다시 정성스럽게 드렸습니다. 그러나 이후 2-3개월 지나고 나면 다시 마음과 생활이 죄로 얼룩져 엉망이 되는 것을 발견하고 또 진심으로 예수님을 영접하는 기도를 드리고… 이 일이 십 년이 넘는 긴 기간 동안 수없이 반복되었습니다.

필자가 영접 기도를 새롭게 드리는 일을 중단하게 된 것은 교회에서 교역자로 봉사할 때 청년부원들과 로마서를 공부하기 시작한 뒤부터였습니다. 당시 필자는 미숙하나마 로이드 존스D.M. Lloyd-Jones의 로마서 강해를 읽고 정리하여 청년들에게 가르쳐주었습니다. 이 공부를 통해서 예수님을 믿는다는 신앙을 고백한 최초의 순간에 값없이 하나님의 은혜로 나의 구원이 확정되었다는 놀라운 진리를 깨닫게 되었습니다. 예수님을 믿으면 죄를 용서받고 구원받는다는 우리의 고백이 비록 소박하고 매우 연약할지라도 말입니다. 그 이후에는 하나님 앞에서 많은 죄를 범한다 해도 철저하게 회개하여 용서를 구하는 기도는 드리되 예수님을 다시 영접하는 기도는 드리지 않게 되었습니다.

아담과 하와에게 암시적으로 제시되기 시작한 구원의 길은 구약의 역사와 중간기, 그리고 예수님과 사도들의 사역이라는 긴 기간을 거치면서 점진적으로 더 밝게 드러나다가 마지막 사도인 바울이 쓴 로마서에 이르러서 가려졌던 막을 완전하게 벗어 버리고 가장 밝고 명료하게 계시되었습니다. 전적으로 타락하고 부패하여 의로움이란 전혀 없는 죄인이 예수 그리스도께서 십자가 위에서 이루신 의에만 근거하여, 예수 그리스도에 대한 믿음을 통하여, 완전한 의인으로 여김을 받는다는 이신칭의의 복음은 루터와 칼빈과 같은 개혁신학자나 일부 교단의 신학 사상에 그치는 것이 아니라 성경이 가르치는 복음의 영원한 핵심교리이며, 이 교리에서 조금이라도 이탈하면 복음이 아니며, 구원받을 수 없습니다. 따라서 신학교수들과 설교하는 목사들은 이신칭의의 복음을 함부로 비판하거나 흔들어서는 안 되며, 이신칭의의 복음에 확고하게 뿌리를 내리고 신학을 전개하고 설교해야 합니다. 그 길만이 영혼을 구원하고 교회를 살릴 수 있습니다.

　　로마서 강해는 네 권으로 출간할 예정입니다. 1권은 이신칭의의 복음을 다루는 로마서 1-4장, 2권은 구원의 확신을 다루는 로마서 5-8장, 3권은 복음과 이스라엘의 관계를 다루는 로마서 9-11장, 4권은 구원받은 자의 구별된 삶을 다루는 로마서 12-16장을 강해할 예정입니다.

　　필자는 이번 로마서 연구를 진행할 때 상당한 수의 주석서와 강해서를 참고했습니다. 토마스 쉬라이너Thomas R. Schreiner의 〈로마서〉Romans, 존 머리John Murray의 〈로마서〉The Epistle of the Romans, 찰스 핫지Charles Hodge의 〈로마서〉Romans, 존 칼빈John Calvin의 〈로마서박문재 역〉, 더글러스 무Douglas J. Moo의 〈로마서〉The Epistle of the Romans는 바른 개혁주의적 관점을 충실히 반영한 훌륭한 주석으로 많은 도움을 주었습니다. 이외에도 에이취 바링크H. Baarlink의 〈로마서: 실천적인 성경해설 I〉Romeinen I: een praktische bijbelverklaring과 〈로마서: 실천적인 성경해설 II〉Romeinen II: een praktische bijbelverklaring, 마르틴 루터Martin Luther의 〈로마서주석박문재 역〉,

에프 에프 브루스F.F. Bruce의 〈로마서〉Romans, 존 스토트J.R.W. Stott의 〈새로워진 인간〉Men Made New 등이 참고가 되었습니다.

로이드 존스의 14권으로 된 〈로마서 강해서문강 역〉 시리즈는 설교문임에도 불구하고 탄탄하고 방대한 해설을 제공하여 많은 도움이 되었습니다. 그러나 예수님을 영접하는 것과 성령세례를 차별화하고 성령세례를 성령충만과 동일시한 로이드 존스의 관점은 예수님을 영접하는 것과 성령세례를 동일시하고 성령세례와 성령충만을 구별하는 필자의 관점과 달라서 받아들이지 않았습니다. 로이드 존스는 그의 잘못된 성령론 때문에 로마서 7장 해석에서 혼란에 빠진 것으로 판단됩니다. 이 부분을 제외하면 로이드 존스의 강해는 매우 훌륭합니다. 로이드 존스의 강해서는 번역본으로 읽었는데 번역상 작은 실수들과 오타들이 상당히 많이 발견되었으나 저자의 의도를 이해하는 데는 어려움이 없었습니다. 존 파이퍼John Piper의 6권으로 된 로마서 강해는 야고보서와 갈라디아서를 비교한 관점이 명확하지 않고 침례교의 독특한 교리적 입장이 그대로 반영되는 등의 문제가 있으나 훌륭한 참고가 되었습니다.

세 권의 주석서는 세계적으로 명망이 있는 필자들에 의하여 서술되었으나 필자와 입장 차이가 너무 커서 받아들이지 않았고 비판적인 관점에서 다루었습니다. 칼 바르트Karl Barth의 〈로마서〉The Epistle of the Romans

는 가장 나쁜 유형의 주석입니다. 바르트는 성경 본문이 의미하는 바를 충실하게 주석하지 않고 자신의 질적 변증법과 실존주의라는 철학적 사유의 틀을 증명하기 위해 로마서 전체를 이용하는 태도로 초지일관 서술을 이어갔으며, 보편구원론을 주장하기 위해 자명한 본문의 의미를 곡해하는 잘못을 범하고 있습니다. 바르트에 대한 비판은 필자의 강해서 1권에 제시되어 있습니다.

바르트보다 더 중대한 오류를 범하고 있는 주석서는 이른 바 "새관점"의 입장에서 서술한 제임스 던James D. G. Dunn의 두 권으로 구성된 〈로마서 주석 1-8〉 *Romans 1-8*, 〈로마서 주석 9-16〉 *Romans 9-16*과 리차드 론제네커Richard N. Longenecker의 〈로마서〉 *The Epistle of the Romans*입니다. 이 두 주석가는 언약적 신율주의라는 이름으로 포장된 유대교의 이중칭의론 형태의 행위구원론을 주장하기 위해 로마서의 자명한 표준적 해석을 뒤틀어 왜곡하고 있습니다. 이 내용에 대한 비판은 1권의 강해 내용 중에 제시했습니다. 론제네커의 주석은 방대하고 세밀하긴 하나 유감스럽게도 편집비평을 수용하면서 그리스-로마의 문헌과 존재 여부가 확인되지 않은 가상의 "초대교회의 신앙고백문서들"로부터 바울 사상의 근거를 도출해내려는 무리하고 잘못된 시도를 하고 있습니다.

챨스 피니Charles G. Finney의 로마서 설교집인 〈승리의 원리양낙흥 역〉

는 알미니안주의의 관점이 명확히 반영된 설교집으로서 비판적으로 참고했습니다. 제프리 그린맨Jeffrey P. Greenman과 디모디 라슨Timothy Larsen이 편집한 〈여러 세기에 걸친 로마서 읽기: 초대교회부터 칼 바르트까지〉 *Reading Romans through the Centuries: From the Early Church to Karl Barth*도 참고가 되었습니다.

필자에게 로마서 강해와 특강의 소중한 기회를 주신 새소망교회 김종원 목사님, 구성중앙교회 이기봉 목사님, 새로남교회 오정호 목사님께 깊은 감사를 드리며, 꼼꼼한 교정과 편집에 힘써 주신 김종원, 이희순, 지형주 편집 위원들과 책의 디자인에 힘써 주신 김이연 디자이너에게 고마운 마음을 표합니다. 항상 변함없는 기도와 사랑으로 지원하는 사랑하는 아내 혜경과 소중한 세 딸 진희, 윤희, 현희와 출간의 기쁨을 함께 하고자 합니다.

2025년 1월
판교 연구실에서
이 상 원

21   죄를 깨닫게 하는 율법의 기능 (롬 3:19-20)

제 V 부   **율법 외에 나타난 하나님의 의**

22   율법 외에 나타난 하나님의 의 (롬 3:21-23)

23   의롭다 하심의 근거 (롬 3:24-26)

28 할례와 약속 (롬 4:9-16)

29 아브라함과 신약시대 성도들의 믿음 (롬 4:17-25)

Romans

I

인사말과
복음의 핵심

———

롬 1:1-17

1 서론 (롬 1:1-2,7)

저자

로마서 1:1은 로마서의 저자가 바울임을 명확하게 밝히고 있습니다. "예수 그리스도의 종 바울은." 우리는 바울에게 사울이라는 이름도 있었다는 사실을 잘 알고 있습니다. 사도행전을 서술한 누가는 사울이라는 이름을 사용하다가 사도행전 13:9에 "바울이라고 하는 사울"이라는 표현을 사용하기 시작한 후부터 줄곧 사울 대신 바울이라는 호칭을 사용했습니다. 이 말은 사울이 어느 시점에 자신의 명칭을 바울로 개명했다는 뜻일까요? 그렇지 않습니다. "바울이라고 하는 사울"이라는 구절은 사울이 애초부터 바울이라는 다른 이름을 가지고 있었음을 보여줍니다.

사울은 히브리식 이름입니다. 사울은 이스라엘의 열두 지파 가운데 베냐민 지파 출신입니다. 베냐민 지파에서 이스라엘 국가를 창건한 초대 왕인 사울 왕이 나왔습니다. 아마도 사울의 부모는 사울 왕을 생각하면서 자기 아들에게 사울이라는 이름을 부여한 것 같습니다. 그런데 사울의 부모는 로마시민권 소유자였기 때문에 사울은 태어나자마자 자동으로 로마시민이 되었고 사울의 부모는 사울에게 작은 자를 뜻하는 바울이라는 로마식 이름을 추가로 지어 주었습니다. 원래 로마식 이름은 세 개로 연결된 형태를 취하고 있었습니다. 전 이름parenomen이 나오고 다음으로는 가족명nomen이 나오고 마지막으로 본 이름cognomen이 나오는데 바울은 본 이름이었습니다. 전 이름과 가족명은 성경에 등장하지 않습니다. 사울이라는 이름은 유대인들과 관계할 때 주로 사용되었고, 이방인들과 관계할 때는 바울이라는 이름이 주로 사용되었습니다. 그러다가 개종한 후에, 어느 시점부터인지는 알 수 없으나, 사울이 이방인을 위한 복음전도자로 활동하기 시작하면서 자연스럽게 사울이라는 이름 대신에 바울이라는 이름을 주로 사용하기 시작했던 것으로 판단됩니다.

　　로마서는 바울이 친필로 써 내려간 서신이 아니라 로마서 16:22에 "이 편지를 기록하는 나 더디오도 주안에서 너희에게 문안하노라"라는 진술이 보여주는 것처럼 바울이 구두로 불러 주고 더디오가 받아쓰는 방식으로 서술되었습니다.

독자

　　로마서의 독자는 로마서 1:7에서 로마교회의 성도들로 명시되었습니다. "로마에서 하나님의 사랑하심을 받고 성도로 부르심을 받은 모든 자에게." 로마교회는 어떻게 설립된 것일까요? 바울이 로마로 가기 전에 이미 로마에는 교회가 설립되어 있었습니다. 사도행전 28:15은 바울이 죄수의 몸으로 로마에 도착했을 때 로마의 교인들이 바울을 영접하러 나왔다고 기록하고 있습니다. "그 곳 형제들이 우리 소식을 듣고 압비오 광장과 트레이스 타베르네까지 맞으러 오니." 로마교회의 교인들은 바울이 복음을 전할 때마다 유대교인들이 반대했다는 사실도 이미 전해 들어 알고 있었습니다. 그렇기 때문에 사도행전 28:22에 로마교회 교인들이 바울을 향하여 "이에 우리가 너의 사상이 어떠한가 듣고자 하니 이 파에 대하여는 어디서든지 반대를 받는 줄 알기 때문이라"라고 말한 것입니다.

로마에는 주전 2세기부터 이미 유대인 공동체가 있었습니다. 주전 63년경 로마의 폼페이 장군은 유대를 점령한 후에 유대인들을 전쟁포로로 로마로 데리고 갔는데, 이들이 후일 자유를 얻게 됩니다. 로마 정부는 주전 40년 무렵 유대인들이 집회의 자유를 포함하여 조상들의 전통을 지킬 수 있도록 허용했습니다. 그러나 주후 19년경에는 로마 황제 디베리우스가 칙령을 내려 유대인들을 로마로부터 추방했습니다. 추방의 목적은 유대교의 관습이 로마의 상류계급을 포함하여 많은 로마인으로부터 인기를 얻는 것을 견제하기 위해서였습니다. 그러나 추방령은 오래 지속되지 않았습니다. 추방령은 2, 3년이 지나면서부터 흐지부지되어 유대인들이 다시 로마로 돌아오기 시작했고, 주후 31년에는 유대인들에 대하여 관대한 정책이 펼쳐졌고, 공식으로 유대인들의 로마귀환이 허용되었습니다. 주후 38년경에는 유대인들이 자유를 얻었고 로마시민이 된 유대인들의 거주지도 생겨났습니다.

사도행전 2:10에 보면 오순절 절기를 지키기 위하여 지중해 전역에 흩어져서 살고 있던 디아스포라 유대인들이 예루살렘으로 모여들었는데, 이들 중에는 로마에서 온 유대인들도 있었습니다. 이들이 오순절에 성령을 받고 개종한 후 로마로 돌아가서 로마에 교회를 세웠을 것입니다.

당시 로마에는 지중해 전역에서 많은 사람이 모여들었습니다. 로마 군인들은 수시로 근무지를 이동했고 신병들이 들어오고 오래된 군인들이 퇴역하는 일들이 정기적으로 반복되었고, 생활필수품들과 사치품들의 교역도 활발히 이루어졌습니다. 이렇게 왕래하던 사람들 가운데 기독교인들이 있었음이 분명하며, 이들이 로마교회의 회원들이 되었을 것입니다. 그 가운데 대표적인 인물이 브리스길라와 아굴라입니다. 브리스길라와 아굴라는 로마교회에 속한 성도들이었음이 분명합니다. 이들은 주후 49년에 있었던 클라우디우스의 유대인 추방령 때 로마를 떠나 고린도에 와서 천막을 깁는 장사를 하고 있었습니다. 클라우디우스의 추방령은 클라우디우스가 죽음으로써 사실상 사문화되었습니다.

바울은 브리스길라와 아굴라처럼 추방당한 교인들로부터 로마교회 소식을 들었을 것입니다. 바울이 로마서를 서술할 때 브리스길라와 아굴라가 로마에 가 있었다는 사실은 로마서 16:3이 증거 합니다. 이 두 사람 이외에도 바울은 많은 숫자의 로마교회 성도들을 알고 있었습니다. 바울이 알고 있는 로마교회 성도들의 이름은 로마서 16장에 비교적 소상하게 소개되어 있습니다.

서술 장소

바울이 로마서를 쓰게 된 장소를 알아보기 위해서는 고린도교회의 상황에 대한 이해가 필요합니다. 고린도교회는 바울이 2차 선교여행 중에 설립한 교회로서 바울이 떠난 후 많은 문제 때문에 어려움을 겪었습니다. 성도들이 파벌로 나누어져서 싸우는 일이 있었고, 근친상간을 비롯한 성적인 타락이 있었고, 성찬을 둘러싼 갈등도 있었고, 성령의 은사를 둘러싸고 벌어진 갈등도 있었고, 바울을 음해하고 바울의 사도권을 의심하는 대적자들도 있었고, 예루살렘교회를 돕기 위한 구제헌금을 모은다고 결정해 놓고는 차일피일 미루면서 실행에 옮기지 않는 문제도 있었습니다. 이 문제들을 해결하기 위하여 바울은 고린도전서, 눈물의 서신, 그리고 고린도후서를 써 보냈습니다. 다행히 디도를 통하여 고린도후서를 보낸 후에는 많은 문제가 정리되었습니다. 바울이 고린도교회를 다시 방문했을 때는 문제들이 해결되었고, 바울의 선교를 적극적으로 돕는 교회로 변화되어 있었습니다.

바울은 고린도교회의 문제를 마무리 짓고, 고린도교회가 미루어 왔던 예루살렘교회를 위한 구제금을 모금한 후에 마게도냐 지방의 교회들이 이미 마련한 구제금을 합쳐서 예루살렘으로 떠날 준비를 했습니다. 헬라 지역에는 고린도도 있고 아테네도 있습니다. 바울은 예루살렘으로 떠나기 전에 홀가분하고 여유가 있는 마음으로 헬라 지역을 돌아보면서 오랜만에 편안한 시간을 가졌던 것으로 추정됩니다. 사도행전 20:2-3을 보면 바울은 석 달 동안 헬라 지역에 체류한 것으로 되어 있습니다. 바울은 이 기간에 헬라에서 로마서를 썼습니다. 이 사실을 증명하는 결정적인 본문은 로마서 15:25입니다. 바울은 로마서 서술을 마무리하면서 "그러나 이제는 내가 성도를 섬기는 일로 예루살렘에 가노니"라고 말했습니다. 이 말은 로마서를 쓴 시점이 성도를 섬기는 일로 예루살렘에 가려고 준비하는 시점임을 보여줍니다. 섬기는 일로 예루살렘에 간다는 말은 고린도교회와 마게도냐 교회에서 모은 구제금을 전달하기 위하여 예루살렘으로 간다는 말입니다. 이 시점이 바로 사도행전 20:2-3이 말한 시점과 일치합니다. 로마서 16:1에 보면 "내가 겐그레아 교회의 일꾼으로 있는 우리 자매 뵈뵈를 너희에게 추천하노니"라고 말하고 있는데, "우리 자매 뵈뵈"라는 표현은 "우리 교회에서 일하는 자매"라는 뜻이며, 좀 더 구체적으로 말하면 "지금 현재 나와 함께 한 교회에서 일하는 자매"라는 뜻입니다.

그런데 뵈뵈는 "겐그레아 교회 교인"이라고 본문이 말합니다. 겐그레아는 고린도에 인접한 작은 도시입니다. 겐그레아 교회는 고린도까지 오기가 불편한 고린도교회 교인들이 겐그레아에서 따로 모이기 시작한 성도들의 모임입니다. 겐그레아 교회는 고린도교회의 지부 정도에 해당합니다. 이 본문은 바울이 로마서를 서술한 곳이 헬라 지역임을 간접적으로 뒷받침해 줍니다.

로마서 16:23에는 "나와 온 교회를 돌보아 주는 가이오"를 소개하고 있는데, 가이오는 바울에게 세례를 받은 고린도교회 성도였습니다고전 1:14. 바울은 고린도교회 성도인 가이오로부터 돌봄을 받으면서 로마서를 썼습니다. 이 본문도 바울이 헬라 지방에서 로마서를 서술했음을 말하고 있습니다.

서술 동기

스페인 선교의 전초기지 로마교회

바울은 헬라에 석 달 동안 체류하면서 미래의 행로를 생각하지 않을 수 없었습니다. "예루살렘에 구제금을 전달하고 난 후에는 어디로 갈까?" 바울이 선교지를 결정할 때 한 가지 원칙을 따랐는데, 이 원칙이 고린도후서 10:16과 로마서 15:20에 잘 나타나 있습니다. 고린도후서 10:16은 이렇게 말합니다. "이는 남의 규범으로 이루어 놓은 것으로 자랑하지 아니하고 너희 지역을 넘어 복음을 전하려 함이라." 본문이 말하는 규범이라는 말은 수영선수들이 수영경기를 할 때 각자에게 배당된 레인과 같은 것을 뜻합니다. 수영선수들은 자기에게 배당된 레인 안에서 수영을 해야 하고, 자기에게 배당된 레인을 벗어나면 실격이 됩니다. 이처럼 바울은 하나님이 자기 자신에게 배당해 주신 선교지라는 레인을 벗어나지 않는 것을 원칙으로 삼았습니다. 이 말의 의미를 좀 더 구체적으로 설명한 본문이 로마서 15:20입니다. "또 내가 그리스도의 이름을 부르는 곳에는 복음을 전하지 않기를 힘썼노니 이는 남의 터 위에 건축하지 아니하려 함이라." 바울은 이미 복음을 전하는 자가 사역하고 있고 교회가 설립되어 있는 곳에서는 사역하지 않았습니다. 예루살렘에는 이미 열두 사도가 있고, 바울 자신이 세 차례에 걸쳐서 전도 활동을 한 지역들도 이미 사역자가 세워져 있었기 때문에 다시 들어가서 사역할 필요가 없었습니다. 이 말은 예루살렘, 유다, 사마리아, 갈라디아와 소아시아, 마게도냐, 헬라 지역은 이미 지도자들이 있는 지역들이었기 때문에 더는 바울이 들어갈 필요가 없었다는 뜻입니다. 그러면 이제 바울이 가야 할 곳은 어디일까요? 바울의 눈에 들어온 지역은 서바나 곧 스페인입니다.

그런데 바울은 스페인으로 바로 가지 않고 로마를 경유해서 가려고 했습니다. 이 사실은 로마서 15:23에 잘 나타나 있습니다. "이제는 이 지방에 일할 곳이 없고 또 여러 해 전부터 언제든지 서바나로 갈 때에 너희에게 가기를 바라고 있었으니." 바울은 로마서를 쓰기 전에 로마에 가려는 시도를 여러 번 했으나 하나님이 길을 열어 주시지 않아 가지 못했습니다. "어떻게 하든지 이제 하나님의 뜻 안에서 너희에게로 나아갈 좋은 길 얻기를 구하노라…형제들아 내가 여러 번 너희에게 가고자 한 것을 너희가 모르기를 원하지 아니하노니 이는 너희 중에서도 다른 이방인 중에서와 같이 열매를 맺게 하려 함이로되 지금까지 길이 막혔도다"롬 1:10,13. "그러므로 또한 내가 너희에게 가려 하던 것이 여러 번 막혔더니"롬 15:23. 바울의 로마행을 막은 것은 로마 황제인 클라우디우스가 내린 유대인 추방령이었습니다. 유대인들이 추방당할 때 유대인 출신 기독교인들이 함께 추방당했고, 유대인 출신 기독교인들은 로마로 들어갈 수가 없었습니다.

바울은 로마행이 여러 번 좌절되었음에도 로마로 가겠다는 생각을 굽히지 않았습니다. 로마 정부가 내린 추방령은 처음에는 엄격히 적용되다가 시간이 지나면 약화되거나 흐지부지되는 일이 많았는데, 바울은 이때를 기다렸던 것 같습니다.

바울이 로마행을 굽히지 않은 데는 몇 가지 이유가 있었습니다.

첫 번째 이유는 바울이 로마에 있는 교회 성도들을 만나서 교제한 후에 로마교회에게 자신이 스페인으로 선교하러 가는 것을 도와달라는 부탁을 할 의도를 가지고 있었기 때문입니다. 로마서 15:24에 이와 같은 바울의 의도가 잘 나타나 있습니다. "이는 지나가는 길에 너희를 보고 먼저 너희와 사귐으로 얼마간 기쁨을 가진 후에 너희가 그리로 보내 주기를 바람이라." "너희가 그리로 보내 주기를 바람이라"라는 말은 바울이 스페인으로 가는 것을 로마교회가 도와주었으면 좋겠다는 뜻입니다. 바울은 로마를 개척 선교지로 선택할 생각을 하지 않았습니다. 왜냐하면 로마에는 이미 교회가 설립되어 있었기 때문입니다. 바울은 고린도교회를 전진기지로 삼고 고린도교회의 도움을 받아 로마로 가고, 로마교회를 전진기지로 삼아 로마교회의 도움을 받아 스페인으로 갔으면 좋겠다는 구상을 한 것입니다.

게다가 바울은 사도행전 22:28이 말하는 것처럼 나면서부터 로마시민이었음에도 로마를 한 번도 본 일이 없어서 당시 로마제국의 수도이자 세계 최고의 도시라고 할 수 있는 로마를 보고 싶은 마음도 있었을 것으로 추정됩니다.

바울이 한 번도 본 일이 없는 로마교회의 성도들에게 자신이 어떤 사람인가를 서신으로라도 알리려는 것도 스페인 선교와 관련이 있습니다. 바울은 예루살렘행을 준비하면서 자신이 이번에 예루살렘에 올라가면 체포되어 죽을 수도 있다는 것을 직감적으로 느끼고 있었습니다. 만일 바울이 예루살렘에서 체포되어 죽으면 스페인 선교는 수포가 되지 않겠습니까? 그러나 바울이 체포되어 죽더라도 미리 서신을 보내어 스페인 선교를 향한 뜻을 밝혀 놓으면 로마교회 교인들에게 스페인 선교를 위탁하는 효과도 있습니다.

이방인과 유대인의 갈등 최소화

로마교회는 한 가지 중요한 문제를 안고 있었습니다. 로마교회는 오순절 성령강림 사건에 참여하여 복음을 들은 디아스포라 유대인들을 중심으로 설립된 교회였으나 시간이 지나면서 이방인들이 들어오기 시작했습니다. 로마교회는 유대인들과 이방인들이 함께 있는 교회였습니다. 로마서 2:17에 "유대인이라 불리는 네가"라는 표현이나, 로마서 16:3이 말하는 브리스길라와 아굴라 중에서 아굴라는 유대인임을 사도행전 18:2이 말하고 있는 것이나, 로마서 16:7,11에 로마교회 교인 중에서 안드로니고, 유니아, 헤로디온을 유대인인 바울이 친척이라고 호칭한 것 등은 로마교회 교인들 가운데 유대인이 있었음을 보여줍니다. 한편 바울이 로마서 11:13에서 "내가 이방인인 너희에게 말하노라"라고 한 구절은 로마교회 안에 이방인이 있었음을 보여줍니다.

로마와 같은 이방도시에서는 이방인들이 교회에 들어오기 시작하면 나중에 이방 기독교인들의 숫자가 유대 기독교인들의 숫자보다 많아지는 것은 시간문제입니다. 그런데 이방인들의 숫자가 교회 안에서 순식간에 많아져 버린 사건이 일어났습니다. 그것은 주후 49년경에 있었던 클라우디오스 황제의 유대인 추방령 때문이었습니다. 클라우디오스가 추방령을 내린 것은 크레스투스라는 이름의 유대인이 일으킨 폭동이 원인이었는데, 이 폭동이 로마교회와 무관하지 않았습니다. 크레스투스는 그리스도의 로마식 이름인 크리스투스와 거의 같은 단어입니다. 그는 로마교회 교인이 되고 난 후에 이런 이름으로 불렸던 것이 분명합니다. 로마교회 교인들이 예수를 메시아라고 주장하자 예수를 인정하지 않는 유대교인들이 이 주장을 반박하고 나서면서부터 로마교회 교인과 유대교인 간에 싸움이 시작된 것으로 추정됩니다. 유대교인들이 로마교회 교인들을 음해하고 괴롭히자 로마교회 교인이었던 크레스투스가 격분하여 대응하는 과정에서 싸움이 커졌던 것 같습니다. 로마정부는 이 싸움을 유대인들의 내분으로 판단하여 유대인 추방령을 내린 것입니다. 추방령이 내려지자 로마교회 안에 있는 유대인 출신 성도들이 대거 로마를 떠나지 않을 수 없었습니다. 추방령은 로마교회의 유대인 출신 교인들과 이방인 출신 교인들의 비율을 갑자기 역전시키는 계기가 되었고, 이제는 이방인 출신 교인이 로마교회를 맡아서 운영하지 않으면 안 되는 상황이 된 것입니다. 나중에 추방령이 풀려서 유대인 출신 기독교인들이 다시 합류하긴 했지만 숫자 비율을 원 상태로 돌려놓는 것은 불가능했습니다. 유대인이 다수를 차지하고 교회 운영을 주도

하던 시기가 끝나고 이방인이 다수가 되어 운영을 주도하는 시기로 접어든 것입니다. 그러자 자칫하면 이방인 출신 기독교인들이 유대인 출신 기독교인들을 소홀히 여기는 사태가 발생할 우려가 있었습니다. 바울이 로마서를 쓸 당시에는 이방인 출신 교인의 숫자가 월등히 많아졌을 것이 분명합니다. 바울이 로마서 11장에서 이방인들을 돌감람나무라고 부르고, 유대인들을 참감람나무라고 부르면서, 돌감람나무는 참감람나무를 무시해서는 안 되고 뿌리로서 존중할 것을 권고하는 것은 이런 상황을 염두에 둔 것입니다.

　　로마서는 모든 인간이 다 죄인이라는 사실을 논증할 때도 1:18-32까지 먼저 이방인들을 대상으로 말한 다음, 2:1-3:8까지 유대인들을 대상으로 한 번 더 말합니다. 구원의 복음을 설명할 때도 3:19-8장까지 이방인을 대상으로 말한 다음에 9장에서 11장까지 유대인을 대상으로 새롭게 서술합니다. 이처럼 바울이 두 종족을 모두 균등하게 다루려고 애쓰는 이유는 이방인 출신 신자들과 유대인 출신 신자들 사이에서 일어날 수 있는 갈등의 소지를 가능한 한 줄이기 위해서였습니다.

보편적 구원의 원리로 유대인과 이방인의 차별 극복

　　로마서를 쓰기 전에 바울이 서술한 서신으로는 데살로니가전후서, 갈라디아서, 고린도전후서가 있습니다. 이 서신들은 모두 바울이 직접 설립하고 목회를 했던 교회들에 보낸 편지입니다. 이 교회들은 바울이 떠난 후에 그들에게 일어난 구체적인 문제들에 대하여 바울에게 답변을 요청했습니다. 따라서 이 서신들은 아주 구체적으로 문제들을 다루고 있고 때로는 논쟁도 하고 준엄하게 책망도 하는 방식으로 서술되어 있습니다. 물론 로마교회도 유대인 출신 신자들과 이방인 출신 신자들 사이에 갈등의 소지가 없었던 것은 아니지만, 이런 갈등이 본격적으로 일어났다는 말이 없고, 로마교회가 바울에게 구체적으로 문제를 제시하고 답변을 달라는 요청을 한 일도 없고, 또 바울이 목회를 하던 교회가 아니라서 교인들도 몇 사람 빼고는 대부분 바울이 모르는 자들이었습니다. 이 때문에 로마서는 갈라디아서나 고린도전후서처럼 문제를 구체적으로 다루거나 격렬한 감정을 표현하는 일이 없이, 일반적인 어조로 담담하게 서술되어 있습니다. 바울은 로마서에서 유대인 출신 교인이나 이방인 출신 교인이나를 막론하고, 일반적으로 다 적용될 수 있는 보편적인 구원과 삶의 원리들을 서술합니다.

바울은 로마교회에서 일어날 것으로 예상되는 유대인 출신 기독교인과 이방인 출신 기독교인 간의 갈등을 다룰 때 갈라디아서나 고린도전후서처럼 특별한 기술적인 방법으로 해결하려고 하기보다는, 인간이 모두 죄인이라는 보편적인 진리를 알려 주고, 하나님의 백성이 되는 구원의 길인 복음을 잘 설명해 주고, 하나님의 백성들이 견지해야 할 중요한 보편적인 생활원리들을 가르쳐 줌으로써 해결하고자 합니다. 따라서 로마서에는 모든 인간은 유대인이나 이방인이나 차별 없이 모두 죄인이요, 사망의 형벌을 받을 수밖에 없는 자들이며1:18-3:18, 죄를 용서받고 구원받는 복음이 무엇인지3:19-11장,

구원받은 하나님의 백성들은 어떻게 살아야 하는지가12장-15:21 소상하게 설명되어 있습니다.

서술 연대

로마서가 서술된 연대는 다음과 같은 방법으로 추정합니다. 클라우디우스 황제가 추방령을 발표한 것이 주후 49년입니다. 로마교회 교인이었던 브리스길라와 아굴라는 원래 로마에 살고 있다가 추방령 때문에 고린도에 왔습니다. 클라우디우스가 죽어서 추방령이 무효가 된 해가 주후 54년이고 바울이 로마서를 쓰던 무렵은 브리스길라와 아굴라가 로마로 돌아가 있을 때이므로 로마서를 서술한 시점은 주후 54년 이전으로는 돌아갈 수 없습니다. 브리스길라와 아굴라가 추방령이 무효가 된 때 로마로 돌아가려고 결정하고 로마로 가는 준비가 약 2-3년 가량 필요했을 것이라고 추정할 때 주후 57년 정도가 로마서를 서술한 시점이라는 계산이 나옵니다.

모든 서신 앞에 배치된 이유

로마서가 모든 신약의 서신, 특히 바울의 서신 가운데 제일 먼저 등장하는 이유가 무엇일까요? 바울이 쓴 서신 가운데 데살로니가전후서, 갈라디아서, 고린도전서와 고린도후서가 시간적으로 먼저 서술되었는데, 왜 로마서가 이 서신들을 제치고 제일 앞에 위치하고 있을까요? 그 이유는 로마서가 신앙생활을 막 시작하는 초신자가 먼저 읽어야 할 서신이기 때문입니다.

우리는 보통 로마서는 신약성경에 등장하는 모든 서신 가운데 가장 어렵고 난해한 서신이므로 신앙생활의 연륜이 오래된 성도들이 공부해야 하는 서신이라고 단정하는 경향이 있습니다. 그러나 이런 생각은 오해입니다. 로마서의 수신자들인 로마교회 교인들은 열두 사도나 바울과 같은 탁월한 지도자로부터 지도를 받은 경험이 없는 신자들이었기 때문에, 기독교의 기본교리에 대하여 아직 충분한 교육과 훈련이 되어 있지 않은 교인들이었습니다. 로마교회 성도들은 오순절 성령강림 사건 때 경험했던 내용을 근거로 신앙생활을 시작한 이후 제대로 된 지도자의 지도를 받아 본 경험이 없는 초신자들이었습니다. 이들은 기독교의 가장 기본적인 교리와 생활 원리를 배워야 했고, 신앙생활 초기에 제기되는 어려운 신앙적인 의문들에 대한 답변도 들어야 했습니다. 믿지 않는 상태에서 믿음을 가진 상태로 들어오기 시작할 때 가장 어려운 신앙의 문제들을 만납니다. 그래서 로마서가 어려운 것입니다. 내용은 어렵지만 잘 들여다보면 바로 초신자들이 만나는 문제들이지만 초신자들이 해결하기에는 어려운 문제들입니다. 그러므로 로마서는 초신자가 공부해야 할 서신입니다. 조금 어려워도 로마서를 확실하게 공부하고 나면 초신자의 믿음이 굳게 뿌리내리고 흔들리지 않습니다.

그러면, 신앙생활의 경륜이 오래된 신자들은 어떤 책을 읽어야 할까요? 요한일, 이, 삼서를 읽어야 합니다. 성도들은 요한일, 이, 삼서는 짧을 뿐만 아니라 매우 쉬운 서신이라고 생각하는 경향이 있습니다. 그렇지 않습니다. 요한일, 이, 삼서의 주제는 사랑입니다. 그런데 사랑하는 것이 가장 어렵고 힘든 일입니다. 신앙생활의 연륜이 오래된 신자들도 가장 힘들어하는 것이 바로 사랑의 실천입니다.

신학자들을 변화시킨 로마서

교회사를 살펴보면 믿지 않던 사람들이 로마서를 통하여 믿음을 갖게 되고 거듭난 후에 위대한 신학자로 변화된 것을 알 수 있습니다. 어거스틴은 심오한 철학자이면서도 부도덕하고 방탕한 생활을 하고 있었습니다. 어느 날 어거스틴이 정원에 앉아 있는 데, 어떤 여자아이가 "책을 들어 읽으라"라고 소리쳤습니다. 사실, 이 여자아이는 친구들과 놀이를 하면서 놀이 순서에 있는 행동을 하도록 요구한 것입니다. 그러나 어거스틴은 여자아이의 소리를 하나님이 자기에게 주신 음성이라고 생각했습니다. 어거스틴은 일어나서 숙소로 들어가서 성경책을 펴서 읽었는데 어거스틴의 눈에 들어온 본문이 로마서 13:13-14이었습니다. "낮에와 같이 단정히 행하고 방탕하거나 술 취하지 말며 음란하거나 호색하지 말며 다투거나 시기하지 말고 오직 주 예수 그리스도로 옷 입고 정욕을 위하여 육신의 일을 도모하지 말라." 어거스틴은 이 한 구절을 읽고 회심하고 기독교인이 되었습니다. 마르틴 루터는 로마서를 강해하는 가운데 이신칭의의 진리를 발견했고 이 발견이 종교개혁을 일으키는 도화선이 되었습니다. 천로역정으로 유명한 존 번연도 로마서와 갈라디아서를 읽다가 회심했고, 존 웨슬레는 어느 그리스도인 형제가 루터의 로마서 주석 서문을 읽는 것을 듣고 하나님이 자신의 죄를 용서해 주셨다는 것을 확신하고 복음전도자가 되었습니다.

2 인사말 1 : 바울의 자기소개, 복음의 기원과 예고

(롬 1:1-2)

> 1절 예수 그리스도의 종 바울은 사도로 부르심을 받아 하나님의 복음을 위하여 택정함을 입었으니
> 2절 이 복음은 하나님이 선지자들을 통하여 그의 아들에 관하여 성경에 미리 약속하신 것이라

바울은 로마서 1:1-7에서 인사말을 전합니다. 인사말에는 이 서신을 쓴 자가 누구이며, 서신을 받는 자는 또한 누구인가가 서술되어 있습니다. 이 서신을 서술한 자는 1절이 밝히고 있는 것처럼 바울이고, 서신을 받아서 읽는 독자는 7절이 밝히고 있는 것처럼 로마교회 성도들입니다.

긴 인사말

로마서의 인사말은 바울이 서술한 다른 서신들의 인사말과 비교해 보면 유례없이 길다는 점이 특징입니다. 바울이 서술한 다른 서신들은 대부분 인사말에 한 절에서 네 절 정도까지 배치하는 반면 로마서에서는 일곱 절이나 배치하고 있어 바울 서신중 가장 긴 인사말이라고 할 수 있습니다. 특이한 사실은 이 긴 인사말이 헬라어 어

법상으로 보면 한 문장이라는 것입니다.

바울이 유례없이 길게 인사말을 서술한 이유는 로마교회가 자신이 설립한 교회가 아니고, 고린도를 방문한 소수의 몇 사람을 제외하고는 대부분 만난 일이 없는 교인들로 구성되어 있다는 점에서 찾을 수 있습니다. 바울은 로마를 방문하여 로마교회 교인들과 만나고 싶었으나 클라우디우스 황제의 추방령 때문에 로마에 갈 수 없었습니다. 따라서 직접 만나기 전에 어쩔 수 없이 서신을 먼저 보내야 했습니다. 그러다 보니 바울은 자신이 어떤 사람인가를 비교적 자세하게 소개해야만 했습니다. 이것이 인사말이 길어진 이유입니다.

바울의 긴 자기소개 안에는 로마서에서 다루고자 하는 중요한 주제들이 압축된 제목의 형태로 많이 들어있습니다. 이 제목들을 잠깐 음미하는 것만으로도 서신에서 다룰 내용을 일별해 볼 수 있을 뿐만 아니라 많은 유익도 얻을 수가 있습니다.

자기소개

바울은 1절에서 세 가지 용어를 통하여 자기 자신을 소개합니다. "예수 그리스도의 종 바울은 사도로 부르심을 받아 하나님의 복음을 위하여 택정함을 입었으니." 첫째는 "예수 그리스도의 종"이고, 둘째는 '사도로 부르심을 받은 자'이고, 셋째는 '복음을 위하여 택정함을 입은 자'입니다.

첫째로, 바울은 자신을 "예수 그리스도의 종"으로 소개합니다.

오늘날 우리는 "종"이나 "노예"라는 용어를 들으면 청소나 음식 만드는 일 등과 같이 단순하고 궂은일을 처리하는 사람들을 연상합니다. 그러나 성경에 등장하는 "종"이라는 단어는 이와는 전혀 다른 의미를 지닙니다. 특히 구약 시대에는 이스라엘 백성들을 다스리거나 지도하는 고급 직무를 맡은 영적이고, 도덕적이고, 정치적인 지도자들을 가리킬 때 이 용어가 사용되었습니다. 창세기 26:24에 보면 하나님이 아브라함을 "내 종"이라고 불렀고, 민수기 12:7-8에 보면 하나님이 모세를 가리켜서 "내 종"이라고 불렀고, 사무엘하 7:5,8에 보면 다윗을 "내 종"이라고 칭했습니다. 특히 하나님의 말씀을 대언하는 선지자들이 종으로 표현되었습니다. 열왕기하 17:23은 모든 선지자를 종으로 부르고 있고, 에스라 9:11도 선지자를 종으로 칭하고 있습니다. 특히 하나님은 이사야 49:2-3에서 이사야를 "나의 종"이라고 부르시면서 이사야의 입을 "날카로운 칼 같이" 만드셨다고 말씀합니다. 이 말씀은 선지자가 하는 일이 입으로 말을 전하며, "날카로운 칼 같이" 사람들의 죄를 예리하게 비판하는 일이 될 것임을 뜻합니다. 바울이 자기 자신을 "종"으로 규정한 것은 아브라함, 모세, 다윗, 이사야 등과 같은 반열에 자기 자신을 두는 것입니다. 바울은 자신이 하는 일을 하나님의 말씀을 전하는 선지자의 직무에 일치시키고 있습니다. 이런 관점에서 볼 때 "예수 그리스도의 종"은 복음이신 예수 그리스도를 전하는 직무를 맡은 사역자라는 의미를 지닌다고 볼 수 있습니다.

전문적이고 고급스러운 직무, 지도자의 일을 하는 직책이라면, 장관, 총장, 사장, 회장 등과 같은 명칭을 붙이는 것이 세상의 이치입니다. 그러나 성경은 이 엄청나게 중요한 지도자 수준의 고급직책의 명칭을 "종" 또는 "노예"로 명명하고 있습니다. 이 점에서 기독교의 관점은 세상의 관점과 다릅니다. 종들은 자기에게 주어진 직무를 자기 일이 아닌 직무를 맡기신 자의 일로 수행하며, 사람들에게 권력을 함부로 행사하지 않고 섬기는 자세로 직무에 임합니다. 마찬가지로 바울은 예수 그리스도에게 철저히 순종하면서, 예수 그리스도의 일을 수행하는 자로 자신을 소개합니다. 바울은 이 직무를 수행할 때 "지극히 작은 자보다 더 작은" 자로 자신을 인식하면서 그리스도의 풍성함을 이방인에게 전했습니다엡 3:8.

그리스도인은 개종 전에는 죄와 사망의 "종"이었지만 그리스도인이 된 후에는 예수 그리스도의 "종"이 된 자들입니다. 그리스도인은 죄와 사망의 종으로부터 예수 그리스도를 섬기는 종으로 신분이 변화된 자입니다.

둘째로, 바울은 자신을 '사도로 부르심을 받은 자'로 소개합니다.

성경은 사도로 번역된 아포스톨로스ἀπόστολος라는 단어를 두 가지 의미로 사용하고 있습니다. 하나는 일반적인 의미로서 "보냄을 받은 자"라는 뜻입니다. "보냄을 받은 자가 보낸 자보다 크지 못하나니"라는 요한복음 13:16, 바울이 디도와 함께 고린도교회에 보내는 성도들을 "사자들"이라고 표현한 고린도후서 8:23, 하나님이 보낸 그리스도를 "사도"라고 표현한 히브리서 3:1 등의 말씀은 아포스톨로스가 일반적인 의미로 사용된 사례들입니다.

다른 하나는 특별한 의미로서 예수님의 특별한 선택을 받고 파송 받은 자들을 뜻합니다. 마태복음 10:2에 "열두 사도의 이름은 이러하니"라는 표현이 여기에 해당합니다. 로마서 1:1에서 사도라고 할 때도 두 번째 의미 곧, 특별한 선택을 받고 파송 받은 자들을 가리킵니다.

특별한 의미의 사도가 되기 위해서는 몇 가지 조건을 충족시켜야만 했습니다.

우선 예수님으로부터 특별히 부름을 받고 선택된 경력이 있어야 했습니다. 예수님에게 제자들이 많았지만 제자들이 모두 사도가 된 것은 아닙니다. 제자 중에서 예수님의 특별한 부름과 선택을 받은 자만이 사도가 될 수 있었습니다. 특히 누가복음 6:13에 보면 예수님이 제자들을 부르신 뒤에 부름을 받은 제자 중에서 열둘을 택하여 사도라 칭하셨다는 말이 바로 그것입니다.

다음으로 부활의 증인이라야 사도가 될 수 있었습니다. 사도행전 1:22에 보면 예루살렘교회가 열두 사도의 대열에서 이탈한 가룟 유다를 대신할 사도를 뽑을 때 "예수께서 부활하심을 증언할 사람"을 조건으로 내세웠습니다. 고린도전서 9:1에 "내가…사도가 아니냐 예수 우리 주를 보지 못하였느냐"라는 말씀은 바울이 부활하신 주님을 보았다는 뜻입니다. 고린도전서 15:8은 부활하신 주님이 "맨 나중에 만삭되지 못하여 난 자 같은" 바울에게도 자신을 보여 주심으로써 바울이 사도가 될 수 있는 조건을 갖추어 주셨음을 증언합니다.

특히 바울이 자기 자신을 가리켜서 "맨 나중에" 사도가 된 자라고 말하는 것은 바울을 마지막으로 사도의 직분이 중지되었음을 뜻합니다. 바울은 자신과 함께 일한 동역자들을 아주 귀하게 여겼지만 그들을 결코 사도라고 부르지는 않았습니다. 예를 들어서 바울은 고린도전서 1:1에서 고린도교회에 문안인사를 할 때 "사도로 부르심을 받은 바울과 형제 소스데네"라고 표현하고 있습니다. 이 표현에서 바울은 자기 자신은 사도라고 표현했지만 소스데네는 형제라고 다른 명칭으로 부름으로써 확실하게 구별했습니다. 이 점은 디모데에게도 마찬가지입니다. 골로새서 1:1에서 바울은 "그리스도 예수의 사도된 바울과 형제 디모데"라고 말함으로써 자신과 디모데의 호칭에 차별을 두었습니다. 그러나 바울이 빌립보서 1:1에서 자신을 종으로 소개할 때는 "그리스도 예수의 종 바울과 디모데"라고 말함으로써 자신과 디모데를 함께 묶어서 같이 종으로 불렀습니다. 이처럼 바울을 마지막으로 사도의 직분이 중지되었기 때문에 바울 이후에는 누구도 자신을 사도라고 불러서는 안 됩니다. 가톨릭교에서 가톨릭교회의 주교들이 사도직을 계승했다고 주장하는 것은 전적으로 잘못된 것이며, 최근 신사도운동에서 사도의 직분을 받았다고 주장하는 것도 당연히 잘못된 것입니다.

마지막으로 사도는 성령의 감동을 받아 성경을 말할 수 있는 자라야 했습니다. 특히 베드로후서 3:15-16에서 베드로가 바울이 서술한 서신을 성경으로 간주한 것은 바울을 사도로 인정한다는 뜻입니다.

셋째로, 바울은 자신을 '하나님의 복음을 위하여 택정함을 입은 자'로 소개합니다.

이 소개에는 복음이라는 중요한 단어가 등장합니다. 로마서 전체가 복음이 무엇인가에 대한 바울의 설명입니다. 그런데 여기서 바울은 복음을 가리켜서 "하나님의 복음"이라고 정의합니다. 하나님의 복음이라는 말은 복음은 하나님으로부터 온 것이라는 뜻입니다. 복음은 구원받기 위하여 인간이 어떤 일을 행하도록 초청하는 것이 아닙니다. 복음은 인간을 구원하기 위하여 하나님이 어떤 일을 하셨는가를 선포하는 것입니다.

택정함을 입었다는 말은 이중적으로 해석될 수 있습니다. 하나님은 바울이 엄마 뱃속에서 형성될 때부터 이방인에게 복음을 전하는 사역자로 예정해 두신 다음에 바울이 이 세상에 태어난 이후 하나님이 정한 때가 되었을 때 바울을 실제로 부르시고 이방인 전도사역을 위임하셨습니다. 이 사실이 갈라디아서 1:15-16에 잘 나타나 있습니다. "그러나 내 어머니의 태로부터 나를 택정하시고 그의 은혜로 나를 부르신 이가 그의 아들을 이방에 전하기 위하여 그를 내 속에 나타내시기를 기뻐하셨을 때에." 15절은 바울이 어머니의 태 안에 형성되기 시작할 때 이미 이방인을 위한 사역자로 하나님께서 내정해 놓으셨다고 말합니다. 16절은 이렇게 바울을 내정해 놓으신 하나님이 정한 때가 되었을 때 다메섹 도상의 바울에게 찾아오셔서 이방인 전도의 사명을 맡기셨다고 말합니다. 하나님이 바울에게 이방인 전도의 사명을 맡긴 사건은 사도행전 26:16-18에 기록되어 있습니다. "일어나 너의 발로 서라 내가 네게 나타난 것은 곧 네가 나를 본 일과 장차 내가 네게 나타날 일에 너로 종과 증인을 삼으려 함이니 이스라엘과 이방인들에게서 내가 너를 구원하여 그들에게 보내어 그 눈을 뜨게 하여 어둠에서 빛으로, 사탄의 권세에서 하나님께로 돌아오게 하고 죄 사함과 나를 믿어 거룩하게 된 무리 가운데서 기업을 얻게 하리라 하더이다."

복음의 기원

바울은 1절에서 자기소개를 하는 가운데 복음의 기원을 말합니다. 바울은 자신이 "하나님의 복음"을 위하여 택정받았다고 말합니다. "하나님의 복음"이라는 표현은 이미 말씀드린 것처럼 복음이 하나님으로부터 온 것이라는 뜻입니다. 바울의 초미의 관심은 복음전파에 있었기 때문에 바울은 자기를 소개하는 문단에서도 복음이라는 단어가 등장하자 즉각 이 단어에 주목하여 복음에 관한 짤막한 설명을 하는 것을 잊지 않습니다.

구약에 예고된 복음

2절은 그 복음이 어떤 경로를 통하여 전달되었는가를 말합니다. "이 복음은 하나님이 선지자들을 통하여 그의 아들에 관하여 성경에 미리 약속하신 것이라."

복음은 예수 그리스도가 오시기 전에는 존재하지 않다가 어느 날 갑자기 나타난 것이 아닙니다. 복음의 주제는 "하나님의 아들"입니다. 조금 더 구체적으로 말하면 하나님의 아들이 구원자로 이 세상에 오셔서 구원사역을 수행하시는 것이 복음입니다. 이 사건은 예수님이 오시기 전에 구약성경에 이미 약속되어 있던 것입니다. 본문이 말하는 "선지자들"은 구약성경을 쓴 성경 기자들을 뜻하고 "성경"은 구약성경을 뜻합니다. 따라서 바울은 로마서 본문에서 구약성경을 인용하면서 복음을 설명합니다. 예컨대, 로마서 4:1-24까지는 아브라함의 예를 들면서 복음을 설명하고, 5:11-21까지는 아담의 예를 들면서 복음을 설명하고, 9-11장까지는 구약의 남은 자 사상을 예로 들면서 복음을 설명합니다.

구약성경 전체에 하나님의 아들이 이 세상에 오셔서 구원사역을 이루실 것이라는 말씀이 아주 풍부하게 약속되어 있습니다. 그 가운데 핵심이 되는 예를 몇 가지만 들어 보겠습니다.

복음의 약속은 이미 에덴동산에서 시작되었습니다. 아담과 하와가 타락한 직후에 창세기 3:15에서 하나님은 뱀에게 이렇게 말씀하십니다. "여자의 후손은 네 머리를 상하게 할 것이요 너는 그의 발꿈치를 상하게 할 것이니라." "여자의 후손"은 예수님을 뜻하고 "너"는 뱀으로 위장하여 나타난 사탄을 뜻합니다. 여자의 후손이 네 머리를 상하게 할 것이라는 말은 예수님이 사탄의 가장 강력한 무기인 죽음을 이기고 부활할 것을 뜻합니다. 네가 그의 발꿈치를 상하게 할 것이라는 말은 예수님이 십자가에 못 박히는 것을 뜻합니다. 사탄은 예수님을 죽이려고 십자가에 못 박았으나 예수님은 죽음을 이기고 부활하실 것이라는 소식을 창세기 3:15이 전하고 있습니다. 이것이 최초의 복음입니다.

야곱은 죽기 전에 자식들에게 축복을 내리는 동시에 앞날을 예고하는 유언을 합니다. 이 유언 가운데 유다지파에 대하여 야곱은 "규가 유다를 떠나지 아니하며 통치자의 지팡이가 그 발 사이에서 떠나지 아니하기를 실로가 오시기까지 이르리니 그에게 모든 백성이 복종하리로다"창 49:10라고 예고합니다. 장차 유다지파에서 이스라엘 왕이 계속하여 나오다가 이 지파에서 마침내 "실로" 곧 화평을 전하는 왕이신 그리스도께서 오시리라는 것입니다. "규"는 중국에서 황제의 권한을 상징하는 표식입니다.

유월절 어린 양은 예수님을 예표하며, 제사에 바쳐지는 희생제물, 성막과 성전의 구조 등이 모두 예수님을 예표 합니다.

발람은 타락한 선지자인데, 이처럼 타락한 선지자도 민수기 24:17에서 '한 별이 야곱에게서 나오며 한 규가 이스라엘에게서 일어난다'라고 예언합니다. "한 별"과 "한 규"는 예수 그리스도를 상징합니다.

신명기 18:15에서 성령의 감동을 받은 모세는 장차 자신과 같은 선지자가 올 것을 예고합니다. "네 하나님 여호와께서 너희 가운데

네 형제 중에서 너를 위하여 나와 같은 선지자 하나를 일으키시리니 너희는 그의 말을 들을지니라." 이 선지자는 예수님을 뜻합니다.

하나님은 나단 선지자를 통하여 사무엘하 7:12-13에서 다윗에게 "네 몸에서 날 네 씨를 네 뒤에 세워…그의 나라 왕위를 영원히 견고하게 하리라"라고 예고하셨는데, 영원한 나라를 세울 다윗의 혈통에서 태어날 씨는 예수님을 뜻합니다.

시편 2:7-12은 하나님이 낳으신 아들이 온 세상의 나라들을 심판하시는 왕으로 올 것을 예고하고 있는데, 이 하나님의 아들이 곧 예수님입니다.

시편 22편은 예수님이 십자가에 달리실 때의 풍경을 예언하고 있습니다. 예수님이 버림을 받으시고, 뼈가 어그러지고, 혀가 말라서 입천장에 붙고, 예수님의 겉옷을 나누고 속옷을 제비뽑는 모습이 예고되었습니다.

시편 16:10-11은 예수님의 부활을 예언합니다. "이는 주께서 내 영혼을 스올에 버리지 아니하시며 주의 거룩한 자를 멸망시키지 않으실 것임이니이다. 주께서 생명의 길을 내게 보이시리니 주의 앞에는 충만한 기쁨이 있고 주의 오른쪽에는 영원한 즐거움이 있나이다."

이사야 7:14은 "보라 처녀가 잉태하여 아들을 낳을 것이요 그의 이름을 임마누엘이라 하리라"라고 함으로써 예수님의 동정녀 탄생을 예고하고 있습니다.

이사야 53장은 장차 오실 왕이 멸시를 받고, 사람에게 버림을 받고, 인간들의 질고와 슬픔을 지고 징벌을 받아 하나님께 맞고 고난을 받으며, 찔림을 받고 채찍에 맞고, 곤욕과 심문을 당하다가 마침내 죽어서 아리마대의 부자의 무덤에 들어가는, 고난의 종의 대우를 받게 될 것을 예언했습니다. 특히 12절은 "그가 많은 사람의 죄를 담당하여 범죄자를 위하여 기도하였느니라"라고 예언하고 있는데, 이 예언은 중보자인 대제사장 그리스도의 오심을 예언합니다.

미가 5:2은 예수님이 베들레헴에서 탄생할 것을 예고합니다. "베들레헴 에브라다야 너는 유다 족속 중에 작을지라도 이스라엘을 다스릴 자가 네게서 나올 것이라 그의 근본은 상고에, 영원에 있느니라."

스가랴 9:9은 예수님이 나귀를 타시는 왕이 되실 것을 예고했고 12:10은 예수님이 찔림을 당할 것을 예언합니다.

말라기 3:1은 여호와 하나님이 두 명의 사자를 보낼 것을 예고합니다. 하나는 길을 준비할 사자이고, 다른 하나는 심판주인 언약의 사자입니다. "만군의 여호와가 이르노라 보라 내가 내 사자를 보내리니 그가 내 앞에서 길을 준비할 것이요 또 너희가 구하는 바 주가 갑자기 그의 성전에 임하시리니 곧 너희가 사모하는 바 언약의 사자가 임하실 것이라." 언약의 사자는 심판주라는 것이 2-6절에 예고되어 있습니다. 길을 예비하는 사자는 세례 요한을 가리키고, 언약의 사자는 예수님을 가리킵니다.

그리스도의 강림까지 긴 시간이 필요했던 이유

예수님의 오심을 예고하고 있는 구약성경의 예언들을 읽다 보면 한 가지 중요한 질문이 제기됩니다. 그 질문은 아담이 타락한 이후에 그리스도가 오시기까지 왜 그토록 긴 시간이 필요했는가 하는 것입니다. 왜 하나님은 좀 더 빨리 예수님을 보내시지 않았는가? 이 질문에 대하여 세 가지로 답변할 수 있습니다.

첫째로, 이 긴 세월을 통하여 인간이 범하는 죄의 실상 곧, 죄가 얼마나 무서운 것인가, 얼마나 끔찍한 결과들을 가져오는가를 생생하게 알 수 있도록 하나님은 예수님이 오시는 시간을 늦추신 것입니다. 죄가 얼마나 무서운가를 알아야 예수님이 십자가에 죽으셔야 하는 이유를 이해할 수 있기 때문입니다.

둘째로, 인간이 자기 힘으로 자신을 구원해 보려고 아무리 애를 써도 허사라는 것, 인간 집단이 아무리 지혜를 짜내어 이상적인 나라를 건설하려고 해도 다 실패로 끝날 수밖에 없다는 사실을 생생하게 볼 수 있도록 예수님이 오시는 시기를 길게 늦추신 것입니다. 사람들은 다양한 종교를 창시하여 죄와 사망으로부터 해방되기 위하여 노력했으나 모두 실패로 끝났고, 바벨론, 애굽, 페르시아, 그리스, 로마, 현대 서구 문명 등이 이상적인 나라를 건설하겠다고 호언장담하고 나섰지만 모두 실패로 끝나고 말았습니다.

셋째로, 하나님의 주권에 대한 신앙을 갖도록 예수님이 오시는 때를 늦추었고, 다시 오시는 재림의 때도 늦추고 계시는 것입니다. 예수님이 오시는 시간이 수천 년이나 늦춰지는 답답한 현실 속에서, 어떤 노력을 해도 아무 변화도 일어나지 않아 모든 것이 끝났다고 생각하고 포기하려고 할 그때, 전혀 예기치 않게 아주 기이한 방식으로 예수님이 이 세상에 오셨고 구원사역을 성취하셨습니다. 하나님은 수 세기, 수십 세기 동안 잠들어 계시는 것처럼 보일 수 있습니다. 그러나 하나님은 결코 잠드신 것이 아니라 시점을 정해 두고 기다리시는 것입니다. 우리 뜻대로 일이 진행되지 않는 답답한 순간에 하나님의 방식에 모든 것을 맡기는 훈련을 할 것을 하나님은 원하십니다. 하나님이 정하신 때가 되면 우리가 전혀 예상하지 않았던 기이한 방법으로 일하실 것이며, 하나님이 한 번 일하시면 모든 상황이 말끔하게 정리될 것입니다.

3 인사말 2 : 복음은 예수 그리스도 (롬 1:3-4)

3절 그의 아들에 관하여 말하면 육신으로는 다윗의 혈통에서 나셨고
4절 성결의 영으로는 죽은 자들 가운데서 부활하사 능력으로 하나님의 아들로
선포되셨으니 곧 우리 주 예수 그리스도시니라

로마서 1:1-2에서 자기소개, 복음의 기원, 복음이 구약성경의 선지자들을 통하여 풍부하게 예고되었음을 소개한 바울은 3-4절에서는 복음의 내용인 예수 그리스도가 어떤 분이신가를 소개합니다. "그의 아들에 관하여 말하면 육신으로는 다윗의 혈통에서 나셨고 성결의 영으로는 죽은 자들 가운데서 부활하사 능력으로 하나님의 아들로 선포되셨으니 곧 우리 주 예수 그리스도시니라."

3절과 4절은 네 부분으로 구성되어 있습니다. 첫째 부분은 "그의 아들에 관하여 말하면"이고, 둘째 부분은 "육신으로는 다윗의 혈통에서 나셨고"이고, 셋째 부분은 "성결의 영으로는 죽은 자들 가운데서 부활하사 능력으로 하나님의 아들로 선포되셨으니"이고, 넷째 부분은 "곧 우리 주 예수 그리스도시니라"입니다. 첫째 부분은 예수님의 영원한 존재방식을 말합니다. 둘째 부분은 성육신하신 시점부터 부활 직전까지의 예수님의 존재방식을 말합니다. 셋째 부분은 부활 이후의 예수님의 존재방식을 말합니다. 넷째 부분은 예수님의 영원한 존재방식을 말합니다.

그의 아들: 예수님의 영원한 존재방식

"그의 아들에 관하여 말하면"롬 1:1. 복음은 누구에 대하여 말하는가? 복음은 "그의 아들"에 대하여 말합니다. "그"는 성부 하나님을 가리키므로 그의 아들은 성부 하나님의 아들입니다. 복음은 성부 하나님의 아들에 관하여 말합니다. 복음을 호두에 비유한다면 하나님의 아들은 호두의 알갱이에 해당합니다. 알갱이를 빼면 호두가 껍데기만 남는 것처럼 성부 하나님의 아들을 빼면 복음은 알갱이 없는 호두가 되어 버립니다. 불교는 부처에 대하여 말하지 않아도 존재할 수 있고, 유교는 공자가 없어도 존재할 수 있습니다. 그러나 기독교는 하나님의 아들을 빼면 아무것도 남지 않습니다.

예수님이 하나님의 아들이라는 진리는 성부 하나님이 직접 증언해 주신 것입니다. 예수님이 세례 요한에게 세례를 받고 물에서 올라오실 때 성부 하나님이 직접 이렇게 선언하셨습니다. "하늘로부터 소리가 있어 말씀하시되 이는 내 사랑하는 아들이요 내 기뻐하는 자라 하시니라"마 3:17. 산 위에서 예수님의 모습이 변형되신 사건을 보도하고 있는 이른바 "변화산 사건"에서도 성부 하나님께서 직접 이렇게 말씀하셨습니다. "홀연히 빛난 구름이 그들을 덮으며 구름 속에서 소리가 나서 이르시되 이는 내 사랑하는 아들이요 내 기뻐하는 자니 너희는 그의 말을 들으라"마 17:5. 예수님은 창세 전부터 이미 하나님의 아들이셨고 창세 후에도 하나님의 아들이시며, 세상 종말

이후에도 변함없는 하나님의 아들이십니다. 예수님은 영원히 그리고 항상 하나님의 아들이십니다.

성부 하나님은 창세 전 영원의 차원에서 우리가 알 수 없는 극히 신비로운 방법으로 아들을 낳으셨습니다. 하나님의 아들이라는 표현은 예수님이 하시는 일 곧 직무에 관한 호칭이 아니라 예수님의 본질에 관한 호칭입니다. 예수님이 하나님의 아들이라는 말은 예수님은 그 본질에 있어서 하나님이라는 뜻입니다. 하나님이 직접 낳으신 자녀는 하나님일 수밖에 없습니다. 사람이 자녀를 낳으면 낳은 자녀도 부모와 본질이 같은 사람이고, 고양이가 새끼를 낳으면 새끼도 어미와 본질이 같은 고양이입니다. 사람이 고양이를 낳는 법이 없고 고양이가 사람을 낳는 법이 없습니다. 이처럼 하나님이 하나님이 아닌 다른 것을 낳으실 수 없습니다.

예수님을 믿는 우리도 하나님의 자녀 곧 아들이자 딸이라고 부르는데, 우리도 하나님과 본질이 같은 하나님일까요? 그렇지 않습니다. 엄밀하게 말하면 우리는 하나님의 아들이나 딸이 아니지만, 하나님의 아들이나 딸인 것처럼 여겨주시는 것일 뿐입니다. 우리는 하나님의 친자가 아니라 양자입니다. 우리는 하나님이 낳으신 자들이 아니라 하나님이 창조하신 자들입니다.

다윗의 혈통: 성육신부터 부활 직전까지의 존재방식

"육신으로는 다윗의 혈통에서 나셨고"롬 1:3. 창세 전 영원부터 하나님의 아들이신 예수님에게 중대한 전환점이 찾아왔습니다. 하나님의 아들이 인간의 "육신"을 입으신 것입니다. 하나님의 아들은 영이십니다. 영이신 하나님의 아들이 "육신"을 입으셨습니다. 본문이 말하는 "육신"은 몸과 영혼을 포함한 전인으로서의 사람을 가리킵니다. 하나님의 아들이 사람이 되신 것입니다. 영으로 계시던 하나님의 아들이 사람의 몸과 영혼을 입으셨습니다. 이것을 우리는 성육신이라고 부릅니다.

성육신 때 하나님의 아들이신 예수님이 인간의 몸만을 입으셨다는 생각은 잘못된 것입니다. 하나님의 아들은 몸뿐만 아니라 영혼도 입으셨습니다. 예를 들어서 누가복음 2:52에 보면 "예수는 지혜와 키가 자라가며 하나님과 사람에게 더욱 사랑스러워 가시더라"라고 되어 있습니다. 이 본문에 보면 지혜와 키가 모두 같이 자랐다고 되어 있습니다. 예수님이 몸만 입으셨다면 '키가 자랐다'라고만 말해야 합니다. 그런데 본문은 키뿐만 아니라 "지혜"도 자랐다고 말합니다. 지혜는 인간의 영혼의 중요한 특징입니다. 또한 인간의 영혼이 지닌 지혜는 처음부터 완전한 형태로 존재하는 것이 아니라 몸이 자람에 따라서 점점 자라나는 특징이 있습니다. 예수님의 지혜가 점점 자라났다는 것은 예수님이 가지고 계셨던 지혜가 인간의 영혼의 지혜였다는 뜻입니다.

바울은 다음 절에서 육신 곧 사람이 되신 예수님의 모습을 좀 더 구체적으로 설명하고 있습니다. 그것은 "다윗의 혈통에서"라는 구절입니다. 예수님은 다윗의 혈통에 속해 있었습니다. 여기서 제기되는 의문은 예수님의 선조로 등장하는 인물들이 많은데 왜 하필이면 바울은 다윗의 혈통을 강조했는가 하는 것입니다. 예컨대 아브라함의 혈통에서라고 해도 되고, 야곱의 혈통에서라고 해도 되고, 유다의 혈통에서라고 해도 되는데 구태여 다윗을 선택한 이유는 무엇일까요?

그 이유는 구약성경이 장차 오시리라고 예고한 메시아가 왕으로 예고되어 있고 이 왕이 다스리게 될 나라를 다윗의 왕좌와 다윗의 나라로 비유하고 있기 때문입니다. "그 정사와 평강의 더함이 무궁하며 또 다윗의 왕좌와 그의 나라에 군림하여 그 나라를 굳게 세우고 지금 이후로 영원히 정의와 공의로 그것을 보존하실 것이라 만군의 여호와의 열심이 이를 이루시리라"사 9:7. 이 예언에 따라서 유대인들은 왕으로서의 메시아를 기다렸습니다. 다만 유대인들은 왕으로서의 메시아를 예언한 본문을 잘못 해석했습니다. 이사야 9:7이 예언하고 있는 왕은 "무궁히" 다스리고, 왕위를 "영원히" 보존하실 왕인데, 이 왕은 어떤 특정한 지상의 왕국을 다스리는 정치적인 인간 왕일 수가 없습니다. 어떤 지상의 왕국도 영원히 계속될 수 없기 때문입니다. 영원히 다스리시는 왕은 하나님 외에는 없습니다. 그러나 유대인들은 고집스럽게 팔레스타인이라는 특정한 지역에 다윗 왕가를 복원할 정치적인 왕을 기대하고 있었습니다. 예수님은 유대인들이 기대하던 메시아가 아니었습니다. 왜냐하면 예수님은 무너진 다윗왕국을 재건하지 않으셨기 때문입니다. 예수님이 자신들이 기대하던 메시아가 아닌가 하고 기대하던 유대인들은 그 기대를 접고 다른 메시아를 다시 기다리기 시작하여 오늘에까지 이르고 있습니다.

현재 유대인들은 헤어나올 수 없는 미궁 속에 빠져 있습니다. 알려진 바에 따르면 주후 70년 예루살렘이 로마에 멸망당할 때 예루살렘에 보관되어 있던 모든 유대인의 족보들이 다 불타 버려서 예루살렘이 멸망한 이후에는 누가 어떤 혈통에 속한 자인지 족보상으로 추적하는 일이 불가능하게 되었다고 합니다. 따라서 이제는 어떤 사람이 메시아라고 주장할 경우에 족보상으로 그 사람이 메시아인지 아닌지 추적해 볼 길이 없게 되었습니다. 이에 비하여 예수님의 경우는 족보가 아주 분명하고 또한 성경 기록상으로 지금까지도 명확하게 남아 있습니다. 유대인들은 족보상으로 명확한 메시아인 예수님을 외면하고 족보상으로 추적할 길이 없는 또 다른 메시아를 기다리고 있습니다.

왕이신 메시아가 다윗의 혈통에서 나시긴 했지만 이 사건은 상식적으로 쉽게 납득할 수 있는 사건이 아닙니다. 하나님의 신비로운 기적적인 섭리가 아니면 불가능한 사건입니다. 왜 그럴까요? 원래 왕은 아버지가 왕위에 앉아 있고 왕가로서의 품위가 유지되고 있는 가문에서 태어나야 왕좌를 계승할 수가 있습니다. 아버지가 왕이라야 그의 아들이 왕자가 되고 왕자가 되어야 왕위를 상속받는 것 아닙니까? 그러나 마리아의 남편 요셉은 왕이 아니었습니다. 왕이 아닌데 어떻게 왕자가 태어나며 왕위를 계승할 수 있습니까?

예수님이 태어나실 당시의 다윗 가문은 왕위를 잃은 지 600년 이상이나 지난 몰락한 가문이었습니다. 이 가문에서 태어나도 아버지가 왕이 아니기 때문에 태어난 자녀는 왕자가 될 수 없습니다. 왕위를 잃은 지 600년이나 지난 가문이 왕족이라고 주장해 봤자 아무런 의미가 없습니다. 예를 들어서 지금 우리나라의 어느 집안이 매우 가난한 셋집에서 생활하고 있는데 족보를 따져 올라가 보니까 이 집안의 선조가 고려시대의 왕족이었다고 해 봅시다. 이 사람이 왕의 가문이라고 주장하는 것이 무슨 의미가 있을까요? 예수님 당시 다윗의 가문은 무성했던 나뭇가지와 나무의 큰 줄기는 다 없어져 버리고 나무줄기의 밑동 조금과 눈에는 보이지 않는 뿌리만 겨우 남은 초라한 서민 가문이었습니다.

그뿐만 아니라 예수님이 다윗의 혈통에 속한 것으로 되어 있긴 하지만 엄밀하게 말하면 요셉은 예수님의 혈통 상의 아버지가 아닙니다. 왜냐하면 마리아가 요셉과 성관계를 가진 다음에 예수님을 낳은 것이 아니기 때문입니다. 예수님에게는 마리아의 피는 섞였지만 요셉의 피는 섞이지 않았습니다. 요셉의 피가 섞이지 않았는데도 혈통 상의 요셉의 가문에 속해 있다고 할 수 있을까요?

이처럼 왕이신 메시아가 몰락한 다윗의 가문에서 태어나는 모습이 너무 기이한 것이었기 때문에 이사야는 11:1에서 "이새의 줄기에서 한 싹이 나며, 그 뿌리에서 한 가지가 나서 결실할 것이요"라고 예언했습니다. 이새는 다윗의 아버지입니다. 따라서 이새의 줄기라는 말은 이새의 족보라는 뜻입니다. 이사야가 묘사한 나무는 줄기 밑동 조금과 뿌리만 겨우 남고 다 죽은 고목이었습니다. 이런 고목은 이전에 울창했던 나무로 다시 살아날 수가 없습니다. 그런데 상식을 깨고 이 고목의 줄기에 작은 싹이 하나 그리고 뿌리에서 가지 하나가 삐쭉 솟아오른 것입니다. 이것은 정상적으로 나무가 성장하는 모습이 아닙니다. 왕이 없는 가문에서 왕이 태어나고, 피가 전혀 섞이지 않았는데도 혈통에 속해 있다고 하고, 성관계도 갖지 않았는데 태어나는 등의 모습들이 고목의 줄기에서 돋아나는 싹과 같고, 뿌리에서 삐쭉 솟아오른 가지 하나와 같이 이상하고 기이한 것입니다.

다음으로 우리가 주목해야 할 표현은 "나셨다"라는 구절입니다. "육신으로는 다윗의 혈통에서 나셨고." 나셨다는 표현은 "되었다"라고도 번역할 수 있습니다. "되었다"라는 표현은 변화가 일어났음을 암시합니다. 하나님의 아들이 이전과는 다른 형태를 취하게 된 것입니다. 어떤 형태를 취하게 되었을까요? 하나님의 아들이 성육신을 통하여 "사람의 아들"인자이 된 것입니다. 그런데 하나님의 아들이 사람의 아들이 되었다는 말을 바르게 이해하는 것이 중요합니다.

어떤 사람들은 이 말을 예수님이 하나님의 아들이기를 포기하고 사람이 되었다고 이해했습니다. 이들은 예수님이 하나님의 아들의 신분을 버리셨고, 따라서 하나님의 아들이 지니고 있는 능력과 영광을 완전히 버리고 순전한 인간이 되셨다고 말합니다. 예수님은 더 이상 하나님도 아니고 하나님의 아들도 아니라는 것입니다. 이는 잘못된 견해입니다. 하나님의 아들이 아니면 우리의 구원자가 될 수 없습니다.

또 어떤 사람들은 이 말을 하나님의 아들의 신분을 하나도 버리지 않고 그대로 유지한 상태에서 사람의 아들이라는 껍데기, 곧 가면을 쓴 것에 지나지 않는다고 이해했습니다. 예수님이 사람의 몸과 영혼을 실체적으로 취하신 것이 아니라 모양만 그렇게 보였을 뿐이라는 것입니다. 오늘날 영상기술이 발달하면서 이 견해를 좀 더 잘 이해할 수 있게 되었습니다. 음악방송을 할 때 다양한 풍경이 수시로 바뀌면서 무대배경으로 깔리는 것을 볼 수 있습니다. 그런데 이 모든 무대배경이 빔프로젝터를 통하여 조성한 영상일 뿐 실제 무대가 아닙니다. 그림과 모양은 있는데 실체는 없습니다. 이처럼 하나님의 아들이 인간이라는 모양은 갖추었지만 인간으로서의 실체는 없다는 것입니다. 사람의 아들은 그저 환영과 같은 것에 불과하다고 보는 것입니다. 이 견해도 잘못된 견해입니다. 사람의 아들이 아니면 우리의 구원자가 될 수 없습니다.

그러면 무엇이 바른 이해일까요? 예수님은 하나님의 아들의 신분을 그대로 유지하면서 그 위에 사람의 몸과 영혼을 실체로 취한 사람의 아들이 되었다고 보는 것이 바른 이해입니다. 예수님의 중심은 하나님의 아들입니다. 그 중심에 사람의 아들을 실체로 취하여 사람의 아들이 되었습니다. 이런 의미에서 예수님은 하나님의 아들임과 동시에 사람의 아들입니다. 하나님의 아들에다가 사람의 아들을 덧입으신 예수님은 하나님의 아들에게 본래부터 주어져 있는 권능과 영광을 버리신 것이 아니라 이 권능과 영광을 행사하는 것을 일정 기간 보류하셨습니다. 언제부터 언제까지요? 성육신하신 때부터 부활하시기 이전까지입니다. 이 기간에는 인간으로서 겪어야 할 연약함을 모두 겪으셨습니다. 밥을 먹지 않으면 배가 고프셨고, 물을 마시지 않으면 갈증을 느끼셨고, 힘들면 지치셨고, 채찍을 때리면 맞으셨고, 십자가에 못 박힐 때 육체적으로 죽으셔야 했습니다. 영혼도 슬픔을 당하면 고통스러워하셨고 울기도 하셨고 외로움도 느끼셨습니다. 그것은 마치 어느 회사의 회장이 회장의 권한을 행사하기를 당분간 보류하고 평사원으로 취직해 들어가서 직장상사의 지시를 따르면서 온갖 힘든 일을 다 하고 혼도 나면서 회사생활을 하는 것과 같습니다.

하나님의 아들로 선포되신 성결의 영: 부활 이후의 존재방식

"성결의 영으로는 죽은 자들 가운데서 부활하사 능력으로 하나님의 아들로 선포되셨으니"롬 1:4. 이 부분은 "성결의 영으로는"이라는 어구로 시작됩니다. 바로 첫 구절에서부터 매우 어려운 해석의 문제가 제기됩니다. "성결의 영"이 도대체 무엇을 가리키는가 하는 것입니다. "성결의 영"이 무엇인가를 이해할 때 반드시 염두에 두어야 할 점은 "성결의 영으로는"이라는 구절이 3절에 있는 "육신으로는"이라는 구절과 대조를 이루고 있기 때문에 "육신"과 짝을 이루는 개념으로 해석되어야 한다는 것입니다.

"성결의 영"에 대해서는 세 가지 해석이 제시되었습니다.

어떤 사람들은 "성결의 영"이 신적인 본성을 가리킨다고 해석 했습니다. 이 말의 뜻은 "영"은 실체가 아니라 성질로 보아야 한다 는 것입니다. 그러나 이 해석은 좋은 해석이 아닙니다. "성결의 영" 과 대조되는 앞 절의 "육신"이 단지 성질만을 가리키는 것이 아니라 인간의 몸과 영혼이라는 실체를 가리키는 표현이기 때문에 "성결의 영"도 성질이 아닌 실체를 가리키는 표현으로 보아야 합니다.

어떤 사람들은 "성결의 영"이 성령을 가리킨다고 해석했습니다. 이 해석도 좋은 해석이 아닙니다. 3절과 4절은 모두 하나님의 아들 인 예수 그리스도에 대하여 설명하는 구절들인데, 이 구절들 안에 예수 그리스도가 아닌 다른 실체인 성령이 끼어드는 것은 문맥의 흐 름에 맞지 않습니다.

가장 좋은 해석은 하나님의 아들의 영으로 해석하는 것입니다. 3절이 말한 "육신"이 사람의 아들로서의 예수님의 몸과 영혼을 가리 킨다면, 4절이 말한 "성결의 영"은 하나님의 아들로서의 영을 가리 킨다고 보아야 문맥의 흐름에 맞습니다. 육신도 예수님의 것이고 영 도 예수님의 것입니다. 예수 그리스도는 하나님의 아들로서 영이시 며 동시에 사람의 아들로서 사람의 몸과 영혼을 가지고 계십니다. 이 사실은 여러 곳의 성경 본문들이 뒷받침합니다. 디모데전서 3:16 은 이렇게 말합니다. "육신으로 나타난 바 되시고 영으로 의롭다 하 심을 받으시고." 이 본문이 말하는 육신은 사람의 아들로서의 예수님이 지니신 사람의 몸과 영혼을 뜻하고, 영은 하나님의 아들로서의 예수님이 지니신 영을 뜻합니다. 베드로전서 3:18도 예수님을 이렇게 묘사합니다. "육체로는 죽임을 당하시고 영으로는 살리심을 받으셨으니." 예수님이 영이신 하나님의 아들이라는 사실은 "첫 사람 아담은 생령이 되었다 함과 같이 마지막 아담예수님은 살려 주는 영이 되었나니"라는 고린도전서 15:45 말씀에 의해서도 뒷받침됩니다. "성결의 영"이라는 표현은 영이신 하나님의 아들은 성결한 분, 거룩한 분이라는 뜻입니다.

성결의 영이신 예수님은 "죽은 자들 가운데서 부활하사"라고 본문은 계속하여 말합니다. 이 말은 "죽은 자들 가운데서 부활하심으로써"라는 뜻입니다.

바울은 이 본문에서 예수님 혼자만의 부활을 말하지 않습니다. 예수님이 죽은 자들 가운데서 부활하셨다는 말은 부활하시기 전에 예수님도 죽은 자들 가운데 속해 있었다는 뜻입니다. 예수님이 죽은 자들 가운데 속해 있었다는 말은 예수님도 다른 죽은 자들과 똑같이 죽으셨다는 뜻입니다. 예수님이 다른 죽은 자들과 운명을 같이 하신 것입니다. 다른 죽은 자들과 운명을 같이 하여 죽으신 예수님이 처음으로 부활하셨다는 말은 다른 죽은 자들도 예수님처럼 부활한다는 것을 뜻합니다. 그러므로 고린도전서 15:20은 "그러나 이제 그리스도께서 죽은 자 가운데서 다시 살아나사 잠자는 자들의 첫 열매가 되셨도다"라고 말하는 것입니다. "죽은 자 가운데서 다시 살아나사"

라는 말은 예수님의 부활만을 뜻하는 것이 아니라 모든 죽은 자들이 예수님처럼 부활하실 것을 뜻합니다.

예수님이 부활하시기 전에 죽은 나사로나 나인성의 과부의 아들이 다시 살아난 일이 있고, 에녹과 엘리야가 죽지 않고 하늘로 들려 올라감을 받은 일도 있는데, 예수님이 처음 부활하셨다고 말하는 것이 타당한가에 대하여 어떤 사람들은 의문을 제기하기도 합니다. 그러나 죽은 나사로나 나인성 과부의 아들이 다시 살아난 것은 부활이 아닙니다. 예수님의 부활은 현세의 몸을 가지고 누리던 생명을 되찾은 것이 아니라 현세의 몸과는 다른 썩지 않는 새 몸을 입은 것이지만, 나사로나 나인성 과부의 아들은 죽은 현세의 몸을 가지고 누리던 현세의 생명을 되찾은 것뿐입니다. 나사로나 나인성 과부의 아들은 늙어서 다시 죽어야 했습니다. 에녹과 엘리아는 육체적 죽음이라는 과정을 거치지 않고 천국에 들어갔습니다. 이 점에 있어서 영혼이 육체적인 죽음의 과정을 거쳐서 천국에 들어가는 우리들과 차이가 있습니다. 그렇다고 해서 에녹이나 엘리야가 부활한 새 몸을 입은 것은 아닙니다. 에녹과 엘리야의 몸은 아직 부활하지 않았습니다.

본문은 계속하여 "능력으로 하나님의 아들로 선포되셨으니"라고 말합니다. 앞 문장과 연결하여 읽으면 성결의 영이신 예수님이 죽은 자들 가운데서 부활하심으로써 능력으로 하나님의 아들로 선포되셨다는 말이 됩니다. 우선 이 문장은 번역을 바로잡는 것이 필요합니다. 본문은 "능력으로 하나님의 아들로 선포되셨으니"라고 하여 마치 누군가의 능력에 힘입어 예수님이 하나님의 아들로 선포되신 것처럼 되어 있는데, 이렇게 번역하는 것보다는 "능력이 있는 하나님의 아들로 선포되셨으니"라고 번역해야 합니다. 부활을 계기로 예수님이 "능력이 있는 하나님의 아들로 선포되었다"라는 것은 무슨 뜻일까요?

첫째로, 이 말은 예수님이 이전에는 하나님의 아들이 아니었다가 부활하심으로써 비로소 하나님의 아들이 되셨다는 뜻이 아닙니다. 이 구절에서 사용된 동사가 그런 해석을 허용하지 않습니다. 선포되셨다고 번역된 헬라어는 오리조ὁρίζω라는 동사인데, 이 동사는 밭의 경계를 표시하는 행위를 가리키는 용어입니다. "여기서부터 여기까지가 나의 밭이다"라고 줄을 치고 팻말을 꽂아서 다른 사람이 들어오지 못하게 하는 행위가 오리조입니다. 그러면 이 밭은 언제부터 팻말을 꽂는 사람의 소유물이 되었을까요? 원래 이 밭이 팻말을 꽂은 사람의 소유물이 아니었다가 팻말을 꽂는 순간 팻말을 꽂은 사람의 소유물이 된 것일까요?

요즈음에는 그런 놀이를 거의 하지 않는데, 제가 어렸을 때 땅따먹기 놀이를 자주 했습니다. 커다란 사각형 땅을 그려놓은 다음에 양편이 모두 자기편 진영 끝에 아주 작은 반원을 그려놓습니다. 그리고 거기에서 돌을 세 번 튕겨서 금을 긋고 세 번 만에 반원 안에 성공적으로 들어오면 금 그은 부분이 자기 땅이 됩니다. 실패하면 상대방에게 순서가 돌아갑니다. 이렇게 반복하여 더 많은 땅을 차지하는 사람이 이기는 게임입니다. 이 게임에서는 금을 긋는 순간 내 땅이 아니었던 땅이 내 땅이 됩니다. 이 게임은 미국에서 온 게임으로서 미국 서부개척시대의 땅따먹기관습을 놀이로 만든 것입니다. 주인 없는 땅이 넓게 펼쳐져 있던 서부개척시대에는 땅에 팻말을 먼저 꽂는 자가 그 땅을 차지할 수 있었습니다.

그러나 이런 특별한 경우를 제외하면 대부분의 나라에서는 땅에 팻말을 꽂는 순간 내 땅이 되는 것이 아니라 이미 내 땅이 되어 있는 땅에 팻말을 꽂아서 내 땅임을 공개적으로 알리는 법입니다. 이처럼 예수님의 부활을 계기로 예수님이 하나님의 아들로 선포되었다는 말은 하나님의 아들이 아니시던 예수님이 처음으로 하나님의 아들이 되는 것이 아니라 원래부터 하나님의 아들이었다는 것을 예수님이 부활하실 때 공개적으로 알려준다는 뜻입니다.

둘째로, 그러면 예수님의 부활은 예수님이 하나님의 아들임을 아무런 변화도 없이 공개적으로 알리는 것에 지나지 않는 것일까요? 그렇지 않습니다. 중요한 변화가 있습니다. "능력이 있는 하나님의 아들"임을 공개적으로 알리는 것입니다. 무슨 말입니까? 성육신하신 후 부활하시기 전까지의 예수님은 하나님의 아들이셨지만 능력을 숨긴 채 행사하지 않는 사람의 아들로 계셨습니다. 이 세상에 태어나실 때 여관이 없어서 마구간에서 태어나셨고, 로마 군인들이 채찍을 때릴 때 힘없이 맞으셨고, 십자가에 못 박히자 고통을 받고 죽으셔야 했습니다. 예수님은 하나님의 아들이셨지만 힘없이 고난받는 사람의 아들로 계셨습니다. 물론 이때도 예수님은 능력이 있으셨지만 의도적으로 능력 발휘를 하지 않으셨습니다. 그것은 마치 기업의 회장이 사원으로 취업하여 사원으로 일할 때 일부러 회장의 힘을 발휘하지 않은 것과도 같고, 태권도 9단의 높은 무술 실력을 갖춘 사람이 무술 실력을 발휘하지 않고 때리면 그냥 맞아 주고 져 주는 것과도 같습니다. 부활하시기 전까지는 예수님이 의도적으로 하나님의 아들로서의 능력을 발휘하지 않으셨습니다. 이 기간의 예수님은 능력을 숨기신 "하나님의 아들"이었습니다. 그러다가 부활하신 때부터 예수님이 하나님의 아들로서의 능력을 감추지 않고 드러내기 시작하셨습니다. 이때부터 예수님은 하나님의 아들이자 왕이신 메시아로서 능력을 유감없이 발휘하기 시작하셨습니다. 그래서 "능력이 있는 하나님의 아들"인 것입니다.

우리 주 예수 그리스도

"곧 우리 주 예수 그리스도시니라"롬 1:4. "우리 주 예수 그리스도시니라"라는 진술은 예수님은 우리의 진정한 주님이 되셨다는 뜻입니다. 바울을 비롯한 초대교회 사도들과 지도자들은 예수 그리스도가 우리의 주이실 뿐만 아니라 온 우주의 주이심을 사람들에게 알리고 설득하다가 체포당하고 순교 당했습니다. 왜냐하면 로마의 관원들은 예수님이 주가 아니라 로마 황제가 주라고 생각했고, 로마 황제가 아닌 어떤 자를 주로 부르는 것은 반역에 해당한다고 생각했기 때문입니다.

4 인사말 3 : 사도의 직분과 성도 (롬 1:5-7)

5절 그로 말미암아 우리가 은혜와 사도의 직분을 받아 그의 이름을 위하여
　　모든 이방인 중에서 믿어 순종하게 하나니
6절 너희도 그들 중에서 예수 그리스도의 것으로 부르심을 받은 자니라
7절 로마에서 하나님의 사랑하심을 받고 성도로 부르심을 받은 모든 자에게
　　하나님 우리 아버지와 주 예수 그리스도로부터 은혜와 평강이 있기를
　　원하노라

1절에서 자기 자신을 소개하고 2-4절까지 자신이 전하는 복음
의 기원과 내용을 소개한 바울은 5절에서는 자신이 복음을 전하는
사도의 직분을 어떻게 받았으며, 사도의 사역이 무엇이며, 그 목표
는 또 무엇인가를 밝힙니다. 계속되는 6-7절은 로마서를 읽는 수신
자들인 로마의 성도들이 어떤 자들인가를 소개합니다.

사도의 직분

바울이 사도의 직분을 어떻게 받았고, 사도의 사역이 무엇이며,
사도의 사역의 목표가 무엇인가를 다루고 있는 5절을 보겠습니다.
"그로 말미암아 우리가 은혜와 사도의 직분을 받아 그의 이름을 위
하여 모든 이방인 중에서 믿어 순종하게 하나니."

사도의 직분을 받은 과정

"그로 말미암아 우리가"롬 1:5. "그"는 앞 절이 말하는 "우리 주 예수 그리스도"를 뜻합니다. "우리가." "우리"는 사도들을 뜻합니다. "우리가"는 "바울을 포함한 사도들이"라는 뜻입니다. "은혜와 사도의 직분을 받아." 바울은 자신을 포함한 사도들은 주 예수 그리스도를 통하여 은혜와 사도의 직분을 받았다고 말합니다. "은혜와 사도의 직분을 받아"라는 말은 은혜와 사도의 직분 두 개를 받았다는 뜻이 아닙니다. 이 표현은 중언법重言法으로서 영어로 bread and butter와 같은 표현입니다. bread and butter라는 말은 빵과 버터 두 개를 뜻하는 것이 아니라 "버터 바른 빵"이라는 뜻입니다. 마찬가지로 "은혜와 사도의 직분"이라는 표현은 "은혜로 받은 사도의 직분"이라는 뜻입니다. 바울은 사도의 직분을 하나님의 특별한 은혜로 받았습니다.

바울이 이방인에게 복음을 전하는 사도의 직분을 은혜로 받은 광경은 사도행전 26:15-18에 기록되어 있습니다. 이 본문에 보면 바울에게 나타나신 예수님은 바울이 "주님 누구시니이까?"라고 묻는 물음에 "나는 네가 박해하는 예수라"라고 답변하신 후에 곧바로 이방인에게 복음을 전하는 사도의 직무를 맡기십니다. "일어나 너의 발로 서라 내가 네게 나타난 것은 곧 네가 나를 본 일과 장차 내가 네게 나타날 일에 너로 종과 증인을 삼으려 함이니 이스라엘과 이방인들에게서 내가 너를 구원하여 그들에게 보내어 그 눈을 뜨게 하여 어둠에서 빛으로, 사탄의 권세에서 하나님께로 돌아오게 하고 죄 사함과 나를 믿어 거룩하게 된 무리 가운데서 기업을 얻게 하리라." 주님은 바울에게 이방인을 위한 사도의 직무를 맡기실 때 과거의 죄를 따지지 않고, 그 죄목들을 다 청산하기를 기다리지도 않고, 엎드러진 채 회개할 엄두조차 내지 못하는 바울에게 바로 엄청난 직무를 맡겨 버리십니다. 바울은 많이 기도하고 준비된 가운데 사도의 직분을 받은 것이 아니고, 전혀 준비가 안 된 상태에서, 정신이 혼미한 상태에서, 뭐가 뭔지도 모르는 상태에서, 얼떨결에 사도의 직분을 받았습니다. 이와 같은 광경을 회상하면서 바울은 사도의 직분을 하나님의 은혜로 받았다고 고백하는 것입니다.

그러면 바울이 직분을 받은 상황을 우리에게 적용해 보겠습니다. 물론 바울이 받은 사도의 직분은 아주 특별한 직분이어서 오늘날 우리에게 주어지는 직분은 아니지만 우리가 받은 직분도 교회를 섬기는 데 중요한 직분들이며, 직분을 받은 경로는 바울이 사도의 직분을 받을 때와 매우 비슷합니다. 여러분은 장로의 직분, 권사의 직분, 집사의 직분, 교사의 직분, 여전도회나 남전도회 회장의 직분, 성가대의 직분 등을 받아서 교회를 섬기고 계시는데, 충분히 기도하고 준비가 된 상태에서 이 고귀한 직분을 받았습니까? 그렇지 않습니다. 모든 직분이 갑자기 여러분에게 주어졌습니다. 여러분은 준비도 안 된 상태에서 얼떨결에 직분을 받으셨습니다. 어느 날 장로투표, 권사투표에서 당선되어 장로, 권사가 되었고, 목사님이 "내년부터 집사로 임명하겠습니다, 내년부터 교사로 임명하겠습니다, 내년부터 성가대원으로 임명하겠습니다" 하고 통보하고는 바로 임명을 받았습니다. 우리는 내가 잘 나서 직분을 받은 것이 아니라 은혜로 직분을 받은 자들입니다.

사도의 직분을 주신 목적

그러면 하나님께서 바울에게 사도라는 직분을 주신 목적은 무엇일까요? 이 질문에 대하여 바울은 "그의 이름을 위하여 모든 이방인 중에서 믿어 순종하게 하나니"라고 답변합니다. 이 본문은 하나님이 바울에게 사도의 직분을 주신 두 가지 목적을 말하고 있습니다. 하나는 "그의 이름" 곧 그리스도의 이름을 위한 것입니다. 다른 하나는 "모든 이방인 중에서 믿어 순종하게 하는 것"입니다.

사도의 직분의 첫째 목적은 그리스도의 이름을 위한 것, 곧 그리스도의 이름을 드러내는 것입니다. 여기서 우리는 한 가지 의문을 가질 수 있습니다. 예를 들어서 여러분이 회사에 들어가서 팀장 밑에서 일을 한다고 가정해 봅시다. 팀장이 여러분에게 매우 어려운 과제를 하나 맡기고 여러분에게 이렇게 말합니다. "이 일을 다 한 뒤에 네가 했다고 하면 안 돼. 일을 다 하고 난 뒤에는 내가 다 했다고 말해야 한다. 알았지?" 여러분이 이런 요구를 들으면 아마도 팀장의 이기적이고 탐욕스러운 태도 때문에 굉장히 씁쓸하고 속으로 많이 화가 나실 것입니다. 그런데 주님이 바울에게 사도의 직분을 맡기실 때도 "네가 일은 다 하지만 네 이름이 드러나게 하면 안 된다. 내 이름이 드러나고 내가 일을 다 한 것으로 해야 한다. 알았지?"라고 말씀하시는 셈인데, 그렇다면 우리 주님은 방금 예로 든 회사 팀장처럼 너무 이기적이고 탐욕스러운 분이신가요? 왜 주님은 이처럼 이기적이고 탐욕스러워 보이는 요구를 바울에게 하시는 걸까요?

이처럼 주님이 이기적으로까지 보이는 요구를 하시는 이유는 주님의 이름이 지닌 독특성 때문입니다. 주님의 이름은 그 이름을 통하여 전달되는 예수 그리스도를 믿음으로 받아들이는 자를 죄와 사망의 권세로부터 해방시키는 엄청난 능력을 가지고 있습니다. 그러므로 주님의 이름이 널리 드러나면 드러날수록 사람들이 구원받을 수 있는 기회가 늘어나게 됩니다. 그러나 바울의 이름은 어떻습니까? 바울은 구원의 길을 전하는 사람인데, 바울 자신의 이름이 사람을 구원할 수 있을까요? 아닙니다. 바울이 아무리 신실하고 위대한 주의 사역자라 하더라도 바울의 이름에는 구원의 능력이 전혀 없습니다. 바울의 이름으로는 사람들이 구원받을 수 없습니다. 이 때문에 복음을 전하는 사역자는 자신의 이름은 가능한 한 감추고 그리스도의 이름만이 드러나도록 해야 합니다.

사도의 직분의 둘째 목적은 '모든 이방인 중에서 믿어 순종하게 하는 것'입니다. 사도는 자신이 전한 복음을 듣는 이방인들로 하여금 '믿어 순종하게 하도록 하기 위하여' 일하는 사역자입니다. "믿어 순종하도록 한다"라는 표현은 헬라어 원어로는 "믿음의 순종"이라고 되어 있습니다. 그런데 이 표현이 두 가지로 해석될 수가 있습니다. 이 구절은 "믿음은 곧 순종이다"라고 해석할 수도 있고 "믿음에 뒤따르는 순종"이라고도 해석할 수가 있습니다. 바울에게는 두 가지 생각이 다 들어있습니다.

이 구절을 "믿음은 곧 순종이다"라고 해석하면 "예수님을 우리의 구주로 믿는 행위 자체가 이미 주님의 말씀에 순종하는 행위다"라는 뜻이 됩니다. 로마서 6:17-18에 보면 이런 말씀이 있습니다. "너희가 본래 죄의 종이더니 너희에게 전하여 준 교훈의 본을 마음으로 순종하여 죄로부터 해방되어 의에게 종이 되었느니라." 이 본문에서 말하는 "교훈의 본"은 복음을 뜻하고 "마음으로 순종하여"는 예수 그리스도가 구주이심을 믿는 행위를 뜻합니다. "의에게 종이 되었느니라." 곧, 의롭다 칭함을 받고 의인이 되었다는 말입니다. 이 본문에서는 예수님을 구주로 믿는 행위를 복음에 대한 순종과 동일시하고 있습니다. 또한 로마서 10:16에 보면 이런 말씀이 있습니다. "그러나 그들이 다 복음을 순종하지 아니하였도다." 이 말씀은 그들 곧 유대인들이 복음 곧 예수 그리스도가 구주이심을 믿지 않았다는 뜻입니다. 여기서도 믿음과 순종은 동일시되고 있습니다. 예수 그리스도가 하나님이자 하나님의 아들이심을 믿고 구주로 받아들이는 것은 모든 그리스도인이 보여주는 첫 번째 순종입니다. 복음은 "회개하고 복음 곧 주 예수 그리스도를 믿으라"라고 요구합니다. 이 요구를 받아들여서 예수님을 구주로 믿고 받아들이는 것은 이 요구에 순종하는 것입니다.

한편 이 구절을 "믿음에 뒤따르는 순종"이라고 해석하면 예수 그리스도를 구주로 믿는 믿음에는 사랑을 실천하는 것과 같은 순종 곧 행함이 당연히 뒤따라야 한다는 뜻입니다. 이 생각도 바울에게 있습니다. 디모데전서 1:5에 이런 말씀이 있습니다. "이 교훈의 목적은 청결한 마음과 선한 양심과 거짓이 없는 믿음에서 나오는 사랑이거늘." 이 본문은 '믿음에서 사랑이 나온다'라고 말하고 있습니다. 또한 갈라디아서 5:6에는 이런 말씀이 있습니다. "그리스도 예수 안에서는 할례나 무할례나 효력이 없으되 사랑으로써 역사하는 믿음뿐이니라." "사랑으로써 역사하는 믿음"은 "믿음은 사랑을 통하여 나타나야 한다" 혹은 "믿음에는 사랑의 실천이 뒤따라야 한다"라는 뜻입니다. 이 말은 예수님을 구주로 영접한 자들은 서로 사랑하라는 주님의 계명에 순종하는 삶을 살아야 한다는 뜻입니다.

바울에게 주어진 사도의 직무는 두 가지입니다. 하나는 이방인들로 하여금 "회개하고 주 예수를 구주로 영접하라"라는 명령에 순종하여 예수님을 구주로 영접하도록 하는 것입니다. 다른 하나는 이방인들로 하여금 예수 그리스도를 구주로 영접한 후에는 "서로 사랑하라"라는 주님의 명령에 순종하는 삶을 살도록 변화시키는 일입니다.

사도의 직무는 우리 모든 그리스도인이 살아내야 할 삶이 어떤 것인가를 시사해 줍니다. 그리스도인들은 자신들의 이름이 드러나는 삶을 사는 자들이 아니라 그리스도의 이름이 드러나는 삶을 살아야 하는 자들입니다. 또한 그리스도인은 "회개하고 복음을 믿으라"라는 명령에 순종하여 예수 그리스도를 구주로 믿고 영접한 자들이며, 그와 동시에 주님의 계명에 순종하는 삶을 살아야 하는 자들입니다.

로마서의 독자들

1-5절까지 로마서를 쓴 자신을 길게 소개한 바울은 6-7절에서는 로마서를 읽는 독자들인 로마의 성도들에 대하여 소개합니다. 6절에서는 일반적으로 간단하게 설명하고 7절에서는 좀 더 구체적으로 자세히 설명합니다.

"너희도 그들 중에서 예수 그리스도의 것으로 부르심을 받은 자니라"롬 1:6. "너희"는 로마교회의 성도들을 가리킵니다. "그들"은 "모든 이방인"을 뜻합니다. 로마교회 성도들은 이방인들 가운데 속해 있는 자들이었습니다. "예수 그리스도의 것으로 부르심을 받은 자니라." 로마교회 성도들은 부르심을 받은 자들인데, 누구의 부르심을 받은 자들인가요? 성부 하나님의 부르심을 받은 자들입니다. 부르심을 받아 어떻게 되었는가요? 예수 그리스도의 것이 되었습니다. 7절은 이 말을 좀 더 자세하게 설명합니다. "로마에서 하나님의 사랑하심을 받고 성도로 부르심을 받은 모든 자에게 하나님 우리 아버지와 주 예수 그리스도로부터 은혜와 평강이 있기를 원하노라."

7절은 로마의 성도들을 세 가지 용어로 정의합니다. 첫째는 "하나님의 사랑하심을 받은"입니다. 둘째는 "성도"입니다. 셋째는 "부르심을 받은"입니다.

하나님의 사랑하심을 받은 자

"하나님의 사랑하심을 받은"롬 1:7. 로마는 당시 세계에서 가장 발달한 문화를 자랑하는 최첨단도시였지만 온갖 유형의 신들을 숭배하는 우상숭배의 중심지였고 동성애를 비롯한 도덕적 죄악과 방탕으로 가득 차 있는 곳이었습니다. 화려한 문명과 죄악이 함께 공존하는 어둠의 도시 로마에서 로마인들이 살아가는 모습과는 전혀 다른 새로운 삶을 살아가는 자들이 등장하기 시작했는데, 이들이 바로 로마교회 성도들이었습니다. 그러면 로마교회 교인이 로마인들의 타락한 삶과는 전혀 다른 삶을 살아갈 수 있었던 힘은 어디에서 나왔을까요? 그 힘은 이들이 '하나님의 사랑하심을 받았다'라는 사실에서 나왔습니다.

하나님의 사랑은 어떤 사랑일까요? 오늘 본문은 아무런 조건 없이 로마교회 교인들이 하나님의 사랑하심을 받았다고 말합니다. 하나님의 사랑하심을 받았다는 말 앞에 어떤 조건도 붙어 있지 않습니다. 로마교회 성도들도 다른 로마인들과 별로 다르지 않은 삶을 살아온 자들이었습니다. 로마교회 성도들은 자신들이 타락한 삶을 살았다는 사실을 잘 알고 있었고, 그 삶을 가지고는 거룩하신 하나님 앞에 나아갈 수 없다는 사실도 잘 알고 있었습니다. 그런데 뜻밖에도 거룩하신 하나님이 자신들이 살아온 타락한 삶을 문제 삼지 않고 이들을 먼저 사랑하셨습니다. 이 사랑이 로마인들을 감동시켰습니다.

성도

"성도로"롬 1:7. 바울은 로마교회의 교인들을 성도라고 호칭했습니다. 본문에서 성도들이라고 번역된 헬라어는 하기오이ἅγιοι로서 "거룩한 자들"이라는 뜻입니다. 하나님의 사랑을 받은 로마교회 교인들 모두가 바로 하나님 앞에서 거룩한 자들로 선언되었습니다. 바울은 특별한 선행을 한 업적이 있는 자들만을 성도라고 부르지 않고 하나님의 사랑을 받은 모든 자를 성도라고 부릅니다. 이 점에 있어서 바울의 성도관은 가톨릭교의 성도관과는 크게 다릅니다. 천주교에서는 성도라는 말을 쓰지 않고 성인이라는 말을 쓰는데, 두 단어가 모두 헬라어인 하기오스ἅγιος이나 영어인 세인트saint를 번역한 말이므로 실제로는 같은 말입니다. 천주교에서는 모든 신자를 "거룩한 자" 곧 성인 또는 성도라고 부르지 않고 신자가 된 이후에 하나님 앞에서 특별한 공적을 쌓은 사람들 - 예컨대 순교를 했다거나 평생 결혼하지 않고 독신으로 살면서 주님께 헌신을 한 사람들 - 만을 성인이라고 부릅니다. 그러나 바울은 예수님을 믿는 모든 신자를 성인 또는 성도라고 부릅니다. 가톨릭교는 인간의 도덕적 상태를 보고 성도인가를 결정하고, 바울은 하나님의 사랑이 있는가를 보고 성도인가를 결정합니다. 당연히 우리는 바울을 따라야 합니다. 우리는 어떤 사람이 성도인가의 여부를 판단할 때 그 사람의 도덕적인 상태를 보고 판단해서는 안 됩니다. 우리는 바울처럼 "하나님의 사랑이 있는가"에만 근거하여 판단해야 합니다.

부르심을 받은 자

"부르심을 받은 모든 자에게"롬 1:7. 바울은 로마교회 교인들을 하나님의 부르심을 받은 자로 호칭합니다. 성경은 세 가지 유형의 하나님의 부르심을 말하고 있습니다. 첫 단계의 부르심은 온 인류를 향하여 이 세상이 하나님이 창조하신 세계임을 인정하도록 요청하는 부르심입니다. 이 부르심을 신학에서는 일반적인 부르심이라고 합니다. 예를 들면 시편 19:1은 이렇게 말합니다. "하늘이 하나님의 영광을 선포하고 궁창이 그의 손으로 하신 일을 나타내는도다." 이 구절은 병행법이라는 어법으로서 같은 내용을 다른 표현으로 한 번 더 말하는 어법입니다. 하늘이 다음 구절에서는 궁창으로 표현되었고, '하나님의 영광을 선포한다'라는 말이 다음 구절에서는 '그의 손으로 하신 일을 나타내는 것'으로 표현되었습니다. 이 말의 뜻은 하늘을 잘 살펴보면 하늘이 하나님이 만드신 것임을 알 수 있다는 말입니다. 하늘뿐만 아니라 자연 세계 전체를 잘 살펴보면 자연 세계가 하나님이 만드신 세계이며, 따라서 창조주 하나님이 존재하신다는 사실을 알 수 있다는 것입니다. 자연 만물이 창조주 하나님이 계신 것을 인정하도록 세상 사람들을 초청한다, 혹은 부른다는 것입니다.

둘째 단계의 부르심은 죄인들을 향한 구원의 초청의 첫 단계로서 말씀을 통한 외적인 부르심입니다. 말씀을 통한 외적인 부르심은 대상을 가리지 않고 모든 사람에게 복음의 말씀을 전하여 구원을 받도록 초청하는 것입니다. 마태복음 11:28에서 예수님은 이렇게 말씀하셨습니다. "수고하고 무거운 짐 진 자들아 다 내게로 오라 내가 너희를 쉬게 하리라." 하나님은 모든 인류를 대상으로 하여 자신에게로 와서 무거운 짐을 내려놓고 쉼을 얻으라고 초청합니다. 또한, 사도행전 17:30에서 바울은 하나님이 '어디든지 사람에게 명하사 회개하라 하셨다'라고 말함으로써 하나님이 온 인류를 대상으로 구원의 초청을 하고 계심을 말합니다.

그런데 하나님이 온 인류를 구원으로 초청한다고 해서 온 인류가 다 실제로 구원을 받는 것은 아닙니다. 아무리 구원으로 초청을 해도 초청받은 자가 마음의 문을 열고 초청을 받아들이지 않으면 구원받을 수가 없습니다. 이 사실을 우리는 마태복음 22:1-14과 누가복음 14:16-24에 있는 혼인 잔치의 비유를 통하여 확인할 수 있습니다. 임금이 혼인 잔치를 마련하고 종들을 보내서 많은 사람을 잔치에 오도록 초청합니다. 그런데 초청을 받고 초청에 응하여 혼인 잔치에 온 사람들도 있었지만, 어떤 사람은 초청을 들은 척도 하지 않았고, 어떤 사람은 밭일이 바쁘다는 핑계를 대고 오지 않았고, 어떤 사람은 사업이 바쁘다고 오지 않았고, 또 어떤 사람은 초청하는 임금의 종을 잡아서 모욕하고 죽이기까지 했습니다. 이 사람들은 혼인 잔치에 참석하지 못했습니다. 이처럼 말씀을 통한 외적인 부르심이 주어져도 이 부르심을 거부할 수 있고, 부르심을 거부하면 구원받을 수 없습니다.

마지막 셋째 단계의 부르심은 말씀의 내적인 부르심입니다. 외부에서 전도자들을 통하여 주어지는 구원의 초청을 듣고 마음 문을 열고 구주를 영접하겠다는 의사를 표현하면 그 즉시 그리스도와 성령께서 마음속에 들어오셔서 죽었던 속사람을 거듭나게 하시고 거룩하게 하시고 의롭다 하시고 양자로 삼으시는 구원의 과정이 바로 진행되어서 실제로 구원이 이루어집니다. 실제로 구원이 이루어진다는 점에서 이 부르심을 유효한 부르심이라고도 합니다. 로마서 1:7이 말하는 부르심은 바로 이 부르심 곧 말씀의 유효한 내적인 부르심입니다. 로마의 신자들은 바로 이 말씀의 유효한 부르심을 받고 성도가 된 자들이며, 우리 모두도 바로 이 말씀의 유효한 부르심을 받고 성도가 된 자들입니다. 유효한 부르심은 예수 그리스도를 구주로 영접할 때 바로 일어나며, 한번 유효하게 부르신 부르심은 취소되는 일이 없습니다.

바울은 로마교회 성도들에게 축복을 기원한 후에 문안인사를 마무리합니다. "하나님 우리 아버지와 주 예수 그리스도로부터." 이 구절에서 바울은 성부 하나님과 예수 그리스도를 병렬 접속사로 연결함으로써 동등한 위치에 두었습니다. 예수 그리스도는 성부 하나님과 동등한 하나님이시라는 것입니다. 감사하게도 오늘 한국의 성도들이 이 진리를 고백하는 데 큰 어려움이 없습니다. 그러나 바울 당시에는 목숨을 걸지 않으면 주장할 수 없는 것이 바로 이 교리였습니다. 바울은 바로 이 교리를 주장했기 때문에 선교사역을 하는 내내 유대교인들에게 박해를 받았고 생명의 위협을 받았습니다. 왜냐하면 유대교는 예수 그리스도를 하나님으로 인정하지 않았고, 성부 하나님 이외에 다른 어떤 존재를 성부 하나님과 동일시하면 사형을 받아야 할 신성 모독죄로 간주했기 때문입니다.

　바울이 아버지 하나님과 주 예수 그리스도로부터 로마교회 성도들에게 임하기를 기원한 축복은 은혜와 평강입니다. 은혜는 어떤 선물이 아무런 조건 없이 무상으로 주어지는 것을 뜻합니다. 성도들이 받은 구원은 아무런 조건 없이 주어지는 선물입니다. 구원의 선물이 주어지면 죄와 사망의 권세로부터 해방되고, 그 결과 죄 때문에 병들고 불안했던 마음과 사망에 대한 두려움에 떨었던 마음이 안정을 찾고 평화를 얻습니다. 이 평화는 마음속에만 머무르지 않고 바깥으로는 하나님과의 관계에도 찾아오고, 사람들과의 관계에도 찾아옵니다. 기독교인의 구원은 은혜로 시작하고 평강으로 끝납니다. 은혜는 알파요 평강은 오메가입니다. 은혜는 샘의 근원으로서 평강의 대양으로 흘러갑니다.

5 바울과 로마교회 성도들 1 : 바울의 감사 (롬 1:8)

8절 먼저 내가 예수 그리스도로 말미암아 너희 모든 사람에 관하여 내 하나
님께 감사함은 너희 믿음이 온 세상에 전파됨이로다

1:1-7까지 바울 자신과 로마교회의 성도들에 대하여 소개한 바
울은 계속되는 1:8-15에서 로마교회 성도들과 바울 자신의 관계에
대하여 설명합니다. 이 본문에서 바울은 한 번도 만난 일이 없는 로
마교회의 성도들을 어떻게 알게 되었는지 그 경위, 로마교회 성도들
을 만나고 싶어서 로마로 가려고 몇 차례나 시도했으나 하나님이 길
을 막으셔서 가지 못한 아쉬움, 자신이 로마교회 성도들을 만나고
싶어 하는 이유 등을 소상하게 밝힙니다. 바울은 먼저 하나님께 감
사하는 마음을 밝히는 것으로 이 모든 서술을 시작합니다. 이 장에
서는 바울의 감사를 다루는 8절을 살펴보도록 하겠습니다.

바울은 한 가지 사실에 대하여 감사하는 내용을 소개하고 있습
니다. "먼저 내가 예수 그리스도로 말미암아 너희 모든 사람에 관하
여 내 하나님께 감사함은 너희 믿음이 온 세상에 전파됨이로다." 바
울은 로마교회 성도들이 예수님을 믿고 그리스도인이 되었다는 소
식이 온 세상에 널리 전파된 것을 보고 감사를 표하고 있습니다.

"첫째로"만 언급된 이유

바울은 "먼저"라는 부사로 글을 시작합니다. "먼저"라는 말은 "첫째로"라는 뜻입니다. 이 단어에도 바울의 마음의 일단이 살짝 드러납니다. 이 살짝 드러난 부분을 캐면 큰 보화가 그 안에 숨어 있습니다. 그 보화가 무엇일까요? 우리가 말을 할 때 "첫째로"라고 시작하면 당연히 "둘째로"가 나오고 그 다음에는 "셋째로"가 나오게 되어 있습니다. 그래야만 문장의 형식이 논리적으로 앞뒤가 맞는 좋은 글이 되기 때문입니다. 그러나 바울의 글에서는 "먼저" 또는 "첫째로"로 시작한 후에 아무리 읽어도 "둘째는"이 나오는 일이 없습니다. 그 이유가 무엇일까요? 그 이유는 바울이 "첫째로"로 시작해 놓은 뒤에 "둘째로"로 돌아오는 것을 잊어버렸거나 무시해 버렸기 때문입니다.

바울은 왜 "둘째로"를 말하는 것을 잊어버렸을까요? 바울은 문장을 다듬어서 쓰는 일을 중요시하는 문학가나 학자가 아니라 복음을 전하여 사람을 살리는 긴급한 일을 위하여 현장에서 뛰는 복음전도자이자 선교사였기 때문입니다. 바울도 지성을 갖추고 있던 위대한 학자였고 따라서 논리정연하게 글을 쓸 수도 있었고 수사학을 공부했기 때문에 문장을 아름답게 다듬을 수 있는 능력도 있었습니다. 그러나 바울은 지성의 노예가 되지는 않았습니다. 바울은 문장의 아름다움보다는 복음의 진리에 훨씬 더 집중했기 때문에 문장의 형식에 얽매이지 않았습니다. 바울이 "첫째로"로 문장을 시작할 때는 당연히 둘째, 셋째 해야 할 말을 구상했을 것입니다. 그러나 "첫째로"

로 문장을 시작한 후에 성령의 감동을 받아 현장에서 필요한 더 중요한 진리들이 떠오르면 언제든지 둘째와 셋째를 말하기를 중단하고 성령의 지시를 따라서 성령이 원하시는 말씀을 바로 해 버린 것입니다. 이것이 바울의 글들이 지닌 중요한 특징입니다. 그래서 바울의 글은 문학적으로 보면 투박한 글입니다. 바울은 문장을 세련되고 아름답게 다듬는 일보다는 복음의 진리와 능력이 나타나도록 하는 데 관심을 집중했습니다. 그 결과 바울의 서신들은 아름다운 문장으로 이루어지지는 않았지만 화산처럼 능력을 뿜어내는 살아 있는 말씀이 되었습니다.

물론 우리에게는 바울에게 임했던 것과 같은 성령의 감동이 찾아오지 않습니다. 우리에게 찾아오는 것은 성령의 감동이 아니라 성령의 인도하심 혹은 성령의 조명입니다. 성령의 감동은 성경말씀을 기록한 성경기자들에게만 쓰는 표현입니다. 성령의 감동과 성령의 인도하심 또는 조명에는 명확한 차이가 있습니다. 그럼에도 불구하고 바울의 어법은 성도들의 신앙생활의 방향을 결정하는 데 매우 중요한 교훈을 줍니다. 그 교훈은 성령의 인도하심과 조명이 분명히 나타날 때는 외형적인 형식이나 아름다움을 과감하게 희생해야 할 때가 있다는 것입니다.

감사의 내용

바울의 감사의 내용은 "너희 모든 사람"입니다. "너희"는 로마교회 성도들을 가리킵니다. "너희 모든 사람"은 로마교회 성도들 전체를 뜻합니다. 바울은 로마교회 성도들 전체를 생각하면서 감사하고 있습니다. 바울이 로마교회 성도들 전체를 감사의 대상으로 삼는다는 말은 어떤 의미를 지니고 있을까요? 우리는 교회에 출석하는 성도들을 떠올리면서 감사한 마음을 가질 때 주로 어떤 성도들을 생각하면서 감사한 마음을 가질까요? 강하고 성숙한 믿음을 가지고 있고, 기도도 많이 하고, 교회봉사도 많이 하는 모범적인 성도들을 볼 때 자연스럽게 감사한 마음을 갖게 됩니다. 물론 이와 같은 감사도 매우 중요합니다. 그런데 우리는 감사의 폭을 이보다 더 넓힐 필요가 있습니다.

지금 바울은 로마교회의 어떤 특정한 성도들만을 떠올리면서 감사의 마음을 가진 것이 아니라 로마교회 성도들 전체를 생각하면서 감사의 마음을 표현하고 있습니다. 바울은 믿음생활을 매우 잘하고 있는 성도들뿐만 아니라 믿음생활이 연약한 단계를 벗어나지 못한 성도들까지를 포함하여 로마교회 성도들 전체를 생각하면서 감사의 마음을 표현합니다. 더군다나 바울은 로마교회 성도들을 한 번도 만나 본 일이 없었기 때문에 로마교회 성도들 가운데 누가 믿음이 강한지, 누가 믿음이 약한지 알 수도 없었습니다. 그 점이 로마교회가 빌립보교회나 갈라디아교회나 고린도교회와 다른 점입니다. 빌립보교회나 갈라디아교회나 고린도교회는 바울이 직접 만났고 이들과 목회하면서 함께 지낸 시간이 있었기 때문에 어떤 성도들이 신앙이 좋은지, 어떤 성도들이 신앙이 엉망인지 잘 알고 있었습니다.

그러나 로마교회 성도들의 경우에는 어떤 성도들의 믿음이 좋고, 어떤 성도들의 믿음이 약한지에 대하여 바울이 알 수가 없었습니다. 또한 로마교회는 바울과 같은 탁월한 지도자 없이 평신도들만으로 구성되어 있어서 깊이 있는 말씀을 들을 기회가 없었던 데다가 교회가 설립된 지 얼마 되지 않았기 때문에 대부분의 성도들이 이제 막 신앙생활을 시작하는 초보적인 단계에 머물러 있었습니다. 따라서 바울은 로마교회 성도들이 예수 그리스도를 구주로 고백하고 초보적인 믿음을 가진 것을 생각하면서 감사를 표현하고 있습니다.

우리는 이와 같은 바울의 마음을 본받아야 합니다. 우리는 믿음이 강한 성도들을 생각할 때 한층 더 감사한 마음을 가져야 하겠지만 그러기에 앞서서 예수 그리스도를 구주로 고백하고 신앙생활의 걸음마를 막 떼기 시작한 약한 성도들을 보면서도 감사한 마음을 가지고 대견하고 기특하게 생각할 수 있어야 하겠습니다. 특히 믿음이 강한 성도들이 교회생활에 철저하게 헌신하면서도 그렇게 하지 못하는 동료 성도들을 넓은 마음으로 포용하는 마음가짐이 필요합니다. 이처럼 교회에 나오는 모든 이들을 대견하게 여기고 감사한 마음을 품으면 교회가 한층 더 따뜻하고 풍성해질 것입니다.

"내 하나님"께 감사한 바울

바울은 누구에게 감사했을까요? 바울은 로마교회 성도들에게 "신앙생활을 잘해 주어서 감사한다"라고 인사를 했을까요? 그렇지 않습니다. 바울은 "내 하나님께" 감사했습니다. "내 하나님"은 "바울 자신의 하나님"입니다. 바울 자신의 하나님이라는 말은 곧 로마교회 성도들의 하나님이라는 뜻이고 동시에 우리의 하나님이라는 뜻입니다. "내 하나님"이라는 구절도 그냥 나오게 된 구절이 아니고 깊은 역사가 있는 구절입니다. 바울이 "내 하나님"이라고 말할 때는 세 가지 생각을 하고 있었습니다.

첫째로, "내 하나님"이라는 표현은 신학적으로 아주 중요하고 깊은 의미를 지닌 표현입니다. "내 하나님"이라는 표현은 하나님이 우리의 언약의 하나님이라는 뜻입니다. 구약시대 때 하나님은 자신을 이스라엘 백성들에게 언약의 하나님으로 계시하셨습니다. 언약이라는 말은 약속이라는 뜻입니다. 하나님이 이스라엘 백성들에게 무엇인가를 약속하셨는데, 그것이 무엇일까요? "그러나 그날 후에 내가 이스라엘 집과 맺을 언약은 이러하니 곧 내가 나의 법을 그들의 마음속에 두며 그들의 마음에 기록하여 나는 그들의 하나님이 되고 그들은 내 백성이 될 것이라 여호와의 말씀이라"렘 31:33. 이 본문은 하나님이 이스라엘 백성들과 언약을 맺으셨다 곧, 약속하셨다고 말합니다. 무엇을 약속하셨습니까? 하나님이 하나님 자신이 세우신 법을 이스라엘 백성의 마음속에 두고 마음에 기록하시겠다는 것입니다. 하나님이 누구의 마음에 자신의 법을 기록하셨나요? 당신의 백성의 마음에 기록하셨습니다. 하나님은 이 백성을 이렇게 명명하십니다. "나는 그들의 하나님이 되고 그들은 내 백성이 될 것이라."

이 문장에 보면 하나님이 "그들의 하나님이 된다"라고 말씀하셨습니다. 그들은 구원받은 하나님의 백성들을 가리킵니다. 하나님이 "구원받은 백성들의 하나님"이 되시니까 구원받은 사람에게는 "나의 하나님"이 되는 것입니다. 아무나 다 하나님을 "내 하나님"이라고 부를 수 없습니다. 오직 예수 그리스도를 통하여 구원받은 하나님의 백성들만이 하나님을 "내 하나님"이라고 부를 수 있습니다. "내 하나님"이라는 말은 구원의 하나님이라는 뜻이며, 오직 성도들만의 하나님이라는 뜻입니다. 우리는 모두 하나님을 "내 하나님"이라고 부를 수 있는 자들입니다. 하나님을 "내 하나님"이라고 부를 수 있다는 것은 어마어마한 특권입니다.

둘째로, 바울이 감사의 마음을 갖되 사람에게 감사하지 않고 하나님께 감사한 것은 로마교회 구성원들을 성도로 만들어 주신 분이 하나님이시기 때문입니다. 로마서 1:7은 로마교회 구성원들이 어떻게 성도가 되었는가를 묘사할 때 "하나님의 사랑하심을 받고 또한 하나님의 부르심을 받고" 성도가 되었음을 분명하게 밝히고 있습니다. 이처럼 로마교회의 성도들이 하나님의 백성이 된 것은 자기 자신들의 노력이나 공로를 통해서 된 것이 아니라 전적으로 하나님의 사랑과 은혜를 통하여 된 것이기 때문에 바울은 로마교회의 성도들이 하나님의 백성이 된 것에 대하여 로마교회 성도들에게 감사하지 않고 하나님께 감사한 것입니다. 바울을 본받아서 우리도 성도들이 예수님을 구주로 영접하고 믿음생활을 잘하고 있는 모습을 보고 하나님께 감사를 드려야 할 것입니다.

셋째로, 감사를 드릴 때 조건이 하나 더 있습니다. 그것은 "예수 그리스도로 말미암아" 바울이 감사를 드린다는 것입니다. 우리가 기도를 드릴 때 항상 예수 그리스도를 통하여 기도를 드리지요? 우리가 기도를 드리면 이 기도가 성부 하나님께 바로 올라가는 것이 아닙니다. 우리가 드리는 기도는 죄로부터 자유로울 수 없고 완전한 기도가 아니기 때문에 성부 하나님께 바로 올라갈 수가 없습니다. 우리의 중보자가 되시는 예수님의 공로에 의지해야만 우리의 기도는 성부 하나님께 전달될 수 있습니다.

온 세상에 전파된 믿음

"너희 믿음이 온 세상에 전파됨이로다"롬 1:8. 바울은 로마교회 성도들의 믿음이 온 세상에 전파되었다는 사실에 대하여 감사의 기도를 드렸습니다.

로마교회 성도들의 믿음이라고 했는데, 이 믿음은 어떤 믿음일까요? 성경이 말하는 믿음에는 세 가지 유형이 있습니다.

하나는 고린도전서 12장이 말하는 특별한 은사로서의 믿음인데, 이 믿음은 큰 능력이 뒤따르는 믿음입니다. 이 믿음은 귀신을 쫓아낸다든가, 병자를 낫게 하는 것처럼, 기적적인 하나님의 작용을 불러오는 믿음입니다. 이 믿음은 모든 신자에게 다 주어지는 것이 아니라 기도를 많이 하여 성령이 충만하게 임했을 때 하나님이 선물로 주시는 것입니다.

다른 하나는 이미 하나님을 믿는 하나님의 백성들이 하나님을 변함이 없이 신뢰하는 믿음으로서 특별히 야고보서가 말하는 믿음입니다. 욥이 극심한 고난을 당할 때 보여주었던 믿음이 바로 이 믿음입니다. 욥은 자기 재산이 모두 날아가 버리고, 사랑하는 자녀들이 죽고, 몸에는 온몸이 곪아 터져서 피범벅이 되는 극심한 고난을 당하면서도 하나님이 자기를 사랑하시고 보호하신다는 신뢰를 버리지 않았습니다.

또 다른 하나는 예수님이 하나님이자 하나님의 아들이라는 사실과 예수님이 우리 죄를 대속하시기 위하여 십자가 위에서 죽으셨다는 사실을 진리로 받아들이는 태도를 뜻하는 믿음입니다. 이 믿음은 예수님을 처음 믿기 시작할 때 가지게 되는 믿음으로서 모든 신자가 공통적으로 가지고 있는 최소한의 믿음입니다. 로마교회 성도들이 가지고 있는 믿음은 바로 이 믿음이었습니다.

바울은 로마교회 성도들이 예수님을 구주로 영접한 믿음을 가지고 있다는 사실이 "온 세상에 전파된 것"을 하나님께 감사하고 있습니다. "온 세상"이라는 표현은 문자 그대로 "지구상에 있는 모든 곳"이라는 뜻은 아닙니다. 바울이 말하는 "온 세상"이라는 말은 "사랑이 담긴 과장법"이라는 어법입니다. 예를 들어서 사랑에 푹 빠진 연인들이 거닐다가 여자가 이렇게 묻습니다. "자기, 나 사랑해?" "그럼." 그러면 반드시 이렇게 묻습니다. "얼마큼?" 이 질문이 들어 올 때 우리가 해야 할 답변은 수학의 공식처럼 정해져 있습니다. "하늘만큼 땅만큼!" 이런 표현을 "사랑이 담긴 과장법"이라고 부릅니다. 문자 그대로 하늘만큼 땅만큼 사랑한다는 말이라기보다는 정말로 그리고 진심으로 사랑한다는 것을 믿지 않은 과장법으로 표현한 것이지요. 이런 표현을 자주자주 쓰는 것이 사랑의 관계를 잘 유지하는 데 도움이 됩니다.

이처럼 바울이 말하는 온 세상에 로마교회 성도들의 믿음이 전파되었다는 말은 문자 그대로 바울 당시의 온 세상 모든 사람, 중국이나 인도나 아프리카에 사는 사람들도 로마교회 성도들이 예수님을 믿는 성도들이 되었다는 소식을 들었다는 뜻은 아닙니다. 바울이 "온 세상"이라고 말할 때는 로마제국을 중심으로 한 지중해 세계를 염두에 두고 한 말입니다. 그뿐만 아니라 로마제국에 살고 있던 모든 사람이 로마교회 성도들에 관한 소식을 들었다는 말도 아닙니다. 믿지 않는 사람들은 사실 누가 예수를 믿게 되었는지 별로 관심이 없습니다. 바울이 말하고자 한 것은 로마교회 성도들에 관한 소식이 바울이 전도하여 세운 로마제국 안에 있는 교회의 성도들에게 다 알려져서 이제는 바울의 귀에까지 그 소식이 들어 왔다는 것입니다. 당시 로마는 로마제국의 수도이자 서방세계의 가장 중요한 국제도시였기 때문에 로마와 제국의 각 지역을 왕래하는 여행객들이 많이 있었고, 그 가운데 성도들도 포함되어 있어서 이 성도들을 통하여 로마교회의 소식이 로마제국 안에 있는 모든 교회에 전달될 수 있었습니다. 특히 바울은 브리스길라와 아굴라를 고린도에서 만나 이들에게 복음을 전하여 제자로 삼았는데, 브리스길라와 아굴라가 로마 출신이었습니다. 그 외에도 로마서 16장을 읽어 보면 상당히 많은 성도가 바울과 교류가 있었던 것을 알 수 있습니다. 이런 성도들이 로마와 다른 지역을 가면 그곳에 있는 교회와 성도들을 만나지 않겠습니까? 그때 로마교회의 소식을 전한 것이고 그 과정에서 바울에게까지 소식이 전해진 것입니다.

이처럼 로마에 사는 사람들이 예수님을 믿고 이들을 중심으로 교회가 설립되었다는 사실에 대하여 바울이 특별히 감사하는 이유가 무엇일까요? 우선 로마는 제국의 수도였기 때문에 제국의 중심부인 로마에 그리스도인이 있다는 것은 복음이 그만큼 넓게 확산되었음을 보여주는 것이며, 특별히 이방인에게도 복음이 전파되었음을 보여주는 결정적인 증거가 됩니다. 그뿐만 아니라 로마제국은 제국의 중심부로서 제국 안에 있는 모든 사람이 방문하고 싶어 하고 부러워하는 곳이기도 하지만 동시에 로마는 종교적인 면에서뿐만 아니라 도덕적인 면에서 부패의 중심지이기도 했습니다. 로마는 온갖 형태의 신상숭배로 가득 차 있었고 동성애를 비롯한 도덕적인 악이 팽배해 있던 도시였습니다. 바로 이런 곳에서, 바울과 같은 특별한 지도자가 없었음에도 불구하고, 교회가 설립되고 로마의 부패하고 타락한 모습과는 전혀 다른 거룩한 삶을 추구하는 그리스도인들이 등장했다는 사실은 뜻밖이었고, 바울을 비롯한 많은 성도에게 큰 위로가 되고 용기를 주는 사건이었습니다.

이 두 가지 이유 곧, 이방인들이 복음을 받아들인 결정적인 계기가 마련되었다는 것과 가장 타락하고 부패한 곳에서 거룩한 삶을 사는 그리스도인들이 등장했다는 사실을 생각할 때 바울은 하나님께 감사하지 않을 수 없었습니다.

6 바울과 로마교회 성도들 2 : 바울의 기도 (롬 1:9-12)

9절 내가 그의 아들의 복음 안에서 내 심령으로 섬기는 하나님이 나의 증인
    이 되시거니와 항상 내 기도에 쉬지 않고 너희를 말하며
10절 어떻게 하든지 이제 하나님의 뜻 안에서 너희에게로 나아갈 좋은 길 얻
    기를 구하노라
11절 내가 너희 보기를 간절히 원하는 것은 어떤 신령한 은사를 너희에게 나
    누어 주어 너희를 견고하게 하려 함이니
12절 이는 곧 내가 너희 가운데서 너희와 나의 믿음으로 말미암아 피차 안위
    함을 얻으려 함이라

1:8에서 로마교회 성도들이 훌륭한 신앙생활을 하는 모습이 로마제국 안에 있는 교회들에 전달되었다는 소식을 듣고 감사한 마음을 밝힌 바울은 9절에서는 로마교회 성도들에게 꼭 알려 주고 싶어 했던 한 가지 내용을 소개합니다. "내가 그의 아들의 복음 안에서 내 심령으로 섬기는 하나님이 나의 증인이 되시거니와 항상 내 기도에 쉬지 않고 너희를 말하며"롬 1:9.

로마교회를 위하여 기도해온 바울

바울은 하나님의 이름을 걸고 서약을 하는 어법으로 말을 시작합니다. "하나님이 나의 증인이 되시거니와." 하나님을 증인으로 내세우면서 말을 한다는 것은 두 가지 의미가 있습니다. 첫째로, 이제

부터 하는 말이 하나님의 이름을 걸고 말을 해야 할 만큼 중요하다는 뜻입니다. 둘째로, 바울은 자신이 하고자 하는 말 안에 자신의 간절한 진심이 담겨 있음을 로마교회의 성도들에게 전달하고 싶어 했습니다. 바울이 하나님의 이름을 걸고 자신의 마음을 전달해야 했던 이유는 로마교회 성도들이 몇몇 성도들을 제외하면 바울이 한 번도 만난 일이 없는 성도들이었기 때문입니다. 로마교회 성도들이 바울과 함께 지낸 시간이 있는 성도들이었다면 바울의 마음을 잘 알고 있었을 것이기 때문에 구태여 하나님의 이름을 건 맹세어법까지 쓰지 않고 편안하게 말해도 마음을 전달하는 데 별다른 어려움이 없었을 것입니다. 그러나 이런 경험을 공유할 수 없는 상황 속에서 자신의 진심을 전달하는 데 답답함을 느꼈던 바울은 좀 더 강렬한 어법을 구사해야 한다는 부담을 안고 있었던 것 같습니다.

　바울이 하나님의 이름을 걸고 맹세하는 어법을 구사했다는 것은 바울과 하나님과의 관계가 원활하게 잘 맺어져 있음을 전제합니다. 하나님과의 관계가 껄끄러운데 하나님의 이름을 의지하여 자신의 진심을 전할 수는 없기 때문입니다. 바울이 하나님과의 관계를 어떻게 잘 맺어 왔는가는 하나님에 대한 자신의 태도를 밝히고 있는 어귀를 통해 잘 드러납니다. "내가 그의 아들의 복음 안에서 내 심령으로 섬기는 하나님." 바울은 "그의 아들" 곧 예수 그리스도의 복음 안에서 "내 심령으로" 하나님을 섬겨 왔다는 말로써 자신과 하나님과의 관계를 말합니다.

　우선 바울은 하나님을 섬기고 있습니다. "섬긴다"로 번역된 헬라어 라트류오λατρεύω라는 단어는 "경배, 예배, 찬양"을 뜻합니다. 그렇다고 해서 라트류오가 특정한 예배를 드리면서 찬양하는 것을 뜻하지는 않습니다. 이 본문에서 라트류오는 예배하고 찬양하는 태도로 삶 전체를 살아내는 것을 뜻합니다. 바울은 정해진 시간에 모여 예배할 때뿐만 아니라 자신에게 주어진 삶 전체를 하나님을 예배하며 하나님을 찬양하는 태도로 살았습니다. 예배로 대표되는 특정한 시간에 보여주는 모습과 일상의 삶의 시간에 보여주는 태도에 일관성이 있는 삶을 사는 것이 매우 중요합니다.

그러면 삶 전체를 하나님께 예배하고 찬양하는 태도로 살아낸 바울의 삶의 구체적인 모습은 어떤 것인가요? "내 심령으로 섬기는" 것이었습니다. 어떻게 하는 것이 심령으로 섬기는 것일까요? 우선 "심령으로 섬긴다"라는 말은 성령을 통하여 섬긴다는 뜻은 아닙니다. 헬라어 원어로는 성령도 프뉴마πνεῦμα로 표현되어 있고 인간의 영도 프뉴마로 표현되어 있어서 이런 해석이 가능하기는 하지만 "내"라는 형용사가 있기 때문에 "심령"이 성령을 가리킨다고 보기는 어렵습니다. 성령을 "내 성령" 곧 "나의 성령"이라고 말할 수는 없기 때문입니다. 동시에 심령이 육체를 배제한 상태에서 영만을 가리키는 것이라고 보는 것도 잘못된 것입니다.

내 심령으로 섬긴다는 말은 전심을 다하여, 또는 마음을 다하여 섬긴다는 뜻입니다. 대학교에서 공부를 잘하는 학생이 종종 친한 선배나 친구들로부터 달갑지 않은 부탁을 받을 때가 있습니다. "내가 시간이 없어서 그런데 내 리포트를 네가 좀 대신 써 줄래?" 이런 부탁이 가장 짜증스러운 부탁입니다. 이 부탁을 받고 선배나 친구와의 의리 때문에 차마 거절하지 못하고 리포트를 대신 써 주어야 할 때가 있습니다. 이때 어떤 태도로 친구의 리포트를 쓸까요? 손으로는 리포트를 쓰지만 리포트를 쓰는 행동에 마음이 담기지 않습니다. 마음속으로는 짜증을 내면서 리포트를 씁니다. 이때 이 학생이 리포트를 대신 써주는 행동은 전심을 다한 행동 곧 "심령 안에서" 섬기는 것이 아닙니다. 그러나 평소 마음에 두고 사귀고 싶었던 예쁜 여학생이 다가와서 애교 섞인 목소리로 "리포트 쓰는 것 좀 도와주실래요?"라고 부탁하면 어떨까요? 리포트를 쓰는 손에 마음이 남김없이 담기지 않습니까? 온 마음을 바쳐서 힘든 줄도 모르고 리포트를 쓸 것입니다. 이것이 전심을 다하는 것이고 "심령 안에서" 섬기는 것입니다.

바울은 바로 이런 마음으로 하나님을 섬겼습니다. 바울은 하나님이 맡기시는 일을 할 때 내키지 않는 마음으로, 마음이 담기지 않은 상태에서, 억지로, 마지못해 한 것이 아니라, 마음 전체를 남김없이 담아서 기꺼이 그리고 흔쾌한 마음으로 했습니다. 우리들도 바울을 본받아 하나님이 우리에게 주신 삶을 살아낼 때 하나님께 경배하는 마음으로, 하나님을 찬양하고 감사하는 마음으로, 온 마음을 담아서 살아내는 성도들이 될 뿐만 아니라 하나님이 맡기신 일을 할 때 온 마음을 다하여 기꺼이 해내는 성도들이 되어야 할 것입니다. 바울은 이처럼 평소에 "내 심령으로" 곧, 전심을 다하여 하나님을 섬기는 생활이 꾸준히 뒷받침되어 있었기 때문에 중요한 순간에 하나님의 이름을 자신 있게 내세우면서 맹세하는 어법을 구사할 수 있었던 것입니다.

바울이 맹세하는 어법을 구사하면서까지 로마교회 성도들에게 알리고 싶어 한 내용은 로마교회 성도들을 위하여 항상 기도해 왔다는 것입니다. "항상 내 기도에 쉬지 않고 너희를 말하며." 이 구절과 관련하여 본문의 어순에 관한 문제 하나를 살펴보는 것이 필요할 것 같습니다. 원래 헬라어 원문에는 이렇게 되어 있습니다. "항상 너희를 말하며." 그리고 중간에 있는 어구인 "내 기도에 쉬지 않고"는 10절에 들어있습니다. 그런데 개역성경 번역자들이 10절에 있는 이 어구를 9절에 끌어다가 붙인 것입니다. 헬라어 어법 구조상으로는 이 구절은 9절에 붙여도 되고 10절에 붙여도 됩니다. 그리고 의미상 큰 차이는 없기 때문에 어느 쪽으로 붙여도 무방합니다. 그러나 저는 이 구절은 헬라어 원문의 순서를 존중하여 10절에 붙이는 것이 더 좋은 것 같습니다. 왜냐하면 "내 기도에 쉬지 않고"라는 구절을 9절에 붙이면 같은 의미를 지닌 두 개의 부사 곧 "항상"이라는 부사와 "쉬지 않고"라는 부사가 모두 "너희를 말하고"를 수식하는 셈이 되는데, 이런 어법은 매우 부자연스럽기 때문입니다. 또 "기도"로 번역된 프로슈케προσευχή라는 말과 말한다로 번역된 므네이안 포이에오μνείαν ποιέω도 사실은 동의어이기 때문에 "기도한다"는 내용도 두 번 나오는 셈이 됩니다. 이처럼 짧은 구절 안에 같은 뜻을 가진 부사와 동사가 두 번 나오는 데다가 하나의 독립된 의미단위가 다른 구절 중간에 들어가 있는 것도 매우 이상합니다. 그러므로 9절은 원문의 순서를 존중하여 "항상 너희를 말한다"라고 하고, "내 기도에 쉬지 않고"는 10절에 붙이는 것이 바람직합니다.

아마도 바울은 유대교의 관습에 따라서 하루에 세 번 정기적으로 기도하는 생활을 계속해 왔을 가능성이 있으며, 이렇게 정기적으로 기도할 때 로마교회 성도들을 위하여 기도했을 것입니다. "너희를 말한다"라는 것은 "너희를 위하여 하나님께 말씀드린다"라는 것인데, 이 말이 바로 너희 곧 로마교회 성도들을 위하여 바울이 하나님께 기도한다는 뜻입니다.

바울은 아주 바쁜 사람이었습니다. 로마서를 쓰고 있는 때는 세 번에 걸쳐서 진행되어 온 선교여행을 끝낸 시점이었고, 이 세 번의 여행을 통하여 설립한 교회들도 많아서 이 교회들을 생각하고 염려하는 것도 보통 일이 아니었습니다. 게다가 바울은 계속하여 걸어서 여행해야 했고, 가는 사역지 마다 방해와 박해를 받아야 했고, 그런 중에도 천막을 깁는 일을 하여 자신과 동역자들의 생계를 해결해야 했습니다. 이처럼 아주 바쁘고 힘든 일정 속에서도 바울은 한 번도 만난 일이 없는 로마교회 성도들을 위하여 꾸준히 쉬지 않고 기도했습니다. 바울을 생각해 보면 우리가 일이 바빠서 기도할 시간을 내지 못한다는 것은 구실이 될 수 없습니다. 바쁠수록 시간을 내서 나자신을 위해서만 아니라 나와 관련된 사람들, 조금이라도 관련이 있는 사람들을 위하여, 그리고 한국교회와 나라를 위하여, 세계선교를 위하여 기도하기를 게을리하지 않아야 할 것입니다.

"아마도 이제는": 로마행을 간구한 바울

바울이 기도할 때마다 로마교회 성도들에 관하여 말할 때 특별히 하나님께 간절히 구한 구체적인 기도 제목이 한 가지 있었습니다. 그 기도 제목이 10절에 나와 있습니다. "어떻게 하든지 이제 하나님의 뜻 안에서 너희에게로 나아갈 좋은 길 얻기를 구하노라." 앞에서 제가 9절에 있는 "내 기도에 쉬지 않고"를 10절에 붙여서 번역하겠다고 말씀드렸지요. 그리고 10절도 헬라어 원문의 뜻을 충실히 드러내지 못하고 애매모호하게 얼버무린 부분도 있기 때문에 이렇게 풀어서 번역할 수가 있습니다. "내가 기도할 때마다 항상 간절하게 구하는 것이 하나 있다. 그것이 무엇인가? 아마도 이제는 하나님의 뜻 안에서 너희에게 가는 일이 성공했으면 하는 것이다."

이 본문으로부터 우리는 바울이 어떤 마음가짐으로 기도했는가를 알 수 있습니다. 바울은 여러 차례에 걸쳐서 로마에 가려고 시도했습니다. 그러나 주후 49년경 기독교인으로 추정되는 크레스투스라는 사람을 중심으로 한 기독교 공동체와 유대교인들 사이에서 메시아가 누구냐 하는 문제를 둘러싸고 충돌이 일어나자 로마 황제인 클라우디우스가 이 문제를 유대교의 내분이라고 단정하고 유대인 추방령을 내렸고, 그 여파로 바울은 로마로 갈 수가 없었습니다. 그러나 바울은 로마행을 포기하지 않고 계속하여 하나님께 길을 열어 주실 것을 간구했습니다. 바울은 기도할 때마다 로마로 갈 수 있는 길을 열어 달라는 기도를 빼놓지 않고 할 정도로 간절한 마음으로

끈기 있게 구했습니다.

이처럼 바울은 자기가 원하는 것을 끈질기고도 간절한 마음으로 간구했지만, 자신의 간구에 대하여 하나님이 어떻게 응답하시는가에 대해서는 마음의 문을 열어놓았습니다. 이런 바울의 마음이 바울의 기도내용에 나타납니다.

먼저 "아마도"라는 표현이 이런 바울의 마음을 반영합니다. 바울은 간절한 마음으로 기도하고 난 후에 하나님의 응답에 대해서는 "아마도"라고 말합니다. "아마도"라는 표현에는 바울 자신의 간구를 하나님이 받아들일 수도 있지만, 하나님이 받아들이지 않으실 수도 있다는 생각이 담겨있습니다. 바울은 간절하게 구하면서도 자신의 간구를 하나님이 받아들이지 않으실 수도 있음을 마음 한편으로 인정합니다. 바울은 계속하여 "이제는"이라고 말함으로써 그동안 몇 차례에 걸쳐서 거부당한 로마행이 이번에는 꼭 실현되었으면 하는 바람을 살짝 내비친 다음에 다시 하나님의 뜻에 마음의 문을 엽니다. "하나님의 뜻 안에서." 바울은 로마행을 간절히 원하지만 전제조건은 그것이 하나님이 원하시는 뜻이어야 한다는 것입니다.

바로 이런 태도가 우리가 바울로부터 배워야 할 기도의 자세입니다. 우리는 우리가 하고 싶어 하는 어떤 일을 정말로 간절한 마음으로 그리고 지속적으로 간구해야 합니다. 그러나 우리의 간구에 대하여 하나님이 어떻게 응답해 주실 것인가에 대해서는 하나님의 뜻에 맡기고 마음의 문을 열어놓는 것이 기도의 바른 자세입니다. 인간의 한계와 죄악성 때문에 잘못된 것을 구할 수도 있는데, 잘못된 것을 구할 때는 하나님께서 우리가 구하는 것과는 다른 방법으로 응답해 주시는 것이 궁극적으로는 우리에게 유익합니다.

신령한 은사를 나누고 싶어 한 바울

그러면 바울은 왜 로마교회에 가서 로마교회 성도들을 그토록 만나고 싶어 했을까요? 11절은 바울 자신이 받은 "어떤 신령한 은사"를 로마교회 성도들에게 나누어 줌으로써 로마교회 성도들을 견고하게 하고자 하는 것이 그 이유라고 답변합니다. "내가 너희 보기를 간절히 원하는 것은 어떤 신령한 은사를 너희에게 나누어 주어 너희를 견고하게 하려 함이니." 바울은 자신이 받은 "어떤 신령한 은사"를 로마교회 성도들에게 나누어 주고 싶어 했습니다. 그러면 바울이 말하는 "어떤 신령한 은사"는 무엇일까요?

"신령한"이라는 말은 "성령으로부터 기원한" 혹은 "성령이 행하시는"이라는 뜻입니다. "신령한 은사"는 곧 "성령이 주시는 은사"라는 뜻인데, 이 문맥에서는 바울이 하나님으로부터 받은 복음을 뜻합니다. 복음의 말씀을 잘 전하는 것은 성령의 은사들 가운데 가장 중요하고 좋은 은사입니다. 고린도전서 12:8-11, 28에 14가지 은사가 등장하는데, 이 가운데 6개가 복음의 말씀을 전하는 은사와 관련되어 있습니다. 지혜의 말씀, 지식의 말씀, 예언함, 사도, 선지자, 교사. 로마서 12:6-8에 있는 7개의 은사 가운데 말씀을 전하는 은사가 2개 등장합니다. 예언, 가르치는 일. 에베소서 4:11에 있는 5개의 은사는 모두 말씀을 전하는 은사입니다. 사도, 선지자, 복음 전함, 목사, 교사. 베드로전서 4:11이 말하는 2개의 은사 가운데 하나가 말씀을 전하는 은사입니다. 말씀 전함. 그리고 이 은사들의 목록에는 항상 말씀을 전하는 것과 관련된 은사가 제일 앞에 나옵니다.

바울에게 주어진 복음의 말씀을 전하는 은사의 목적은 성도들을 견고하게 세우기 위한 것입니다. 바울은 로마교회 성도들을 만나서 복음의 말씀을 소상하게 가르쳐 줌으로써 로마교회 성도들을 견고하게 세우고 싶어 했습니다. 그런데 로마에 가는 길이 열리지 않았기 때문에 우선 아쉬운 대로 서신으로라도 복음을 전달하려고 합니다. 이 목적으로 서술한 서신이 로마서입니다.

우리가 로마서를 읽을 때 로마서가 아주 길다고 생각하거나 바울이 말하고 싶은 내용을 충분하게 다 담았다고 생각하면 오해입니다. 바울이 로마교회의 성도들에게 나누어 주고 싶어 한 복음은 어느 정도의 분량인가? 로마서는 바울이 에베소에서의 3차 선교여행 사역을 마무리하고 예루살렘으로 귀환하는 도중에 헬라지역에 몇 개월 체류하면서 서술한 서신입니다. 따라서 로마서는 바울이 에베소에서 전한 복음의 내용이 따끈따끈한 모습으로 담겨있습니다.

바울의 에베소 사역의 핵심이 두란노서원에서의 강론입니다. 지중해 지역은 날씨가 무더워서 낮잠을 자는 시간이 있었습니다. 낮잠 자는 시간이 되면 공공기관은 휴관 했습니다. 바울은 이 휴관 시간을 이용하여 강론을 진행했습니다. 바울은 이곳에서 2년 동안 하루에 몇 시간씩 날마다 강론을 진행했습니다. 이때 소아시아 지방에 있는 거의 모든 사람이 바울의 강론을 들었고, 바울의 강론을 들은 사람들이 퍼져 나가 교회를 세웠는데, 이 교회가 요한계시록에 나오는 소아시아의 일곱 교회입니다. 바울이 2년 동안 날마다 강론한 내용을 녹음했다가 풀어서 쓰면 어느 정도의 분량이 되겠습니까? 로마서는 16장으로 이루어져 있는데, 16장은 1시간 정도면 다 읽을 수 있습니다. 제가 대충 계산을 해보니까 로마서의 2,000배 정도의 분량의 강론을 바울이 에베소에서 진행했다는 계산이 나옵니다. 이것을 책으로 엮으면 적어도 500페이지가 넘는 책으로 약 40권 정도가 됩니다. 바울은 로마에 가서도 이 정도의 분량을 로마교회 성도들에게 가르쳐 주고 싶었던 것입니다. 바울로부터 이 정도의 가르침을 받으면 신앙의 터전이 확실하게 잡히지 않겠습니까? 로마서는 바울이 가르쳐 주고자 하는 내용의 목차 정도만 정리한 간략한 요약본이라고 할 수 있습니다.

바울은 로마교회 성도들의 아름다운 신앙생활을 칭찬하는 것으로 끝내고 싶지 않았습니다. 로마교회 성도들은 아름다운 신앙생활을 하는 것으로 로마 전역에 있는 교회들에 알려져 있었지만, 이들의 신앙생활은 예수 그리스도를 구주로 영접하고 신앙생활을 막 시작하는 단계에 머물러 있었습니다. 바울은 로마교회의 성도들이 앞으로 닥쳐올 많은 문제와 어려운 상황들에 대처하기 위해서는 더 많은 공부와 훈련과 돌봄이 필요하다는 사실을 잘 알고 있었습니다. 예수 그리스도를 구주로 영접하고 거듭나는 것은 영적으로 갓난아이가 태어나는 것과도 같습니다. 아이가 태어나는 것은 일의 시작일 뿐입니다. 아이는 많은 돌봄과 훈련을 받아야 합니다. 이처럼 성도들도 예수 그리스도를 구주로 영접한 후에는 계속하여 자라나야 하며, 그 과정에서 많은 훈련과 돌봄이 필요합니다. 그리스도인으로서 첫 발걸음을 내디디면 마귀의 특별한 공격대상이 됩니다. 마귀는 우리가 예수 그리스도를 구주로 영접했을 때 우리의 속사람을 거듭나게 하시는 성령의 사역을 방해하지 못하지만, 우리를 공격하여 우리를 삶에서 실패하는 그리스도인, 비참한 그리스도인이 되게 하는 일에는 성공할 수 있습니다. 그러므로 우리는 그리스도인으로서의 발걸음을 내디딘 후에는 예상되는 마귀의 공격에 무너지지 않기 위하여 지속적인 돌봄과 공부와 기도와 훈련을 받아야 합니다. 바울이 로마에 그토록 가고 싶어 했던 이유가 바로 여기에 있었습니다.

안위함을 얻고 싶어 한 바울

그러나 바울이 로마교회 성도들을 만나고 싶어 한 이유는 또 있습니다. "이는 곧 내가 너희 가운데서 너희와 나의 믿음으로 말미암아 피차 안위함을 얻으려 함이라"롬 1:12. 바울은 로마교회 성도들에게 복음을 가르쳐 주어서 성도들을 견고하게 세워주고 격려해 줄 뿐만 아니라 로마교회 성도들의 믿음이 성장하는 모습을 보고 자신도 위로와 격려를 받고 싶어 했습니다.

목사와 성도들의 관계는 목사가 일방적으로 성도들을 세워주고 위로하고 격려해 주고 성도들은 받기만 하는 관계가 되어서는 안됩니다. 목사가 물론 성도들을 돕고 격려해 주어야 하지만 목사도 성도들로부터 도움을 받고 위로와 격려를 받아야 합니다. 특별히 성도들의 믿음이 잘 성장하는 모습은 목사에게 가장 큰 힘과 위로가 됩니다. 교회에서 목사와 성도의 관계는 야구장에서 야구를 관람하는 선수와 관람객과 같은 관계가 아닙니다. 교회는 목사가 야구선수처럼 경기하고 성도들은 관람객처럼 목사가 하는 일을 관람하는 공동체가 되어서는 안되고, 목사와 성도들이 함께 교회의 다양한 부분을 맡아서 봉사하면서 함께 일하는 공동체가 되어야 합니다.

7 바울과 로마교회 성도들 3 :
로마행의 목적과 마음가짐 (롬 1:13-15)

13절 형제들아 내가 여러 번 너희에게 가고자 한 것을 너희가 모르기를 원하
지 아니하노니 이는 너희 중에서도 다른 이방인 중에서와 같이 열매를
맺게 하려 함이로되 지금까지 길이 막혔도다
14절 헬라인이나 야만인이나 지혜 있는 자나 어리석은 자에게 다 내가 빚진
자라
15절 그러므로 나는 할 수 있는 대로 로마에 있는 너희에게도 복음 전하기를
원하노라

바울이 로마서 1:11-12에서 로마에 가는 길을 열어 줄 것을 하
나님께 간절히 기도한 이유는 자신이 받은 신령한 은사인 복음을 로
마의 성도들에게 전하여 로마교회 성도들을 견고하게 세워주고, 바
울 자신도 위로를 받기 위한 것이었습니다. 바울은 계속되는 13-15
절에서 자신이 로마로 가서 복음을 전하는 목적이 무엇이며, 어떤
마음으로 로마에 가려고 하는지를 밝힙니다.

기도와 다르게 응답하시는 하나님

"형제들아 내가 여러 번 너희에게 가고자 한 것을 너희가 모르
기를 원하지 아니하노니 이는 너희 중에서도 다른 이방인 중에서와
같이 열매를 맺게 하려 함이로되 지금까지 길이 막혔도다"롬 1:13. 바

울은 자신이 로마에 가려고 몇 차례 시도했지만 길이 열리지 않아 갈 수가 없었다는 사실을 로마교회 성도들이 꼭 알아주기를 바랐습니다. 바울은 12절에서 로마에 꼭 가게 해 달라고 지속적으로 그리고 간절하게 기도를 드리면서도 "아마도", "하나님의 뜻 안에서" 등의 표현을 사용함으로써 응답받는 방식에 대해서는 마음 문을 열어 놓고 있었습니다. 바울이 로마에 가는 길을 열어 달라고 기도도 여러 번 하고 가려는 시도도 여러 번 했지만 길이 열리지 않았다는 것은 바울이 생각했던 대로 일이 진행되지 않았다는 것을 의미하며, 하나님은 바울이 원했던 방식으로 응답해 주실 생각이 없으시다는 것을 분명히 했음을 뜻합니다. 로마서를 쓸 당시까지도 바울은 기도의 응답을 받지 못했습니다. 그러나 이것은 하나님이 바울의 기도를 외면하셨다는 뜻은 아닙니다. 하나님은 바울의 기도를 들으시되 바울이 생각하는 것과는 다른 방법으로 응답해 주시기로 계획하고 계셨습니다.

로마서를 쓴 다음에도 바울에게 일어난 일은 하나님이 바울을 로마행으로부터 점점 멀어지는 길로 인도하는 것 같았습니다. 바울은 로마행과는 정반대 방향인 예루살렘으로 가야 했습니다. 오늘날처럼 교통수단이 발달하지 않았고 육지는 걸어서, 바다는 범선을 타고 이동해야 했던 시대에 로마로 가는 길과는 정반대되는 예루살렘으로 간다는 것은 실제로는 로마행을 포기하는 것이나 다름없었습니다. 게다가 바울은 이때 예루살렘으로 가면 자신이 죽을 수도 있다는 것을 강하게 예감하면서 예루살렘으로 향했기 때문에 바울의 마음속에서 로마행은 아득히 멀어질 수밖에 없었습니다. 실제로 예루살렘에 들어간 바울은 뜻밖의 소동에 휘말려 로마군에게 체포되었고, 체포된 후에는 아무런 죄목이 없음에도 불구하고 석방의 기약조차도 없는 상태에서 몇 년간의 긴 시간을 감옥에 갇혀 있어야 했습니다. 바울의 행로가 로마행으로부터 점점 멀어지는 방향으로만 전개된 것입니다. 가까스로 죄수의 몸으로 로마로 호송되어 가는 길이 열리긴 했는데 도중에 큰 풍랑을 만나서 배가 좌초되어 죽음 직전에 이르기도 했습니다. 그러나 풍랑을 만난 길이 결국 바울의 로마행을 여는 길이 되었습니다.

바울의 예는 기도에 대하여 하나님이 반드시 응답하여 주시되 응답하시는 방법과 때는 하나님 자신이 직접 결정하시며, 하나님의 결정은 우리의 예상이나 기대와는 다를 수 있음을 잘 보여주는 것입니다.

저는 개인적인 간증을 통하여 우리의 기도에 대한 하나님의 응답은 우리가 전혀 예측할 수 없는 뜻밖의 방법으로 뜻밖의 시기에 주어진다는 것을 말씀드리겠습니다.

제가 처음 예수를 믿기 시작한 무렵에는 입으로 기도를 잘하지 못해서 노트에 기도문을 적곤 했습니다. 그때 제가 노트에 적은 기도 제목들 가운데 두 가지가 뚜렷하게 생각납니다. 하나는 우리 가족의 구원이었습니다. 다른 하나는 미국의 명문 정통신학교인 웨스트민스터 신학교에 가게 해 달라는 것이었습니다. 저는 이 두 가지 기도문을 노트에 적으면서도 이 기도가 과연 응답될 수 있을지에 대해서는 확신이 없었고 그 이후에 전개된 일들을 보면 이 기도가 응답되는 방향과는 정반대되는 방향으로 나아가는 것 같았습니다. 그런데 몇십 년이 지난 지금 돌이켜 보면 하나님이 놀랍게도 이 두 기도에 모두 응답해 주셨습니다.

먼저 가족구원의 기도에 대하여 말씀드리면 제가 처음 교회에 나갈 때는 우리 가정에서 부모님을 포함하여 9명의 식구 가운데 예수님을 믿는 사람은 저 혼자였습니다. 제가 교회 나가기 시작했을 때 아버님이 보증을 잘못 서서서 집을 압류당하는 등 가정형편이 매우 어려운 상황이었습니다. 한 푼이라도 돈을 벌어서 식구들을 도와야 할 때 돈 버는 일과는 거리가 먼 신학교에 들어가서 공부를 하자니 집안 식구들 특히, 고생하시는 부모님을 만나면 늘 죄인이 된 심정이었습니다. 식구들 보기가 너무 미안해서 식구들에게 교회에 가자는 말을 한 번도 하지 못했습니다. 그런데 놀랍게도 제가 전혀 예상하지 않았던 경로를 통하여 한 사람씩 교회에 나간다는 소식이 들려오기 시작하더니 마침내는 온 가족이 다 예수를 믿게 되었습니다. 큰 누나는 감리교 전도사로 평생 사역하다가 은퇴했고, 소천한 작은 누나는 통합교단 교회 권사로 섬겼고, 그 아들이 지금 통합교단 목회자가 되었습니다. 형도 직장에서 은퇴한 후에 장신대학교에 진학하여 지금 목사가 되어 있고, 그 아들이 또 통합교단 목사입니다. 제 아래 여동생은 우리 교단 권사로 섬기고 있고, 막내 여동생이 통합교단 교회 여전도사로 일하고 있습니다. 고모네 집과 사촌 형님네 식구들은 가톨릭교회의 독실한 신자들입니다. 그리고 보니 우리 가문은 전원 하나님을 믿는 가정이 되었습니다. 우리 가정은 그야말로 초교파입니다. 합동, 통합, 감리교, 가톨릭교도가 우리 집안에 모두 있습니다.

다음으로 웨스트민스터 유학기도에 대하여 말씀드리겠습니다. 저는 철도 역무원으로 근무하시는 어떤 집사님의 전도를 받고 의정부 북부 남방리라는 지역의 작은 개척교회 수요예배에 출석하면서 교회생활을 시작했습니다. 제가 다닌 시골교회에도 세계에서 바른 신학을 가르치는 가장 좋은 명문신학교는 미국의 웨스트민스터 신학교라는 사실이 잘 알려져 있었습니다. 교회에 나가기 시작한 때부터 약 100일가량 새벽기도를 하루도 빠지지 않고 참석하고 나니까 "이 길이 진리의 길이면 내가 이 길을 가야 하지 않겠는가?" 하는 생각이 들었습니다. 신학교에 가기로 결심한 그때 엉겁결에 세계적인 명문 정통 신학교인 웨스트민스터 신학교에 가서 공부할 수 있게 해 달라는 기도를 노트에 적어 놓았습니다. 제가 멋모르고 기도문을 적긴 했지만 아주 작은 시골 개척교회에 다니는 신앙초보자에게 그런 기회가 주어질 것이라고 확신할 수는 없었습니다.

신학대학교를 졸업하고 군대를 다녀온 후에 미국으로 가서 대학원 공부를 하려고 지원했지만 두 번이나 비자를 거절당했습니다. 비자가 나오지 않는 미국행을 포기하고 저는 독일이나 스위스 쪽으로 가려고 마음먹었습니다. 독일문화원에 다니면서 독일어를 공부하고 하이델베르크 대학교, 괴팅겐 대학교, 프랑크푸르트 대학교, 스위스 바젤 대학교, 취리히 대학교 등, 명문대학교로 알려진 대학교들을 물색하고 원서도 작성하여 보내는 등, 다양한 시도를 했습니다. 그러나 이상하게도 길이 열릴 듯하다가 열리지 않았고, 결혼하여 아이까지 생기니 유학 나가는 길은 점점 더 멀어지는 것 같았습니다. 그때 전혀 예상하지 않았던 곳에서 유학의 길이 열리기 시작했습니다. 미국 동부의 한 교회에서 제가 웨스트민스터 신학교에서 공부하고, 집사람은 교회 일을 하는 것을 조건으로 하는 초청이 들어 왔고, 이 초청이 들어 온 직후부터 미국으로 가는 길이 아주 쉽게 열려 웨스트민스터 신학교 유학을 떠날 수 있었습니다.

저는 두 가지 기도를 간절히 했고, 하나님이 궁극적으로 기도를 들어 주셨으나, 제가 전혀 예상하지 못했던 방법으로, 그리고 예상하지 못했던 때에 응답해 주셨습니다.

복음의 빚

다시 본문으로 돌아오겠습니다. 13절은 바울이 로마에 가려고 한 목적이 "너희 중에서도 다른 이방인 중에서와 같이 열매를 맺게 하려 함"이라고 말하고 있습니다. "다른 이방인들"이란 로마인이 아닌 이방인들을 가리킵니다. 바울이 세 차례에 걸쳐서 선교한 대상들은 주로 로마제국 안에 살고 있었던 유대인들과 로마의 속국에 속한 이방인들이었습니다. 물론 이들 중에 로마인들도 끼어 있었던 것은 사실이지만 주류는 아니었습니다. 그러나 로마교회는 로마인들이 주류를 이룬 교회입니다. 로마인들에게 복음을 전할 때 진정한 의미에서 이방인 전도가 본격적으로 시작되는 것입니다. 바울은 로마인들에게도 복음을 전함으로써 명실상부한 이방인 전도를 하고 싶었습니다.

그러면 바울은 어떤 마음을 가지고 있었기에 그토록 로마에 가고 싶어 했을까요? 14절입니다. "헬라인이나 야만인이나 지혜 있는 자나 어리석은 자에게 다 내가 빚진 자라." 헬라인과 야만인, 지혜 있는 자와 어리석은 자는 당시 로마세계에서 인류를 문명인과 비문명인으로 나누는 기준이었습니다. 헬라인은 고유의 헬라인들뿐만 아니라 알렉산더 대왕의 정복전쟁 이후에 인종을 불문하고 헬라어를 말하면서 그리스의 문화와 그리스의 교육을 공유하는 피정복민들을 포함하는 넓은 부류의 사람들을 가리키는 명칭이었습니다. 로마가 정치적으로는 그리스를 정복했지만 문화적으로는 그리스문화를 포용했습니다. 따라서 바울 당시에는 헬라인이라는 표현이 로마인과 로마의 언어와 문화를 받아들인 로마의 속국에 속한 모든 사람을 가리키는 용어로 사용되었습니다.

야만인이라는 표현은 헬라어 원어로는 바르바로스βάρβαρος라고 하는데, 이 말은 의성어로서 헬라어 문명권 안에 있는 사람들에게 헬라어 문명권 밖에 있는 사람들이 하는 말들이 "바르… 바르…"라고 들린다고 해서 바르바로스라고 한 것입니다. 이 표현은 상대방의 말을 알아듣지 못한다는 뜻과 경멸한다는 뜻을 동시에 가지고 있습니다. 헬라어 문명권 안에 있는 사람들은 헬라어 문명권 밖에 있는 사람들이 하는 말을 알아듣지 못한 것입니다. 다른 사람이 하는 말의 의미를 알아듣지 못하면 비슷한 발음을 반복하여 말하는 것처럼 들립니다. 헬라어 문명권의 사람들은 이방인들이 하는 말을 알아듣지 못하고 무의미한 소리를 반복해서 지껄인다고 오해한 것입니다. 우리나라에서 옛날에 영어를 알아듣지 못하는 할머니나 할아버지들이 미국인들이 영어를 하는 것을 듣고 이들이 "쏼라쏼라"한다고 표현한 것과 같은 것입니다. 이 표현 안에는 상대방의 말을 알아듣지 못하는 안타까움과 상대방이 의미 없는 말들을 지껄이는 야만인이라는 조롱이 함께 들어있습니다.

지혜 있는 자라는 말은 헬라인을 묘사하는 다른 표현으로서 헬라인이 철학에 능숙하여 삶의 원리를 잘 알고 있다는 의미가 반영된 표현이며, 어리석은 자라는 말은 야만인을 묘사하는 다른 표현입니다. 헬라어로는 아노에토스ἀνόητος입니다. "아"는 "없다"라는 뜻이고, "노에"는 지식이라는 뜻이니까, "지식이 없는 자", "무식한 자"라는 뜻입니다.

헬라인과 야만인, 지혜 있는 자와 어리석은 자를 합하면 온 세상 사람이 됩니다.

바울은 온 세상 사람들에 대하여 "빚을 진 자"라는 생각을 하고 있었습니다. 바울이 말한 "빚"이라는 개념을 어떻게 이해해야 할까요? 빚은 반드시 갚아야만 하는 의무감이 수반되는 것입니다. 바울이 말한 빚이라는 개념은 두 가지 의미를 지닙니다.

첫째로, 우리는 상상을 초월하는 놀라운 일이나 매우 아름다운 일을 경험하면 혼자 보기에 너무나 아까워서 많은 사람에게 알려야겠다는 마음의 부담을 갖게 됩니다. 본문이 말하는 빚은 이와 같은 종류의 마음의 부담을 뜻합니다.

제 아이들이 어렸을 때 제가 가족들을 다 태우고 자동차 여행을 자주 했습니다. 차를 몰고 가다가 제 눈에 멋진 풍경이 들어오면 저 혼자 보기가 너무 아까워서 "얘들아, 저기 좀 봐라. 석양이 멋있지 않니? 저기 좀 봐라. 저기 산과 구름이 얼마나 멋있니?" 그러면 우리 집사람은 이렇게 답변합니다. "이미 다 보고 있으니까 앞을 잘 보고 운전해요!" 우리 아이들은 창밖은 쳐다보지도 않고 건성으로 "대박! 짱이야!"라고 마지못해 한마디 하고는 계속해서 자거나 핸드폰만 들여다봅니다. 그러면 제 마음은 딸들이 아름다운 풍경을 놓치는 것이 안타깝습니다. 이때 "이 장면을 꼭 가족에게도 보여주어야 해"라고 느꼈던 마음이 바로 본문이 말하는 빚입니다.

바울이 경험했던 경이롭고 놀라운 일이 어떤 것인가를 이해하려면 마태복음 18:22-34에 기록되어 있는 일만 달란트 빚진 자와 백 데나리온 빚진 자의 비유에 등장하는 일만 달란트 빚진 자의 경험을 참고하면 도움이 될 것 같습니다. 이 비유에 나오는 일만 달란트 빚진 자는 어떤 임금 밑에서 세금을 거두는 일을 총괄했던 신하 - 오늘날로 말하면 국세청장 - 를 가리킵니다. 이 신하는 수십 년 동안 세금을 거두는 일을 했는데, 그 과정에서 엄청난 돈을 착복했습니다. 예를 들어서 거두어야 할 세금이 200원이면, 실제로 1,000원을 거둔 다음 800원을 착복한 것입니다. 이렇게 하여 착복한 돈이 수십 년간 누적되자 어마어마한 액수가 되었습니다. 이 신하의 횡령 소문을 전해 들은 임금이 이 신하에 대하여 감사를 시행했습니다. 감사 결과 이 신하가 착복한 돈이 일만 달란트 정도 되었음이 확인되었습니다. 일만 달란트가 어느 정도 되는 금액일까요? 당시 일 달란트는 금 30킬로그램 정도 되는 가치를 지니고 있었습니다. 오늘날 한국에서 금 1그램 당 가격을 약 12만 원 정도로 계산하면, 일 달란트는 36억 원 정도 됩니다. 일 달란트가 36억 원이니까 만 달란트는 36조 원이라는 천문학적인 액수입니다. 분노한 임금은 이 신하에게 36조 원을 모두 물어내도록 요구했습니다. 신하는 물어낼 돈이 없었습니다. 돈을 착복하여 모은 돈의 누적 총액을 계산하면 엄청난 액수가 되지만 이렇게 모은 돈은 그사이에 거의 다 써 버렸기 때문에 거의 남아 있지 않았습니다. 이 신하가 갚을 돈이 없는 처지라는 것을 안 임금은 신하의 "몸과 아내와 자식들과 모든 소유를 팔아 갚게 하라"고 명령했습니다. 이 신하는 이제 완전히 패가망신할 처지에 몰리게 되었습니다. 신하는 지푸라기라도 잡는 심정으로 임금에게 반드시 갚을 테니 시간을 달라고 간청했습니다. 그런데 뜻밖에 임금은 신하가 갚아야 할 빚을 전액 탕감해 주는 엄청난 은혜를 베풀었습니다. 아마도 임금은 이 신하가 비록 부정을 저지르기는 했지만, 오랫동안 백성들로부터 욕을 얻어먹으면서도 충직한 부하로 충성해 온 것과 또 마침 이 해가 희년인 것을 감안하여 탕감해 주기로 결정한 것 같습니다. 졸지에 이 신하는 천문학적인 빚 부담으로부터 벗어나 자유를 얻었습니다. 한순간에 지옥까지 떨어졌다가 한순간에 기적적으로 천국으로 올라온 것과 같은 경험을 한 것입니다. 이 신하가 임금으로부터 받은 이 엄청난 은혜를 누군가에게 전달하고 싶어서 안달 하는 것이 당연한 일이 아니었겠습니까?

바울이 했던 경험이 바로 이 신하가 경험했던 것과 유사한 것이었습니다. 바울은 교회를 핍박하고 박해하는 일에 앞장섰던 사람이며, 특히 사랑이 충만했던 스데반 집사를 돌로 쳐 죽이는 일에도 선두에 섰던 인물입니다. 바울은 교회와 그리스도의 원수였습니다. 그런데 다메섹으로 가는 길에서 바울을 만난 예수님은 자신을 향하여 누구인가를 묻는 바울의 질문에 "네가 핍박하는 예수라"^{행 26:15}라는 짤막한 대답만을 하시고, "가시채를 뒷발질하기가 네게 고생이라"^{행 26:15}라는 말로 오히려 바울의 힘든 마음을 위로하신 것 이외에는 바울의 죄악을 구체적으로 지적하지도 않고, 또한 어떤 조건도 달지 않고, 바로 바울을 하나님의 자녀로 삼아 주셨을 뿐만 아니라 즉시 그 자리에서 이방인 선교라는 엄청난 대업을 맡기셨습니다. 하나님은 바울이 자행해 온 악랄한 죄들을 일체 거론하거나 따지지 않으셨습니다. 하나님은 바울이 엄청난 사역을 맡을 준비와 훈련을 받기를 기다리지도 않으셨습니다. 하나님은 바울을 만나자마자 바로 구원해 주시고 대업을 맡기셨습니다. 바울은 이때 자신이 하나님으로부터 받은 은혜가 너무나 크고 경이롭고 엄청난 것이어서 자신이 받은 은혜를 전하지 않고는 견딜 수 없는 마음의 부담을 안고 있었고, 이 부담이 바울을 사역자의 길로 내놓았습니다. 바울은 로마의 성도들에게도 바로 이 엄청난 하나님의 은혜를 전해야만 한다는 마음의 부담을 강하게 느꼈던 것입니다. 그렇습니다. 우리가 하나님으로부터 받은 은혜가 얼마나 큰 것인가를 정말로 깨닫는다면 우리는 이 은혜를 전하지 않고는 견딜 수 없는 마음의 부담을 늘 안고 살아가지 않을 수 없게 될 것입니다.

둘째로, 채무자는 채권자에게 반드시 주어야 할 어떤 것을 의무적으로 가지고 있는 자입니다. 바울이 온 세상 사람들에 대하여 빚을 지고 있다는 말은 바울이 온 세상 사람들에게 주어야 할 것이 있다는 뜻입니다. 그것이 무엇일까요?

자, 여기 한 사람이 있는데 이 사람은 죽어가고 있고 몇 시간만 지나면 세상을 떠나게 될 것입니다. 그렇다면 이 사람에게 꼭 필요한 것이 무엇일까요? 이 사람을 죽음의 권세로부터 해방시켜 천국으로 인도하는 일 아니겠습니까? 그러면 이 사람에게 무엇을 주어야 하겠습니까? 인간이 선하게 살아온 삶에 대한 이야기를 들려주면 이 사람을 죽음으로부터 살려낼 수 있겠습니까? 석가모니의 일대기를 들려주고, 공자의 일대기를 들려주고, 이순신 장군의 일대기를 들려주고, 손양원 목사님의 일대기를 들려주면 이 사람을 살려낼 수 있겠습니까? 그분들의 일대기는 어떤 감명이나 깨달음을 줄 수는 있겠지만 사람을 죽음으로부터 구원하지는 못합니다. 세상에 대하여 내가 가진 해박한 지식이나 철학이 이 사람을 죽음으로부터 구원해낼 수 있겠습니까? 이런 지식들은 이 세상에서 사는 동안 처세하는 데는 약간의 도움을 줄 수 있을지 모르나 사람을 죽음으로부터 구해내지는 못합니다. 그러면 무엇이 이 사람을 죽음으로부터 살려낼 수 있을까요? "주 예수를 믿으면 천국에 가고 주 예수를 믿지 않은 채로 죽으면 지옥에 떨어진다"라는 단순한 복음입니다. 바울은 돈을 빌려 쓰고 난 이후에 돈을 갚아야 한다는 부담에 사로잡힌 채무자와도 같이, 죄로 말미암아 사망의 세력에 사로잡혀 있는 온 세상 사람들에게 복음을 전해 주어야 할 의무감을 강하게 느꼈습니다.

바울은 이런 의무감을 가지고 로마의 성도들을 만나고 싶어 한다는 점을 15절에서 밝힙니다. "그러므로 나는 할 수 있는 대로 로마에 있는 너희에게도 복음 전하기를 원하노라." 여기서 우리는 이런 질문을 할 수 있습니다. "로마의 성도들은 예수를 믿어야 구원을 받는다는 복음은 이미 들어서 알고 있는 사람들이 아닌가? 이미 복음을 들어서 알고 있는 사람들에게 또 복음을 전한다는 것이 무슨 의미가 있는가? 그뿐만 아니라 바울은 이미 복음이 전해진 곳에 들어가서 복음을 전하는 것을 가능한 한 피하고, 복음이 전해지지 않은 지역에 들어가서 복음을 전하는 것을 선교원칙으로 정하고 철저히 지키지 않았는가? 바울이 로마에 가서 복음을 전하는 것은 이 원칙을 바울 스스로 깨뜨리는 것이 아닌가?" 이 질문에 대해서는 이렇게 답변할 수가 있습니다.

첫째로, 로마에 복음이 전해진 것은 사실이지만 로마교회는 초보적인 믿음을 가진 성도들이 자발적으로 모여 형성된 교회로서, 열두 사도나 또는 이에 준하는 전문적인 지도자의 지도를 받은 교회가 아닙니다. 따라서 바울이 로마에 가는 것은 열두 사도나 이에 준하는 지도자의 지도를 받는 지역을 가능한 한 피하고자 한 바울의 선교전략과 어긋나는 것은 아닙니다. 로마의 성도들은 복음을 잘 알고 있는 전문적인 지도자를 만나 훈련을 받을 필요가 있었습니다.

둘째로, 바울이 로마의 성도들을 만나서 전하고자 한 복음은 주 예수를 믿으면 구원을 받는다는 초보적인 구원의 원리를 되풀이하고자 하는 것은 아닙니다. 로마교회 성도들은 기초적인 구원의 원리를 알고 있긴 했지만 그 구원의 원리가 지닌 깊은 뜻이 무엇인가를 다 알고 있었던 것은 아니기 때문에 바울은 구원의 원리가 지닌 깊고 높고 넓은 뜻을 충분하게 설명해 주고 싶었습니다.

구원의 복음은 유치원 어린이나 학교공부를 하지 않은 사람들도 알아들을 수 있을 만큼 단순한 것입니다. 그러나 이렇게 단순한 구원의 복음은 어떤 석학도 그 깊이와 넓이를 헤아릴 수 없을 만큼 깊고 높고 넓은 의미를 지니고 있습니다. 바울은 로마의 성도들에게 단순한 복음이 지닌 이와 같은 깊이와 높이와 넓이를 충분히 설명해 주고 싶었습니다. 그뿐만 아니라 바울이 빌립보서 1:27에서 "오직 너희는 그리스도의 복음에 합당하게 생활하라"라고 명령하고 있는 것처럼 복음은 복음을 받은 자의 신분에 합당한 생활을 통하여 드러나야 합니다. 아담이 지은 원죄와 모든 인류가 범한 자범죄는 인간 내면의 영역뿐만 아니라 삶의 모든 영역에 영향을 미쳐서 이 모든 영역이 죄와 죽음의 썩은 냄새로 덮여 버렸습니다. 이제 복음을 통하여 구원받은 자들에게는 더럽고 썩어 냄새나는 죄의 세력으로부터 모든 삶의 영역을 구원해내야 할 소명이 주어집니다. 복음은 모든 삶의 영역에서 적용되고 실현되어야 합니다. 특별히 유대인 출신 교인들과 이방인 출신 교인들이 함께 교회 생활을 해야 하는 로마 교회에서는 두 그룹이 그리스도의 사랑 안에서 하나로 연합하는 사랑의 실천을 통하여 복음의 능력을 드러내야 했고, 바울이 구상하고 있었던 스페인 선교까지도 비전으로 품고 도울 수 있을 정도로 성장해야 했습니다. 이 모든 것도 넓은 의미의 복음의 내용입니다. 로마의 교인들은 좁은 의미의 복음 곧 주 예수를 믿으면 구원을 받는다는 것은 알고 있었으나 삶의 모든 영역도 죄와 사망의 세력으로부터 구원을 받아야 한다는 넓은 의미의 복음에는 매우 미숙했습니다. 바울은 로마 교인들을 만나 바로 이 넓은 의미의 복음을 가르치고자 했습니다.

성도들은 좁은 의미의 복음을 받아들이는 것에 머물러서는 안 되고, 넓은 의미의 복음을 향하여 나아가야 합니다. 성도들은 기초적인 복음이 지닌 깊고 넓고 높은 의미들을 알아가야 하고, 삶의 모든 영역에서 복음에 합당한 생활을 하는 차원에까지 나아가야 하며, 먼 지역에 있는 성도들에게 복음을 전하는 선교사역까지도 품을 줄 아는 성도들로 자라나야 합니다.

8 로마서의 핵심 : 하나님의 의 (롬 1:16-17)

16절 내가 복음을 부끄러워하지 아니하노니 이 복음은 모든 믿는 자에게 구
     원을 주시는 하나님의 능력이 됨이라 먼저는 유대인에게요 그리고 헬
     라인에게로다
17절 복음에는 하나님의 의가 나타나서 믿음으로 믿음에 이르게 하나니 기
     록된 바 오직 의인은 믿음으로 말미암아 살리라 함과 같으니라

로마서 1:16-17은 로마서 전체 주제의 핵심을 요약한 구절로서 로마서 전체가 이 두 구절에 대한 해설이라고 해도 과언이 아닙니다. 바울은 17절에서 복음의 핵심을 말하기 전에 16절에서 복음에 대하여 자신이 어떤 태도를 지니고 있는가를 밝힙니다. "내가 복음을 부끄러워하지 아니하노니 이 복음은 모든 믿는 자에게 구원을 주시는 하나님의 능력이 됨이라 먼저는 유대인에게요, 그리고 헬라인에게로다."

복음을 부끄러워하지 않음은 고난에의 참여

복음이 무엇인가를 말하기 전에 바울은 복음에 대하여 자신이 어떤 태도를 가지고 있는가를 먼저 밝힙니다. 바울은 복음을 '부끄러워하지 않는다'라고 말합니다. 바울 당시에 복음은 복음을 전하는

자를 주눅 들게 하고 열등감에 빠뜨리는 몇 가지 요소를 가지고 있었습니다. 복음의 주체인 예수님에 관한 정보가 세상적인 눈으로 볼 때 그다지 내세울 만한 것이 없었습니다. 예수님은 유대인의 하층계급에 속한 여인의 집에서 자라난 목수의 아들이었고, 집안도 가난했고, 비천한 고난을 겪었고, 내란죄로 몰려 모든 형벌 가운데 가장 수치스러운 십자가 형벌을 받았습니다. 게다가 예수를 따르는 것은 정치적으로 위험한 요주의 인물이 된다는 것을 의미했습니다.

이에 반하여 로마인들은 세상에서의 부, 제국, 승리를 추구했고, 황제는 신의 자리에까지 높아졌습니다. 예수를 따르는 자들은 변변한 예배처소 하나 없었으나 이방신들의 신전은 너무나 화려했습니다. 바울이 선교할 당시 모든 집회는 회당이나 가정집이나 공공건물을 빌려야 했습니다. 학문적인 정교함을 자랑했던 헬라철학과는 달리 바울이 전하는 복음은 단순하고 투박했습니다. 구원받기 위한 정교하고 복잡한 의식이나 행동강령 같은 것도 없이 그저 예수 그리스도를 구주로 받아들이면 영원한 구원을 받는다는 단순한 원리를 주장했습니다.

시대가 변하면서 복음을 전할 때 부끄러워해야 하는 내용도 조금씩 모습을 달리합니다. 미국의 명 설교가인 파이퍼 목사님은 60년대에는 복음을 전하면 많은 사람이 복음을 들어주기는 하지만 복음의 내용이 믿을만한 것이 못 된다고 핀잔을 주면서 복음전도자에게 부끄러움을 안겨주려 했다고 합니다. 그러나 오늘날에는 진리가 있다는 것 자체를 트집 잡아 비난하고, 다른 종교들에 대하여 관용하는 태도를 강요하면서 복음전도자에게 수치를 안겨준다고 합니다. 파이퍼 목사님은 이런 강요를 하는 자들에게 오히려 더 강하게 "다른 이로써는 구원을 받을 수 없나니 천하 사람 중에 구원을 받을 만한 다른 이름을 우리에게 주신 일이 없음이라"^{행 4:12}라는 말씀을 선포하라고 권고합니다.

그런데 부끄러워한다는 단어와 짝을 이루어서 자주 등장하는 단어가 하나 있습니다. 그 단어는 "고난을 받는다"라는 단어입니다. 디모데후서 1:8,12을 읽겠습니다. "그러므로 너는 내가 우리 주를 증언함과 또는 주를 위하여 갇힌 자 된 나를 부끄러워하지 말고 오직 하나님의 능력을 따라 복음과 함께 고난을 받으라." "이로 말미암아 내가 또 이 고난을 받되 부끄러워하지 아니함은 내가 믿는 자를 내가 알고 또한 내가 의탁한 것을 그 날까지 그가 능히 지키실 줄을 확신함이라."

바울은 복음의 내용이 세상적인 눈으로 볼 때 비천하고 보잘 것없는 것으로 보임에도 불구하고 복음을 전하는 것을 부끄러워하지 않았을 뿐만 아니라 복음을 전하는 데 뒤따라오는 고난을 피하지 않았습니다. 복음을 부끄러워하지 않고 복음전파에 뒤따르는 고난을 피하지 않았다는 자신의 선언을 바울은 문자 그대로 실천했습니다. 바울이 복음전파를 위하여 어떤 고난을 받았는가는 고린도후서 11:23-27이 잘 보여줍니다. "내가 수고를 넘치도록 하고 옥에 갇히기도 더 많이 하고 매도 수없이 맞고 여러 번 죽을 뻔하였으니 유대인들에게 사십에서 하나 감한 매를 다섯 번 맞았으며 세 번 태장으로 맞고 한 번 돌로 맞고 세 번 파선하고 일 주야를 깊은 바다에서 지냈으며 여러 번 여행하면서 강의 위험과 강도의 위험과 동족의 위험과 이방인의 위험과 시내의 위험과 광야의 위험과 바다의 위험과 거짓 형제 중의 위험을 당하고 또 수고하며 애쓰고 여러 번 자지 못하고 주리며 목마르고 여러 번 굶고 춥고 헐벗었노라."

그러면 복음의 내용을 생각할 때 부끄러워하지 않고, 고난을 담대하게 받아 낼 수 있는 비결이 무엇일까요? 사람들로부터 찾아오는 위로나 격려가 어느 정도 우리 마음에 위안을 줄 수 있으나 결정적인 힘을 줄 수는 없습니다. 고난을 견뎌낼 수 있는 힘은 미래에 우리에게 주어질 약속을 바라보고 그 약속을 묵상할 때 찾아옵니다.

마가복음 8:38은 이렇게 말합니다. "누구든지 이 음란하고 죄 많은 세대에서 나와 내 말을 부끄러워하면 인자도 아버지의 영광으로 거룩한 천사들과 함께 올 때에 그 사람을 부끄러워하리라." 현세 안에서 복음을 부끄러워하며 외면하는 사람은 마지막 날에 예수님도 그 사람을 부끄러워하면서 외면하실 것입니다! 이 모습이 얼마나 소름 끼치는 모습입니까? 그러나 현세 안에서 복음을 부끄러워하지 않는 자는 장차 마지막 날에 주님이 외면하지 않으시고 반갑게 맞이하시며, 또한 자랑스럽게 여기시며, 성부 하나님께 소개하실 것입니다.

히브리서 12:2은 예수님이 극심한 고난을 어떻게 이겨내셨는가를 잘 보여주고 있습니다. "믿음의 주요 또 온전하게 하시는 이인 예수를 바라보자 그는 그 앞에 있는 기쁨을 위하여 십자가를 참으사

124

부끄러움을 개의치 아니하시더니 하나님 보좌 우편에 앉으셨느니라." 예수님은 무엇을 비전으로 바라보시면서 십자가를 참으셨다고 했습니까? 부활 승천하셔서 "하나님 보좌 우편에 앉으시는" 광경을 머릿속에 비전으로 그리면서 십자가를 참아 내셨습니다.

복음은 구원의 처방전

그러면 바울이 복음을 부끄러워하지 않은 이유는 어디에 있을까요? 바울은 복음이 구원을 주시는 하나님의 능력이 되기 때문에 복음을 부끄러워하지 않았다고 말합니다. "이 복음은 모든 믿는 자에게 구원을 주시는 하나님의 능력이 됨이라." 능력이라는 단어는 "처방전"이라고도 번역할 수 있습니다. 복음은 일종의 처방전과 같은 것입니다. 처방전 자체가 병을 고치는 능력이 있는 것은 아닙니다. 그러나 처방전에 있는 처방대로 하면 병을 고칠 수 있습니다. 따라서 처방전이 병을 고친다고 말해도 과언이 아닙니다. 이처럼 복음이라는 말 그 자체가 사람을 구원하는 것은 아닙니다. 그러나 복음에 적혀 있는 구원의 원리를 받아들이면 복음과 함께 하나님의 능력이 작용하여 사람을 실제로 구원합니다. 그런 의미에서 복음이 하나님의 능력이라고 말할 수 있습니다. 바울은 복음이 구원의 능력이기 때문에 복음을 부끄러워하지 않았습니다.

복음은 모든 믿는 자를 위한 것

그러면 복음은 누구에게 구원을 주시는 능력이 될까요? 바울은 "모든 믿는 자"에게 구원을 주시는 하나님의 능력이 된다고 말합니다. "모든"이라는 표현은 온 인류라는 뜻입니다. 본문은 "모든"의 뜻을 다음 구절에서 "먼저는 유대인에게요 그리고 헬라인에게로다"라고 좀 더 자세하게 설명합니다. 헬라인이라는 표현이 문맥에 따라서 다른 의미로 사용되고 있음에 유의할 필요가 있습니다. 14절에 "헬라인이나 야만인이나"라는 표현이 등장하는데, 이 절에서는 이방인 전체를 헬라인과 야만인으로 나누고 있기 때문에 헬라인은 이방인 중의 일부를 가리킵니다. 반면에 16절에서는 인류를 유대인과 헬라인으로 구분하고 있기 때문에 여기서 말하는 헬라인은 유대인을 제외한 이방인 전체를 가리킵니다. 여기에 사용된 헬라인이라는 표현은 제유법입니다. 제유법은 부분을 가지고 전체를 표현하는 어법입니다. 예를 들어서 외국에 갔을 때 "어디서 오셨어요?"라고 물을 때 "서울에서 왔어요"라고 말하면 상대방은 남한에서 온 것으로 알아듣습니다. 서울이라는 부분을 가지고 대한민국이라는 더 큰 전체를 표현하는 것이지요. 이처럼 헬라인이라는 말은 유대인이 아닌 이방인 전체를 표현합니다.

복음을 먼저 전달받은 유대인

유대인과 헬라인을 병렬시켜 놓은 문구에는 "먼저"라는 부사가 들어있습니다. "먼저는 유대인에게요 그리고 헬라인에게로다." 여기서 "먼저"라는 표현을 어떻게 이해해야 하는가 하는 문제가 제기됩니다. 먼저라는 말은 "특별히"나 "더 중요하기 때문에"라는 뜻은 아닙니다. 먼저라는 말은 다만 시간적으로 유대인에게 먼저 복음이 전파되었다는 뜻입니다. 그러면 하나님이 유대인에게 먼저 복음을 전했다는 말이 무슨 뜻인가를 좀 더 자세하게 살펴보겠습니다.

첫째로, 하나님은 온 인류 중에서 자신의 특별한 임무를 맡기기 위하여 임의로 한 가정을 선택하셨는데 이것이 유대인의 기원입니다. 하나님이 선택하셨다는 표현이 공식적으로 적용된 것은 아브라함의 경우입니다. 하나님이 갈대아의 수도 우르에 살고 있던 아브람을 선택하여 따로 세우시고 가나안으로 가라는 명령을 주신 사건은 창세기 12장에 기록되어 있는데 느헤미야 9:7은 이 일이 하나님의 선택임을 명확하게 합니다. "주는 하나님 여호와시라 옛적에 아브람을 택하시고 갈대아 우르에서 인도하여 내시고 아브라함이라는 이름을 주시고." 아브라함의 후손인 모세시대의 이스라엘 백성들도 하나님의 선택받은 자들임이 신명기 14:2에 잘 나타나 있습니다. "너는 네 하나님 여호와의 성민이라 여호와께서 지상 만민 중에서 너를 택하여 자기 기업의 백성으로 삼으셨느니라." 왕정시대의 이스라엘 백성들을 향해서도 하나님은 변함없이 이스라엘 백성들이 선택받은 백성임을 확인하셨습니다. 아모스 3:2입니다. "내가 땅의 모든 족속 가운데 너희만을 알았나니 그러므로 내가 너희 모든 죄악을 너희에게 보응하리라 하셨나니."

둘째로, 하나님은 택함을 받은 이스라엘 백성들에게 구약성경을 맡기셨고, 바로 이 구약성경 안에 복음을 담아 주셨습니다. 로마서 3:1-2입니다. "그런즉 유대인의 나음이 무엇이며 할례의 유익이 무엇이냐 범사에 많으니 우선은 그들이 하나님의 말씀을 맡았음이니라."

셋째로, 구원자이신 예수님이 유대인들에게서 나오셨습니다. 로마서 9:5입니다. "조상들도 그들의 것이요 육신으로 하면 그리스도가 그들에게서 나셨으니 그는 만물 위에 계셔서 세세에 찬양을 받으실 하나님이시니라." 이 말은 구원이 유대인에게서 난다는 것을 뜻합니다. 요한복음 4:22입니다. "너희는 알지 못하는 것을 예배하고 우리는 아는 것을 예배하노니 이는 구원이 유대인에게서 남이라." 구원이 유대인에게서 난다는 것을 아주 적절하게 표현한 비유가 로마서 11:17-24에 기록되어 있는 참감람나무와 돌감람나무 비유입니다. 이 비유에서 참감람나무는 유대인을 가리키고 돌감람나무는 이방인을 가리킵니다. 돌감람나무가 참감람나무에 접목되었습니다. 돌감람나무가 참감람나무에 접목되면 참감람나무로부터 자양분을 받아서 삽니다. 이 자양분이 바로 구원입니다. 이방인의 구원이 유대인으로부터 나오는 것입니다. 그럴 수밖에 없는 것이 유대인이 구원의 복음을 담고 있는 구약성경을 받았고, 구약성경이 예언한 예수님이 유대인으로부터 출생하셨기 때문입니다.

넷째로, 신약시대에 들어와서 완전히 계시된 복음을 전할 때도 이방인보다 유대인에게 먼저 전파되었습니다. 예수님은 열두 제자를 전도자로 파송하실 때 유대인에게만 복음을 전하라고 명령하셨습니다. 마태복음 10:5-7입니다. "예수께서 이 열둘을 내보내시며 명하여 이르시되 이방인의 길로도 가지 말고 사마리아인의 고을에도 들어가지 말고 오히려 이스라엘 집의 잃어버린 양에게로 가라 가면서 전파하여 말하되 천국이 가까이 왔다 하고." 이 지상에 계실 때는 유대인들에게만 복음을 전하라는 명령을 제자들에게 주신 예수님은 부활 승천하신 후에는 이방인을 향하여 복음의 문을 여셨는데, 이때도 예루살렘과 온 유대를 먼저 언급하심으로써 유대인에게 먼저 복음을 전하도록 하셨습니다. 사도행전 1:8입니다. "오직 성령이 너희에게 임하시면 너희가 권능을 받고 예루살렘과 온 유대와 사마리아와 땅 끝까지 이르러 내 증인이 되리라 하시니라." 베드로도 이 원칙을 지켰습니다. 사도행전 2:39입니다. "이 약속은 너희와 너희 자녀와 모든 먼 데 사람 곧 주 우리 하나님이 얼마든지 부르시는 자들에게 하신 것이라 하고." 베드로는 "너희와 너희 자녀" 곧, 유대인들을 앞에 두었습니다. 바울과 바나바도 이 원칙을 지켰습니다. 사도행전 13:46입니다. "바울과 바나바가 담대히 말하여 이르되 하나님의 말씀을 마땅히 먼저 너희에게 전할 것이로되 너희가 그것을 버리고 영생을 얻기에 합당하지 않은 자로 자처하기로 우리가 이방인에게로 향하노라." 이 원리에 따라서 바울은 선교여행을 할 때 항상 유대인들의 회당을 먼저 찾아 들어갔습니다. 유대인의 회당에 들어가서 설교하면 유대인의 방해와 핍박이 시작될 것을 잘 알면서도 유대인들을 구원하기 위하여 회당으로 먼저 들어간 것입니다.

다섯 번째는, 마지막 심판의 날에 하나님으로부터 벌을 받을 때나 상을 받을 때도 유대인들은 먼저 다루어집니다. 로마서 2:9-10입니다. "악을 행하는 각 사람의 영에는 환난과 곤고가 있으리니 먼저는 유대인에게요 그리고 헬라인에게며 선을 행하는 각 사람에게는 영광과 존귀와 평강이 있으리니 먼저는 유대인에게요 그리고 헬라인에게라." 하나님은 영광과 존귀는 유대인에게 먼저 주시고 환난과 곤고는 이방인에게 먼저 주신 것이 아니라 좋은 것이든 나쁜 것이든 모두 유대인에게 먼저 주셨습니다. 유대인에게 먼저 기회를 부여하는 것이 유대인에게 축복인 것은 사실이지만 여기에는 중대한 책임이 뒤따릅니다. 먼저 받았기 때문에 하나님 앞에서 더 많은 책임을 져야 하는 것입니다. 누가복음 12:47-48입니다. "주인의 뜻을 알고도 준비하지 아니하고 그 뜻대로 행하지 아니한 종은 많이 맞을 것이요 알지 못하고 맞을 일을 행한 종은 적게 맞으리라 무릇 많이 받은 자에게는 많이 요구할 것이요 많이 맡은 자에게는 많이 달라 할 것이니라."

그러나 유대인이 구원과 관련하여 모든 것에 대하여 우선권을 가지는 것은 아닙니다. 하나님 앞에 섰을 때 죄인으로 판단 받는다는 점에 있어서는 유대인이 더 나을 것이 없습니다. 로마서 3:9-10입니다. "그러면 어떠하냐 우리는 나으냐 결코 아니라 유대인이나 헬라인이나 다 죄 아래에 있다고 우리가 이미 선언하였느니라 기록된 바 의인은 없나니 하나도 없으며." 구원을 받는 방법도 동일합니다. 로마서 3:30입니다. "할례자유대인도 믿음으로 말미암아 또한 무할례자이방인도 믿음으로 말미암아 의롭다 하실 하나님은 한 분이시니라." 본문은 유대인이나 이방인이나 모두 "믿음으로 말미암아" 의롭다 함을 받는다고 말합니다. 주님은 유대인들에게나 이방인들에게나 모두 주가 되십니다. 로마서 10:12입니다. "유대인이나 헬라인이나 차별이 없음이라 한 분이신 주께서 모든 사람의 주가 되사 그를 부르는 모든 사람에게 부요하시도다." 또한 구원의 복음에 참여할 때도 동등합니다. 에베소서 2:18입니다. "이는 그로 말미암아 우리 둘이 한 성령 안에서 아버지께 나아감을 얻게 하심이라."

바울이 구원의 축복에 있어서 유대인을 먼저 거론한 이유는 로마교회가 이방인이 다수를 차지하는 이방인 중심교회라는 점과 연관이 있습니다. 로마와 같은 곳에서는 한 번 교회가 부흥하기 시작하면 이방인이 다수를 차지하는 교회가 될 수밖에 없는데, 이때 주의하지 않으면 이방인들이 유대인들을 소외시키는 사태가 발생할 수가 있습니다. 바울은 로마교회의 이방인 신자들이 유대인 출신 신자들을 함부로 대하지 말고, 구원의 근거인 구약성경을 잘 보존해 왔다는 점과 구주 예수님을 낳은 민족이라는 점을 고려하여 존중하고 사랑할 것을 요청한 것입니다.

복음의 핵심 1: 하나님의 의는 하나님의 구원

바울은 1:16에서 복음은 유대인에게든 헬라인에게든 모든 믿는 자에게 구원을 주시는 하나님의 능력이 된다고 선언한 후에 17절에서 복음의 핵심을 선포합니다. "복음에는 하나님의 의가 나타나서 믿음으로 믿음에 이르게 하나니 기록된 바 오직 의인은 믿음으로 말미암아 살리라 함과 같으니라." 이 본문은 세 개의 매우 중요한 개념을 담은 절들로 구성되어 있습니다. 첫째는 "하나님의 의"입니다. 복음에는 하나님의 의가 나타나 있다는 것입니다. 둘째는 '믿음으로 믿음에 이르게 한다'라는 것입니다. 셋째는 '오직 의인은 믿음으로 말미암아 산다'라는 것입니다. 이 세 구절을 차례차례 살펴보겠습니다.

첫째 구절은 "복음에는 하나님의 의가 나타났다"라고 말합니다. 그러면 본문이 말하는 "하나님의 의"는 무엇을 뜻할까요? 의에 해당하는 히브리어 명사는 체데크ק고이고 체데크는 히브리어 동사인 차다크ק고에서 유래한 것입니다. 차다크라는 동사는 두 가지 의미로 사용됩니다. 하나는 "의롭다"라는 뜻입니다. 이 뜻을 적용하면 "하나님의 의"라는 말은 "하나님은 의로우신 분이다"라는 뜻입니다. 다른 하나는 "어떤 대상을 법적으로 의롭다고 선언하다"라는 뜻입니다. 이 용법으로 사용된 대표적인 본문이 신명기 25:1입니다. "사람들 사이에 시비가 생겨 재판을 청하면 재판장은 그들을 재판하여 의인은 의롭다 하고 악인은 정죄할 것이며." 여기 보면 "그들을 재판하여 의인은 의롭다 하고"라고 되어 있습니다.

　그런데 이 두 가지 의미는 긴밀하게 연결되어 있습니다. 하나님은 의로우신 분이시기 때문에 어떤 사람이 의로운가의 여부를 알 수가 있고 따라서 의롭다 또는 의롭지 않다고 선언하실 수 있습니다. 학생들이 수학시험을 보았다고 가정해 봅시다. 시험을 본 다음에는 누군가가 채점을 해서 "이 문제는 맞았다", "이 문제는 틀렸다"라고 선언해야 합니다. 어떤 사람이 이 일을 할 수 있을까요? 수학에 능통한 수학선생님이라야 채점할 수 있고, 채점을 한 다음에 학생들이 푼 수학문제 답이 맞았는지 틀렸는지 선언할 수 있습니다. 수학을 못 하는 사람은 학생들이 푼 수학문제 답이 맞았는지 틀렸는지 선언할 수 없습니다. 마찬가지입니다. 어떤 사람이 의로운지 아닌지를 선언할 수 있으려면 선언을 하는 사람이 철저하게 의로운 사람이라야 합니다. 자기 자신이 의롭지 못하면 다른 사람이 의로운지 의롭지 못한지 선언할 수 없습니다. 그러므로 "하나님의 의"라는 말은 "하나님은 의로우신 분으로서 어떤 사람에 대하여 법적으로 의롭다는 선언을 하신다"라는 뜻입니다.

　그런데 바로 이것이 복음이라고 로마서 1:17은 말합니다. "복음에는 하나님의 의가 나타나서." 앞에서 말씀드린 의의 두 가지 의미를 적용하여 본문을 이렇게 설명할 수 있습니다. 복음에는 하나님이 의로운 분으로 나타나 있습니다. 모든 인류가 죄를 범했습니다. 하나님은 의로우신 분이시기 때문에 하나님은 모든 인류에 대하여 죄에 대한 형벌인 사망의 형벌을 내리셨습니다. 그런데 뜻밖에도 의로우신 하나님이 어떤 사람을 의롭다고 선언하셨습니다. 하나님이 누구를 의롭다고 선언하신 걸까요? 죄를 범하여 의로움을 잃어버리고 불의한 자가 된 모든 인류 가운데 믿는 자들입니다. "하나님이 의로움을 잃어버리고 불의한 자가 되어 버린 사람들 가운데 모든 믿는 자들을 의롭다고 선언하셨다!"라는 복음의 핵심에 대한 해설이 바로 로마서입니다.

　　로마서 1:17은 복음은 죄를 범하여 불의해진 인류를 하나님이 의롭다고 선언하시는 것이라고 말합니다. 성경은 하나님이 우리를 의롭다고 선언하시는 것이 하나님이 우리를 구원하시는 것을 의미한다고 말합니다. 시편 98:2입니다. "여호와께서 그의 구원을 알게 하시며 그의 공의를 뭇 나라의 목전에서 명백히 나타내셨도다." 이 본문은 히브리어 어법 중에서 병행어법이라는 형태로 표현한 것입니다. 병행어법은 같은 내용을 표현을 달리하여 중복하여 표현하는 어법입니다. 앞 구절에서는 "그의 구원을 알게 한다"라고 했고, 뒷 구절에서는 "그의 공의를 뭇 나라의 목전에서 명백히 나타낸다"라고 했습니다. 두 구절이 같은 뜻입니다. 그러므로 "그여호와 하나님의 구원"은 곧 "그여호와 하나님의 공의"입니다. 구약성경의 말씀들 가운데 여러 곳에 이와 비슷한 표현이 등장하는데, 그 가운데 한 곳만 더 들어 보겠습니다. 이사야 56:1입니다. "이는 나여호와 하나님의 구원이 가까이 왔고 나여호와 하나님의 공의가 나타날 것임이라." 이 본문에서도 "나의 구원"과 "나의 공의"가 같은 뜻으로 사용되고 있습니다. 그러므로 하나님이 어떤 사람의 의로움을 선언하신다는 말은 하나님이 그 사람을 구원하신다는 뜻입니다.

복음의 핵심 2: 믿음으로 믿음에

둘째 구절은 "믿음으로 믿음에 이르게 하나니"입니다. 이 구절은 하나님의 의, 또는 구원이 인간에게 오는 통로가 무엇인가를 말합니다. '믿음으로 믿음에 이른다'라는 말이 무엇을 의미하는가에 대해서는 여러 가지 설명이 제시되었습니다.

터툴리안과 같은 초대교회 교부들은 앞의 믿음은 율법에 대한 믿음을 뜻하고 뒤의 믿음은 복음에 대한 믿음을 뜻한다고 해석했습니다. 그러나 로마서 1:17은 본문의 내용이 "복음"에 관한 내용이라는 점을 전제하고 시작했기 때문에 본문이 말하는 모든 내용이 복음에만 적용되고 율법에는 적용되지 않습니다. 따라서 이 설명은 좋은 설명이 아닙니다.

어거스틴은 앞의 믿음은 복음을 선포하는 자들의 믿음을 가리키고 뒤의 믿음은 복음을 듣는 자들의 믿음을 가리킨다고 설명했습니다. 물론 복음을 전하는 자들이 믿음을 가지고 복음을 전하는 것은 매우 중요합니다. 그러나 어떤 사람이 의롭다는 선언을 받는 것, 구원을 얻는 것은 100% 선언을 받는 사람 자신의 믿음을 통로로 하여 이루어지는 것이지 어떤 다른 사람의 믿음이 개입될 수는 없습니다. 따라서 이 설명도 그다지 훌륭한 설명이라고는 볼 수 없습니다.

이런 설명들보다 훨씬 낫고 우리가 받아들일 수 있는 두 가지 설명이 있습니다.

하나는 이 구절이 의롭다는 선언이나 하나님의 구원이 임하는 통로는 철저하게 믿음뿐이라는 점을 강조한다고 보는 것입니다. 처음부터 믿음으로 시작하고 끝날 때도 믿음으로 끝나며, 믿음 이외에는 어떤 다른 통로도 없다는 것입니다. 우리의 신앙생활은 처음 시작할 때도 믿음을 통하여 시작하는 것이고, 마지막 마무리도 믿음을 통하여 이루어집니다. 예수 그리스도께서 구주이심을 믿음을 통하여 고백하는 것으로부터 신앙생활을 시작한 이후에는 예수 그리스도께서 우리의 삶의 인도자와 지도자로서 우리의 삶의 한순간 한순간을 우리와 함께 하신다는 믿음을 통하여 살아갑니다. 또한 육체적 죽음의 순간에 우리의 영혼이 하나님 앞에 설 때와 재림 때에 신령한 몸을 입고 하나님의 마지막 심판대 앞에 다시 설 때, 우리가 이 세상에서 살아온 모든 삶이 평가받을 때, 지은 죄가 너무 많아 도저히 하나님 앞에 얼굴을 들 수 없을 때, 우리는 오직 우리를 위하여 십자가 위에서 죽으신 주 예수 그리스도를 믿는 믿음만 의지하여 천국으로 들어갈 수 있습니다. 이처럼 우리의 삶은 그 시작부터 마지막까지 오직 믿음을 통해서 이루어집니다.

그런데 이런 설명과 모순되지 않으면서 훨씬 더 성경에 근거한 설명이 있습니다. 미국의 신학자인 존 머레이John Murray가 제시한 설명입니다. 머레이는 바울이 로마서 1:17에서 간략하게 말한 내용을 로마서 3:22에서 더 구체적으로 풀어서 설명하고 있다고 보았습니다. "곧 예수 그리스도를 믿는 믿음으로 말미암아 모든 믿는 자에게 미치는 하나님의 의니 차별이 없느니라"롬 3:22. 로마서 1:17이나 로마서 3:22이나 모두 하나님의 의가 사람에게 온다고 말합니다. 로마서 1:17의 "믿음으로 믿음에"가 로마서 3:22에서는 "예수 그리스도를 믿는 믿음으로 말미암아 모든 믿는 자에게"라고 자세하게 설명되고 있습니다. 로마서 1:17의 "믿음으로"가 로마서 3:22에서는 "예수 그리스도를 믿는 믿음"이라고 설명되고 있고, 로마서 1:17의 "믿음에"는 로마서 3:22에서는 "모든 믿는 자"라고 설명하고 있습니다. 그러므로 "믿음으로 믿음에"라는 말은 "예수 그리스도를 믿는 믿음으로 말미암아 모든 믿는 자에게"를 뜻한다는 것입니다. 저는 이것이 가장 좋은 설명이라고 생각합니다. 정리해 보면 하나님이 어떤 사람을 의롭다고 선언하는 것, 곧 하나님이 어떤 사람을 죄와 사망의 세력으로부터 구원해내는 것은 예수 그리스도를 믿는 믿음을 통하여 믿는 자, 곧 신자에게 온다는 것입니다.

복음의 핵심 3: 믿음으로 말미암아 살리라

셋째 구절은 "오직 의인은 믿음으로 말미암아 살리라 함과 같으니라"라는 구절입니다. 이 구절은 구약성경 하박국 2:4을 인용한 것입니다. 하박국은 이스라엘 나라가 북쪽 이스라엘과 남쪽 유다로 분열된 이후 남쪽 유다에서 활동하던 선지자였습니다. 하박국에게는 한 가지 심각한 고민이 있었습니다. 북쪽 이스라엘도 마찬가지였지만 남쪽 유다도 하나님 앞에서 심각한 죄를 범했습니다. 유다는 하나님의 말씀을 바르게 전하는 선지자들을 핍박하고 악을 행하기를 멈추지 않았습니다. 하박국 선지자는 하나님은 분명히 살아 계시는데 이처럼 하나님의 백성들이 타락하고 심각한 죄를 범하는데도 아무런 벌을 내리시지 않는 것이 너무나 이상했습니다. 마침내 하박국 선지자는 하나님께 항의합니다. "여호와여 내가 부르짖어도 주께서 듣지 아니하시니 어느 때까지리이까 내가 강포로 말미암아 외쳐도 주께서 구원하지 아니하시나이다 어찌하여 내게 죄악을 보게 하시며 패역을 눈으로 보게 하시나이까 겁탈과 강포가 내 앞에 있고 변론과 분쟁이 일어났나이다. 이러므로 율법이 해이하고 정의가 전혀 시행되지 못하오니 이는 악인이 의인을 에워쌌으므로 정의가 굽게 행하여짐이니이다"합 1:2-4. 하박국 선지자의 항의 요지는 하나님은 살아 계시는 분이라고 하시면서 왜 핍박하는 악인들로부터 선지자를 구해 주지 않으시고, 하나님의 백성이 악을 행한다고 아무리 말해도 아무런 반응이 없으시냐는 것입니다.

마침내 하나님이 응답하십니다. 하나님은 "그래 나도 알고 있다. 조금만 기다려라. 내가 강력한 이방나라를 동원하여 죄를 범하는 유다를 반드시 벌할 것이다"라는 요지의 답변을 주십니다. "보라 내가 사납고 성급한 백성 곧 땅이 넓은 곳으로 다니며 자기의 소유가 아닌 거처들을 점령하는 갈대아 사람을 일으켰나니…왕들을 멸시하며 방백을 조소하며 모든 견고한 성들을 비웃고 흉벽을 쌓아 그것을 점령할 것이라"합 2:6,10.

그런데 또 문제가 생겼습니다. 갈대아 사람바벨론 제국이 유다에 쳐들어와서 유다를 벌하는데, 너무나 잔인하게 유다 백성들을 죽이고 괴롭히는 것입니다. 하나님은 유다 백성이 정신을 차릴 만큼만 적절하게 벌을 주라고 하셨는데, 갈대아 사람이 와서는 유다 백성들을 너무나 잔인하게 괴롭히는 것입니다. 이 광경을 보고 하박국 선지자가 다시 하나님께 항의합니다. "하나님, 하나님의 백성이 죄를 범하여 벌을 받는 것은 이해가 됩니다. 그러나 하나님의 백성인 우리가 훨씬 더 악한 이방 백성으로부터 이처럼 너무 잔인하게 대접받는 것도 잘못된 일이 아닙니까?" 이런 항의가 하박국 1:13에 있습니다. "주께서는 눈이 청결하시므로 악을 차마 보지 못하시며 패역을 차마 보지 못하시거늘 어찌하여 거짓된 자들을 방관하시며 악인이 자기보다 의로운 사람을 삼키는데도 잠잠하시나이까." 이 본문에서 악인은 바벨론 제국을 가리키고, 의로운 사람은 하나님의 백성을 가리킵니다.

그러자 하나님이 또 답변하십니다. "바벨론 제국이 얼마나 큰 악을 범했는지를 나도 안다. 내가 바벨론 제국에 대해서도 반드시 벌을 내릴 것이니 기다려라." "여호와께서 내게 대답하여 이르시되 너는 이 묵시를 기록하여 판에 명백히 새기되 달려가면서도 읽을 수 있게 하라 이 묵시는 지체되지 않고 반드시 응하리라…네가 많은 민족을 멸한 것이 네 집에 욕을 부르며…이는 네가 레바논에 강포를 행한 것과 짐승을 죽인 것 곧 사람의 피를 흘리며 땅과 성읍과 그 안의 모든 주민에게 강포를 행한 것이 네게로 돌아오리라"합 2:3,10,17.

하박국 선지자는 하나님이 주시는 말씀을 듣고 비로소 안심할수 있었습니다. "그러면 그렇지! 의로우신 하나님이 하나님의 백성을 모질게 괴롭히는 이방 나라를 그냥 두실 분이 아니지!" 하박국 선지자가 하나님의 약속을 받을 때는 유대 백성이 바벨론으로부터 강탈을 당하여 모든 것을 빼앗기고 빈털터리가 되어 있는 절망적인 상황이었습니다. 어느 정도 절망적인 상황이었나요? 무화과나무가 제대로 자라지 못한 채 말라비틀어져 있고, 포도나무에는 열매가 없고, 감람나무도 열매를 내지 못하고, 밭을 아무리 뒤져도 먹을 것이 남아 있지 않고, 우리를 둘러보아도 양이 없고, 외양간에 소가 없는 상황입니다. 다 빼앗기고 남아 있는 것이 아무것도 없었습니다. 인간적으로 의지할 만한 것이 아무것도 남아 있지 않은 상황입니다. 그렇지만 하박국은 하나님이 유대 백성을 괴롭힌 바벨론 제국을 치실 것이라는 하나님이 주신 약속의 말씀을 믿었습니다. 하나님이 주신 약속의 말씀을 믿음으로 받아들이자 이런 절망적인 상황 속에서도 하박국은 이렇게 노래할 수 있었던 것입니다. "나는 여호와로 말미암아 즐거워하며 나의 구원의 하나님으로 말미암아 기뻐하리로다 주 여호와는 나의 힘이시라"합 3:18-19. 하박국이 여호와로 인하여 즐거워하고, 기뻐하고 여호와께서 힘이 되신다고 고백할 때는 하나님으로부터 물질적인 복을 많이 받아 부자가 된 상태가 아닙니다. 너무너무 가난하여 하루하루 끼니를 연명하기조차 어려운 상황 속에서 '의인은 오직 믿음으로 말미암아 산다'라는 말이 나오게 된 것입니다.

마지막 날에 우리의 몸이 영원히 썩지 않는 몸으로 부활한다는 사실을 우리가 어떻게 알 수 있습니까? 우리 눈에 보이는 것이라고는 늙고 병들어 죽어가는 육체뿐입니다. 생물학의 원리를 연구해 보면 알 수가 있을까요? 인공지능 연구를 철저히 하면 그 원리를 알 수 있을까요? 알 수 없습니다. 그러면 우리 몸이 부활한다는 사실을 우리는 어떻게 알 수 있을까요? 하나님이 그렇게 약속하셨기 때문입니다. 우리는 세상의 모습에 눈을 돌리면 의심에 빠질 수밖에 없습니다. 그러나 하나님의 약속에 눈을 돌리면 비로소 우리는 희망을 품을 수 있습니다.

Romans

II

하나님의 심판
아래 있는 이방인

───────

롬 1:18-32

9 창조주의 존재를 인정하지 않는 사람들 (롬 1:18-20)

18절 하나님의 진노가 불의로 진리를 막는 사람들의 모든 경건하지 않음과
 불의에 대하여 하늘로부터 나타나나니
19절 이는 하나님을 알 만한 것이 그들 속에 보임이라 하나님께서 이를 그들
 에게 보이셨느니라
20절 창세로부터 그의 보이지 아니하는 것들 곧 그의 영원하신 능력과 신성
 이 그가 만드신 만물에 분명히 보여 알려졌나니 그러므로 그들이 핑계
 하지 못할지니라

바울은 1:16-17에서 모든 인류를 죄와 사망으로부터 구원하는
힘은 하나님의 의에 있으며, 이 하나님의 의는 믿음을 통하여 인간
에게 임한다고 말합니다. 이것이 로마서의 주제이자 복음의 원리입
니다.

인간을 죄와 사망으로부터 구원하는 힘이 하나님의 의에 있다
는 말은 그 힘이 인간에게는 없다는 뜻입니다. 인간을 구원하는 힘
이 인간에게 없는 이유가 무엇인가요? 인간은 하나님 앞에 죄인이기
때문입니다. 죄인인 인간은 모든 기능이 철저하게 망가져서 자기 몸
하나도 건사하지 못할 뿐만 아니라 하나님의 무서운 심판을 받아야
합니다. 바울은 인간은 하나님 앞에 죄인이며, 하나님의 무서운 심
판 아래 있다는 사실을 로마서 1:18-3:20까지 상세하게 설명합니다.
로마서 1:18에서 모든 인류는 하나님 앞에서 죄인이며, 하나님의 무

서운 심판 아래 있다는 사실을 총론적으로 말합니다. 그리고 이 사실을 1:19-32에서는 이방인들에게 적용하고, 2:1-3:20에서는 하나님의 선택받은 백성인 유대인들에게 적용합니다.

하나님의 진노

1:18은 총론입니다. "하나님의 진노가 불의로 진리를 막는 사람들의 모든 경건하지 않음과 불의에 대하여 하늘로부터 나타나나니." 이 구절은 다음과 같이 구분할 수 있습니다. 첫째로, 불의로 진리를 막는 사람들이 있습니다. 둘째로, 이들의 생활의 특징은 "모든 경건치 않음과 불의"입니다. 셋째로, 이들에 대하여 "하나님의 진노"가 나타납니다.

창조주 하나님의 실재를 거부하는 인류

"불의로 진리를 막는 사람들"롬 1:18. "사람"은 헬라어 안트로포스 ἄνθρωπος의 번역어인데, 이 단어는 인류 일반을 뜻합니다. "불의로"라는 말은 "부당하게"라는 뜻입니다. 그러므로 "불의로 진리를 막는 사람들"이라는 말은 "인류 전체가 부당하게 진리를 막고 있다"라는 뜻입니다.

그러면 진리는 무엇을 가리킬까요? 단어의 뜻은 언제나 문맥 안에서 파악하는 것이 중요합니다. 이 구절이 말하는 진리는 예수님이 우리 죄를 위하여 대신 죽으셨고 이 예수님을 믿음으로 받아들이면 죄와 사망의 세력으로부터 구원을 받는다는 것 곧, 구원의 진리를 말하는 것이 아닙니다. 이 진리는 유대인과 이방인 모두에게 분명히 나타난 진리, 하나님을 믿는 사람이나 믿지 않는 사람에게 모두 나타난 진리를 뜻합니다. 이 진리의 내용은 19-20절에 상세하게 소개되고 있습니다. 요약하여 간단히 말하면 이 세상을 창조하신 인격적인 하나님이 살아계신다는 것입니다. 모든 인류에게는 인격적인 하나님이 살아 계시며, 인격적인 하나님이 세상을 창조하셨다는 진리가 알려져 있습니다. 인간을 죄와 사망의 권세로부터 구원해내는 구원의 진리를 특별계시라고 하고, 인격적인 하나님이 살아서 존재하시고 이 하나님이 세상을 창조하셨다는 진리를 일반계시라고 합니다. 특별계시는 성경에 있고 신자에게 전달되었습니다. 일반계시는 신자와 불신자를 포함한 모든 인류에게 전달되었습니다.

그런데 모든 인류가 이 진리를 막고 있습니다. "막는다"로 번역된 헬라어는 카테코κατέχω입니다. 카테코는 카타라는 접두어와 에코라는 동사로 이루어진 복합동사입니다. 에코는 "소유하다", "간직하다"는 뜻이고 카타는 "거부한다"는 뜻입니다. 그러므로 카타에코는 "소유하거나 간직하기를 거부한다"는 뜻입니다.

인격적인 하나님이 살아서 존재하신다는 진리가 풍부하게 담긴 책이 모든 인류에게 선물로 전달됩니다. 그런데 유감스럽게도 모든 인류는 이 선물을 받아들여 그 안에 풍부하게 담긴 내용을 읽고 음미하고 배우려고 하지 않고 이 책의 표지를 한번 쓱 본 다음에는 별 흥미가 없다는 듯이 외면하고 받지 않겠다고 거부합니다. 그것은 마치 우편배달부가 소포를 배달해 주려고 하는데 수취인이 소포의 겉 표지를 보고는 받기를 거부하고 반송시키는 것과도 같습니다.

창조주 하나님에 대한 경배를 거부하고 불의한 생활을 하는 인류

"모든 경건치 않음과 불의"롬 1:18. 인격적인 하나님이 살아서 존재하시고 이 하나님이 이 세상을 창조하셨다는 진리에 귀를 막고 거부하는 사람의 생활의 특징은 "모든 경건치 않음과 불의"입니다.

"모든 경건치 않음"에서 경건치 않음은 헬라어로 아세베이아 ἀσέβεια입니다. "아"는 아니다는 뜻이고 "세베이아"가 예배라는 뜻이니까 이 말은 하나님께 예배드리기를 거부하는 태도를 뜻합니다. 불의는 헬라어로 아디키아ἀδικία입니다. "아"는 아니다는 뜻이고 "디키아"는 의로움이라는 뜻입니다. 아디키아는 인간관계에서 의롭지 못하고 바르지 못한 생활을 뜻합니다. 하나님이 살아서 존재하시며 이 세상이 하나님이 창조하신 세상임을 믿지 않는 사람들은 하나님을 경배하기를 거부하며, 하나님을 경배하기를 거부하는 생활 속에 빠져들어 가면 인간관계에서도 바르지 못한 생활을 하게 된다는 것이 본문의 가르침입니다.

역사 안에 나타나는 하나님의 진노

"하나님의 진노가…하늘로부터 나타나나니"롬 18:1. 이 구절이 말하는 진노는 사람들이 가지는 분노 또는 화냄과는 의미가 다릅니다. 사람의 품성이 죄의 영향을 받아 잘못되었기 때문에 사람이 내는 화나 분노는 도덕적으로 잘못된 것일 때가 많습니다. 그러나 하나님의 진노는 100% 옳은 것이고 타당한 것입니다. 하나님은 인간이 죄를 범할 때 진노하시는데 이처럼 죄에 대하여 하나님이 진노하시는 것은 100% 정당한 것입니다. 그런데 하나님의 진노는 하나님이 마음 속으로 느끼는 감정 상태만을 가리키는 것이 아닙니다. 하나님은 행동하시는 하나님이십니다. 죄에 대한 하나님의 진노가 단지 마음 안에만 머무르는 것으로 끝나는 법은 없습니다. 하나님의 진노는 반드시 죄에 대한 심판이라는 행동으로 나타납니다.

하나님의 심판이 언제 나타나나요? 본문에 사용된 "나타나나니"라는 단어는 현재형으로 되어 있습니다. 죄에 대한 하나님의 심판은 주님이 재림하시는 세상 종말의 때에만 나타나는 것이 아니라 현재, 우리가 살아가는 동안에도 이미 나타나고 있다고 바울은 말합니다. 현재 나타나는 하나님의 심판의 증거들을 찾을 수 있을까요? 네, 너무나 많이 찾을 수 있습니다.

우선 가장 가까운 우리의 마음속에서 찾아보겠습니다. 우리가 바르지 못한 행실을 하면 우리 마음에 양심의 가책이 찾아옵니다. 부끄럽고 수치스러운 마음이 듭니다. 그리고 그런 일을 하는 자기 자신이 비참하게 느껴집니다. 가책, 수치, 비참함이 마음에 가득 차는 것은 정말로 견디기 힘들지 않습니까? 이런 마음의 상태가 바로 하나님이 우리 마음속에 내리시는 심판입니다.

이 세상에는 자연법칙이 있는데, 이 자연법칙을 어기면 바로 하나님의 심판이 찾아옵니다. 예를 들어서 술을 너무 많이 마시면 필름이 끊기고 구토를 하고 건강에 손상이 찾아옵니다. 성관계는 남성과 여성 사이에서 이루어지게 되어 있는데 이 법칙을 어기고 남성과 남성이 성관계를 가지면 에이즈, 성병, 장 관련 질병, 장기 감염 등이 찾아옵니다.

우리는 우리 자녀들이나 친한 사람들이 잘못된 행동을 할 때 "하지 말라"는 충고를 합니다. 아무리 충고해도 끝내 말을 듣지 않으면 어떻게 할까요? 그냥 하고 싶은 대로 하다가 험한 꼴을 보도록 내버려 둡니다. 왜 그렇게 할까요? 마음속으로 너무 화가 난 나머지 상대방을 교정하는 일을 포기해 버리기 때문입니다. 이처럼 인간들이 악을 행할 때 하나님은 인간이 악을 행하도록 내버려 두실 때가 있습니다. 악을 행하는 데 따라오는 온갖 나쁜 일들을 다 겪도록 하시는 것입니다. 이것이 바로 하나님의 심판입니다.

성경을 읽어 보면 죄에 대하여 하나님이 심판을 내리신 많은 사건이 있습니다. 아담과 하와가 선악과를 따먹는 죄를 범했다가 에덴동산에서 쫓겨났는데, 이것도 하나님의 심판입니다. 가인은 아벨을 죽인 죄에 대한 벌로 아무리 밭을 갈아도 작물을 거두지 못하고 도망 다니면서 온 땅을 방랑하게 되는 심판을 받았습니다. 노아 시대의 사람들은 죄악에 빠져 생활하다가 노아 가족을 빼고 모두 멸망했고, 하늘에까지 바벨탑을 쌓으려고 시도했던 사람들을 하나님이 흩어 버리셨고, 소돔과 고모라는 동성애에 빠져 생활하다가 불의 심판을 받았고, 사울은 하나님의 뜻을 거슬렀다가 전쟁터에서 비참하게 죽었고, 다윗도 충신이었던 우리아를 전쟁터에 내보내 죽게 만든 후에 밧세바를 빼앗았다가 벌을 받았고, 우상숭배에 빠지고 가난한 자를 멸시하던 이스라엘은 나라를 잃고 온 세상으로 흩어지는 벌을 받았습니다.

하나님의 심판은 일반역사 안에서도 확인할 수 있습니다. 하나님은 세상 나라가 어느 정도까지는 번영할 수 있도록 허락하시지만 하나님의 궁극적인 권위를 거역할 때는 마침내 벌하시는 때가 있습니다. 예를 들어서 히틀러의 나치 정권이 어느 정도까지는 성공을 거두었지만 결국은 비참하게 종말을 고했고, 일본제국주의가 상당한 기간 세계를 주름잡았으나 결국은 패망하였습니다.

이 모든 증거보다 가장 결정적인 하나님의 심판의 증거가 두 가지 있습니다. 하나는 모든 인간은 예외 없이 죽는다는 것입니다. 모든 인간이 죽는다는 것은 죄에 대하여 하나님이 현세 안에 나타내시는 결정적인 하나님의 심판의 증거입니다. 다른 하나는 예수님의 십자가상의 죽음입니다. 예수님이 십자가 위에서 죽으신 것은 모든 사람이 범한 죄를 대신 지고 죽으시는 대속의 죽으심이며, 죄에 대하여 내리는 하나님의 심판입니다.

예수님이 부활하셨다는 사실은 장차 하나님의 심판이 임할 것을 확실하게 예고하는 증거입니다. 사도행전 17:31입니다. "이는 정하신 사람으로 하여금 천하를 공의로 심판할 날을 작정하시고 이에 그를 죽은 자 가운데서 다시 살리신 것으로 모든 사람에게 믿을 만한 증거를 주셨음이니라 하니라." 예수님이 부활하셨다는 것은 예수님이 온 세상을 심판하시는 심판의 주님이 되셨다는 뜻입니다.

하나님의 심판이 임하는 이유

바울은 19절부터 모든 인류에게 하나님의 심판이 임할 수밖에 없는 이유를 좀 더 자세하게 설명하기 시작합니다. 특히 19절과 20절은 하나님이 모든 인류에게 인격적인 하나님이 살아서 존재하시며 이 하나님이 세상을 창조하셨다는 진리를 너무나 분명하게 알려 주셨기 때문에 이 하나님을 모른다고 핑계를 댈 수 없게 되어 있다고 말합니다. 19절은 하나님이 모든 인류의 내면에 하나님이 살아서 존재하신다는 사실을 알 수 있는 능력을 주셨다고 선언하고 있고, 20절은 인간의 외부 곧, 우주 안에 하나님이 우주를 만드신 창조주이심을 보여주는 증거들을 두셨다고 말하고 있습니다.

존재론적 신 존재 논증

"이는 하나님을 알만한 것이 그들 속에 보임이라 하나님께서 이를 그들에게 보이셨음이라"롬 1:19. "그들"은 이방인을 포함한 모든 인류를 뜻합니다. "그들 속에." "모든 인류의 마음속에." "하나님을 알만한 것", 곧 "하나님에 관하여 알려진 것들"이 나타나 있습니다. 왜냐하면 하나님께서 그것들을 인간의 마음에 알려 주셨기 때문입니다. 이처럼 하나님이 인간 안에 인격적인 하나님이 살아계신다는 사실을 알려 주셨기 때문에 인간은 자기의 내면을 잘 살펴보면서 논리적으로 성찰해 보면 하나님이 존재하신다는 사실을 알 수 있게 되어 있습니다. 이것을 존재론적 논증이라고 합니다.

존재론적 논증은 두 단계로 진행됩니다.

첫째로, 인간은 자신이 불완전하고 유한하다는 사실을 잘 알고 있습니다. 인간이 자신이 불완전하고 유한하다는 사실을 알고 있다는 말은 불완전이 무엇이고 유한이 무엇인지를 알고 있다는 뜻입니다. 인간은 자신이 불완전하다는 것과 유한하다는 것을 어떻게 알 수 있을까요? 경험을 통하여 알 수 있습니다. 인간은 하늘을 날고 싶어도 날 수 없다는 사실을 경험적으로 압니다. 인간은 다른 사람의 마음을 들여다보고 싶어도 들여다볼 수 없다는 사실을 경험적으로 압니다. 인간은 미래를 알고 싶어도 알 수 없다는 사실을 경험적으로 압니다.

그런데 인간이 불완전하다는 것을 안다는 것은 완전하다는 것이 무엇인가를 안다는 뜻입니다. 인간이 유한하다는 것을 안다는 것은 무한하다는 것이 무엇인가를 안다는 뜻입니다. 그런데 여기에 이상한 것이 하나 있습니다. 불완전이나 유한은 경험을 통해서 알 수 있습니다. 그런데 완전함이나 무한함은 인간이 경험할 수가 없습니다. 그런데도 인간은 완전함이나 무한함이 무엇인가를 압니다. 완전함이나 무한함을 경험을 통해서 알 수 없다면 누군가가 완전함이 무엇인지, 유한함이 무엇인지를 인간에게 알려 주었다는 뜻이 되지 않겠습니까? 우리에게 완전함이나 유한함을 알려 준 존재는 인간은 아니지만 우리와 같이 말을 할 수 있고 생각을 할 수 있는 어떤 인격적인 존재일 수밖에 없습니다. 따라서 인간이 아닌 어떤 인격체가 존재하는 것이 분명합니다.

둘째로, 우리에게 완전함과 무한함을 알려준 인격체는 스스로가 완전하고 무한한 존재로서 완전과 무한을 경험적으로 잘 아는 존재라야 합니다. 완전과 무한을 잘 아는 인격적인 존재는 하나님밖에 없습니다. 그러므로 완전하고 무한하신 인격적인 하나님이 존재하는 것은 필연입니다. 이처럼 우리 자신을 잘 성찰해 보면 하나님이 살아계신다는 것을 인정하지 않을 수 없습니다.

우주론적 신 존재 논증과 정서론적 신 존재 논증

"창세로부터 그의 보이지 아니하는 것들 곧 그의 영원하신 능력과 신성이 그가 만드신 만물에 분명히 보여 알려졌나니 그러므로 그들이 핑계하지 못할지니라"롬 1:20. "창세로부터"라는 말은 하나님이 "이 세상을 창조하신 때부터"라는 뜻입니다. "그의 보이지 아니하는 것들"은 하나님의 속성이나 자질을 뜻합니다. 사물이 지닌 어떤 성질은 눈에 보이지 않으나 실재합니다. 사람의 성품이나 자질도 눈에 보이지 않습니다. 어떤 사람이 착한 성질을 가지고 있다고 할 때 착한 성질은 눈에 보이지 않지만 분명히 존재합니다. 이처럼 하나님의 속성이나 자질은 눈에 보이는 것이 아니지만 분명히 있습니다.

바울은 하나님의 속성이나 자질의 예로서 "그의 영원하신 능력과 신성"을 말합니다. 하나님이 지닌 아주 탁월한 신적인 능력이나 지혜가 하나님이 만드신 외적인 물질세계 혹은 우주 안에 잘 나타나 있다는 것입니다. 우리가 우리 주위의 세계를 잠깐만이라도 둘러보면 상상을 초월하는 하나님의 능력을 어렵지 않게 확인할 수 있습니다. 겨울 산을 둘러보면 나무들이 잎은 다 떨어지고 앙상한 가지들만을 뻗고 있습니다. 그런데 봄이 되었을 때 단 며칠 밤만 자고 일어나 보면 모든 나무에 잎이 돋아나 온 산들이 신록으로 순식간에 뒤덮여 버립니다. 전국의 온 산을 순식간에 신록으로 덮어 버리는 것은 어마어마한 능력입니다. 이 일은 인간이 비료를 주고 재배해서는 이루어질 수가 없습니다. 이 일은 하나님의 능력이 아니면 불가능합니다. 이처럼 우주 안에 하나님의 신적인 능력과 지혜가 너무나 분명하게 나타나 있기 때문에 하나님이 살아서 존재하시며, 존재하시는 하나님이 이 세상을 창조하셨다는 사실을 알 수 없다는 핑계를 그 어느 누구도 댈 수가 없다는 것입니다.

우주에 나타나 있는 창조주 하나님의 살아 있는 존재의 증거는 우주론적 논증과 정서론적 논증으로 정리되었습니다.

우주론적 논증은 모든 운동은 운동을 하게 만든 원인이 있고, 마지막에는 자기는 움직이지 않으면서 다른 물질은 움직이게 만드는 제1원인, 궁극적인 원인이 있는데 제1원인이 곧 하나님이라고 주장하는 논증을 가리킵니다. 예를 들어서 자동차가 움직입니다. 왜 자동차가 움직일까요? 바퀴가 구르기 때문입니다. 바퀴가 왜 구를까요? 엔진이 돌아가기 때문입니다. 엔진이 왜 돌아갈까요? 시동스위치를 켰기 때문입니다. 자동차 안에서 자동차가 움직이는 원인을 추적할 수 있는 것은 여기까지입니다. 시동스위치를 켠 원인자를 자동차 구조 안에서는 발견할 수 없습니다. 그런데 우리가 여기서 원인추적을 멈추면 답답해서 잠을 잘 수가 없습니다. 잠을 푹 자려면 시동스위치를 켠 원인자를 찾아야 합니다. 시동스위치는 누가 켰습니까? 자동차 구조 밖에 있는 선택의 능력을 가진 인격적인 존재인 운전자라는 인간이 시동스위치를 켰다고 설명하면 우리는 "아 그렇구나!"라고 수긍하고 잠을 편안하게 잘 수 있습니다.

자, 그러면 우주로 눈을 돌려 봅시다. 우주는 원자로 구성되어 있는데 원자 안에서는 전자가 핵 주위를 끊임없이 돌고 있습니다. 전자가 도는 것은 원인이 있기 때문이겠지요? 그런데 그 원인이 원자 안에는 없습니다. 그러면 원자 밖을 보면 어떻습니까? 원자 밖에는 또 다른 원자 외에는 아무것도 없습니다. 온 우주가 원자들로 구성되어 있는데 모든 원자 안에는 전자를 움직이게 하는 원인이 없으니까 우주 안에는 전자를 돌게 만드는 원인이 없다는 뜻입니다. 그러면 전자를 돌게 만드는 원인은 원자 밖에 있는 선택의 능력을 가진 살아 있는 인격적인 존재일 수밖에 없습니다. 온 우주의 모든 원자 안에 있는, 그 수를 헤아릴 수 없는 전자들을 동시에 돌게 만드는 엄청난, 무한한 능력을 가진 인격적 존재가 있다면 누구겠습니까? 그것은 하나님일 수밖에 없습니다. 이처럼 전자의 회전은 하나님의 존재를 증명해 줍니다.

정서론적 논증이란 우주의 모든 만물이 질서정연하고 정교한 구조로 되어 있다는 사실에 근거하여 인격적인 하나님이 살아서 존재한다는 것을 증명하는 논증법을 말합니다.

보잉 747기는 400만 개의 부품으로 조립된 아주 정교한 기계입니다. 그런데 이 정교한 기계가 땅속에 묻혀 있던 쇳가루, 유릿가

루, 플라스틱 가루가 우연히 모여들어서 기가 막힌 방법으로 조합되어 생겨났다고 말하면 여러분은 수긍하시겠습니까? 아마도 정신 나간 사람이라고 비웃을 것입니다. 어떻게 설명해야 여러분이 수긍합니까? 인격적인 존재인 인간이 머릿속에 비행기 설계도를 그린 다음 설계도에 따라서 만들었다고 설명하면 "맞아, 그렇게 만들어진 거야!"하고 수긍할 것입니다.

보잉 747기의 비행술과 파리의 비행술을 비교해 봅시다. 보잉 747기는 너무너무 힘들게 겨우 이륙하고 착륙하며, 하늘에 뜨면 앞으로밖에 못 가고 옆으로 방향을 바꿀 때도 멀리 돌아서 힘들게 돕니다. 게다가 조금만 잘못해도 공중에서 폭발하거나 착륙하다가 화염에 휩싸이기도 합니다. 그러나 파리는 수직상승과 수직하강, 앞으로 가기나 뒤로 가기, 제자리에서 어느 방향으로든 자유롭게 틀기 등, 보잉 747기와는 비교조차 할 수 없는 높은 수준의 비행술을 구사합니다. 파리는 보잉 747기보다 몇만 배 이상 정교한 비행체입니다. 그런데 파리가 이 세상에 몇 마리가 있을까요? 파리만 있습니까? 수십만 종 이상의 곤충들이 파리와 같은 비행술을 구사합니다. 이처럼 보잉 747기와는 비교조차 되지 않는 천문학적 숫자의 비행체들은 진화론자들이 주장하는 것처럼 자연발생적으로는 등장할 수가 없습니다. 어떤 인격체가 설계하고, 이 설계도에 의하여 제작했다고밖에는 달리 설명할 길이 없습니다. 이 설계자는 인간이 아닌 것은 분명합니다. 그러면 천문학적인 숫자의 정교한 비행체들을 모두 설계하고 제작하실 능력을 지니신 분은 누구일까요? 하나님밖에 없습니다.

인격적 창조주를 거부하는 인류에 대한 하나님의 심판

이처럼 존재론적 논증, 우주론적 논증, 정서론적 논증은 인간의 내면세계의 논리를 따라가 보고 우주를 관찰하면 인격적이고 살아계신 하나님이 존재하며, 이 하나님이 이 세상을 창조하셨다는 진리를 너무나 명확하게 보여주고 있습니다. 그런데도 세상 사람들은 이 진리를 거부하고 외면하고 필요 없다고 돌려보냅니다. 모든 죄 가운데 가장 근원적이고 큰 죄는 살아계신 하나님의 존재를 믿지 않는 것입니다. 자식이 아무리 똑똑하고 사회적으로 큰일을 한다 해도 자기를 낳은 부모를 부모로 인정하지 않으면 큰 불효를 하는 것이고, 아무리 못나고 사회적으로 별 볼 일 없는 자식이라도 자기를 낳은 부모를 알아보고 순종하면 효자가 되는 것처럼, 아무리 저명한 명사라도 하나님을 믿지 않으면 하나님과의 관계에서는 가장 큰 죄를 범하는 것입니다. 하나님을 믿지 않는 것이 죄 중에 가장 큰 죄입니다. 하나님이 존재하신다는 진리를 거부한 사람들에게는 무엇이 찾아오나요? 미래뿐만 아니라 현재에도 하나님의 심판이 임합니다.

10 창조주 하나님을 알고도 상응하는 행동을 보여주지 않은 사람들(롬 1:21-23)

21절 하나님을 알되 하나님을 영화롭게도 아니하며 감사하지도 아니하고
오히려 그 생각이 허망하여지며 미련한 마음이 어두워졌나니
22절 스스로 지혜 있다 하나 어리석게 되어
23절 썩어지지 아니하는 하나님의 영광을 썩어질 사람과 새와 짐승과 기어
다니는 동물 모양의 우상으로 바꾸었느니라

롬 1:21-23에서 바울은 하나님의 심판이 나타난 또 하나의 이유
를 제시합니다. "하나님을 알되 하나님을 영화롭게도 아니하며 감사
하지도 아니하고 오히려 그 생각이 허망하여지며 미련한 마음이 어
두워졌나니"롬 1:21.

"하나님을 알되"롬 1:21. 타락한 인류는 창조주 하나님에 대하여
두 가지 왜곡된 태도를 보여주었습니다. 한편에서는 18절이 말하는
것처럼 창조주 하나님이 살아계신다는 진리를 막았습니다. '진리를
막았다'라는 말은 진리를 받아들이기를 거부했다는 뜻입니다. 이들
은 창조주 하나님은 존재하지 않는다고 주장하는 무신론자들이 되
었습니다.

다른 한편에서는 무신론자들보다 조금 나은 태도를 보여 준 사
람들이 있습니다. 이 사람들은 자기 자신의 내면세계와 자연세계에
하나님이 두신 창조주 하나님의 살아계심의 증거들을 외면하지 않

고 인정하고 받아들여 창조주 하나님이 살아계신다는 사실을 아는 사람들입니다. 그런데 안타깝게도 이들은 창조주 하나님이 살아계신다는 것을 아는 수준에서 더 나아가지 못하고 머물렀습니다. 앎에는 실행이 뒤따라야 하는데 실행이 뒤따르지 않은 것입니다.

　어떤 어린아이가 사탕을 너무너무 좋아합니다. 그런데 이 아이는 치과에 가는 것을 무서워합니다. 엄마가 이 아이에게 친절하게 설명해 줍니다. "얘야! 사탕을 많이 먹으면 이가 썩는단다. 이가 썩으면 치과에 가서 무섭고 아픈 치료를 받아야 한단다. 그러니 사탕을 먹어야 할까, 먹지 말아야 할까?" 이 아이는 엄마의 말을 듣고 사탕을 많이 먹으면 이가 썩고 치과에 가야 한다는 것을 알게 되었습니다. 이 아이는 자기에게 좋은 정보를 알려 준 엄마에게 고마워하고 사탕을 딱 끊는 것이 도리입니다. 그런데 이 아이는 어떻게 반응할까요? 이 아이는 신경질적으로 "알았어, 엄마!"라고 퉁명스럽게 대답하고는 사탕을 못 먹게 하는 엄마에게 심술을 부리고 화를 내면서 사탕을 계속 먹습니다. 이 아이는 자기가 아는 것과 행동이 일치하지 않는 아이입니다. 이 아이처럼 인류는 창조주 하나님이 살아계신다는 것을 알긴 아는데 거기에 합당한 삶을 살지 않습니다. 사람들은 창조주 하나님이 살아계신다는 것을 알면서도 마땅히 보여야 할 두 가지 반응을 보이지 않는다고 바울은 말합니다. "하나님을 영화롭게도 아니하고 감사하지도 아니하고."

창조주 하나님을 영화롭게 하지 않음

"하나님을 영화롭게도 아니하고"롬 1:21. 사람들은 하나님을 영화롭게 해야 하는데 그렇게 하지 않습니다. 영화롭게 한다는 말은 찬양한다, 칭찬한다는 뜻입니다. 얼마 전 한국의 청년 피아니스트인 임윤찬군이 유명한 국제 피아노 경연대회에서 이 대회 역사상 최연소의 나이로 가장 어려운 곡들을 완벽하게 연주하여 일등을 한 일이 보도되었습니다. 이 소식을 접한 사람들이 보여주는 자연스러운 반응은 "대견하다! 자랑스럽다!"라고 칭찬하는 것입니다. 그렇다면 하나님이 만드신 이 세계가 얼마나 경이롭고 놀라운 세계인가를 알았을 때 하나님의 경이로운 솜씨에 대하여 놀라고 찬양하는 반응이 나오는 것이 마땅한 반응입니다.

하나님의 솜씨의 경이로움은 자연 만물에 무궁무진할 정도로 차고 넘칩니다. 그 가운데 극히 작은 하나의 사례로서 박테리아에 대해서 생각해 보겠습니다. 박테리아의 편모 안에는 모터가 내장되어 있는데, 이 모터를 크게 확대하면 자동차 엔진과 똑같습니다. 자동차는 엔진이 회전하면서 내는 힘으로 움직입니다. 자동차 엔진이 회전하는 속도를 알피엠RPM, revolution per minute = 분당 회전수이라고 합니다. 보통 자동차들은 1분에 2,000-3,000번 회전합니다. 그런데 박테리아의 편모 안에 있는 모터는 1분에 10만 번 회전합니다. 그 힘으로 박테리아를 움직입니다. 이런 모습을 볼 때 어떤 반응을 보여야 할까요? 네, 경이로움과 놀라움에 사로잡혀 하나님을 찬양해야 합니다. 그런데 유감스럽게도 사람들은 이런 경이로운 광경을 보고서도 놀라지도 않고 하나님을 찬양하지도 않습니다.

창조주 하나님께 감사하지 않음

"감사하지도 아니하고."롬 1:21. 사람들은 하나님께 감사해야 하는데 하나님께 감사하지 않습니다. 하나님이 사람들의 창조주라는 말은 하나님이 사람들에게 생명을 주시고 이 세상에 사는 동안 우리에게 먹을 것을 주시고 거주할 곳도 주신다는 뜻입니다. 이 사실을 알았다면 사람들은 감사해야 합니다. 사람들은 하나님이 만드신 것들을 가지고 평생 먹고 살며, 문화 활동을 합니다. 사도행전 14:17은 이렇게 말합니다. "그러나 자기를 증언하지 아니하신 것이 아니니 곧 여러분에게 하늘로부터 비를 내리시며 결실기를 주시는 선한 일을 하사 음식과 기쁨으로 여러분의 마음에 만족하게 하셨느니라." 이 말씀이 잘 보여주는 것처럼 우리가 먹고 사는 것이 다 하나님이 만드신 것들 덕분입니다. 이런 은혜들을 생각하면 사람들은 마땅히 하나님을 찬양해야 합니다.

창조주 하나님을 알고도 찬양과 감사가 없는 사람들에게 나타난 결과

자기 자신의 내면과 온 우주 안에 아주 분명하게 나타난 창조주 하나님의 살아계신 증거들을 보고 하나님을 높이 찬양하고 깊이 감사하면 이 증거들이 마음속에서 점점 더 밝게 그 빛을 드러내고 점점 더 큰 비중을 차지하기 시작합니다. 처음에는 촛불로 다가오지만 찬양과 감사를 통하여 점점 더 밝아져서 나중에는 온 방을 환하게 밝히는 눈부신 형광등으로 바뀝니다. 처음에는 야구공만 하게 보이던 이 증거들이 큰 쟁반만 한 것으로 바뀌어 마음을 꽉 채웁니다. 이 세상 안에 담긴 창조주 하나님의 살아계심의 경이롭고 놀라운 증거들이 점점 눈에 들어오다가 마침내 온 세상이 이 증거들로 가득 차게 됩니다.

그런데 창조주 하나님의 살아계심의 증거들을 보고 찬양하지도 않고 감사하지도 않으면 증거의 촛불이 점점 더 줄어들어 가다가 심지에서 빨간색의 불기운만 겨우겨우 반짝이는 상태로 쪼그라들며, 야구공만 하던 증거들이 점점 줄어들어 가다가 나중에는 탁구공만 해지다가 마침내는 작은 콩알만 한 크기로 줄어들어 보이지조차 않게 됩니다.

이런 상황을 21절 하반절이 잘 보여줍니다. "그 생각이 허망하여지며"롬 1:21. "생각"이라는 단어는 헬라어 디아로기스모스διαλογισμός입니다. 디아δια는 "계속"이라는 뜻이고, 로기스모스λογισμός는 "생각"이라는 뜻이니까 "오랫동안 계속하여 생각함", "오랫동안 상상에 사로잡힘"이라는 뜻입니다. 창조주 하나님의 살아계심에 대하여 무관심한 채 오랫동안 생각을 계속하거나 상상을 계속하면 어떻게 되나요? "허망하여진다"고 본문은 말합니다. 헛된 것들을 생각하게 된다는 것입니다. 헛된 것들이라는 말은 죄악 된 것들이라는 뜻도 있습니다. 창조주 하나님이 살아계신다는 사실에 대한 분명한 고백이 없이 오랫동안 생각하고 상상하면 헛된 것들이나 죄악 된 것들로 마음이 가득 차게 됩니다. "미련한 마음이 어두워졌나니." "미련하다"라는 말은 "연기처럼 사라져 버린다"라는 뜻입니다. 이런 사람의 마음은 연기처럼 사라져 없어져 버릴 허망한 것들로 가득 차게 되고, 창조주 하나님의 살아계심을 보여주는 빛이 사라져 없어지고 난 자리에는 어두움만이 남습니다. 그리고 사람들은 깊은 혼란 속에 빠져들어 갑니다.

바울이 말하는 "오랫동안 계속하여 생각하는" 자들이나 "오랫동안 상상에 사로잡히는" 자들은 신이 존재한다는 사실 정도는 희미하게나마 믿는 이방 철학자들이나 신화작가들이나 종교인들을 주로 가리킵니다. 이들은 신에 대하여 오랫동안 정말로 많은 생각을 하고 상상을 합니다. 그러면서 이들은 자신들을 지혜로운 현자라고 생각합니다. 그리고는 신을 믿는 방법을 가르쳐 주는 다양한 철학 학설들과 종교들을 만들어냅니다. 그런데 이런 학설들은 이들이 아무것도 보이지 않는 어두움 속을 이리저리 더듬으면서 만들어낸 것들이어서 연기처럼 사라져 없어지는 허망한 것들입니다. 그러므로 바울은 22절에서 이렇게 말합니다. "스스로 지혜 있다 하나 어리석게 되어."

썩지 않는 하나님의 영광이 썩는 피조물로

이 사람들은 무신론자들처럼 하나님은 존재하지 않는다고 말하지는 않고 나름대로 오래 생각하고 상상하면서 하나님을 알 수 있는 길을 만들어냈습니다. 이 사람들이 궁리해낸 하나님을 알 수 있는 길이 어떤 것인가를 23절이 잘 보여줍니다. "썩어지지 아니하는 하나님의 영광을 썩어질 사람과 새와 짐승과 기어다니는 동물 모양의 우상으로 바꾸었느니라."

먼저 이 본문은 하나님이 어떤 속성을 가지고 있는가를 소개합니다. 바울은 하나님의 영광은 썩지 않는 것을 특징으로 한다고 말합니다. 영광이라는 말은 경이로움, 놀라움, 탁월함 등을 뜻합니다. 창조주 하나님은 경이롭고 놀라운 분입니다. 우리는 인간관계에서 상대방이 우리가 가지지 못한 어떤 특별한 재능을 가지고 있을 때 경이로워합니다. 나는 결코 풀지 못하는 수학문제를 내 친구가 쉽게 풀어 버리면 우리는 매우 경이로워합니다. "어떻게 저 문제를 풀 수가 있지?" 우리가 하나님을 경이롭게 여기고 놀라워하는 이유는 하나님은 우리가 가지지 못한 어떤 것을 가진 분이시기 때문입니다. 그것을 본문은 "썩어지지 아니함"이라고 표현하고 있습니다. 그렇습니다. 사람들을 포함한 모든 피조물은 시간이 가면 썩지만, 하나님은 썩지 않는다는 점에서 하나님은 인간이 가지고 있지 않은 것을 가지고 계십니다. 그래서 우리는 하나님을 경이롭게 여기고 또 놀라워합니다. 하나님이 썩지 않는다는 말은 하나님은 영원하시다는 뜻입니다. 바울은 하나님만이 가지고 계시는 많은 특성 가운데 영원성 하나를 예로 뽑아 제시했습니다. 하나님만이 가지고 계시고 인간을 포함한 모든 피조물은 가지고 있지 않은 특성들이 여섯 가지가 있습니다. 영원성, 무한성, 전능성, 전지성, 편재성, 완전성.

하나님은 시간에 매이지 않습니다. 하나님은 과거, 현재, 미래를 자유롭게 왕래하실 수 있습니다. 그러나 인간을 비롯한 피조물은 시간에 매여 있습니다. 과거나 미래로 돌아갈 수가 없습니다. 최면술사들이 과거로 돌아가서 전생을 알아본다는 것은 거짓이며, 과거에 살던 사람이 현재로 돌아올 수 없습니다. 미래에 사는 사람도 현재로 돌아올 수 없습니다. 터미네이터라는 공상과학영화에서 미래에 사는 사람이 현재로 돌아오는 설정을 했는데 실제로는 불가능한 거짓말입니다.

하나님은 무한하신 분입니다. 하나님은 우주보다 더 크신 분입니다. 동시에 하나님은 물리적으로 무한하게 작은 것보다 더 작은 부분에도 계시는 분입니다. 그러나 인간이나 피조물은 유한합니다.

하나님은 무엇이든 다 하실 수 있는 전능한 능력을 가지고 계시지만 인간이나 피조물의 능력은 극히 제한되어 있습니다. 하나님은 모든 것을 다 아시지만 인간이 알 수 있는 지식은 극히 제한되어 있습니다. 하나님은 우주 어느 곳에나 동시에 계실 수 있지만 인간은 한 곳에만 있을 수 있습니다. 하나님은 완전하시지만 인간은 불완전합니다.

영원성, 무한성, 전능성, 전지성, 편재성, 완전성은 인간이 경험할 수 있는 영역이 아니며, 생각 속에 담을 수 있는 영역이 아닙니다. 하나님만이 가지고 계신 이런 속성들을 탐구해 보겠다고 나서면 안 됩니다. 탐구 자체가 불가능할 뿐만 아니라 하나님의 영역을 침범하는 것입니다. 그러므로 하나님에 대하여 우리가 보여야 하는 반응은 엎드려 예배하면서 찬양하는 것이라야 합니다.

그러나 하나님을 알면서도 찬양하고 감사하지 않는 사람들은 어두움 속에서 혼란에 빠져 엉뚱한 일들을 궁리해내기 시작했습니다. 이들은 하나님을 눈으로 볼 수 있고 이해할 수 있는 만만한 존재로 바꾸어 놓기를 원했습니다. 마침내 이 사람들은 썩지 않으시는 하나님을 썩는 사람이나 새나 짐승이나 기어 다니는 동물 등과 같은 피조물로 표현하기 시작했습니다. 짐승은 네 발로 걷는 육상동물을 가리키고 "기어 다니는 동물"은 뱀이나 악어와 같은 파충류를 가리킵니다. 하나님은 전능하신 분인데, 사람들 가운데 특별히 힘이 센 사람을 그림이나 동상으로 만들어 놓고 "이게 바로 하나님이다! 이분 앞에 경배하라!"라고 요구하기 시작한 것입니다.

대만에 가면 헤아릴 수 없이 많은 우상 그림이 있는데, 그 우상 그림들 가운데 가장 많은 것이 삼국지에 나오는 관우를 그린 그림입니다. 관우를 그려놓고 신으로 모시고 분향하고 절을 합니다. 왜 관우를 신으로 모셨습니까? 관우가 무거운 청룡도를 들고 자유자재로 휘두르면서 전투를 잘하여 놀라운 힘을 보여주었기 때문입니다. 또 어떤 지역에 가면 독수리상을 조각해 놓고 신으로 섬기는 곳도 있습니다. 또 어떤 곳에서는 뱀을 신으로 섬기는 곳도 있습니다. 본문에는 사람, 새, 짐승, 기어다니는 동물만 열거되었는데, 이 목록은 수많은 피조물 가운데 무작위로 몇 개만 예로 든 것뿐입니다. 사람들은 하나님을 인간이 쉽게 접근할 수 있고 이해하기 쉬운 피조물로 바꾸어 놓고 경배하려고 합니다. 사람들은 모든 피조물 가운데 조금이라도 특별한 재능이나 힘을 가진 것들이 있으면 모두 하나님으로 보고 숭배하려고 합니다. 지구의 날씨변화를 주도하고 농사에 결정적인 힘을 끼치는 태양은 당연히 하나님으로 숭배되었고, 썰물과 밀물을 일으키며 농사에 중요한 역할을 하는 달도 하나님으로 숭배되었고, 대지도 각종 농산물을 길러내는 신비한 능력을 지니고 있기 때문에 여신으로 숭배되었습니다.

썩는 피조물이 썩는 피조물의 그림자로

사람들은 이와 같은 피조물들을 그림이나 조각 등으로 표현해 놓고 신으로 숭배했습니다. 이 신상들을 본문은 "모양의 우상"이라고 합니다. 그런데 이 표현을 잘 분석해 보면 이 우상들이 얼마나 엉터리인가를 알 수 있습니다. 신상들이 몇 단계를 거쳐서 만들어지는데 단계들을 거칠 때마다 그 질이 현저하게 떨어졌습니다.

첫째 단계는 썩지 않으시는 하나님의 영광이 썩는 사람이나 동물이나 기타 피조물로 바뀐 단계인데 이로써 하나님의 품격이 너무나 크게 떨어져 버렸습니다. 하나님의 전능하심이 청룡도를 잘 쓰는 관우의 수준으로 곤두박질쳤습니다. 100점이라는 평가로도 제대로 평가될 수 없는 엄청난 작품이 5점도 채 안 되는 것으로 질이 떨어지고 말았습니다.

그런데 질이 떨어지는 것은 여기에서 끝나지 않았습니다. 한 단계 더 질이 떨어지는 사태가 일어났습니다. 그것이 바로 "모양"입니다. 사람이나 동물이나 피조물의 "모양"을 만든 것인데, 모양은 에이콘εἰκών입니다. 에이콘은 "그림자"라는 뜻입니다. 사람이나 동물이나 해와 달로 하나님을 격하시켰지만, 그나마도 사람이나 동물이나 해와 달을 정확하게 그리거나 조각한 것이 아니라 이것들이 드리운 그림자 정도밖에 표현해내지 못했다는 것입니다. 원상과 그림자는 어마어마한 차이가 나지 않습니까? 그래서 다시 한번 그림이나 조각의 질이 떨어지고 말았습니다.

그림자가 그림자의 희미한 복사물로

그런데 또 한 번 질이 크게 떨어지는 사태가 일어납니다. 그것이 "우상"입니다. 우상은 헬라어로 호모이오마ὁμοίωμα라고 하는데, 이 단어는 원본을 100% 정확하게 복사한 것이 아니라 원본을 희미하게 복사한 것을 가리킵니다. 우상은 토너가 거의 떨어져서 희미하게 밖에는 복사가 되지 않는 성능이 매우 나쁜 복사기를 이용하여 출력해낸 복사본과 같은 것을 가리킵니다. 모양은 실물의 그림자니까 그림자를 가져다가 성능이 형편없는 복사기로 복사해 얻은 복사본이 바로 우상이라는 것입니다.

정리하면 이런 변화가 일어난 것입니다. 우주를 창조하신 전능하신 하나님의 찬란한 영광이 청룡도를 잘 쓰는 관우 정도로 질이 떨어지고, 관우가 관우의 그림자로 질이 떨어지고(모양), 이 그림자가 다시 성능이 형편없는 복사기에서 나온 희미한 복사물로 그 질이 다시 떨어져 버린 것이 바로 사람들이 하나님으로 섬기는 우상입니다. 그것은 진품 명품을 팔아서 "진품 → 짝퉁 → 짝퉁 → 짝퉁"을 사는 것과도 같고, 귀한 다이아몬드를 냉장고 속에 처박아 두었던 복숭아와 바꾸는 것과도 같고, 아름다운 루비를 햇빛에 물러터진 바나나와 바꾸는 것과도 같습니다.

11 영적 타락과 성적 타락 (롬 1:24-27)

24절 그러므로 하나님께서 그들을 마음의 정욕대로 더러움에 내버려 두사 그들의 몸을 서로 욕되게 하게 하셨으니
25절 이는 그들이 하나님의 진리를 거짓 것으로 바꾸어 피조물을 조물주보 다 더 경배하고 섬김이라 주는 곧 영원히 찬송할 이시로다 아멘
26절 이 때문에 하나님께서 그들을 부끄러운 욕심에 내버려 두셨으니 곧 그들의 여자들도 순리대로 쓸 것을 바꾸어 역리로 쓰며
27절 그와 같이 남자들도 순리대로 여자 쓰기를 버리고 서로 향하여 음욕이 불 일듯 하매 남자가 남자와 더불어 부끄러운 일을 행하여 그들의 그 릇됨에 상당한 보응을 그들 자신이 받았느니라

수직적인 차원에서 하나님을 바르게 경배하는 일에 실패하고 피조물을 우상으로 섬기는 왜곡된 관습에 빠진 사람들은 수평적인 차원에서 사람들 상호 간에 이루어지는 행동이나 생활도 반드시 왜곡된 관습에 빠지게 되어 있습니다. 로마서 1:24-32은 하나님에 대한 바른 경배에 실패한 인류의 인간관계에 어떤 왜곡된 관습들이 나타나는가를 잘 보여주고 있습니다.

본문의 구조를 보면, 바울은 25절에서 18-23절에서 말한 내용 곧, 모든 인류가 우상숭배의 죄를 범했다는 사실을 표현을 달리하여 다시 한번 서술합니다. 25절이 말하는 우상숭배에 빠진 행동 때문에 24절, 그리고 26-32절까지 길게 서술된 참혹하고 비참한 인간들의 왜곡된 생활모습이 나타났다는 것이 바울이 말하려고 하는 가르침

의 핵심입니다.

24절, 26-32절은 다시 두 부분으로 나눌 수 있습니다. 첫째로, 24절, 26-27절은 우상숭배를 하는 이방인들에게 나타나는 많은 도덕적인 타락 가운데 가장 심각하고 중요한 왜곡된 생활관습 한 가지를 특별히 뽑아서 소개합니다. 둘째로, 28-32절까지는 우상숭배에 빠진 이방인들에게 나타나는 왜곡된 생활의 전체적인 모습을 소개합니다.

피조물을 조물주보다 더 경배함

25절은 18-23절을 요약합니다. "이는 그들이 하나님의 진리를 거짓 것으로 바꾸어 피조물을 조물주보다 더 경배하고 섬김이라 주는 곧 영원히 찬송할 이시로다 아멘." "이는." 24절에서 말한 끔찍한 일이 발생한 이유는. "그들이." 하나님을 믿지 않는 이방인들이. "하나님의 진리를 거짓 것으로 바꾸어." "하나님의 진리"는 하나님이 말씀하신 많은 진리들을 가리키는 뜻으로도 이해할 수 있지만 "하나님은 곧 진리이시다"라는 뜻으로 해석할 수도 있습니다. 본문의 문맥에서는 이 해석이 맞습니다. "하나님의 진리"는 "진리이신 하나님"을 가리킵니다. "거짓 것"은 하나님을 모방한 가짜 하나님인 우상을 뜻합니다. 이 해석은 "피조물을 조물주보다"라는 다음 구절을 통하여 더욱 분명해집니다. 이 구절은 앞에 등장한 "하나님의 진리"와 "거짓 것"을 다르게 표현한 것입니다. "하나님의 진리" 곧 "진리이신 하나님"은 "조물주" 곧 창조주이고, "거짓 것"은 "피조물"입니다. 우상은 모두 피조물을 신으로 높인 것들이니까 결국은 피조물입니다.

하나님을 믿지 않는 이방인들은 조물주보다 피조물을 더 경배하고 섬겼다고 바울은 말합니다. 경배한다는 말과 섬긴다는 말은 동의어이긴 한데, 약간의 의미 차이가 있습니다. "경배한다"로 번역된 세바조마이σεβάζομαι는 감정을 많이 담아 존경을 표현하는 태도를 뜻합니다. 특별히 찬양할 때 감정을 많이 담아서 하나님에 대한 사랑과 존경을 표현하는 것을 생각하면 됩니다. "섬긴다"로 번역된 라트류오λατρεύω는 외형적인 형식에 강조점을 둔 표현입니다. 하나님을 섬길 때 형식도 매우 중요합니다. 예배 시간을 정확하게 지킨다든지, 예배 순서를 잘 따른다든지, 교회의 특별한 절기들을 잘 지킨다든지, 헌금을 정성스럽게 준비했다가 드린다든지, 교회의 다양한 행사에 빠지지 않고 참여한다든지 하는 것 등이 라트류오입니다. 참된 예배는 이 두 가지 요소를 모두 갖추어야 합니다. 예배에는 마음으로 하나님을 존경하고 사랑하는 것이 있어야 하고 동시에 외적인 형식도 정성스럽게 잘 준비해야 합니다. 형식은 철저하게 지키지만 형식에 마음이 담기지 않으면 잘못된 예배가 되는 것처럼, 마음만을 중요하게 생각하고 형식을 소홀히 하는 것도 잘못된 예배입니다. 이방인들은 피조물인 우상을 마음의 감정을 담아서 숭배했을 뿐만 아니라 형식도 잘 갖추어서 숭배했습니다.

믿지 않는 이방인들은 이처럼 마음과 형식을 다하여 우상을 숭배하고 있지만, 바울은 영원히 찬송을 받으실 분은 우상이 아니라 창조주 하나님이라는 점을 지적해 둡니다. "주는 곧 영원히 찬송할 이시로다."

더러운 정욕의 늪에 던져짐

사람들이 하나님을 섬기는 법에서 실패할 때 인간관계에 나타나는 심각하고 중요한 특정한 죄 하나를 24절, 26절, 27절이 소개합니다. 24절은 일반적으로 말하고, 26절과 27절은 구체적으로 말합니다.

이 특정한 하나의 죄를 일반적으로 말하고 있는 24절을 살펴보겠습니다. "그러므로 하나님께서 그들을 마음의 정욕대로 더러움에 내버려 두사 그들의 몸을 서로 욕되게 하게 하셨으니." "그러므로." 이 단어는 25절에 요약되어 있는 18-23절의 내용을 가리킵니다. "하나님을 믿지 않는 이방인들이 창조주 하나님을 경배하는 것을 피조물인 우상을 경배하는 것으로 바꾸었으므로." 바울은 하나님이 이들을 어딘가에 내버려 두셨다고 말합니다. "내버려 두셨다"라는 말은 좀 더 정확히 번역하면 "넘겨주어 버렸다"라는 뜻입니다.

그러면 하나님이 이들을 넘겨주어 버린 곳은 도대체 어떤 곳인가요? 이곳에 대한 설명이 24절 후반부, 26절, 27절에 구체적으로 나오는데, 이곳은 마치 물을 가득 먹은 질퍽한 진흙의 깊은 늪과 같은 곳이며, 깊은 모래구덩이와 같은 곳입니다. 이 늪이나 모래구덩이는 한번 발을 들여놓으면 빠져나올 수가 없으며, 빠져나오려고 발버둥 치면 칠수록 더 깊이 빨려 들어가는 개미지옥과 같은 곳입니다.

그러면 하나님께서 하나님을 경배하지 않고 우상을 숭배하는 자들을 어디에 넘겨주어 버리셨나요? "마음의 정욕 안에." "정욕"으로 번역된 에피튜미아$_{ἐπιθυμία}$는 육체적인 욕망, 특별히 금지된 것에 대한 집착을 뜻합니다. 하나님은 우상숭배자들을 하나님 자신이 명백하게 금지하신 어떤 것을 마음으로 갈망하는 마음 상태에 빠뜨리셨다는 것입니다. 하나님이 명백하게 금지하는 어떤 것을 마음으로 갈망하는 것 자체가 이미 하나님의 버림받은 것을 의미합니다.

하나님이 금지하신 것을 갈망하니까 결과적으로 "더러움" 속에 빠지게 됩니다. 더러움이라는 말은 주로 성적인 의미를 지니고 있습니다. 그 다음 구절이 이 더러움의 내용을 더욱 구체적으로 말합니다. "그들의 몸을 서로 욕되게 하게 하셨으니." 성관계는 혼자 하는 것이 아니라 항상 상대방이 있기 마련입니다. 성관계는 상대방을 마음으로 깊이 사랑할 때 그 넘치는 사랑을 신체적으로 표현하는 것입니다. 이때 상대방의 몸은 넘치는 사랑의 표현수단이므로 정말로 소중하게 아끼고 보호하면서 다루게 됩니다. 그런데 지금 바울이 여기서 말하는 성관계는 상대방의 몸을 소중하게 보호하면서 다루지 않고 상대방의 몸에 수치를 안겨 주면서, 상대방의 몸에 모욕을 가하면서, 그리고 학대하기까지 하는 방법으로 다루고 있다는 것입니다. 그래서 더러움 속에 빠졌다고 하는 것입니다. 그러면 그것이 무엇인가요? 24절에서 일반적으로 말한 바울은 26절과 27절에서는 그 더러움의 전형적인 사례 하나를 구체적으로 제시합니다.

순리를 역리로 바꾸어 쓰는 동성애

"이 때문에 하나님께서 그들을 부끄러운 욕심에 내버려 두셨으니 곧 그들의 여자들도 순리대로 쓸 것을 바꾸어 역리로 쓰며"룸 1:26. "이 때문에." 25절이 말한 행동, 곧 창조주 하나님을 경배하지 않고 피조물에 불과한 우상을 경배한 행동 때문에. 하나님이 이 행동에 대한 형벌로서 우상숭배자들을 "부끄러운 욕심"에 넘겨주어 버리셨습니다.

그러면 이 부끄러운 욕심이 있는 늪 또는 모래구덩이는 구체적으로 무엇일까요? 그것은 "그들의 여자들도 순리대로 쓸 것을 바꾸어 역리로 쓰는" 것입니다. "그들의." 하나님을 믿지 않고 우상을 숭배하는 이방인들의. "여자들." "여자들"은 델레이아이θήλειαι를 번역한 것입니다. 헬라어에서 여자를 가리키는 단어에는 두 가지가 있습니다. 하나는 귀네γυνή고 다른 하나는 본문에 나오는 복수형 델레이아이의 단수형 델루스θῆλυς입니다. 귀네는 일반적인 의미의 여성을 가리키고 델루스는 성관계의 대상이 되는 여성을 가리킵니다. 이 본문에서 델루스의 복수형인 델레이아이를 사용했다는 것은 이 본문이 성관계와 관련된 내용을 다루고 있다는 뜻입니다.

이방인 델레이아이 곧, 이방인 여인들이 순리대로 쓸 것을 바꾸어 역리로 쓰는 것은 바로 하나님이 우상숭배자들을 넘겨주어 버린 깊은 늪 혹은 모래구덩이의 전형적인 한 사례입니다. "순리"라는 말은 "자연적인 질서에 따른 용도"라는 뜻입니다. 바울이 말하는 자연적인 질서는 창세기 1:27에 명시된 하나님의 창조질서를 뜻합니다. 하나님은 인간을 남자와 여자로 창조하셨고창 1:28, 남자와 여자가 한 몸을 이루도록 하셨습니다창 2:24. 여기서 한 몸이 된다는 말 안에는 성관계가 포함되어 있습니다. 자연적인 질서는 남자와 여자가 결혼관계 안에서 성관계를 가지는 것입니다.

그런데 이방여자들이 어떤 행동을 했나요? 순리를 바꾸어서 역리로 썼습니다. 역리는 "자연적인 질서를 거스르는 것"을 뜻합니다. 자연적인 질서를 거스르는 것은 여성이 여성과 더불어 성관계를 가지는 것입니다. 여성 동성애 곧 레즈비언이 바로 역리입니다. 하나님은 창조주 하나님을 섬기지 않고 우상을 숭배하는 이방 여인들을, 한번 들어가면 빠져나오기 힘든 무서운 늪 또는 모래구덩이 같은 곳에 넘겨 버리시는데, 여성 동성애가 바로 그 무서운 늪 또는 모래구덩이입니다. 여성들이 동성애에 빠졌다는 사실이 이미 하나님으로부터 버림받은 것입니다. 여성 동성애 자체가 하나님으로부터 버림받은 상태라는 말은 여성 동성애를 하면 하나님으로부터 벌을 받는다는 말보다 더 무서운 말입니다. 여성이 동성애를 하는 동안에는 하나님으로부터 버림받은 상태에 있게 됩니다. 물론 이 말은 남성 동성애에도 당연히 적용됩니다. 여성이든 남성이든 동성애에 들어가는 순간 하나님과의 인격적인 사랑의 관계가 끊어집니다. 동성애를 하면서 하나님과 교제할 수 있는 길은 없습니다. 그러므로 동성애에 들어가려고 하는 자는 하나님과의 교제가 끊어지는 것을 각오해야 합니다.

　바울은 27절에서는 여성 동성애 보다 한층 더 심각한 하나님의 버림받음인 남성 동성애를 말합니다. "그와 같이 남자들도 순리대로 여자 쓰기를 버리고 서로 향하여 음욕이 불일듯 하매 남자가 남자와 더불어 부끄러운 일을 행하여 그들의 그릇됨에 상당한 보응을 그들 자신이 받았느니라." "그와 같이." 여자들이 동성 간의 성관계라는 늪에 빠진 것과 같이. "남자들도." "남자들"은 헬라어로 아르센ἄρσην 입니다. 헬라어에는 남자를 가리키는 용어도 두 가지가 있습니다. 하나는 아르센이고, 다른 하나는 아네르ἀνήρ입니다. 아네르는 일반적인 남성을 가리키고 아르센은 성관계 대상인 남성을 가리킵니다. 바울이 아르센을 선택했다는 것은 이 본문에서 남성과 관련된 성관계를 다루겠다는 것을 암시합니다.

　남자들도 순리 곧, 하나님이 정하신 창조질서를 따라서 여성과 성관계를 갖는 것을 버리고, 남자를 향하여 불같은 성욕을 느끼고 남자끼리 성관계를 가지는 부끄러운 행동을 한다는 것입니다. 바울은 26절에서 여성 동성애가 하나님이 집어넣으신 악의 늪 또는 악의 모래구덩이와 같은 것임을 말했는데, 남성 동성애에 대해서는 좀 더 강한 내용으로 하나님의 버림받음이자 형벌 그 자체임을 말합니다. "그릇됨에 상당한 보응을 그들 자신이 받았느니라." "그릇됨." 바울은 남성 동성애가 그릇된 행동임을 분명히 합니다. 그런데 남성 동성애에 빠진 것 자체가 이미 하나님으로부터 받은 형벌 그 자체임을 바울은 특별히 강조하고 있습니다. 하나님이 세우신 창조질서에 순종하지 않고 그 질서를 거스르면 반드시 거기에 상응하는 형벌을 받게 되어 있습니다. 남성 동성애를 시작하는 순간부터 불행의 늪에 깊이 빨려 들어가게 됩니다.

남성 동성애를 할 때 어떤 불행의 늪에 빠지게 될까요? 우선 남성 동성애를 시작하는 순간 바로 에이즈에 걸릴 위험에 노출됩니다. 에이즈균은 원래 원숭이와 같은 동물에게 있던 균으로서 원숭이의 경우는 에이즈균에 대한 내성이 있기 때문에 에이즈균이 몸 안에 있어도 아무런 문제가 없습니다. 그러나 이 균에 대한 내성이 없는 인간에게 에이즈균이 들어오면 인간의 면역체계를 무력화시켜 인간의 몸이 각종 질병에 취약해지고 각종 질병 때문에 고통을 받다가 죽음에 이르게 됩니다. 그런데 어떤 경로를 통해서인지는 알 수 없지만 에이즈균이 인간에게 퍼지기 시작한 것이 바로 남성 동성애자들로부터였습니다. 이 말은 최초로 에이즈균에 감염된 사람이 동성애자였다는 뜻입니다. 에이즈균은 주로 피를 통하여 전염됩니다. 그러면 남성 동성애자가 왜 에이즈에 취약한가요? 남성 동성애는 항문성교를 하는데, 항문은 막이 얇고 많은 혈관이 분포되어 있어서 남성 동성애를 하는 한 사람이 에이즈균 보균자이면 상대방은 바로 에이즈에 감염되게 되어 있습니다. 현재 에이즈 환자의 80%가 동성애자들입니다. 현재 세계 모든 국가 가운데 한국의 청년들 사이에서 가장 빠른 속도로 에이즈가 급증하고 있는데, 대부분 동성애와 관련이 있습니다. 단 한 번이라도 동성애에 발을 들여놓으면 바로 그 순간부터 "혹시 나에게 에이즈균이 전염되었으며 어떻게 하나?" 하는 의심에 시달리기 시작할 것입니다. 남성 동성애를 할 때마다 이 불안에서 벗어날 수가 없습니다. 에이즈균에 대해서는 백신이 개발되어 있지 않고 백신 개발이 불가능하다는 것이 의료계의 정설입니다. 에이즈균 자체를 치료하는 약이 개발되었다는 것은 사실이 아닙니다.

또한 사람의 항문 근처에는 1,000가지가 넘는 독성 세균, 바이러스, 박테리아, 미생물이 모여 있습니다. 그뿐만 아니라 항문은 얇은 막으로 되어 있어서 쉽게 찢어질 수 있습니다. 남성 동성애자들이 항문을 이용한 성관계를 하는 도중에 항문에 상처가 나서 피가 나오면 바로 항문 근처에 있는 독성 세균이나 바이러스와 섞이게 되고 이 피가 항문과 접촉한 생식기관에 묻으면 바로 생식기관에 감염이 일어나 각종 성병이나 장과 관련된 질병에 걸립니다. 이 질병을 치료하는 과정은 시간이 오래 걸리고 또 고통스럽고 몸이 만신창이가 됩니다. 특히 다양한 성병 중에는 살을 썩게 만드는 유형도 있습니다. 그뿐만 아니라 독성 세균이나 바이러스가 피를 타고 들어가서 온몸으로 퍼지면 몸속에 있는 많은 장기가 감염됩니다. 그래서 남성 동성애자들의 장기는 이식하지 못하게 되어 있습니다. 왜 이런 끔찍한 결과들이 나타날까요? 하나님이 세우신 창조질서를 범했기 때문입니다. 하나님의 창조질서를 범하는 행동은 행동 그 자체에 이미 하나님의 무서운 형벌이 들어있습니다. 그러므로 이 행동을 하는 순간 바로 하나님의 형벌 아래 놓이는 셈입니다.

따라서 성경이 여성 동성애와 남성 동성애가 모두 하나님의 창조질서를 거스르는 행위임을 지적하고 있는데, 그중에서도 특별히 남성 동성애에 대하여 더 엄격하게 경고하는 것은 당연한 일입니다. 하나님의 경고가 명확하게 나타난 본문은 두 곳인데 하나는 구약성경 레위기 18:22이고 다른 하나는 레위기 20:13입니다. 레위기 18:22은 이렇게 경고합니다. "너는 여자와 동침함 같이 남자와 동침하지 말라 이는 가증한 일이니라." 레위기 20:13은 또 이렇게 경고합니다. "누구든지 여인과 동침하듯 남자와 동침하면 둘 다 가증한 일을 행함인즉 반드시 죽일지니 자기의 피가 자기에게로 돌아가리라." 레위기 20:13은 동성애를 행한 자를 죽이라고 명령합니다.

유감스럽게도 우리나라의 공영방송에서 동성애를 아름답게 묘사한 드라마를 버젓이 방영하는 일들이 아무렇지 않게 일어나고 있고, 국가인권위원회를 비롯한 국가기관들이 앞장서서 동성애는 정상적인 성행위라고 선전하면서 동성애가 성경적으로나 생물학적으로나 의학적으로나 얼마나 잘못된 것인가를 말하지 못하도록 하는 법을 만들려고 시도하고 있고, 초중고등학교 성교육 시간에 동성애를 정상적인 성행위로 포장하고 또 동성애를 친근하게 느끼도록 교육하는 일들이 일어나고 있습니다. 이런 시도들이 동성애자들의 인권을 존중한다거나 성적인 자기 결정권을 보장해 준다는 등의 그럴듯한 명목으로 포장되어 나타납니다. 그러나 우리는 이런 시도들은 동성애자들을 악의 늪 또는 모래구덩이에 영원히 가두어 두는, 천사의 탈을 쓴 악마의 전략이라는 점을 분명하게 알아야 합니다.

현재 친동성애적인 정책을 추구하는 정당이 다수표를 얻어 한국사회를 지배하는 중이고, 마음만 먹으면 헌법 개정을 제외한 모든 법을 만들 수 있는 막강한 권력을 행사할 수 있게 되었습니다. 이 정당의 공식적인 공약 가운데 하나가 동성애에 대한 비판을 차단하고 동성애를 장려하는 차별금지법을 제정하는 것입니다. 차별금지법이 공식으로 제정되면 한국교회와 한국교회 지도자들 그리고 성경의 가르침대로 살고자 노력하는 성도들은 매우 큰 위험에 봉착하게 될 것이며, 한국교회는 크게 위축되고 변질될 것이며, 한국사회는 성윤리가 극히 문란한 사회, 도덕이 없는 사회로 전락하게 될 것입니다. 따라서 어떤 정치세력이라도 동성애를 합법화하는 일을 노골적으로 시도할 경우에 성경의 가르침을 따르고 한국교회와 사회의 앞날을 걱정하는 성도들은 이 시도를 차단하는 기도와 운동에 적극적으로 참여해야 할 것입니다.

12 다양한 윤리적인 죄들 (롬 1:28-32)

28절 또한 그들이 마음에 하나님 두기를 싫어하매 하나님께서 그들을 그 상
실한 마음대로 내버려 두사 합당하지 못한 일을 하게 하셨으니
29절 곧 모든 불의, 추악, 탐욕, 악의가 가득한 자요 시기, 살인, 분쟁, 사기, 악
독이 가득한 자요 수군수군하는 자요
30절 비방하는 자요 하나님께서 미워하시는 자요 능욕하는 자요 교만한 자요
자랑하는 자요 악을 도모하는 자요 부모를 거역하는 자요
31절 우매한 자요 배약하는 자요 무정한 자요 무자비한 자라
32절 그들이 이같은 일을 행하는 자는 사형에 해당한다고 하나님께서 정하심
을 알고도 자기들만 행할 뿐 아니라 또한 그런 일을 행하는 자들을 옳다
하느니라

로마서 1:17은 로마서 전체에서 말하고자 하는 복음의 핵심을 이렇게 요약합니다. "복음에는 하나님의 의가 나타나서 믿음으로 믿음에 이르게 하나니 기록된 바 오직 의인은 믿음으로 말미암아 살리라 함과 같으니라." 복음은 하나님과 함께 영원히 사는 것입니다. 그러면 우리는 어떻게 하나님과 영원히 함께 살 수 있을까요? 본문은 하나님의 의를 믿을 때 인간은 하나님과 영원히 함께 살 수 있다고 말합니다. 바울이 인간이 하나님과 영원히 함께 살 수 있는 조건으로 하나님의 의를 말하는 이유는 무엇일까요?

조선 시대 정치적으로 매우 혼란했던 광해군 시절에 선우당이라는 사람이 지은 시조 중에 이런 시조가 있습니다. "까마귀 노는 곳

에 백로야 가지 마라 희고 흰 깃에 검은 때 묻힐세라 진실로 검은 때 묻히면 씻을 길이 없으리라." 이 시조에서 까마귀는 타락한 사람들을 상징하고 백로는 청렴결백한 선비를 의미합니다. 타락한 사람들과 의롭고 깨끗한 사람들은 잠깐 업무상으로 교류할 수는 있어도 오랫동안 함께 생활할 수는 없다는 뜻입니다. 백로는 백로와만 함께 살 수 있습니다.

백로가 백로와만 어울릴 수 있듯이 인간이 하나님과 영원히 함께 살기 위해서는 하나님이 의로운 만큼 우리도 의로워야만 합니다. 그런데 우리가 우리 자신을 들여다볼 때 우리 안에 하나님의 의로움에 견줄 만한 의로움이 있을까요? 우리 자신이 살아온 삶의 모습을 들여다볼 때 "하나님, 이 정도면 당신과 어깨를 나란히 해도 될 만큼 의롭게 살지 않았나요?"라고 자신 있게 말할 수 있는 사람은 아무도 없습니다. 그러면 우리는 어떻게 해야 할까요? 우리 안에 하나님의 의에 필적할 만한 의로움이 없기 때문에 우리는 어쩔 수 없이 "하나님 자신의 의"에 의지해야만 합니다. 그 하나님의 의가 바로 예수 그리스도입니다.

바울은 우리가 하나님과 함께 영원히 살기 위해서는 하나님의 의이신 예수 그리스도를 의지해야 한다는 원리를 말하면서 인간의 의가 얼마나 형편없는 것인가를 로마서 1:18-3:18까지 서술합니다. 로마서 1:18-32까지는 주로 이방인들에게 초점을 맞추어서 이방인들이 얼마나 불의한가를 말하고 2:1-18에서는 유대인들이 또한 얼마나 불의한가를 말합니다.

이방인들은 종교적인 차원과 윤리적인 차원에서 매우 불의한 마음을 품고 불의한 생활을 했습니다. 이방인들은 종교적 차원에서 우상을 숭배했습니다. 이 사실에 대하여 로마서 1:18-23, 25이 말하고 있습니다. 하나님을 바르게 섬기지 않으면 윤리적인 차원에서도 불의한 생활을 하게 되어 있습니다. 이방인들이 윤리적 차원에서 얼마나 불의한 마음을 가지고 불의한 생활을 했는가에 대하여 로마서 1:24, 26-32까지 기록하고 있습니다.

이방인들이 범한 윤리적 죄들 가운데 가장 크고 심각한 죄인 동성애에 대하여 로마서 1:24, 26-27이 비판하고 있습니다. 그런데 이방인들은 동성애라는 하나의 죄만을 범한 것이 아니라 마음과 생활 전반에 걸쳐서 윤리적으로 매우 문제가 많고 불의한 모습을 보여주었습니다. 이 점에 대하여 28-32절이 말합니다.

철저하게 타락한 인간

28절을 살펴보기 전에 29절에서 31절을 먼저 보겠습니다. 이 본문은 현대인들이 정말로 듣기 싫어하는 내용으로 가득 차 있습니다. "곧 모든 불의, 추악, 탐욕, 악의가 가득한 자, 시기, 살인, 분쟁, 사기, 악독이 가득한 자, 수군수군하는 자, 비방하는 자, 하나님께서 미워하시는 자, 능욕하는 자, 교만한 자, 부모를 거역하는 자, 우매한 자, 배약하는 자, 무정한 자, 무자비한 자." 바울은 이 세상 사람들의 마음속에 이런 것들이 들어앉아 있고, 이 세상 사람들이 이런 행동들을 밥 먹듯이 하고 있다고 말합니다. 이 본문에는 21개의 죄의 항목이 나오는데, 이 항목 하나하나를 따로따로 떼어서 그 의미를 깊이 있게 살펴볼 필요는 없습니다. 바울이 한 묘사는 이방인들에게 보편적으로 나타나는 마음과 삶의 모습들을 머리에 떠오르는 대로 무작위로 나열한 것입니다. 이밖에도 얼마든지 또 다른 악한 마음과 행동들을 열거할 수 있습니다. 바울은 이방인들의 마음과 행동을 묘사한 단어들의 큰 보따리를 머리에 두고 있습니다. 이 보따리에는 많은 숫자의 단어들이 들어있는데, 바울은 이 단어들 중에서 생각나는 대로 21개 정도를 무작위로 뽑아 열거한 것입니다. 이 항목들은 하나하나가 딱딱 떨어져서 독립된 것들이 아니라 서로 긴밀하게 연관되어 있기도 하고 또 겹치기도 합니다. 예를 들어서 추악과 탐욕이 각각 독립된 항목으로 나와 있는데, 사실 탐욕스러운 사람이 바로 추악한 사람이라고 할 수 있습니다. 시기와 살인의 경우에도 시기가 발전하면 살인으로 나타나는 것이므로 두 항목이 별개의 항목으로 분리될 수 없습니다. 추악이 따로 있고, 탐욕이 따로 있고, 시기가 따로 있고, 살인이 따로 있는 것이 아닙니다. 따라서 이 본문을 읽을 때 21가지 항목을 하나씩 따로따로 떼어서 생각하려는 것보다는 이 항목들이 나타내는 이방인들의 타락하고 부패한 삶 전체의 모습을 머릿속에 그리면 됩니다.

그런데 이 목록은 단지 불신자들의 마음과 삶의 모습을 묘사한 것만은 아닙니다. 물론 불신자들의 삶의 모습을 묘사하는 데 주안점이 있지만 이 삶의 모습은 신자들의 삶 속에도 나타납니다. 신자들은 예수 그리스도를 구주로 영접하여 거듭난 사람들이지만 이 세상에 사는 날 동안 죄의 세력으로부터 완전히 벗어난 사람들은 아니기 때문에 이런 삶의 모습들이 신자들에게도 여전히 나타납니다. 신자들에게도 탐욕이 나타납니다. 신자들 사이에도 시기가 있고, 분쟁이 있고, 교만함이 있고, 자랑이 있고, 무정함과 무자비함이 있습니다. 21가지 항목들 가운데 최소한 몇 가지 항목은 모든 신자에게 적용될 것입니다.

21가지의 항목이 묘사하려고 하는 것은 무엇입니까? 인간은 마음에 있어서나 삶에 있어서 철저하게 타락한 죄인이요, 인간 안에는 도대체 하나님 앞에 내어놓을 만한 의로움이 없다는 것입니다. 그러니까 하나님과 더불어 영원히 살려면 인간 자신이 가진 의로움만으로는 안되고 하나님의 의, 곧 예수 그리스도가 있어야 한다는 것입니다.

이 본문이 말하고 있는 항목들은 청중들이 듣기가 거북하고 죄책감과 수치심과 혐오감까지도 안겨주는 과격한 표현들입니다. 어떤 청중을 앉혀 놓고 "너희들은 추악한 자들이고 탐욕스러운 자들이고 살인자들이고 사기행각을 벌이는 자들이다"라고 대놓고 말하면 청중 기분이 어떻겠습니까? 당연히 기분이 나쁘고 불쾌할 것입니다. 그런데 바울은 청중들에게 불쾌감을 안겨 줄 수 있는 이런 말들을 왜 했을까요? 두 가지 이유를 생각할 수 있습니다.

첫째로, 얼굴과 몸매가 예쁜 어떤 여성이 깨끗하고 예쁜 옷을 입고 화사한 모습으로 활동하고 있습니다. 그런데 이 여성 몸속에 무서운 암 덩어리가 소리 없이 크게 자라나고 있습니다. 이럴 때 의사는 어떻게 해야 하겠습니까? 암 덩어리가 몸 안에 있다는 말을 하면 이 여성의 기분이 매우 나쁘고 우울해질 테니까 말하지 않고, "참 예쁘십니다, 참 아름다우십니다"라고 말해서 이 여성을 기분 좋게 해 주어야 하겠습니까? 그렇지 않지요? 이 여성이 충격을 받더라도 이렇게 말해야 정말로 이 여성을 위하는 길이 되지 않겠습니까? "당신 몸속에는 무섭고 흉악한 암 덩어리가 자라고 있어요. 그걸 제거하지 않으면 당신은 고통스러워하다가 죽습니다. 빨리 치료합시다." 이 여성을 앞에 놓고 아름답다는 찬사만 늘어놓는 것은 실제로는 아주 잔인하고 무정한 마음으로서 이 여성을 파멸로 이끄는 것입니다.

성경은 인간의 마음속에 자리 잡고 있는 무서운 암 덩어리와 같은 타락하고 부패한 성품을 조금도 숨기지 않고, 아주 강한 용어를 사용해 드러내어 청중들이 자기 자신의 타락하고 부패한 모습을 있는 그대로 볼 수 있도록 합니다. 성경이 왜 그렇게 합니까? 암 덩어리를 있는 그대로 보아야 암 덩어리를 치유하고 건강한 생명을 얻을 수 있는 길이 열리기 때문입니다. 청중이 기분 나쁠 정도로 인간 자신의 타락하고 부패한 모습을 드러내고 있는 성경 말씀 안에는 인간을 근본적으로 치유하고 건강한 생명을 주시려는 하나님의 깊은 배려가 숨어 있습니다.

둘째로, 많은 사람이 인권이라든지 자기 결정권 등을 내세우면서 사람들의 죄를 말하지 않고 사람들이 무엇을 하든지 이렇게 추겨

세웁니다. "그래, 잘하고 있어. 네가 옳아. 네가 하고 싶은 대로 하면 돼." 반면에 인간의 타락을 강조하고 도덕적 잘못을 지적하는 사회는 독재적이고 어두운 사회로 가는 길이라고 생각합니다. 그러나 사람들이 하고 싶은 것을 그대로 하도록 제약 없이 허용하는 사회는 오히려 무서운 독재사회로 가게 되지만, 인간의 타락과 도덕적 잘못을 지적하는 사회는 자유롭고 민주적이고 사람이 살기 좋은 아름다운 사회로 가게 됩니다.

인간의 타락을 말하지 않고 인간을 아주 선한 존재로 본 사상가들 가운데 한 사람이 칼 마르크스Karl Marx 였습니다. 마르크스는 인간을 타락하지 않은 선한 존재로 보고 그 위에 이상적인 사회를 건설하려고 했습니다. 마르크스가 내세운 모토가 "능력만큼 일하고 필요한 만큼 가져가는 사회"였습니다. 모든 사람이 능력을 다하여 일하면 생산량이 많이 늘어나겠지요? 그리고는 자기가 꼭 필요한 만큼만 가져다 쓰면 얼마나 많은 물품이 남겠습니까? 정말로 꿈에 그리는 이상적인 사회가 될 것입니다. 이 표어를 들은 미숙한 젊은이들이 대거 마르크스주의자들이 되었습니다. 그런데 인간은 능력을 다해서 일한 다음, 먹고 사는 데 꼭 필요한 만큼만 물품을 가져가는 존재가 아닙니다. 능력을 다하여 일하고 필요한 만큼만 가져가려면 인간이 한없이 착하고 욕심이 없고 이타적이라야 합니다. 그런데 그런 인간은 거의 없습니다.

능력만큼 일한 사람들은 일한 만큼 가져가고 싶어 합니다. 따라서 사람들로 하여금 물품을 자유롭게 가져가도록 해 주면 힘이 강하고 재주가 좋은 일부가 다 가져가 버리고 나머지는 굶어야 합니다. 그래서 나온 것이 배급제입니다. 배급제는 국가가 강력한 독재적인 권력을 가지고 강제로 균등하게 나누어 주는 제도입니다. 배급제가 실시되면 모든 국민이 균등하게 겨우 먹고살 만큼만 받습니다. 그러면 어떤 결과가 나타날까요? 사람들이 의욕을 상실하고 능력을 다해 일하려고 하지 않습니다. 창의성도 발휘하지 않습니다. 그러다 보니 생산품의 질도 형편없이 떨어지고 가격경쟁력도 약화되어 결국 경제가 망하게 됩니다. 이것이 공산주의 경제가 무너진 이유입니다.

마르크스와는 대조적으로 신학자들 가운데 인간의 타락을 가장 크게 강조한 신학자가 요한 칼빈입니다. 칼빈은 인간의 전적 타락과 전적인 부패를 강조한 신학자였습니다. 많은 비평가들이 칼빈은 너무 엄격하고 인간에 대하여 너무 비관적이라고 비판하고 그렇게 비관적인 사회에서 사람이 어떻게 살 수 있느냐고 비아냥댑니다. 그런데 여러분, 칼빈이 활동했던 스위스는 지금도 직접민주주의를 실시할 정도로 민주화된 국가이며 세계에서 가장 아름답고 탄탄한 나라입니다. 2차 대전 때 독일이 오스트리아까지 침공했는데, 스위스는 건드리지 못했습니다. 칼빈의 사상이 네덜란드를 거쳐 스코틀랜드와 영국으로 건너갔고 마침내 미국으로 건너갔습니다. 이 과정을 잘 보면 칼빈을 받아들인 나라들은 세계에서 민주주의가 가장 활발하게 꽃피고 잘 사는 나라들이 되었습니다.

경제제도에 대해서 한번 생각해 볼까요? 자유 시장경제를 창시한 사람은 아담 스미스Adam Smith였습니다. 아담 스미스는 경제체제를 세울 때 인간이 이기적인 존재라는 사실을 반드시 반영해야 한다고 주장했습니다. 마르크스는 인간을 아주 선한 존재로 보았습니다. 그래서 사람들의 인기를 얻었습니다. 사람들은 자기에게 아부하는 것을 좋아하기 때문입니다. 그러나 아담 스미스는 인간을 정직하게 들여다볼 때 인간은 결코 선한 존재가 아니라는 사실을 알아챘고, 이 사실을 경제활동에 반영해야 한다고 생각한 것입니다.

이 원리가 어떻게 작동하는가를 예를 들어서 한번 생각해 보겠습니다. 어떤 고등학생이 아주 열심히 공부합니다. 이 학생이 왜 열심히 공부할까요? 돈을 많이 벌어서 좋은 집을 사고 예쁜 아내 얻어서 행복하게 잘 살기 위해서입니다. 이 학생은 아주 이기적인 목적을 위하여 공부를 열심히 합니다. 마침내 이 학생은 공부를 잘해서 일류대학교에 들어갔고, 그 학교에서도 공부를 잘해서 미국의 초일류대학교에 들어가 박사학위를 받고 귀국하여 고액연봉을 받는 직장에 취직했고, 예쁜 아내도 얻고 좋은 집도 사서 자기 목표를 이루었습니다. 이 학생은 철저하게 자기 이익을 위하여 평생을 살았습니다. 그런데 이 학생이 미국의 초일류대학교에서 쓴 박사학위 논문이 어떤 원리를 제시했는데, 이 원리를 활용하면 전 세계의 암환자들을 획기적으로 치료할 수 있는 약품을 개발할 수 있는 것이었습니다. 제약회사가 이 원리로 약품을 만들어서 전 세계에 공급했더니 전 세계의 수억 명이나 되는 사람들이 암 치료를 받았습니다. 그 결과 이 학생은 인류사회 발전에 어마어마한 기여를 했습니다. 이 학생은 출세하려는 이기적인 목적으로 공부했을 뿐인데, 전혀 뜻하지 않게 어떤 보이지 않는 손길이 작용하여 이 학생의 연구 성과가 인류 사회 복지를 증진시키는 데 이바지했습니다. 아담 스미스는 바로 이 비밀을 꿰뚫어 보고 이렇게 주장했습니다. "사람들로 하여금 자유롭게 자기 이익을 추구하도록 해라. 그러면 인류사회가 경제적으로 풍요로운 사회가 될 것이다." 이것은 아주 놀라운 안목이었습니다. 마르크스주의는 무너졌지만 아담 스미스의 자유 시장경제는 살아남았고, 전 세계의 유일한 경제제도가 되었으며, 자유 시장경제를 추구하는 나라마다 부강한 나라가 되었습니다.

아담 스미스의 자유 시장경제원리는 두 가지 전제 위에 세워져 있습니다. 하나는 인간은 이기적인 존재라는 것입니다. 인간이 이기적인 존재라는 말은 인간이 타락했다는 뜻입니다. 아담 스미스는 기독교인 경제학자로서 기독교가 말하는 인간이 타락한 존재라는 사실을 자신의 경제학에 반영한 것입니다. 다른 하나는 보이지 않는 손의 작용입니다. 이것은 하나님의 섭리라는 말을 세속적인 용어로 표현한 것입니다. 이처럼 자유 시장경제는 성경이 말하는 인간관과 하나님이 살아서 섭리하고 계신다는 신관의 터전 위에 세워졌기 때문에 성공할 수 있었습니다.

인간의 타락에 대한 묘사가 듣기에 좋지 않다고 해서 말하지 않고 피해 가면 독재적인 사회가 될 수밖에 없고, 결국은 사회가 무너지게 되어 있습니다. 그러나 듣기에 부담스러워도 성경이 말하는 대로 인간이 타락했다는 사실을 바르게 보고 나가면 건강한 사회가 건설되게 되어 있습니다. 그것은 암 덩어리를 찾아내어 암에 걸렸다는 사실을 알아야만 치료를 받고 건강한 몸을 찾을 수 있는 것과 같습니다.

악행자들과 한패거리가 됨

이방인들의 죄악은 29-31절이 말하는 21가지의 악한 마음과 악한 행위들에만 머무르지 않았습니다. 32절입니다. "그들이 이같은 일을 행하는 자는 사형에 해당한다고 하나님께서 정하심을 알고도 자기들만 행할 뿐 아니라 또한 그런 일을 행하는 자들을 옳다 하느니라." 사람들은 29절에서 31절까지 열거한 21가지 항목들에 해당하는 죄를 범하면 하나님의 심판을 받아야 하고 사망이라는 형벌을 받아 마땅하다는 사실을 본능적으로 알고 있습니다. 그런데도 이들은 자기들만 그런 일들을 행하는 데서 머무르지 않고, 이런 일들을 행하는 자들과 한패거리가 되어서 이런 악한 일들을 행하는 자들을 향해서 "너희는 참 잘했다! 너희는 정말로 옳은 일을 하고 있는 거야!"라고 박수쳐 주면서 야합하여 한층 더 악한 죄 속에 빠져들어 간다는 것입니다.

28절은 이와 같은 상태가 과연 어디서 시작되었고 이 상태를 어떻게 평가해야 하는가를 말합니다. "또한 그들이 마음에 하나님 두기를 싫어하매 하나님께서 그들을 그 상실한 마음대로 내버려 두사 합당하지 못한 일을 하게 하셨으니."

우선 이들이 자기들이 악한 마음을 품고 악을 행할 뿐만 아니라 이런 악을 행하는 사람들과 한패거리가 되어서 서로서로 잘했다고 부추기는 행동을 하는 이유는 이들이 마음에 하나님 두기를 싫어하기 때문입니다. "하나님 두기를 싫어하매"라는 구절에는 도키마조 δοκιμάζω라는 헬라어가 사용되고 있습니다. "정련하다"라는 뜻을 가지고 있는 이 단어는 보석이 담겨있는 원석을 용광로에 넣어 정련하면서 검사하는 장면을 묘사한 것입니다. 작업자는 원석을 용광로에 넣고 장시간 잘 살펴보았다가 금과 같은 보석을 따로 분리해 거두고 난 후 남는 쓸데없는 찌꺼기를 모아서 버립니다. '하나님 두기를 싫어한다'라는 말은 '하나님을 인간 자신의 생각의 용광로 속에 집어넣어 요리조리 재보고 검사해 본 다음에 하나님을 원석 찌꺼기라고 결론짓고 하나님을 내보내 버린다'라는 뜻입니다. 하나님을 마음으로부터 내보내 버리면 29-31절에 소개된 것과 같은 끔찍한 타락과 범죄가 나오는 것입니다.

그런데 인간들이 21가지 악한 마음과 행동들, 그리고 이런 행동을 하는 자들과 한 패거리가 되어서 동조하는 것은 당연히 장차 하나님의 심판을 받게 되지만 이런 행동을 하고 있다는 사실 자체가 하나님으로부터 버림받은 예비적 심판에 이미 들어간 것이라고 바울은 말합니다. "그들을 그 상실한 마음대로 내버려 두사 합당하지 못한 일을 하게 하셨으니."

Romans

III

하나님의 심판
아래 있는 유대인

———

롬 2:1-29

13 이방인과 같은 일을 행하는 유대인들 (롬 2:1-5)

1절 그러므로 남을 판단하는 사람아, 누구를 막론하고 네가 핑계하지 못할
    것은 남을 판단하는 것으로 네가 너를 정죄함이니 판단하는 네가 같은
    일을 행함이니라
2절 이런 일을 행하는 자에게 하나님의 심판이 진리대로 되는 줄 우리가 아노라
3절 이런 일을 행하는 자를 판단하고도 같은 일을 행하는 사람아, 네가 하나
    님의 심판을 피할 줄로 생각하느냐
4절 혹 네가 하나님의 인자하심이 너를 인도하여 회개하게 하심을 알지 못하
    여 그의 인자하심과 용납하심과 길이 참으심이 풍성함을 멸시하느냐
5절 다만 네 고집과 회개하지 아니한 마음을 따라 진노의 날 곧 하나님의 의
    로우신 심판이 나타나는 그 날에 임할 진노를 네게 쌓는도다

바울은 1:16-17에서 하나님 앞에 섰을 때 의롭다는 평가를 받기 위해서는 인간 자신이 가진 의에 의지해서는 안 되고, 하나님의 의, 곧 예수 그리스도를 의지해야 한다고 말한 바 있습니다. 하나님 앞에서 의롭다는 평가를 받는다는 말은 곧 구원을 받는다는 뜻입니다. 그러면 인간은 왜 자기의 의를 의지해서는 안 되고 하나님의 의를 의지해야만 하나요? 모든 인간은 부패하고 타락하여 하나님 앞에 내어놓을 만한 의로움을 가지고 있지 못하기 때문입니다. 바울은 1:18-32에서 이방인들이 얼마나 불의한 자들인가를 말하고, 2:1-29에서 유대인들이 얼마나 불의한 자들인가를 말합니다. 바울 당시 유대인들은 모든 인류를 하나님의 선택받은 백성인 유대인들과 선

택받지 못한 사람들인 이방인들로 구분했습니다. 따라서 유대인들과 이방인들을 합하면 모든 인류가 됩니다. 그러므로 1:18-2:29의 내용의 요지는 모든 인류는 부패하고 타락하여 자기 안에 하나님 앞에 내어놓을 만한 의로움이 없다는 것입니다.

유대인의 오해

2:1-5은 유대인들도 부패하고 타락하여 불의하다는 점에서는 이방인과 다를 것이 없다는 것을 말하는 문단인 2:1-11의 일부입니다.

유대인들은 이방인들이 불의한 사람들이고 따라서 하나님의 심판을 받고 멸망에 떨어지는 것을 당연하다고 생각했습니다. 그런데 바울이 유대인들이 생활하는 모습을 잘 들여다보니까 유대인들도 이방인들이 행한 악행을 그대로 행하고 있었습니다. 그러면 유대인들은 당연히 다음과 같은 비판을 받아야 합니다. "당신들도 이방인들과 똑같이 악을 행하는 불의한 사람들이니까 당신들도 하나님의 심판을 받아 멸망하겠군요!" 이 비판에 대하여 유대인들은 이렇게 변명을 합니다. "아닙니다. 우리는 이방인과 같은 정도로 악을 행하지는 않았습니다. 설사 우리가 이방인과 같은 정도로 악을 행했다 하더라도 우리는 하나님의 선택을 받은 특별한 백성이기 때문에 하나님의 심판에서 면제됩니다!" 이와 같은 유대인들의 변명에 대하여 사도 바울은 본문을 통하여 이런 변명은 잘못된 것이며, 하나님은 이방인이나 유대인이나 차별하지 않고 똑같은 기준에 따라서 공정하게 판단하신다는 점을 강조합니다.

이방인과 같은 악을 행하는 유대인

"그러므로 남을 판단하는 사람아, 누구를 막론하고 네가 핑계하지 못할 것은 남을 판단하는 것으로 네가 너를 정죄함이니 판단하는 네가 같은 일을 행함이니라"롬 2:1.

"그러므로." 이 부사는 앞에서 말한 내용을 전제하고 그 내용의 논리적인 결론을 말하는 표현입니다. 그러면 "그러므로"는 앞의 어떤 내용을 전제하고 있나요? 1:18을 전제한다고 보는 것이 가장 문맥에 부합하는 해석입니다. 1:18은 모든 인류를 대상으로 한 말인데, 인류가 범한 경건치 않음종교적인 죄과 불의윤리적인 죄에 대하여 하나님이 진노하신다는 것입니다. 이 말을 하고 나서 바울은 바울 당시의 유대인들의 관습처럼 인류를 이방인들과 유대인들로 나눈 후에 먼저 이방인들이 어떤 경건치 않음과 불의를 범했는가를 말하고 이에 대하여 하나님의 진노와 심판이 임한다는 것을 1:19-32까지 서술합니다. 그런데 1:18은 "모든 인류"를 대상으로 말하고 있으니까, 이방인이 경건치 않음과 불의를 범했다는 것만 예로 들어서는 안 됩니다. 유대인들도 경건치 않음과 불의를 행하여 하나님의 진노 아래 있음을 보여주어야 "모든 인류"가 하나님의 진노 아래 있다는 1:18의 논지가 증명됩니다. 따라서 바울은 2:1-29에서 유대인들이 죄를 범하여 하나님의 진노 아래 있음을 보여줌으로써 1:18을 완성합니다. 따라서 2:1의 "그러므로"는 1:18과 논리적으로 연결됩니다.

바울은 이방인들의 죄와 하나님의 심판을 설명할 때 "그들이 핑계하지 못할지니라"롬 1:20라는 핵심구절과 더불어 시작하고 있는데, 유대인의 죄와 하나님의 심판을 말하기 시작할 때도 "네가 핑계하지 못할 것은"롬 2:1이라는 구절로 시작함으로써 이방인에 관한 서술과 유대인에 관한 서술의 짝을 맞추고 있습니다.

우리말 성경에는 "그러므로" 다음에 "남을 판단하는 사람"이 먼저 나오지만 헬라어 원문에는 "네가 핑계하지 못할 것은"이라는 구절이 먼저 등장합니다. 이 구절에서 말하는 "네" 곧 "너"가 누구냐 하는 문제를 두고 많은 학설이 등장했습니다. 낮에는 고결한 지혜를 가르치는 선생으로 활동하다가 밤이 되면 음주와 방탕한 생활에 빠져드는 이방인 철학자들을 가리킨다고 해석하는 학자도 있고, 기독교인들을 가리킨다고 해석하는 학자들도 있지만, 문맥상 가장 올바른 해석은 예수님을 믿지 않는 유대인을 가리킨다고 보는 것이 정설입니다. 그렇게 보는 이유는 다음과 같습니다.

첫째로, 이방인을 묘사하는 1:19-32에서는 "그들"이라는 표현을 사용했는데, 2:1부터는 "너"라는 표현을 사용함으로써 대상이 달라졌음을 시사합니다. 그리고 이 "너"가 유대인을 뜻한다고 2:17이 친절하게 설명하고 있습니다. "유대인이라 불리는 네가!"

둘째로, 바울은 "너"로 소개되는 사람이 미래의 어느 때 곧, 하나님의 심판이 나타나는 날에 대하여 이미 잘 알고 있는 것으로 전제하고 논의를 전개합니다. 예컨대, 5절에 보면 "진노의 날 곧 하나님의 의로우신 심판이 나타나는 그 날에 임할 진노를 네게 쌓는도 다"라는 표현이라든가, 16절에 "사람들의 은밀한 것을 심판하시는 그 날"이라는 표현이 등장합니다. 하나님이 미래의 어느 날 이 세상을 심판하시는 날이 온다는 생각은 당시 이방사회에서는 생소한 개념으로서 유대인들에게만 잘 알려져 있는 표현들입니다.

셋째로, 4절에 보면 "그의 인자하심과 용납하심과 길이 참으심이 풍성함"이라는 표현이 등장합니다. 이 구절은 하나님이 아주 풍성하게 인자를 베푸시고 용납해 주시고 길이 참아 주셨다는 뜻입니다. 그런데 이 정도로 하나님의 풍성한 은혜를 체험한 사람들은 구약시대에 살았던 유대인들밖에 없습니다. 물론 이방인들에게도 하나님은 은혜를 베푸시지만, 하나님이 이방인들에게 베푸시는 은혜는 이와 같이 적극적이고 강한 표현으로 묘사하기에는 적절하지 않습니다.

그런데 이 "너"는 사실 바울 자신을 가리키는 표현이라고 볼 수 있습니다. 어느 때의 바울일까요? 예수님을 믿기 전의 바울 자신이바로 이 "너"입니다. 바울 당시 예수님을 믿기를 거부한 모든 유대인특히, 유대교의 종교 지도자들이 가지고 있었던 생각은 개종하기 전의 바울이 가지고 있던 생각과 똑같은 것이었습니다.

그런데 이 "너"가 지금 어떤 일을 하고 있나요? 이 "너" 곧 유대인이 "남을 판단하고" 있습니다. 여기서 말하는 "남"은 이방인을 가리킵니다. 바울은 1:19-32까지 이방인들이 얼마나 많은 악을 행했는가를 소개했습니다. 이방인들은 우상을 숭배했고, 동성애를 했

고, 그 이외에도 21가지나 되는 악행들을 범했고, 이런 악행을 행하
는 자들을 "잘한다"라고 응원하기까지 했습니다. "너" 곧 예수를 믿
지 않는 유대인들은 이방인들이 이런 악행을 한다는 말을 듣고는 이
렇게 말합니다. "맞아, 맞아! 이방인들은 정말로 악하고 나쁜 죄인들
이야! 어떻게 그렇게 나쁜 짓들을 할 수가 있어! 이방인들은 정말로
하나님의 심판을 받아야 해"라고 맞장구칩니다. 이것이 본문이 말하
는 "남을 판단하는" 것입니다. 유대인들이 이방인들의 악행을 보고
나쁘다고 판단하는 것 그 자체는 결코 잘못된 일이 아닙니다. 잘못
된 것을 보면 나의 행동이든, 다른 사람의 행동이든, 잘못된 것이라
고 판단해야 하지 않겠습니까?

그런데 문제는 "너" 곧 예수를 믿지 않는 유대인, 개종하기 전의
바울이 이방인들의 악행을 비판하는 그 비판이 사실은 자기 자신을
정죄하는 형국이 되고 말았다는 것입니다. "남을 판단하는 것으로
네가 너를 정죄함이니." 왜 이방인들이 범한 죄를 비판하는 이 "너"
가 자기 자신을 정죄하는 형국이 되었을까요? 그 이유는 "너" 곧 판
단하는 유대인이 이방인이 행한 죄와 같은 죄를 범하고 있었기 때문
입니다. "판단하는 네가 같은 일을 행함이니라."

이방인과 유대인을 차별 없이 벌하시는 하나님

유대인이 자기도 이방인과 같은 죄를 범하면서 죄를 범하는 이
방인을 하나님의 심판을 받아 마땅한 악한 죄인이라고 자신 있게 비

판한 이유는 자기 자신은 그런 죄를 범했다 하더라도 하나님의 특별한 선택을 받은 백성에 속해 있기 때문에 하나님의 심판을 면제받는다고 확신했기 때문입니다. 그러면 유대인은 이방인들과 같은 죄를 범했어도 하나님의 특별한 선택을 받은 백성이니까 벌을 면제받을 수 있을까요? 이 질문에 대하여 바울은 이렇게 답변합니다. "누구를 막론하고 네가 핑계하지 못할 것은." 바울의 답변은 결코 아니라는 것입니다. "누구를 막론하고." 이 구절의 뜻은 죄에 대하여 하나님이 처벌하시는 데에는 이방인과 유대인의 차별이 있을 수 없다는 것입니다. 유대인이라 할지라도 이방인이 범한 죄와 동일한 죄를 범하면 이방인과 똑같이 심판을 받는다는 것이 바울의 생각입니다. 2절은 이와 같은 하나님의 심판의 공정성을 한층 더 강화시킵니다. "이런 일을 행하는 자에게 하나님의 심판이 진리대로 되는 줄 우리가 아노라." 바울은 "우리"가 다 잘 알고 있는 원리 하나를 소개합니다. 우리는 이방인이든, 유대인이든, 하나님을 믿는 사람들을 뜻합니다. 하나님을 믿는 사람들이 상식적으로 잘 알고 있는 원리가 하나 있는데, 그것이 무엇인가요? "하나님의 심판이 진리대로 된다"라는 것입니다. "진리대로 된다"라는 말은 "이치에 맞게 이루어진다"라는 뜻으로서 공정하다는 말입니다. 다시 말해서 하나님의 심판은 공정하게 이루어진다는 뜻입니다. 유대인과 이방인이 같은 죄를 범했는데, 유대인은 봐주고 이방인은 엄격하게 대하는 일은 없습니다. 하나님의 심판은 유대인이든, 이방인이든 그 사람이 한 행동에만 근거하여 공정하게 이루어집니다.

그런데 "너" 곧, 예수를 믿지 않는 유대인은 다르게 생각했습니다. 3절입니다. "이런 일을 행하는 자를 판단하고도 같은 일을 행하는 사람아, 네가 하나님의 심판을 피할 줄로 생각하느냐?" 유대인들은 이방인들과 같은 죄를 범하고도 자신들은 하나님의 심판을 피한다고 생각했습니다. 그런데 바울은 그런 생각이 틀렸다고 말합니다. 바울은 지금 질문을 하고 있습니다. "네가 하나님의 심판을 피할 줄로 생각하느냐?" 이 질문은 부정적 답변을 예상하고 묻는 것입니다. 바울은 유대인이라 할지라도 죄를 범하면 이방인이 죄를 범했을 때와 똑같이 벌을 받는 것이지 하나님이 유대인이라고 특별히 봐주어서 심판을 면제받는 일은 있을 수 없다고 말합니다.

심판을 면제받은 것으로 오해한 유대인

실제로 유대인들은 자신들이 이방인들과 똑같은 죄를 범해도 이방인들처럼 하나님의 무서운 심판을 받아 멸망한다고 생각하지 않았는데, 이들이 그렇게 생각한 근거로는 세 가지를 들 수 있습니다.

첫째로, 유대인들은 자신들이 하나님의 특별한 선택을 받은 백성이기 때문에 자신들은 죄를 범해도 하나님의 심판을 받지 않는다고 생각했습니다. 솔로몬의 시편이라는 유대교의 문헌에 보면 이런 말이 있습니다. "불법을 행하는 자들이방인들은 주의 심판을 피할 수 없을 것이다. 그러나 의인하나님의 선택된 언약의 백성인 유대인은 동일한 심판을 면제받을 것이다." 유대인들은 하나님이 이스라엘을 선택하실 때 이스라엘 백성들 개개인을 따로따로 선택하신 것이 아니라 개인의 마음이 어떤가, 개인의 행동이 어떤 것인가 와는 상관없이 이스라엘이라는 집단, 국가 전체를 통으로 하나님의 백성으로 선택했다고 생각했습니다.

예를 들어서 1,000명의 난민이 탑승한 배가 어느 나라의 항구에 입항하여 난민을 받아 달라고 그 나라 정부에 요청했는데, 정부가 난민 한 사람 한 사람을 개별심사를 하지 않고 난민선에 탑승한 1,000명이라는 집단 전체를 통째로 받아들이기로 결정할 수 있습니다. 하나님이 유대인들을 이 같은 방법으로 선택했다는 것입니다. 하나님은 이스라엘 국민을 한 사람씩 개별적으로 심사하여 선택한 것이 아니라 이스라엘이라는 나라 전체를 통째로 선택하셨다는 것입니다. 따라서 개인 한 사람 한 사람이 죄를 범해도 그것이 하나님의 선택에 영향을 주지는 않는다는 것입니다.

둘째로, 하나님은 유대인들에게 율법을 선물로 주셨는데, 이 율법을 소유하고 있으면 율법이 자신들을 지켜 준다고 유대인들은 생각했습니다. 예를 들어서 구약시대 때 이스라엘 백성들은 율법 그 자체가 자신들을 지켜 주는 신비스러운 능력이 있다고 믿고 전쟁터에 나갈 때 율법의 말씀이 들어있는 법궤를 메고 나가 법궤를 진 중앙에 두고 전쟁을 했습니다. 유대인들은 자기 자신의 행동이 어떠했든 간에 법궤, 하나님의 율법이 자기들에게 있기 때문에 자신들은 절대로 심판에 들어가지 않는다고 생각한 것입니다.

셋째로, 유대인들은 자신들은 할례를 받은 자들이기 때문에 결코 하나님의 심판을 받지 않는다고 생각했습니다.

그러나 바울은 유대인이 자신들은 죄를 범해도 하나님으로부터 심판을 받지 않는다는 생각이 오해라고 말합니다. 이스라엘 역사를 살펴보더라도 이들의 생각이 잘못된 것이라는 사실은 어렵지 않게 알 수 있습니다. 이스라엘 국가가 솔로몬 이후에 북왕국 이스라엘과 남왕국 유다로 나누어졌는데, 북왕국 이스라엘과 남왕국 유다가 모두 하나님 앞에서 죄를 범했고, 이 죄 때문에 북왕국 이스라엘은 앗수르에게 멸망하는 형벌을 받았고, 남왕국 유다는 바벨론에게 멸망하는 형벌을 받았습니다. 하나님은 유대인들이 죄를 범했을 때 유대인들이라는 이유만으로 이들을 심판으로부터 면제시켜 주지 않으셨습니다.

또한 유대인들은 예수님을 십자가에 못 박는 엄청난 죄를 범했습니다. 그런데도 유대인들은 하나님이 자신들을 벌하지 않는다고 주장했습니다. 사도 바울 당시에도 같은 주장을 폈고, 참혹한 유대 전쟁이 일어나기 직전까지도 이런 주장을 폈습니다. 그러나 주후 70년에 로마의 디도장군에게 예루살렘이 공격당하여 100만 명의 유대인들이 살해당하고, 예루살렘에는 피가 강같이 흘렀으며, 이스라엘은 완전히 패망해 버리고 말았습니다.

유대인 중에는 자신들의 나라가 망하는 형벌을 받은 것은 인정한 자들도 있었습니다. 그러나 이들도 하나님이 이스라엘 국가에 속한 국민을 영원히 버리지는 않으실 것이며, 궁극적으로는 모두 구원해 주실 것이라는 희망을 버리지 않았습니다. 어느 유대교 랍비는 이렇게 말합니다. "이스라엘은 언약의 백성이기 때문에 비록 죄를 범해도 여전히 하나님께 속한 백성이 될 것이며, 이스라엘이 범한 죄에 대하여 하나님이 징계하시겠지만 긍휼을 잊지 않으실 것이며, 이방인들은 훨씬 더 엄격한 벌을 받을 것이다. 율법에 불순종한 유대인들은 심판에 직면하고 하나님의 성소를 더럽힌 유대인들은 심판과 유배를 당할 것이지만 하나님이 이들을 영원히 버리시지는 않으실 것이며, 궁극적으로는 자기 백성에게 긍휼을 베풀 것이다." 이 랍비가 말하고자 하는 것은 "이스라엘이라는 국가의 시민이 되면 결코 영원한 멸망을 받지 않는다, 죽은 이후에 지옥에 가는 일은 없다"라는 것입니다. 그러나 실상은 무엇입니까? 아무리 이스라엘 국민이라도 예수님을 구주로 영접하지 않으면 지옥에 갈 수밖에 없다는 것입니다.

이처럼 하나님이 선택한 이스라엘 국가라는 집단에 속해 있다는 사실이 이스라엘 백성 한 사람 한 사람을 하나님의 심판으로부터 면제시켜 줄 수 없습니다. 오히려 이스라엘 국가라는 집단 자체가 하나님의 심판을 받아 멸망하고 말았습니다. 이스라엘이 하나님의 율법을 소유하고 있다는 사실이 이스라엘을 하나님의 심판으로부터 면제시켜 주지 않았습니다. 이스라엘 백성들은 법궤를 가지고 전쟁을 했는데도 패전한 바 있습니다. 또한 할례라는 의식을 통과했다는 사실이 하나님의 심판을 면제시켜 주지 않았습니다. 하나님의 심판은 이런 조건들을 다 무시하고 "어떻게 행했는가?"에만 근거하여 공정하게 진행됩니다.

이방인보다 더 큰 죄를 범한 유대인

유대인들은 이방인들과 같은 죄를 범한 수준에 머무른 것이 아니라 이보다 더 큰 죄를 범했습니다. "혹 네가 하나님의 인자하심이 너를 인도하여 회개하게 하심을 알지 못하여 그의 인자하심과 용납하심과 길이 참으심이 풍성함을 멸시하느냐"롬 2:4. 하나님은 사람들이 죄를 범할 때 그 죄를 바로 벌하지 않으시고 벌을 미루시는 때가 있습니다. 하나님이 벌하는 것을 미루시는 이유는 죄를 범한 사람들이 자신이 범한 죄를 회개하고 주께 돌아오기를 간절히 바라시기 때문입니다. 에스겔 33:11은 이렇게 말합니다. "너는 그들에게 말하라 주 여호와의 말씀이니라 나의 삶을 두고 맹세하노니 나는 악인이 죽는 것을 기뻐하지 아니하고 악인이 그의 길에서 돌이켜 떠나 사는 것을 기뻐하노라 이스라엘 족속아 돌이키고 돌이키라 너희 악한 길에서 떠나라 어찌 죽고자 하느냐 하셨다 하라." 베드로후서 3:9도 같은 내용을 말하고 있습니다. "주의 약속은 어떤 이들이 더디다고 생각하는 것 같이 더딘 것이 아니라 오직 주께서는 너희를 대하여 오래 참으사 아무도 멸망하지 아니하고 다 회개하기에 이르기를 원하시느니라."

그런데 예수를 믿지 않는 유대인들은 이 사실을 의도적으로 외면합니다. "혹 네가 하나님의 인자하심이 너를 인도하여 회개하게 하심을 알지 못하여." 이 본문에 등장하는 '알지 못한다'라는 말은 정말로 모른다는 뜻이 아니라 "의도적으로 외면한다"라는 뜻입니다. 그런데 바로 이 행동이 당장 처벌하실 수 있는데도 큰 인자하심과 용납하심과 인내하심으로 기다려 주시는 하나님을 멸시하는 또 하나의 중대하고 심각한 죄를 범하는 것입니다. 유대인은 자기가 죄를 범해도 하나님은 그냥 내버려 두시는 분이라고 생각하고 하나님을 아주 우습게 본 것입니다.

이 행동은 하나님을 부모나 국가보다 못한 존재로 무시하는 태도입니다. 존경을 받는 부모는 자기 자녀가 나쁜 짓을 하는 것을 볼 때 자녀를 불러서 따끔하게 혼내고 벌을 줄 것입니다. 만일 부모가 나쁜 일을 한 자녀를 혼내지도 않고 벌도 주지 않고 그냥 내버려 둔다면, 이 부모는 결코 존경받지 못할 것이며 우습게 여김을 받을 것입니다. 나라도 마찬가지입니다. 국민에게 존경과 신뢰를 받는 국가는 국민이 악행을 했을 때 엄격하게 처벌해야 합니다. 만일 국민이 악행을 했는데도 국가가 아무런 조치도 취하지 않고 방치하면 나라는 조롱거리가 될 것입니다. 인간이 죄를 범했는데도 처벌하시지 않고 내버려 두는 분으로 하나님을 생각한다면 하나님을 오해하는 것이며, 하나님을 인간 부모나 국가보다도 못한 분으로 멸시하는 또하나의 죄를 범하는 것입니다. 유대인들은 이방인들과 같은 죄를 범하면서도 하나님이 자신들을 심판하지 않으신다고 생각함으로써 하나님을 오해하고 멸시하는 또 하나의 죄를 추가했습니다.

하나님의 진노를 축적한 유대인

5절은 이방인이 범하는 것과 같은 죄를 범하면서도 하나님의 심판을 면제받는다고 생각하면서 하는 행동이 얼마나 끔찍한 결과를 초래하는가를 말합니다. "다만 네 고집과 회개하지 아니한 마음을 따라 진노의 날 곧 하나님의 의로우신 심판이 나타나는 그 날에 임할 진노를 네게 쌓는도다." 유대인들이 고집을 부리면서 회개하기를 거부하는 순간마다 하나님의 진노가 차곡차곡 쌓여 갑니다. 이 진노의 무더기는 커다란 산처럼 쌓이다가 "하나님의 의로우신 심판이 나타나는 그 날에" - 이 날은 역사 안에서 하나님이 정하신 때일 수도 있고, 재림 시의 마지막 심판의 날을 가리킬 수도 있습니다 - 왕창 그 사람 위에 무너져 내려와 그 사람을 덮칩니다. 마치 산사태나 눈사태가 쏟아지는 것처럼 한꺼번에 그 사람 위에 쏟아져 내립니다. 오래전 대만에서 아주 큰 규모의 산사태가 나는 장면을 영상으로 본 일이 있습니다. 그리 높지도 않은 완만한 산에서 길이 약 4킬로미터, 넓이 수백 미터, 높이 최소한 수십 미터에서 수백 미터의 산자락이 천둥소리를 내면서 미끄러져 내려와 순식간에 산기슭에 있는 마을을 덮쳤습니다. 산사태로 묻힌 마을은 발굴 자체를 할 수 없었습니다. 겹겹이 쌓여 온 하나님의 진노가 이 같은 모양으로 내려 덮치면 그 무게에 짓눌려 헤어 나올 수 없습니다.

14 공정한 심판 (롬 2:6-11)

6절　하나님께서 각 사람에게 그 행한 대로 보응하시되
7절　참고 선을 행하여 영광과 존귀와 썩지 아니함을 구하는 자에게는 영생
　　으로 하시고
8절　오직 당을 지어 진리를 따르지 아니하고 불의를 따르는 자에게는 진노
　　와 분노로 하시리라
9절　악을 행하는 각 사람의 영에는 환난과 곤고가 있으리니 먼저는 유대인
　　에게요 그리고 헬라인에게며
10절　선을 행하는 각 사람에게는 영광과 존귀와 평강이 있으리니 먼저는
　　유대인에게요 그리고 헬라인에게라
11절　이는 하나님께서 외모로 사람을 취하지 아니하심이라

바울은 1:18-32에서 이방인들이 전적으로 타락했다는 사실을 말하고, 이어서 2:1-16에서는 유대인들도 이방인들과 다름없이 타락했다는 사실을 말하고 있습니다.

유대인들은 자신들이 이방인들이 범한 것과 같은 죄를 범한다 하더라도 하나님은 이방인이 받는 것처럼 가혹하게 자신들을 벌하지 않는다고 생각했습니다. 유대인들의 생각을 비유를 들어 말해 보면 이렇습니다. 어떤 사람이 교통법규를 위반하여 교통경찰에게 걸렸습니다. 그런데 교통법규를 위반한 사람의 신분을 조사해 보니까 동료 경찰이었습니다. 교통법규를 위반한 경찰은 이렇게 생각합니다. "내가 경찰인데 설마 같은 경찰을 매정하게 다루기야 하겠어? 잘

봐줄 거야." 유대인들이 이런 식으로 생각한 것입니다. 유대인들은 자신들은 하나님이 특별히 선택한 자들이고, 하나님의 율법을 가지고 있고, 할례를 받은 자들이기 때문에 이방인들이 범한 죄와 같은 정도의 죄를 범해도 하나님이 자신들을 살살 다루시고 봐줄 것이라고 생각했습니다.

그러나 바울의 생각은 달랐습니다. 바울은 하나님은 유대인도 이방인이 범하는 죄와 같은 죄를 범하면 이방인이 받았던 벌과 동일한 수준의 벌을 받게 된다는 점을 분명히 했습니다.

그런데 유대인들의 잘못된 생각은 여기서 한 걸음 더 나아갔습니다. 하나님은 유대인들이 회개하고 돌아올 기회를 주시기 위하여 오래 참고 기다리시면서 심판을 유보하셨는데, 유대인들은 이와 같은 하나님의 오래 참으심을 오해했습니다. 유대인들은 자신들이 죄를 범해도 하나님이 눈감아 주신다고 생각하고 한층 더 악한 일을 행한 것입니다. 이런 유대인들의 행동은 하나님의 더 큰 분노와 심판을 쌓는 행위라고 바울은 말합니다. 말하자면 더 많이 맞으려고 계속하여 매를 벌고 있다는 것입니다.

사람을 외모로 취하지 않으시는 하나님

2:6-11은 하나님의 심판은 공정하며 유대인과 이방인을 차별하지 않는다는 점을 강조합니다. 11절을 먼저 보겠습니다. "이는 하나님께서 외모로 사람을 취하지 아니하심이라." 바울은 이미 구약시

대에 사람들에게 잘 알려져 있는 원리를 소개하고 있습니다. 신명기 10:17은 "너희의 하나님 여호와는…사람을 외모로 보지 아니하시며"라고 했고, 역대하 19:7은 "우리의 하나님 여호와께서는 불의함도 없으시고 치우침도 없으시고 뇌물을 받는 일도 없으시니라"라고 했고, 욥기 34:19은 "고관을 외모로 대하지 아니하시며 가난한 자들 앞에서 부자의 낯을 세워주지 아니하시나니"라고 했습니다.

"외모로 취한다"라는 말은 "얼굴을 보고 어떤 사람을 받아들인다"라는 뜻입니다. "얼굴"이라는 말은 어떤 사람이 지니고 있는 외적인 조건들을 뜻합니다. 유대인들이 하나님의 특별한 선택을 받은 것이나, 율법의 말씀을 받은 것이나, 할례를 받은 것 등이 모두 "외모" 또는 "얼굴"에 해당하는 것입니다. 특정한 나라에 속해 있는 것도 외모에 속합니다. 그러나 하나님은 심판하실 때 어느 나라에 속해 있는가를 전혀 고려하지 않습니다. 선진국에 속해 있다고 해서 하나님으로부터 심판을 받을 때 더 유리한 위치를 차지하는 것이 아니며, 후진국에 속해 있다고 해서 더 불리한 위치에 있는 것이 아닙니다. 크고 유명한 교회에 소속되어 신앙생활을 했다고 해서 하나님의 심판 시에 더 유리한 자리를 차지하는 것이 아니며, 작고 이름 없는 교회에 소속되어 신앙생활을 했다고 해서 하나님의 심판 자리에서 불리한 위치에 서는 것이 아닙니다. 하나님은 사람들을 판단하실 때 이런 것들을 기준으로 판단하시지 않습니다.

유대인에게나 이방인에게나 행한 대로 보응하시는 하나님

그러면 하나님이 판단하시는 방법은 무엇인가요? "하나님께서는 각 사람에게 그가 행한 대로 보응하시되"롬 2:6. 바울은 두 곳의 구약 말씀을 문자 그대로 인용했습니다. "주여 인자함은 주께 속하오니 주께서 각 사람이 행한 대로 갚으심이니이다"시 62:12. "그가 각 사람의 행위대로 보응하시리라"잠 24:12. '하나님이 각 사람에게 행한 대로 보응하신다'라는 말은 두 가지 점에서 심판의 공정성을 보여줍니다.

첫째로, 하나님의 심판은 철저하게 "각 사람"을 대상으로 곧, 개인별로 이루어집니다. 한 사람의 영원한 운명을 결정하는 심판, 곧 천국으로 갈 것인가, 아니면 지옥으로 떨어질 것인가를 결정하는 심판은 철저하게 개인별로 시행됩니다. 이 심판에서 어느 나라에 속해 있느냐, 어느 인종에 속해 있느냐, 어느 단체에 속해 있느냐 하는 것은 전혀 고려의 대상이 되지 않습니다. 그 점에 있어서 하나님의 심판은 공정합니다.

둘째로, 개인별로 이루어지는 심판에서 하나님은 무엇을 보실까요? 그 사람이 어떻게 행하였는가만을 보시고 거기에 상응하는 판단을 내리십니다. 이 점에서도 하나님의 심판은 공정합니다.

선을 행한 자에게는 보상을

7-10절에서는 하나님이 선을 행한 사람을 어떻게 대하시고 악을 행한 사람을 어떻게 대하시는가를 좀 더 자세하게 설명합니다. 7

절과 10절은 선을 행한 사람이 누구이며 이 사람이 어떤 상을 받는가를 말하고 있고, 8절과 9절은 악을 행한 사람이 누구이며 이 사람이 어떤 벌을 받는가를 말합니다. 여기서 바울은 그리스도 밖에서 하나님의 심판이 시행되는 방법을 말하고 있습니다.

먼저 선을 행한 자들에게 하나님이 보상해 주신다는 원리를 더욱 구체적으로 설명하는 7절과 10절을 살펴보겠습니다. "참고 선을 행하여 영광과 존귀와 썩지 아니함을 구하는 자에게는 영생으로 하시고"롬 2:7. "선을 행하는 각 사람에게는 영광과 존귀와 평강이 있으리니 먼저는 유대인에게요 그리고 헬라인에게라"롬 2:10. "참고 선을 행하여." 바울은 선을 행하는 일에는 "참음"이 필요하다고 말합니다. 여기서 선의 본질이 드러납니다. "참음"으로 번역된 헬라어 휘포모네ύπομονή는 어떤 무거운 짐을 아주 오랫동안 떠받치고 서 있는 태도를 뜻합니다. 역도선수가 무거운 역기를 들고 서 있는 광경을 생각해 보면 도움이 됩니다. 그런데 이 역도선수와 휘포모네가 다른 점이 하나 있습니다. 역도선수는 약 10초 정도 역기를 들고 있다가 역기를 바로 내려놓습니다. 그러나 휘포모네는 이 무거운 역기를 장기간 떠받치고 있어야 합니다. 선을 행할 때 이처럼 오래 참고 견디는 태도가 필요합니다. 왜 오래 참고 견뎌야 할까요? 선행이란 나 자신의 이기적인 욕심을 충족시키는 일이 아니라 나를 어느 정도 희생하고 다른 사람들의 유익을 구하는 일이기 때문입니다. 나의 욕심을 채우는 일이라면 구태여 인내가 필요하지는 않을 것입니다. 그러나 자신을 희생하면서 다른 사람을 배려하고 다른 사람의 유익을 구하는 행동은 휘포모네를 필요로 합니다.

선행은 세상 사람들이 중요하게 생각하는 물질적인 이해관계보다는 영광과 존귀를 더 소중하게 생각하고 이런 것들을 추구하는 태도입니다. 돈이나 권력과 같은 것들보다는 대의나 명예를 더 중요하게 여기는 태도가 선행입니다. 그뿐만 아니라 영원한 가치가 있는 것들에 대하여 관심을 기울이는 것이 또한 선행입니다. 이와 같은 자들에게 하나님이 무엇을 보답으로 주시나요? 영구적으로는 "영생"을 보답으로 주십니다. 그리고 이 세상에서는 돈이나 권력보다는 영적인 가치들인 영광, 존귀, 평강을 누릴 수 있게 하십니다. 그런데 이런 보상을 해 주실 때 시간적으로는 유대인들에게 먼저 보상해 주시지만 이방인에게도 동등하게 보상을 해 주셔서 차별이 없게 하십니다.

악을 행한 자에게는 벌을

악을 행하는 자들에게 벌을 내리신다는 원리는 8절과 9절에 소개되어 있습니다. "오직 당을 지어 진리를 따르지 아니하고 불의를 따르는 자에게는 진노와 분노로 하시리라 악을 행하는 각 사람의 영에는 환난과 곤고가 있으리니 먼저는 유대인에게요, 그리고 헬라인에게며"롬 2:8-9. "당을 짓는 자"에서 '당을 짓다'라는 말은 "이기적인 야심을 가진 자"라는 뜻입니다. 선행이 이타성을 띠고 있다면 악은 이기성을 띠고 있습니다. 악의 본질은 모든 것을 자기중심적으로,

자기 이익을 위하여 행하는 것입니다. 이 사람은 진실을 외면합니다. 그리고 불의의 세력에 사로잡혀서 불의의 세력과 함께 행동합니다. 이런 사람들에게 하나님은 무엇을 내리시나요? "진노와 분노"를 내리십니다. "진노"로 번역된 오르게ὀργή는 영구적으로 화가 나 있는 상태입니다. 영구적인 화는 지옥을 암시하는 것입니다. 분노는 일시적으로 화를 내는 상태입니다. 분노는 이 세상을 사는 동안에 겪을 수 있는 하나님의 화내심입니다. 또한 악을 행하는 사람에게 찾아오는 특징적인 현상들 가운데 하나는 마음에 평안함이 없다는 것입니다. 마음이 매우 고통스럽습니다. 이 상태를 9절은 "악을 행하는 각 사람의 영에는 환난과 곤고가 찾아온다"라고 표현합니다. "영"에 환난과 곤고가 찾아온다는 말은 마음이 편하지 않다는 뜻입니다. 환난은 외적인 관계에 찾아오는 어려움을 말하고, 곤고는 내적인 어려움을 말합니다. 악을 행하는 사람에게는 외적인 인간관계에서 어려움이 찾아오는 것은 물론 내적으로 마음에도 고통이 찾아옵니다. 악을 행하면 영원의 시간에서는 지옥의 벌이 기다리고 있고, 현세의 시간에서는 하나님의 분노하심을 만나야 합니다. 이런 벌들이 악을 행하는 유대인과 이방인에게도 똑같이 임합니다.

보상과 처벌은 공정하게

하나님이 유대인이든 이방인이든 가리지 않고 공정하게 선행을 하는 자에게 상을 주시고 악을 행하는 자를 벌하시는 원리는 그리스도 밖에서 하나님이 인간 세상을 대하는 방법들 가운데 하나입니다.

하나님을 믿지 않는 사람들에게 공통으로 자리 잡고 있는 기대 가운데 하나는 권선징악 또는 사필귀정이라는 원리입니다. 권선징악은 착한 일을 권장하고 악한 일을 징벌한다는 것입니다. 사필귀정이란 모든 일은 반드시 바른길로 돌아가게 되어 있다는 뜻입니다. 권선징악이나 사필귀정과 같은 경구들은 "하나님이 각 사람에게 행한 대로 갚으신다"라는 원리의 세속화된 버전입니다.

지금은 별로 많이 상영되지는 않는데, 제가 중고등학교와 대학교 다닐 무렵에는 홍콩의 무협 영화와 미국의 서부 총잡이 영화가 많이 상영되었습니다. 그런데 이 영화들의 90% 이상이 바로 권선징악이나 사필귀정을 주제로 다룹니다. 영화의 중반부까지는 악을 행한 사람들이 성공 가도를 달립니다. 그러나 극의 후반부에 가면 결국 선한 사람이 악한 사람을 물리치고 승리합니다. 권선징악을 주제로 삼지 않으면 영화가 인기를 얻기 어렵습니다. 사람들은 이런 영화들을 보면서 권선징악이나 사필귀정에 대한 기대를 다시 한번 생각해 냅니다. 무협영화나 서부 총잡이 영화가 아니라도 모든 통속 드라마는 대체로 권선징악과 사필귀정의 원리를 주제로 하고 있습니다.

그런데 많은 사람이 현실을 보면서 과연 권선징악과 사필귀정의 원리가 세상에 작용하고 있기는 하는 것인가에 대하여 의문을 가집니다. 왜냐하면 세상 돌아가는 모양을 보면 선한 사람들이 성공하고 악한 사람들이 벌을 받기보다는 오히려 거꾸로 된 현실이 너무나 많이 나타나기 때문입니다. 그래서 세상 사람들은 "권선징악? 사필귀정? 웃기지 마. 세상은 힘 있는 사람, 권력을 가진 사람, 돈을 가진 사람이 다 장악하게 되어 있어. 힘이 바로 정의야"라고 생각하고 이런 생각에 맞게 처세하려고 애를 씁니다. 하나님을 믿지 않는 사람들이 이런 생각을 하는 것은 당연합니다. 그러나 하나님을 믿는 사람은 인간 세상이 철저하게 권선징악, 사필귀정, "하나님이 각 사람에게 행한 대로 갚으신다"라는 원리에 따라서 운영된다는 사실을 의심의 여지 없이 믿어야 하고 또 믿을 수 있습니다. 정말 그럴까요? 우리 한 번 생각해 봅시다.

예수님은 인간의 마음을 마가복음 7:21-23에서 이렇게 묘사하고 있습니다. "속에서 곧 사람의 마음에서 나오는 것은 악한 생각 곧 음란과 도둑질과 살인과 간음과 탐욕과 악독과 속임과 음탕과 질투와 비방과 교만과 우매함이니 이 모든 것이 다 속에서 나와서 사람을 더럽게 하느니라." 바울은 로마서 1:29-31에서 인간의 마음을 이렇게 묘사합니다. "곧 모든 불의, 추악, 탐욕, 악의가 가득한 자요 시기, 살인, 분쟁, 사기, 악독이 가득한 자요 수군수군하는 자요 비방하는 자요 하나님께서 미워하시는 자요 능욕하는 자요 교만한 자요 자랑하는 자요 악을 도모하는 자요 부모를 거역하는 자요 우매한 자요 배약하는 자요 무정한 자요 무자비한 자라." 야고보는 야고보서 3:6에서 인간의 마음을 "지옥 불"과 같은 것으로 묘사하고 있습니다. 인간의 마음속에는 지옥 불과 같이 꺼지지 않고 끊임없이 불타는 악의 불덩어리가 있어서 이 불덩어리로부터 악한 말이 인간의 입을 통하여 끊임없이 뿜어져 나온다는 것입니다. 이처럼 인간의 마음속에 독성이 강한 온갖 악한 것들로 가득 차 있고, 이 악한 것들이 그대로 행동으로 나타난다면 어떤 결과가 초래될까요? 이 세상은 순식간에 혼란 속에 빠져들고 며칠 만에 비참한 피바다가 되어 버릴 것입니다. 그러면 권선징악이나 사필귀정은 무너져 버리지 않겠습니까?

그런데 이런 악한 마음이 행동으로 나타나려고 할 때 이것을 차단하는 방어막이 있습니다. 그 방어막은 모든 인간의 마음속에 있는 도덕법입니다. 마음의 도덕법은 "모름지기 인간이라면 이렇게 살아야지"라고 속삭이는 양심의 소리입니다. 도덕법과 양심이 있어서 악을 행하려고 할 때 "얘야, 그것은 나쁜 짓이니까 그래서는 안 돼"라고 속삭입니다. 양심의 속삭임이 마음속의 악이 행동으로 나타나는 것을 제어합니다. 그래서 어느 정도 권선징악이나 사필귀정의 원리가 통합니다. 마음의 도덕법과 양심의 소리는 1차 방어막입니다.

그런데 많은 사람이 아무리 양심이 이렇게 속삭여도 모르는 척하거나 무시해 버리고 악한 마음을 행동으로 옮깁니다. 그러면 권선징악이나 사필귀정의 원리가 흐려지는 것처럼 보입니다. 이때 2차 방어막이 작동합니다. 2차 방어막은 문서로 기록되어 있는 도덕법입니다. 십계명이나 삼강오륜, 기타 많은 도덕책이 2차 방어막입니다. 2차 방어막은 1차 방어막보다 더 강합니다. 눈에 보이지 않는 마음의 도덕법이나 양심의 소리보다는 눈으로 선명하게 볼 수 있도록 문자화된 도덕법, 그리고 이 도덕법을 가지고 실시되는 교회, 학교, 그리고 사회 안의 다양한 기관들에서 실시하는 도덕교육은 훨씬 더 강력한 힘으로 마음속의 악이 행동화되는 것을 막아 줍니다.

그러나 현실을 보면 2차 방어막도 뚫고 나와 마음속의 악을 행동으로 드러내는 사람들이 여전히 많이 있습니다. 게다가 도덕책이나 도덕교육의 내용 그 자체가 잘못되어 있는 경우도 많습니다. 그러면 또다시 과연 권선징악이나 사필귀정의 원리가 이 세상에서 작동하는 것이 맞는가 하는 의심이 듭니다. 그런데 이때 3차 방어막이 대기하고 있습니다. 3차 방어막은 국가의 실정법입니다. 국가의 실정법은 한층 더 강력하게 마음속의 악이 행동으로 나타나는 것을 통제합니다. 1차 방어막인 마음의 도덕법과 2차 방어막인 문자로 기록된 도덕법은 사람들의 양심과 자유로운 선택에 호소할 뿐입니다. 이 호소를 듣지 않는다고 하더라도 어떤 물리적인 제재를 가하지는 않습니다. 그러나 3차 방어막인 국가의 실정법은 말을 듣지 않으면 법적인 강제력을 가지고 벌금을 물린다든지 아니면 감옥에 가두어 두는 등의 방법으로 물리적인 벌을 가합니다. 3차 방어막에 의하여 상당히 많은 부분에서 마음의 악이 행동화되는 것이 차단됩니다.

그러나 국가가 강제력을 가지고 차단해도 여전히 국가의 법망을 피해 악을 행하는 자들이 있습니다. 그뿐만 아니라 국가의 법 그 자체가 악한 법일 때도 있고, 법을 집행하는 자들이 악한 의도를 가지고 법을 잘못 집행할 수도 있습니다. 그러면 또다시 우리는 "아하, 현실 속에서는 권선징악이나 사필귀정의 원리가 작동되지 않는다"라고 생각하고 좌절에 빠질 수가 있습니다. 이때 4차 방어막이 기다리고 있는데, 이 방어막은 하나님이 직접 개입하시거나 하나님이 자연 안에 두신 자연의 법칙이 작동하는 것입니다. 예를 들어서 국가의 법망을 피해서 악을 계속 행하는 사람들이 교통사고를 당하거나 아니면 갑작스럽게 질병에 걸리거나 기타 천재지변을 만나서 화를 입게 될 수도 있는 것입니다. 국가의 법망을 피하여 마약을 하는 사람들은 마약 중독으로 돌이킬 수 없는 질병에 걸려서 죽거나 폐인이 될 수가 있습니다.

그런데 4차 방어막까지도 뚫고 악을 행하면서도 죽는 날까지 권력과 부를 누리면서 잘 살다가 죽을 때도 잘 죽는 사람들이 여전히 많이 있습니다. 스탈린과 같은 독재자는 2,000만 명이나 되는 무고한 생명을 잔인하게 살해하고도 권력과 부를 누리다가 죽었고, 모택동과 같은 독재자는 7,000만 명이나 되는 무고한 사람을 죽이고도 장수하다가 죽었고, 6.25동란을 통하여 북한 전역을 가공할 만한 왕조적 독재국가로 만들고 기독교인들을 잔인하게 탄압한 김일성 일가는 벌써 3대째 권력과 부를 누리면서 잘살고 있습니다. 이런 사람들을 볼 때 사람들은 최종적으로 이렇게 결론을 내립니다. "이 세상에는 권선징악이나 사필귀정의 원리는 더 이상 작용하지 않는다. 작용한다 해도 아주 불완전하게밖에는 작용하지 않는다." 이것이 하나님을 믿지 않는 사람들이 내리는 결론입니다. 그런데 놀랍게도 가장 강력한 궁극적인 마지막 조치 하나가 기다리고 있는데, 이 조치는 예수님의 재림 시에 시행될 하나님의 마지막 심판입니다. 역사 안에서 불완전하게밖에는 시행되지 못했던 권선징악 또는 사필귀정의 원리는 하나님의 마지막 심판에 의하여 완벽하게 실현됩니다. 역사 안에서 벌을 받지 않은 인간들의 모든 악행은 하나도 빠짐없이 마지막 심판의 날에 처벌을 받게 될 것이며, 선을 행한 자들은 마지막 심판의 날에 완전한 보상을 받게 될 것입니다.

　우리 기독교인들은 하나님이 각 사람이 행한 대로 갚으신다는 원리가 역사 안에 분명히 살아서 작동하고 있다는 사실을 믿음으로 받아들여야 합니다. 이 원리는 역사 안에서는 부분적으로밖에 실현되지 못할 때가 있습니다. 이 원리가 역사 안에서 부분적으로밖에 실현되지 않으면 이 원리에 따라서 살아가고자 하는 기독교인들에게는 많은 고난과 좌절의 순간이 찾아올 수 있습니다. 그러나 우리 기독교인들은 역사의 마지막 날에는 권선징악의 원리가 반드시 완전하게 실현된다는 소망을 마음속에 품고 고난의 때를 믿음 안에서 인내하는 가운데 이겨내는 성도들이 되어야 합니다.

영생을 보상으로 받을 사람은 없다

　그런데 착한 일을 행하면서 평생을 살다가 하나님의 심판대 앞에 섰을 때 하나님으로부터 "그만하면 됐다. 너는 천국에 들어가서 영생을 누리거라"라는 심판결과를 받아 볼 수 있는 사람이 과연 있을까요? 하나님이 세우신 높은 표준을 만족시킬 수 있는 사람은 없습니다. 하나님이 유대인이든 헬라인이든 가리지 않고 공정하게 모든 인류를 심판하실 때 이 공정한 심판에서 살아남아 구원을 받을 수 있는 사람은 없습니다. 그러면 하나님의 마지막 심판 날에 어떻게 하나님으로부터 의롭다는 인정을 받고 구원을 받을 수 있을까요? 예수 그리스도께서 우리 죄를 대신 지시고 십자가 위에서 죽으셨다가 살아나신 것을 믿고 예수 그리스도를 구주로 영접하는 것입니다. 그러면 예수 그리스도께서 우리를 대신하여 하나님의 심문을 받는 자리에 서 주시기 때문에 그 공로에 의지하여 우리는 하나님의 심판 자리를 무사히 통과하여 영생에 들어갈 수 있습니다.

15 율법 없이 범죄한 자와 율법이 있고 범죄한 자

(롬 2:12-16)

12절 무릇 율법 없이 범죄한 자는 또한 율법 없이 망하고 무릇 율법이 있고
　　 범죄한 자는 율법으로 말미암아 심판을 받으리라
13절 하나님 앞에서는 율법을 듣는 자가 의인이 아니요 오직 율법을 행하는
　　 자라야 의롭다 하심을 얻으리니
14절 (율법 없는 이방인이 본성으로 율법의 일을 행할 때에는 이 사람은 율
　　 법이 없어도 자기가 자기에게 율법이 되나니
15절 이런 이들은 그 양심이 증거가 되어 그 생각들이 서로 혹은 고발하며 혹
　　 은 변명하여 그 마음에 새긴 율법의 행위를 나타내느니라)
16절 곧 나의 복음에 이른 바와 같이 하나님이 예수 그리스도로 말미암아 사
　　 람들의 은밀한 것을 심판하시는 그 날이라

바울은 2:1부터 계속하여 하나님의 심판의 공정성 문제를 다루고 있습니다. 바울은 하나님이 유대인에 대해서나 이방인에 대해서나 공정하게 심판을 행하신다는 점을 줄곧 강조해 왔습니다. 하나님의 심판의 공정성에 대한 바울의 논증은 오늘 우리가 읽은 본문 12-16절에 이르러서 마침표를 찍습니다.

오늘 본문의 배경은 마지막 심판의 날입니다. 이 사실은 16절이 잘 보여주고 있습니다. "곧 나의 복음에 이른 바와 같이 하나님이 예수 그리스도로 말미암아 사람들의 은밀한 것을 심판하시는 그 날이라." "나의 복음"이라는 말은 다른 사도들이 전하는 것과는 다른 나만의 독특한 복음이라는 뜻으로 이해되어서는 안 됩니다. 그렇게 이

해하면 바울이 전한 복음과 야고보가 전한 복음이 다르고, 마태가 전한 복음과 마가가 전한 복음이 다르다는 말이 되어 청중이 혼란에 빠질 수 있습니다. "나의 복음"이라는 말은 "하나님이 바울에게 맡겨서 전하게 하신 복음"이라는 뜻입니다. 하나님은 하나의 동일한 복음을 많은 사람에게 맡겨서 전하게 하셨습니다. 여러 명의 사역자가 전하지만 복음은 동일한 복음입니다. "사람들의 은밀한 것"은 사람들의 마음속에 있는 생각만을 가리키는 것이 아니라 사람들의 행동 가운데 다른 사람들의 눈에 드러나지 않은 행동들까지도 포함됩니다. 마지막 심판의 날이 되면 사람들 눈에 드러나지 않던 마음속의 생각과 행동들까지 모두 심판의 대상이 될 것입니다. 12-13절이 말하는 심판사건이 일어나는 날은 하나님의 마지막 심판 날입니다.

바울은 12절에서 이방인에 대한 하나님의 심판의 방법과 유대인에 대한 하나님의 심판의 방법이 어떤 점에서 다른가를 밝힘으로써 하나님의 심판이 공정한 심판이라는 사실을 강조합니다. 13절에서는 반대로 이방인에 대한 심판과 유대인에 대한 심판이 어떤 점에서 같은가를 밝힘으로써 역시 하나님의 심판이 공정한 심판임을 강조합니다.

이방인 심판과 유대인 심판의 차이점

먼저 이방인에 대한 심판과 유대인에 대한 심판의 다른 점을 밝힘으로써 하나님의 심판의 공정함을 말하는 12절을 살펴보겠습니다. "무릇 율법 없이 범죄한 자는 또한 율법 없이 망하고 무릇 율법이 있고 범죄한 자는 율법으로 말미암아 심판을 받으리라"^{롬 2:12}.

　12절은 마지막 심판 날에 한편에서는 이방인이, 그리고 다른 한편에서는 유대인이 하나님 앞에 서서 심판을 받는 광경을 묘사합니다. 심판석의 한편에는 "율법 없이 범죄한 자"가 서 있습니다. 본문에서 말하는 율법은 모세의 율법을 가리킵니다. 모세의 율법 중에서도 모세 시대뿐만 아니라 오늘날까지도 변함없이 적용되는 도덕법 조항들을 가리킵니다. 사랑의 대강령^{신 6:5; 레 19:18}, 황금률^{출 23:9}, 십계명^{출 20:1-17; 신 5:6-21}, 근친상간과 동성애와 수간을 금하는 규정들^{레 18장}이 도덕법 조항들에 해당합니다. "율법 없이"라는 말은 "모세의 율법에 있는 도덕법을 접해 본 일이 없이"라는 뜻입니다. 간단히 말하면 "성경을 읽어 본 일이 없이"라는 뜻입니다. 그러면 율법이 없는 자들은 누구일까요? 전도를 받지 못한 이방인들을 가리킵니다. 우리나라의 상황에서 본다면, 기독교가 전파되기 전 이조시대, 고려시대, 삼국시대에 살았던 사람들은 모두 본문이 말하는 이방인들에 해당합니다.

　지금 모세의 율법 안에 있는 도덕법을 한 번도 읽어 본 일이 없는 이방인이 하나님의 심판석 앞에 서 있는데, 어떤 신분으로 서 있나요? "범죄한 자"로 서 있습니다. 이 이방인이 한평생을 산 뒤에 죽어서 하나님 앞에 서서 심판을 받았는데, 이 사람이 한평생 살아온 세월에 대한 최종적인 평가는 범죄한 자라는 것입니다. 이방인 가운데 단 한 사람도 죄가 없는 자로 판명이 나는 자는 없다는 것이 바울의 생각입니다.

　이방인이 범죄 했다는 말은 도덕법칙대로 살지 않았다는 뜻입니다. 하나님은 이방인에게 도덕법칙을 보여주시면서 "네가 이 법칙에 있는 대로 살지 못하지 않았느냐?"라고 물으셨을 것이며, 그렇게 물으실 때 "네, 제가 그 법칙대로 살지 못했습니다"라고 시인했으니까 "범죄한 자"로 결론이 난 것입니다. 그러면 하나님은 이 이방인을 심판하실 때 어떤 도덕법칙을 판결기준으로 사용하셨느냐 하는 질문이 제기됩니다. 이때 만일 하나님이 모세의 율법에 기록된 도덕법을 기준으로 하여 판결하셨다면 하나님의 심판은 공정한 심판이 아닙니다. 모세의 율법을 접하지 못한 것이 이 이방인의 책임이 아닌데, 모세의 율법을 들이대면서 심판하시는 것은 공정할 수가 없습니다.

　따라서 계속되는 구절은 이렇게 말합니다. "또한 율법 없이 망하고." 이 구절이 말하는 율법도 모세의 율법 안에 있는 도덕법을 가리킵니다. "율법 없이"는 하나님이 이방인을 심판하실 때 모세의 율법 안에 있는 도덕법을 사용하지 않으신다는 뜻입니다. 바울은 이렇게 말하는 셈입니다. "맞다! 만일 모세의 율법을 한 번도 접해 본 일이 없는 사람을 상대로 모세의 율법을 기준으로 심판하면 당연히 그 심판은 불공정한 심판이지. 그렇지만 그런 염려는 할 필요가 없다. 하나님은 모세의 율법을 한 번도 접해 본 일이 없는 사람을 심판하실 때 모세의 율법에 있는 도덕법을 기준으로 하시지 않기 때문이

다."

본문은 이 사람이 망한다고 말하고 있습니다. 망한다는 것은 "지옥에 간다"라는 뜻입니다. 지옥에 간다는 것은 하나님이 심판을 하셨다는 뜻입니다. 하나님이 심판을 하실 때 기준이나 근거가 없이 심판하실 수는 없으니까, 하나님이 모세의 도덕법을 기준으로 삼지 않으셨다면 어떤 다른 도덕법을 기준으로 사용하신 것이 아니겠습니까? 그것이 뭐냐가 문제입니다. 이 질문에 대하여 바울은 14절과 15절에서 답변합니다.

14절과 15절을 앞당겨서 먼저 살펴보겠습니다. "율법 없는 이방인이 본성으로 율법의 일을 행할 때에는 이 사람은 율법이 없어도 자기가 자기에게 율법이 되나니 이런 이들은 그 양심이 증거가 되어 그 생각들이 서로 혹은 고발하며 혹은 변명하여 그 마음에 새긴 율법의 행위를 나타내느니라." "본성으로" 곧, "외부에서 누가 가르쳐 준 일이 없어도 천성적으로." "율법의 일을 행할 때에는." 이 구절에서 말하는 율법도 모세의 율법 안에 있는 도덕법을 말합니다. 그렇습니다. 모세의 율법 안에 있는 도덕법을 한 번도 접해 본 일이 없는 이방인도 모세의 율법 안에 있는 도덕법이 명령하고 있는 일을 행하는 때가 있습니다. 예를 들어서 이방인도 부모를 공경하는 행동을 합니다. 또한 이방인도 모세의 율법이 하지 말라고 금지한 일을 하지 않습니다. 예를 들어서 이방인도 남의 물건을 훔치는 일이 나쁜 행동이라는 것을 알고 그런 일을 하지 않습니다.

이것은 무엇을 뜻하나요? "이 사람은 율법이 없어도 자기가 자기에게 율법이 되나니." "이 사람"은 모세의 도덕법을 접해 본 일이 없는 이방인입니다. "율법이 없어도." 모세의 도덕법을 몰라도. "자기가 자기에게 율법이 되나니." 이 말은 자기 안에 율법 곧, 도덕법이 있다는 뜻입니다.

15절은 마음 안에 도덕법이 있다는 사실을 알 수 있는 방법을 말합니다. "이런 이들은 그 양심이 증거가 되어." 이방인들에게 무엇이 있나요? "양심"이라는 것이 있습니다. 양심은 어떤 일이 옳다거나 틀렸다고 판단하는 마음의 기능을 뜻합니다. 유대인뿐만 아니라 이방인에게도 양심이라는 것이 있어서 "옳다" 또는 "그르다"라는 판단을 수시로 합니다. 우리가 어떤 옳지 않은 일을 하려고 하면 양심이 작동하여 이치를 따져 보고 나서 "그 일을 하면 안 된다"라고 자기 자신에게 경고하는 때가 있습니다. 이것이 본문이 말하는 "고발"하는 것입니다. 양심의 다른 한쪽에서는 "아니야, 그것은 이런 이유 때문에 해도 괜찮아"라고 위로합니다. 이것이 본문이 말하는 "변명"하는 것입니다. 물론 인간이 타락한 후에는 양심의 기능이 많이 망가져서 양심이 항상 정확하게 판단하는 것도 아니고, 잘못 판단하는 때도 많고, 양심이 마비되어서 - 이것을 화인 맞은 양심이라고도 부릅니다 - 제대로 작동하지 못할 때도 있습니다. 그러나 적어도 모든 사람에게 "옳고 그름"을 판단하려는 성향이 있는 것은 누구도 부인할 수 없습니다.

자, 그러면 옳고 그름을 판단한다는 것은 무엇을 말하는가요?

옳고 그름을 판단하기 위해서는 반드시 판단기준이 있어야 합니다. 따라서 인간의 양심이 옳고 그름을 판단하는 행동을 한다는 것은 인간의 마음속에 판단기준 곧 도덕법이 있음을 암시합니다. 그러므로 바울은 이렇게 말합니다. "그 마음에 새긴 율법의 행위를 나타내느니라." 바울은 인간의 마음속에 율법이 새겨져 있고, 이 새겨진 율법이 작용하고 있다고 말합니다. 물론 율법은 도덕법을 말합니다. 그러면 누가 도덕법을 인간의 마음속에 새겨 넣어 주었을까요? 바로 하나님입니다. 하나님은 모든 인류의 마음속에 도덕법을 새겨 넣어 주셨습니다.

그러면 다시 12절로 돌아가겠습니다. 하나님은 모세의 도덕법을 한 번도 접해 본 일이 없는 이방인을 심판하실 때는 모세의 도덕법을 기준으로 심판하시지 않고 이방인의 마음속에 심겨져 있는 도덕법을 기준으로 심판하십니다. 마음속의 도덕법은 인간이 타락한 이후에 많이 흐려진 것은 사실이지만 하나님이 심판의 기준으로 삼기에는 충분할 만큼 남아 있습니다. 이처럼 하나님은 이방인의 마음속에 도덕법을 두시고 이 도덕법에 따라서 심판하시기 때문에 하나님의 심판은 공정합니다.

그러면 유대인은 어떤 방법으로 심판을 받을까요? 12절 하반절은 이렇게 말합니다. "무릇 율법이 있고 범죄한 자는 율법으로 말미암아 심판을 받으리라." 본문이 말하는 율법은 모세의 도덕법을 뜻합니다. 따라서 "율법이 있는 자"는 모세의 율법을 가지고 있는 유대인을 뜻합니다. 유대인의 심판의 근거는 이방인보다 더 엄격합니다. 하나님이 유대인을 심판하실 때는 이미 마음속에 기록되어 있는 도덕법뿐만 아니라 추가로 주어진 모세의 율법이 판단기준으로 추가됩니다. 중요한 것은 하나님은 이방인도 이미 주어진 판단기준 - 마음의 도덕법 - 에 근거하여 심판을 시행하시고 유대인도 역시 이미 주어진 판단기준 - 마음의 도덕법과 모세의 율법 - 에 근거하여 심판을 행하신다는 점에서 하나님의 심판은 공정하다는 것입니다. 그런데 유대인이 심판을 받은 결과도 이방인의 경우와 같이 "범죄한 자"로 판명납니다. 이 결과도 하나님의 심판은 이방인이든, 유대인이든 모두 공정하게 이루어진다는 것을 보여줍니다.

유대인이 심판을 받는 방식은 바로 우리 그리스도인들에게도 적용됩니다. 우리도 유대인들처럼 모세의 율법을 가지고 있는 자들이기 때문입니다. 우리도 마지막 날에 마음의 도덕법뿐만 아니라 모세의 도덕법에 근거해서도 심판을 받습니다. 우리는 하나님의 심판 날에 전도를 받지 못하여 성경을 읽을 수 없었던 자들보다 훨씬 더 엄중한 심판을 받게 된다는 사실을 유념해야 합니다. 누가복음 12:47-48이 말하고 있는 것처럼 주인의 뜻을 알고도 준비하지 아니하고 그 뜻대로 행하지 아니한 종은 많이 맞을 것이고, 알지 못하고 맞을 일을 행한 종은 적게 맞을 것입니다. 그리스도인들은 많이 맞을 자들에게 속해 있습니다.

그런데 이 구절에서 우리가 주목해야 할 표현이 하나 있습니다.

그것은 이방인에 대한 심판은 "망하는 것"으로 마무리되고 있는 반면에 유대인에 대한 심판은 "심판을 받으리라"라고 마무리되고 있다는 것입니다. 이 두 표현이 어떤 차이가 있을까요? "망하는 것"은 다시는 돌이킬 수 없는 지옥에 떨어지는 것을 뜻합니다. 그러나 "심판을 받으리라"라는 말은 범죄한 자라는 판결을 내리는 것으로만 끝납니다. "지옥에 간다"라는 표현이 빠져 있습니다. 이것은 무엇을 의미할까요? 유대인은 죄인으로 판명되어도 지옥에 가지 않을 가능성이 열려 있다는 뜻입니다. 이것이 무슨 뜻일까요?

첫째로, 구약시대에 유대인들은 동물제사를 드렸는데, 동물제사는 장차 오실 예수 그리스도를 상징합니다. 따라서 구약시대의 유대인들이 동물제사를 드리는 신앙생활을 했다는 말은 장차 오실 예수 그리스도를 바라보면서 신앙생활을 했다는 뜻입니다. 따라서 동물제사를 드린 구약시대의 유대인들은 장차 오시는 예수 그리스도를 믿고 신앙생활을 한 것입니다. 물론 유대인 중에는 예수님을 믿지 않는 자도 있었으나 많은 유대인이 장차 오실 예수 그리스도를 믿는 믿음 안에서 신앙생활을 했다고 볼 수 있습니다. 이 유대인들은 마지막 심판 날에 하나님으로부터 범죄한 자로 판결을 받아도 예수 그리스도의 의로움에 근거하여 구원을 받습니다.

둘째로, 모세의 도덕법을 가진 유대인 중에서 동물제사를 드림으로써 장차 오실 예수 그리스도를 바라보고 신앙생활을 한 사람들은 예수 그리스도를 믿는 신약시대의 기독교인들과 같은 입장에 있는 셈입니다. 따라서 신약시대의 기독교인들도 마지막 심판의 날에

"범죄한 자"라는 판결을 받지만 예수 그리스도의 의로움에 근거하여 구원을 받습니다.

이방인 심판과 유대인 심판의 공통점

13절은 이방인이나 유대인이나 어떤 점에서 공통된 심판을 받게 되는가를 말합니다. "하나님 앞에서는 율법을 듣는 자가 의인이 아니요 오직 율법을 행하는 자라야 의롭다 하심을 얻으리니." 하나님의 심판 자리에서 어떻게 해야 의롭다 함을 받을 수 있을까요? 이 질문에 대하여 바울은 "율법을 듣는" 것으로는 의롭다 함을 받을 수 없다고 말합니다. 바울이 이 말을 하는 이유는 유대인들이 율법을 듣는 것만으로 의롭다 함을 받을 수 있다고 믿고 있었기 때문입니다. 바울의 말은 이와 같은 유대인들의 생각이 틀렸다는 것입니다. "율법을 듣는다"라는 것은 유대인들이 드리던 회당예배의 모습을 반영하는 것입니다. 유대인들은 안식일이 되면 회당에 가서 랍비들의 설교를 들었습니다. 당시는 소수의 사람을 제외하고는 문맹이 많았기 때문에 유대교인들의 구약성경에 대한 지식은 회당에 나가서 랍비들의 설교를 듣는 것이 사실상 전부였습니다. 그것은 오늘날 일부 교인들이 교회에 나와서 목사님이 전하는 설교 한 편 듣고 나서는 일주일 동안 성경도 읽지 않고 성경공부도 하지 않고 지내는 것과도 같습니다. 오늘날에는 대부분 글을 읽을 수 있고, 성경도 보편화되어 있기 때문에 "율법을 듣는"이라는 구절은 "율법을 읽는"으로 바꿀 수도 있습니다. 유대인들은 회당예배에 나가서 율법에 대한 설명을 듣고, 회당예배라는 의식에 참여하는 일을 성실하게 하면 하나님으로부터 의롭다는 평가를 받을 수 있다고 생각했습니다. 회당예배에 나가서 설교를 듣는 것 정도는 그렇게 어렵지 않게 할 수 있지 않습니까? 유대인들은 이방인들과는 달리 자신들은 이 정도만 해도 하나님이 특별히 봐 주실 것으로 생각했습니다.

그러나 바울은 하나님의 심판은 이방인이든 유대인이든 차별을 두지 않고 어떻게 행했느냐 곧, 어떻게 살았느냐에만 근거하여 공정하게 이루어진다는 점을 강조합니다. 율법을 행하는 자만이 하나님의 심판 자리에서 의롭다는 평가를 받을 수 있다는 것입니다. 그런데 바울의 이 말은 다음과 같은 점들에 주의하면서 받아들여야 합니다.

첫째로, 이 말은 그리스도를 전제하지 않을 때 하나님이 인간을 심판하시는 방법을 말하는 것으로서, 이 심판의 결과로서 인간이 실효적으로 행함을 근거로 하여 의롭다 함을 받을 수 있음을 말하는 것은 아니라는 점을 유의해야 합니다.

둘째로, 우리는 우리가 믿음으로 받아들인 예수 그리스도께서 이룩하신 의로움에 근거하여 의롭다 함을 받습니다. 그러나 이때도 하나님의 심판이 배제되는 것은 아닙니다. 하나님은 우리가 범한 죄에 대하여 반드시 심판하시고 시시비비를 가리십니다. 우리는 날마다 마음으로 그리고 행동으로 하나님 앞에 죄를 범합니다. 우리가 범한 죄들이 누적되면 아마도 에베레스트산만큼 될 것이며, 마지막 심판의 날에 하나님이 시행하시는 심판의 정도도 에베레스트산만큼 될 것입니다. 그런데 우리는 그 엄청난 심판을 받지 않습니다. 예수 그리스도께서 십자가 위에서 우리를 대신하여 받으시고, 의를 향한 하나님의 요구를 충족시키셨기 때문에, 그리스도를 구주로 영접한 우리는 마지막 심판의 날에 에베레스트산 만한 크기의 죄가 드러나도 그것 때문에 지옥에 떨어지지 않습니다. 우리에게 값없이 은혜로 찾아오는 의롭다 함, 곧 구원은 값싼 은혜가 아니라 너무나도 값비싼 은혜입니다. 왜 값비싼 은혜입니까? 하나님의 독생자이신 예수 그리스도의 대속의 죽음이라는 값비싼 희생을 치르고 그 공로에 근거하여 주어지는 은혜이기 때문입니다.

셋째로, 성경말씀에 보면 행함을 통하여 의롭다 함을 받는다는 원리를 말하는 것처럼 보이는 본문이 있습니다. 예를 들어서 누가복음 1:6은 제사장 사가랴와 그의 아내 엘리사벳에 대하여 이렇게 말합니다. "이 두 사람이 하나님 앞에 의인이니 주의 모든 계명과 규례대로 흠이 없이 행하더라." 이 본문을 피상적으로만 읽으면 행함을 통하여 의롭다 함을 받는다는 말을 하고 있는 것처럼 들립니다. 그러나 사가랴와 엘리사벳이 "주의 모든 계명과 규례"대로 행했다고 했을 때, 특히 "규례"를 지켰다는 점에 주목할 필요가 있습니다. 이 규례들은 대체로 제사에 관한 규정들을 가리키는데, 제사에 관한 규정들을 행했다는 것은 동물제사를 행했다는 것이고, 동물제사에서 동물이 죽는 것은 예수님의 대속의 죽음을 상징합니다. 그러므로 규례들을 행했다는 것은 예수님의 대속의 죽음을 믿었다는 뜻입니다. 따라서 이 본문은 사가랴와 엘리사벳이 예수 그리스도와 상관없이 행함으로 의롭다 함을 받은 것을 말하는 본문이 아닙니다.

넷째로, 기독교인의 경우에 행함에 근거하여 심판을 받은 다음에 범죄한 자로 판명되었다 하더라도 지옥에 떨어지는 일은 일어나지 않습니다. 그러나 하나님은 우리가 이 세상에서 살아온 모든 과정을 하나도 남기지 않고 마지막 심판의 날에 다 검사하고 우리가 살아온 삶이 의로운 삶이었는가, 아니면 불의한 삶이었는가를 평가하실 것입니다. 아마도 우리가 살아온 삶이 100% 의로운 삶이었다는 평가를 받는 사람은 없을 것이고, 또 100% 불의한 삶이었다는 평가를 받는 사람도 많지 않을 것입니다. 그러나 부족한 가운데서도 열심히 의로운 삶을 살기 위해서 노력한 사람에 대해서는 의롭다고 봐주시고 칭찬을 해주실 것이며, 그렇지 못한 사람에 대해서는 책망을 하실 것입니다. 고린도전서 3:12이 말하는 것처럼 그리스도라는 터 위에 나무나 풀이나 짚으로 집을 세운 사람은 혼나게 될 것이고, 금이나 은이나 보석으로 집을 세운 사람은 칭찬을 듣게 될 것입니다.

다섯째로, 지금까지 살펴본 것처럼 하나님의 심판은 철저하고 공정하게 진행됩니다. 그러나 구원은 공정하게 진행되지 않습니다. 어느 회사의 사장이 임금계약을 맺고 채용한 직원들에게 월급을 지급할 때는 엄격하게 계약조건에 따라서 공정하게 지불해야 합니다. 그러나 회사 사장이 어떤 회사원이 마음에 들어서 개인적으로 선물을 전달할 때는 공정하게 할 필요가 없습니다. 자기의 마음에 드는 사람에게 주면 되는 것이고, 선물을 받지 못한 사람이 선물을 받은 사람을 가리키면서 "왜 불공정하게 선물을 주느냐?"라고 항의할 수가 없습니다.

하나님의 심판은 공정하게 진행됩니다. 하나님은 행동을 어떻게 했느냐만을 기준으로 하여 공정하게 심판을 시행하십니다. 그것으로 하나님이 인간들에게 베푸셔야 할 의무는 다하셨습니다. 그러나 하나님은 인간들에게 구원을 베푸실 의무는 없습니다. 구원은 선물이기 때문입니다. 인간이 구원을 받을 수 있는 길은 하나님이 자유롭게 정하시면 그만입니다. 하나님은 인간이 어떻게 행동을 해왔든 묻지 않으시고 예수 그리스도를 구주로 영접하기만 하면 모두 다 구원해 주시기로 구원의 원칙을 정하셨습니다. 사람들은 "왜 그런 원칙을 정하셨느냐? 한평생 착하게 살아왔지만 예수님을 믿지 않으면 단순히 예수님을 믿지 않았다는 이유 하나만으로 구원의 선물을 주지 않고, 사람을 죽이는 등 평생 악한 일만 해온 사람도 예수님을 구주로 고백했다는 이유 하나만으로 구원의 선물을 베푸는 것은 너무 편파적인 것이 아니냐?"라며 항의할 수 있습니다. 그러나 우리는 이런 항의를 할 수 없습니다. 구원의 선물을 어떤 방식으로 주시는가는 하나님 마음입니다.

16 율법의 목적을 오해한 유대인 (롬 2:17-24)

17절 유대인이라 불리는 네가 율법을 의지하며 하나님을 자랑하며
18절 율법의 교훈을 받아 하나님의 뜻을 알고 지극히 선한 것을 분간하며
19절 맹인의 길을 인도하는 자요 어둠에 있는 자의 빛이요
20절 율법에 있는 지식과 진리의 모본을 가진 자로서 어리석은 자의 교사요
    어린 아이의 선생이라고 스스로 믿으니
21절 그러면 다른 사람을 가르치는 네가 네 자신은 가르치지 아니하느냐 도
    둑질하지 말라 선포하는 네가 도둑질하느냐
22절 간음하지 말라 말하는 네가 간음하느냐 우상을 가증히 여기는 네가 신
    전 물건을 도둑질하느냐
23절 율법을 자랑하는 네가 율법을 범함으로 하나님을 욕되게 하느냐
24절 기록된 바와 같이 하나님의 이름이 너희 때문에 이방인 중에서 모독을
    받는도다

바울이 1:18부터 계속하여 다루어 온 주제는 두 가지입니다. 하나는 헬라인^{이방인}이나 유대인이나 모두 하나님 앞에서 죄인이라는 점에서는 차이가 없다는 것입니다. 다른 하나는 하나님의 심판은 헬라인이든 유대인이든 공정하게 시행된다는 것입니다. 1:18-32까지는 이방인을 주로 염두에 두고, 온 인류를 대상으로 이 두 가지 원리를 적용했다면, 2장에 들어와서는 이 두 가지 원리를 유대인에게 적용합니다. 바울은 2:1-16까지는 유대인이라는 표현을 직접 사용하지는 않고 문맥으로 볼 때 유대인을 대상으로 했음을 알 수 있도록 서술한 반면에, 17-29절까지는 직접적으로 유대인이라는 호칭을 사

용하면서 유대인들도 이방인과 같이 하나님 앞에서 죄인이라는 사실과 하나님의 심판은 공정하다는 점을 더 구체적으로 밝힙니다.

2:17-29은 다시 두 문단으로 나눌 수 있습니다. 2:17-24에서는 하나님이 유대인들에게 율법이라는 놀라운 선물을 주셨는데, 유대인들이 이 선물을 바르게 다루지 못했음을 말합니다. 2:25-29에서는 하나님이 할례라는 특별한 선물을 유대인에게 주셨는데, 유대인들이 이 선물도 제대로 다루지 못했음을 말합니다.

17-24절은 다시 두 부분으로 나눌 수가 있습니다. 17-18절까지는 율법에 뒤따르는 다섯 가지 특권이 무엇인가를 말합니다. 19-20절까지는 유대인들이 율법이라는 특권을 가지고 무슨 일을 했는가를 말합니다. 그 일은 율법을 가지고 이방인들을 가르치는 일입니다. 21-23절까지는 율법이라는 놀라운 특권을 받은 유대인들이 이 특권을 목적에 맞게 바르게 사용하지 못했음을 책망합니다. 책망의 요지는 율법을 행하기 위한 지침으로 사용하는 일에 실패했다는 것입니다. 24절은 결론으로서 율법을 행하지 않은 결과가 어떻게 나났는가를 말합니다. 그 결과는 하나님의 이름이 이방인들에게 모욕당한 것입니다.

율법에 뒤따르는 다섯 가지 특권

17-18절은 하나님이 유대인들에게 율법이라는 선물을 주셨음을 말하면서 율법이 지닌 다섯 가지 특권을 제시하고 있습니다. "유

대인이라 불리는 네가 율법을 의지하며 하나님을 자랑하며 율법의 교훈을 받아 하나님의 뜻을 알고 지극히 선한 것을 분간하며." 율법이 지닌 다섯 가지 특권은 이 문장에서 바울의 대화상대로 등장하고 있는 가상의 "너"를 중심으로 전개됩니다. 그러면 "너"가 누구일까요?

첫째로, "너"는 유대인입니다. "유대인이라 불리는 네가." 유대인이라는 이름은 야곱의 열두 아들들 가운데 하나인 유다에게서 유래한 명칭입니다. 그러나 바울 당시에 유대인이라고 할 때는 유다의 후손들만을 가리킨 것이 아니라 야곱의 열두 아들에게서 기원한 열두 지파 전체를 가리켰습니다. 그러면 왜 열두 지파 전체를 유대인이라고 부르게 되었을까요? 구약시대에 솔로몬이 통치할 때까지는 열두 지파로 구성된 왕국을 야곱의 새로운 이름인 이스라엘이라고 불렀습니다. 솔로몬이 죽은 이후에 나라가 유다 지파와 베냐민 지파로 구성된 남쪽 나라와 나머지 열 지파로 구성된 북쪽 나라로 나뉘었는데, 북쪽 나라는 이스라엘 왕국이라고 불렸고, 남쪽 나라는 유다왕국이라고 불렸습니다. 이때 유다왕국은 이스라엘 전체를 가리키는 명칭은 아니었습니다. 더욱이 유대인이라는 명칭은 등장하지 않았습니다. 북이스라엘 왕국은 앗시리아에게 주전 722년에 멸망했고, 남유다왕국은 주전 586년 바벨론에게 멸망했습니다. 그 이후를 포로기라고 하는데, 포로기에 북이스라엘 왕국은 이방종교와 혼합된 종교를 가지게 되었을 뿐만 아니라, 믿지 않는 이방인들과 자유롭게 결혼하여 혼혈족이 되어 이스라엘이라고 부를 수 없게 되었습니다. 이때 유다 지파에 속한 마카비라는 탁월한 군사전략가가 등장하여 헬라제국을 상대로 독립전쟁을 벌였습니다. 이 전쟁을 성공으로 이끈 마카비는 예루살렘을 중심으로 한 유다 지파가 살던 지역에 유대 왕국을 회복하여 100년간 유지했습니다. 이 무렵부터 이스라엘 후손들을 유대인이라고 부르기 시작했습니다.

이스라엘 전체를 가리키는 유대인이라는 명칭에는 매우 중요한 의미가 있습니다. 그것은 하나님이 이스라엘을 선택하셔서 이스라엘과 언약을 맺으셨다는 것입니다. 하나님이 사람과 언약을 맺으셨다는 말은 하나님이 사람에게 찾아오셔서 만나 주셨고, 하나님을 만났는데도 사람이 죽지 않고 살아남았으며, 오히려 하나님으로부터 구원의 길과 삶의 길에 관한 지식을 전달받았다는 것을 의미합니다. 하나님이 사람과 만나 주셨다는 것을 보여주는 증거들 가운데 중요한 것이 바로 하나님이 율법을 주신 것입니다. 이처럼 "너"가 유대인이라고 불린다는 사실 자체는 하나님이 주신 선물로서 아주 좋은 것입니다.

둘째로, 유대인인 "너"는 율법에 의지하는 사람이었습니다. 유대인인 "너"는 구원의 길이 무엇인지, 구원받은 하나님의 백성이 살아가야 할 삶이 어떤 것인지를 가르쳐 주는 비밀이 율법 안에 다 있다고 생각했는데, 그 율법을 지금 손에 쥐고 있으니까 안심이 되었던 것입니다. 하나님이 주신 율법에 의지하는 것은 좋은 일입니다.

셋째로, 유대인인 "너"는 이처럼 자신에게 찾아오셔서 만나 주시고, 언약의 증거로서 율법까지 주신 하나님을 자랑했습니다. 하나님을 자랑하는 것도 결코 나쁜 일이 아닙니다. 하나님이 우리의 구원자가 되신다는 사실은 얼마든지 자랑할 만한 일입니다.

네 번째와 다섯 번째 축복은 전제조건이 있습니다. 이 축복은 "율법의 교훈을 받았기" 때문에 받을 수 있는 것입니다. 율법의 교훈을 받았다는 것은 당시 회당에서 실시해 오던 율법교육을 염두에 둔 것입니다. 유대인의 회당에서는 어린이들에게 율법교육을 실시했고, 안식일마다 율법을 읽고 해설했습니다. 정기적으로 진행된 이와 같은 율법교육을 통하여 유대인들은 하나님의 뜻을 알 수 있었습니다. 이것이 네 번째 축복입니다. 그뿐만 아니라 율법교육을 통하여 지극히 선한 것을 분간할 수 있었습니다. 이것이 다섯 번째 축복입니다.

지극히 선한 것을 윤리학에서는 "최고선"이라고 말합니다. 예를 들어서 그리스도인이 살아내야 할 삶의 원리들 가운데 최고선에 해당하는 원리로는 황금률이나 사랑의 원리 같은 것이 있는데, 이것들이 모두 율법 안에 들어있었습니다. 따라서 율법을 읽어 보면 최고선이란 무엇인가를 선명하게 알 수 있습니다. 물론 성경에 있는 율법을 읽지 않고도 최고선에 대하여 많은 생각을 할 수 있습니다. 그렇지만 일반적인 윤리학에서는 최고선이 무엇인가를 묻긴 하지만 답변은 뿌연 안개 속에서 헤매는 것처럼 모호합니다. 그러나 성경 안에 있는 율법의 말씀을 읽어 보면 "최고선"이 무엇인가를 선명하게 알 수가 있습니다.

이처럼 하나님의 선택을 받고 하나님이 만나 주셨다는 사실, 그 증거로서 율법이라는 엄청난 선물을 받았다는 사실, 구원의 길과 삶의 길에 대하여 확실히 의지할 수 있는 율법이 있다는 사실, 하나님을 자랑할 수 있다는 사실, 하나님의 뜻을 알 수 있다는 사실, 가장선한 삶이란 무엇인가를 알 수 있다는 사실 등은 하나님의 축복이요, 또한 선물입니다.

율법이라는 특권을 가지고 유대인이 한 일

유대인인 "너"에게 주어진 하나님의 축복이자 선물의 핵심은 율법을 받았다는 것입니다. 19-20절은 유대인들이 율법을 활용하여 이방인들을 가르치고 있음을 말합니다. 이것도 또한 하나님의 축복이자 선물입니다. "맹인의 길을 인도하는 자요, 어둠에 있는 자의 빛이요 율법에 있는 지식과 진리의 모본을 가진 자로서 어리석은 자의 교사요 어린 아이의 선생이라고 믿으니."

바울은 유대인이 율법을 가지고 있다는 사실을 이 본문에서 좀더 구체적으로 설명합니다. 20절은 유대인인 "너"가 "율법에 있는 지식과 진리의 모본을 가진 자"라고 말니다. "모본"이라는 말은 "구체화된 형태"라는 뜻입니다. 모세의 율법은 애매모호하고 흐릿하고 형체를 알 수 없는 아리송한 내용으로 구성되어 있는 것이 아니라 딱딱 정리되어 있고 명료하면서도 구체적이고 단호한 규정들로 이루어져 있습니다. 애매하고 모호한 것은 없습니다.

이처럼 명료한 율법으로 교육받은 유대인들은 자신을 이방인을 가르치는 스승이라고 자부했습니다. 본문에 "맹인", "어둠에 있는 자", "어리석은 자", "어린아이" 등은 모두 이방인을 가리키는 상징들입니다. 유대인이 자신을 영적으로 타락한 이방인을 가르치는 스승이라고 생각하고 이방인을 가르쳐서 깨우는 일을 소명으로 간주하고 있었음을 보여주는 많은 문헌상의 증거들이 있습니다. 우선 성경을 보면 이사야서 42:6-7은 유대인을 향하여 이방의 빛이라고 말하고 있고, 이방인을 "눈먼 자", "갇힌 자", "흑암에 앉은 자"로 비유하면서 유대인은 눈먼 자인 이방인의 눈을 밝히며, 갇힌 자인 이방인을 감옥으로부터 끌어내며, 흑암에 앉은 이방인을 감방에서 나오게 할 것이라고 말합니다. 정경으로 편입되지 않은 유대교 문헌들에도 유대인이 이방인의 스승이라는 언명이 나옵니다. 에녹1서 105:1에는 이방인을 어린아이에 비유하면서 유대인이 어린이들의 안내자가 될 것을 예고하고 있고, 유대 역사가 요세푸스는 이스라엘은 모든 죽을 인간들을 위한 생명의 안내자라고 말하고 있고, 솔로몬의 지혜서 18:4은 유대인이 율법의 불멸의 빛을 이방에 주는 자라고 말하고 있고, 레위계약서 14:4은 이방인을 포함하는 모든 사람의 계몽을 위하여 유대인에게 율법의 빛이 주어진 것이라고 말합니다.

바울이 유대인이 이방인을 가르치는 스승이라고 말할 때 염두에 두고 있는 공동체는 분산 유대인들 곧, 디아스포라 유대인들입니다. 유대인 공동체는 크게 두 부류로 나누어집니다. 하나는 팔레스타인 지역에 있는 토종 유대인 공동체입니다. 이 공동체는 이방인을 가르친다는 생각을 하지 않았습니다. 다른 하나가 바로 지중해 전역의 각 나라에 흩어져서 살고 있는 분산 유대인들 곧, 디아스포라 유대인들입니다. 이들은 당연히 이방인들과의 접촉이 잦았고, 이방인들은 당시의 부패하고 타락한 이방문화와 비교해 볼 때 유대교가 도덕적으로 상당히 높은 수준을 유지하는 것을 보고 유대교에 어느 정도 호감을 보인 것이 사실입니다. 그렇다고 해서 유대인들이 겸손하게 이방인들에게 가서 선교를 한 것은 아니고 이방인들이 유대교의 회당에 찾아와서 유대교의 도덕생활을 배우고 도움을 요청하기를 기대했습니다.

이유가 무엇이든 간에 이방인을 가르치는 스승의 역할을 담당한다는 것 자체가 엄청난 축복이자 특권이며 또한 선물입니다.

특권을 남용한 유대인

20절까지 유대인이 받은 특권이 무엇인가를 말한 바울은 21-24절까지는 유대인이 자신들에게 주어진 이 특권을 잘못 사용했다는 점을 준엄하게 비판합니다.

"그러면 다른 사람을 가르치는 네가 네 자신은 가르치지 아니하느냐"롬 2:21상. 유대인들은 하나님이 율법을 자신들에게 주신 목적이 무엇인가를 파악하지 못했습니다. 율법은 구원받은 하나님의 백성이 어떻게 살아야 하는가를 알려 주는 내용을 담고 있습니다. 다른 사람들에게 율법을 가르치는 것, 구원받은 하나님의 백성이 어떻게 살아야 하는가를 알려 주는 일 자체는 좋은 일입니다. 그러나 다른 사람에게 가르쳐 주는 것이 의미를 가지기 위해서는 가르치는 사람이 자기 자신을 향하여도 가르치고 또한 가르치는 대로 행해야 합니다. 가르치는 사람이 다른 사람에게는 매우 어려운 삶을 살라고 가르친 다음에, 정작 자기 자신은 자신이 가르친 대로 행동하지 않는다면 하나님으로부터 준엄한 책망을 받게 될 것이며, 사람들로부터는 위선자라는 평가를 받고 가르칠 때 받았던 존경심의 정도만큼 실망과 비판을 받게 될 것입니다.

유대인들은 율법을 가르치면서 율법의 내용을 아는 자신들은 율법의 내용을 모르는 이방인들보다 훨씬 더 지혜로운 자들이며, 따라서 하나님이 자신들을 각별하게 생각하셔서 자신들을 완전한 의인으로 간주해 주시고 영생을 주시며 심지어 율법을 지키지 못한다고 하더라도 특별히 봐주실 것이라고 확신했습니다. 이들은 자신들이 이방인들보다 우월한 자들이라는 자신감을 강화하는 데 율법을 이용한 것입니다. 그러나 이런 태도는 율법의 목적을 오해한 것입니다. 율법은 다른 사람보다 자신이 더 낫다는 확신을 가지라고 주어진 것이 아니라 읽고 행하도록 주어진 것입니다. 율법의 내용을 다른 사람에게 가르치기만 하고 정작 자기 자신은 행하지 않는다면 율법은 오히려 율법을 가르치는 사람에게 화를 안겨 줍니다.

바울은 유대인들이 가르치는 대로 행하지 않은 사례들을 예시합니다. 유대인은 도둑질하지 말라고 가르쳐 놓고는 정작 자기 자신은 도둑질을 일삼았습니다. 유대인들은 간음하지 말라고 말해 놓고는 정작 자기 자신들은 간음을 일삼았습니다. 유대인들은 우상을 가증히 여기라고 가르쳐 놓고는 정작 자기 자신들은 신전 물건들을 도둑질했습니다.

신전 물건들을 도둑질한다는 말은 예루살렘 성전의 물건들을 도둑질한다는 뜻이 아닙니다. 여기서 말하는 신전은 이방신을 섬기는 신전을 뜻합니다. 바울 당시에 이방인 신전에서는 신을 조각한 작은 모형들을 만들어 놓고 이 모형들을 팔아서 이익을 챙기는 장사꾼들이 많았습니다. 사도행전 19장에는 바울의 에베소전도의 열매로 사람들이 이방신 숭배를 청산하고, 이방 신전의 모형들을 구입하는 일을 중단하자 수입이 줄어든 장사꾼들이 바울을 제거하려고 소동을 일으켜서 결국 바울이 에베소를 떠나게 된 사건이 기록되어 있습니다. 그런데 놀랍게도 유대인 가운데도 은밀하게 이방 신전의 모형들을 가져다가 파는 일들이 있었습니다. 왜냐하면 이 장사가 짭짤하게 돈벌이가 되었기 때문입니다. 하나님을 믿는 백성들이 이방 신전 모형 장사를 하여 돈을 번다는 것은 너무나 안 어울리는 일이 아니겠습니까? 이처럼 유대인들은 입으로는 율법을 자랑하면서도 행동으로는 율법을 행하는 일에 관심을 기울이지 않았을 뿐만 아니라 고의적으로 율법을 범하는 행동을 하여 급기야는 하나님을 욕되게 한 것입니다. "율법을 자랑하는 네가 율법을 범함으로 하나님을 욕되게 하느냐"롬 2:23.

율법을 행하지 않음으로 하나님의 이름이
이방인에게 모욕당함

바울은 24절에서 결론을 내립니다. "기록된 바와 같이 하나님의 이름이 너희 때문에 이방인 중에서 모독을 받는도다." "기록된 바와 같이"라는 구절은 바울이 구약성경에서 인용했다는 뜻입니다. 바울은 구약성경 이사야 52:5, 특히 에스겔 36:22을 인용하고 있습니다. 이 두 본문은 북이스라엘왕국과 남유다왕국이 멸망하고 유대인들은 포로로 잡혀가고 난 이후에 포로로 잡혀간 나라들에서 일어난 일을 서술한 것입니다. 이 당시의 상황은 이렇습니다. 남왕국과 북왕국이 모두 멸망한 후에 이스라엘 백성들은 다른 나라에 들어가서 떠돌이 생활을 해야만 했습니다. 나라를 잃고 떠돌이 생활을 하는 모습은 비참합니다. 집 없는 거지가 돌아다니는 것과 비슷할 것입니다. 안정된 생활을 하는 이방 나라 백성들이 비참한 모습으로 떠도는 유대인을 보고 "너희들은 어떤 신을 믿느냐?"라고 묻습니다. 그러면 유대인들은 자기들은 "여호와 하나님을 믿는다"라고 대답합니다. 그러자 이방 백성들이 이렇게 말합니다. "도대체 여호와 하나님이라는 신은 얼마나 무능하고 형편없는 신이기에 자기 백성이 거지꼴을 하고 이방 나라를 헤매고 돌아다니는데도 챙기지 않고 방치하는 거냐?" 그러면서 여호와 하나님을 무능한 신으로 조롱하고 무시합니다. 그런데 유대인들이 이방 나라를 떠돌아다니는 이유는 여호와 하나님이 무능해서가 아니라 유대인들이 하나님 앞에서 율법을 범하는 큰 죄를 범했고, 하나님이 이들을 징계하시려고 일부러 떠돌이 생활을 하게 하시는 것이었습니다. 말하자면 유대인들이 하나님으로부터 벌을 받는 중이라는 것입니다. 그런데 유대인들이 그런 말은 창피해서 하지 않으니까 이방 백성들은 그런 사정은 도통 모른 채 여호와 하나님이 무능하다고 욕하는 것입니다. 이처럼 유대인들이 율법을 가르치기만 하고 행하지 않아 하나님의 이름이 이방인들 사이에서 조롱당한 것입니다.

17 할례의 목적을 오해한 유대인 (롬 2:25-29)

25절 네가 율법을 행하면 할례가 유익하나 만일 율법을 범하면 네 할례는 무할례가 되느니라
27절 그런즉 무할례자가 율법의 규례를 지키면 그 무할례를 할례와 같이 여길 것이 아니냐
28절 또한 본래 무할례자가 율법을 온전히 지키면 율법 조문과 할례를 가지고 율법을 범하는 너를 정죄하지 아니하겠느냐
29절 무릇 표면적 유대인이 유대인이 아니요 표면적 육신의 할례가 할례가 아니니라
30절 오직 이면적 유대인이 유대인이며 할례는 마음에 할지니 영에 있고 율법 조문에 있지 아니한 것이라 그 칭찬이 사람에게서가 아니요 다만 하나님에게서니라

25-29절에서 바울은 율법의 핵심인 할례로 범위를 좁혀서 하나님의 심판의 공정성을 말합니다. 유대인들은 자신들이 이방인은 받지 못한 할례를 받았다는 사실이 하나님의 심판을 면제시켜 준다고 확신했습니다. 그러나 바울은 할례를 받았다는 사실 그 자체가 하나님의 심판을 면제시킬 수 없다고 말합니다.

할례에 대한 유대인의 오해

바울은 25-26절에서 할례에 대하여 유대인들이 어떤 오해를 하고 있었는가를 말하는 가운데 할례의 참뜻을 밝힙니다. 25절은 유대

인을 대상으로 말하고, 26절은 이방인을 대상으로 말합니다.

먼저 유대인을 대상으로 말하는 25절을 살펴보겠습니다. "네가 율법을 행하면 할례가 유익하나 만일 율법을 범하면 네 할례는 무할례가 되느니라."

할례는 남성 성기를 덮고 있는 포피를 잘라내는 포경수술을 가리킵니다. 남성 성기를 포피가 덮고 있으면 많은 균이 서식하기 때문에 잘라내는 것이 위생상 좋습니다. 할례는 유대인들이 가장 중요하게 생각한 종교예식입니다. 유대인들은 자신들이 할례 받은 백성이라는 사실에 대하여 굉장한 자부심을 가지고 있었습니다. 후기 랍비문헌은 할례 받은 자는 지옥에 가지 않는다고 말합니다. 유대인들은 할례라는 의식 자체가 하나님의 분노를 막아 주는 방패역할을 한다고 믿기도 했습니다. 중간기 시대 특히 마카비왕조 시대에는 할례를 유대의 남자들이 하나님의 언약 백성임을 보여주는 필수적인 표징이자 이방남자들과 섞이는 것을 막아 주는 장치로 간주했습니다. 유대인들은 자신들이 할례라는 표징을 가지고 있기 때문에 이방인들처럼 하나님의 심판의 대상이 되지 않는다고 확신하고 있었습니다.

그러나 바울은 이와 같은 유대인들의 할례관을 무너뜨립니다. "네가 율법을 행하면 할례가 유익하나." "유익하다"라는 말은 하나님의 심판 자리에서 하나님의 심판을 통과하는데 유익하다는 뜻입니다. 할례는 물론 하나님의 심판을 받을 때 유익이 있습니다. 그런데 할례라는 의식을 받은 것만으로 할례가 하나님의 심판 자리에서 하나님의 심판을 면제받는 데 유익한 것은 아닙니다. 할례가 하나님의 심판을 면제받는 역할을 하려면 조건이 있는데, 그 조건은 율법을 행해야 한다는 것입니다. 할례를 받는 순간 율법을 행하는 의무가 부과됩니다. 그러면 어느 정도 율법을 행할 의무가 부과될까요? "율법 전부"를 행해야 하는 의무가 부과됩니다. 이 사실을 잘 말해 주는 본문이 갈라디아서 5:3입니다. "내가 할례를 받는 각 사람에게 다시 증언하노니 그는 율법 전체를 행할 의무를 가진 자라."

이 점을 설명하기 위하여 예를 하나 들겠습니다. 어느 교회에서 담임목사님을 청빙할 때 위임식을 가집니다. 위임식 때 담임목사를 맡으실 목사님이 서약을 합니다. 이 서약은 담임목사로서 주어진 많은 업무를 수행하겠다는 다짐을 하나님 앞에 밝히는 것입니다. 목사님이 위임식에서 서약을 한다는 것은 목회하는 데 뒤따르는 많은 일들 - 매주 설교를 하고, 기도회를 인도하고, 심방을 하고, 교회 행정을 담당하고, 교회 안에 있는 각종 회의를 주재하고, 주일학교를 돌보고, 노회나 총회에 관련된 많은 일을 수행하는 등 - 을 성실하게 수행할 것을 하나님 앞에서 다짐하는 것을 뜻합니다. 위임식 때 서약은 짧은 시간에 하고 끝나지만 이 짧은 서약은 엄청난 많은 일을 수행하겠다는 결의를 밝히는 것입니다. 그리고 이 많은 일 가운데 일부라도 수행을 소홀히 하면 서약을 어기는 결과가 됩니다.

할례를 받는 것은 담임목사가 위임식을 할 때 서약을 하는 것에 비유할 수 있습니다. 할례를 받을 때 하는 의식은 남성 성기를 덮고 있는 포피를 잘라내는 것입니다. 포피를 잘라내면 포피에 있는 나쁜 균들을 제거할 수 있습니다. 그런데 나쁜 균을 제거하여 신체적인 건강을 도모하는 것이 할례 예식의 목표의 전부라면 병원에 가서 수술을 받으면 되고 구태여 종교예식으로 행할 필요는 없습니다. 할례를 종교예식으로 행하는 이유는 포피를 제거하는 조치가 지니는 상징적인 의미 때문입니다. 균이 서식하는 포피를 제거하는 것은 우리의 마음과 생활을 더럽게 하는 죄를 회개하고 하나님의 명령에 순종하는 마음을 가지고 깨끗한 생활을 하겠다는 결심을 하나님 앞에서 밝히는 것을 뜻합니다. 그렇게 하려면 어떻게 해야 할까요? 율법을 행하면 됩니다. 따라서 할례를 받는 것은 율법을 행한다는 결의를 다짐하는 것을 의미합니다. 그러면 어느 정도 율법을 행해야 할까요? 모든 율법을 하나도 빠짐이 없이, 죽는 날까지 항상, 외적인 행위뿐만 아니라 마음 깊은 곳에 이르기까지 완전하게 행해야 합니다. 이것이 갈라디아서 5:3이 말하는 "그할례 받는 사람는 율법 전체를 행할 의무를 가진 자라"라는 말씀이 뜻하는 것입니다.

율법은 많은 진주를 꿰어놓은 목걸이와도 같습니다. 율법의 항목 하나하나는 목걸이에 달린 진주알과 같습니다. 목걸이에 있는 진주알 하나를 끌어당기면 목걸이에 꿰여 있는 모든 다른 진주알이 다 딸려 나오는 것처럼, 율법의 항목 하나를 행하면 율법의 모든 항목을 같이 행하게 되고, 율법의 항목 하나를 범하면 율법의 모든 항목을 다 범하는 결과가 됩니다.

구약의 할례는 신약시대에는 세례로 대체되었습니다. 우리가 교회에서 물로 세례를 받는 것은 우리의 마음과 생활에서 죄로 말미암아 오염된 것을 제거하고 다시는 죄로 우리의 마음과 생활을 더럽히지 않겠다는 결심을 밝히는 것을 뜻합니다. 다시 말하자면, 우리는 세례를 받을 때 모든 율법을 외적인 행동뿐만 아니라 마음의 차원에서까지 항상 지키겠다는 결심을 밝히는 것입니다.

따라서 유대인들이 할례가 상징하는 의미를 실행에 옮기면, 다시 말해서 율법을 완전하게 행하면, 이들이 받은 할례는 마지막 심판의 날에 하나님의 심판을 면제받는 데 도움이 될 것입니다. 할례를 받았어도 할례가 상징하는 의미인 율법을 완전히 행하지 않는다면 할례가 무할례가 되고 만다고 바울은 말합니다. "율법의 완전한 행함"의 뒷받침을 받지 못한 할례는 할례를 받지 않은 것이나 다를 바 없습니다.

25절에서 유대인을 대상으로 말한 바울은 26절에서는 이방인을 대상으로 말합니다. "그런즉 무할례자가 율법의 규례를 지키면 그 무할례를 할례와 같이 여길 것이 아니냐?" 무할례자는 할례받지 않은 자들 곧, 이방인을 가리킵니다. 할례받지 않은 이방인들이라도 율법을 지키면 어떻게 되나요? 바로 할례를 받은 것으로 간주되어 하나님의 심판을 면제받게 됩니다. "할례와 같이 여긴다"라는 것은 할례 받은 자인 유대인과 같이 여긴다는 뜻이고, 유대인과 같이 여긴다는 말은 하나님의 선택을 받은 하나님의 백성으로 여김을 받는다는 것입니다. 요지는 이방인이나 유대인이나 하나님의 심판의 표준은 공정하다는 것 곧, 율법을 지켰는가를 기준으로 하여 하나님의 심판을 받는다는 것입니다. 이 말은 할례를 받았느냐, 받지 않았느냐 하는 것은 심판의 표준이 되지 않는다는 것입니다. 우리는 이 말을 들어도 별다른 충격을 받지 않습니다. 그러나 1세기의 유대인들에게 이 말은 자신들의 종교의 뿌리를 제거하는 엄청난 도전이었습니다. 유대인들은 율법을 가지고 있다는 사실과 할례를 받았다는 사실만으로도 하나님의 심판을 면제받을 수 있을 것으로 확신했습니다. 그러나 바울은 이 신념을 무너뜨립니다.

　그런데 여기서 우리는 매우 중요한 질문을 한 가지 하지 않을 수 없습니다. 하나님의 심판을 통과하려면 율법을 완전하게 지켜야 하는데, 과연 이렇게 율법을 완전히 지킬 수 있는 사람이 있느냐 하는 것입니다. 율법을 완전히 지킬 수 있는 사람은 유대인 중에도 없고, 이방인 중에도 없습니다. 이 기준에서 보면 유대인도, 이방인도 하나님 앞에서 모두 죄인이요, 하나님의 심판을 통과할 수 없습니다. 만일 인간이 인간 스스로의 힘으로 진정한 의미의 할례 곧, "모든 율법을, 항상, 외적인 행동뿐만 아니라 마음 깊은 곳에서까지 행해야 한다면" 인간에게는 희망이 없습니다. 따라서 하나님의 심판을 통과할 수 있는 가능성을 인간에게서는 찾을 수 없습니다. 인간에게서 찾지 않는다면 누구에게서 찾아야 할까요? 인간의 힘으로 행할 수 없는 진정한 의미의 할례는 누가 행할 수 있을까요? 바울은 암암리에 우리에게 이런 질문을 마음속으로 하도록 환경을 조성하면서 우리의 눈을 하나님께로 향하도록 유도하고 있는 것입니다.

할례자를 심판하는 무할례자

27절에서 바울은 25-26절에서 말한 내용을 한 단계 더 발전시키면서 새로운 큰 주제 하나를 꺼내 놓습니다. "또한 본래 무할례자가 율법을 온전히 지키면 율법 조문과 할례를 가지고 율법을 범하는 너를 정죄하지 않겠느냐." "본래"는 "본성의 면에서"라는 뜻입니다. 본성은 혈통을 의미합니다. 무할례자는 이방인을 뜻합니다. 혈통적으로 이방인인 사람들이 "율법을 온전히 지킨다면" 어떤 일이 일어나나요? "율법 조문과 할례를 가지고 율법을 범하는 너"에서 "가지고"라는 접속사는 헬라어로 디아διά인데, 우리 말 번역처럼 "가지고"로 번역하는 것이 표준적인 번역입니다. 이 번역을 그대로 따르면 이런 뜻이 됩니다. "율법 조문과 할례를 가지고 범죄한 유대인." 그러나 학자들은 디아를 "에도 불구하고"로 번역하는 것이 문맥에 더 잘 들어맞는다고 주장하기도 합니다. 이 견해를 따르면 본문은 "율법 조문들과 할례라는 특권을 가지고 있음에도 불구하고 율법을 범한 너"로 번역됩니다. 어떻게 해석되든, 할례받지 않은 이방인들은 율법을 온전하게 지키고, 할례 받은 유대인들은 율법을 범하는 상태가 되면 어떤 결과가 발생하나요? 할례 받은 유대인들이 하나님의 심판 자리에서 하나님의 특별한 보호를 받아 심판을 면제받기는커녕 할례받지 않은 이방인들이 할례 받은 유대인들을 정죄하는 초유의 사태가 발생합니다. 이 말은 할례받지 않은 이방인들이 심판하시는 하나님 옆에 앉아 할례 받은 유대인들을 심판한다는 뜻은 아닙니다.

이 말은 할례를 받지 않았으면서도 율법을 온전히 준수한 이방인들의 모습이 할례를 받았으면서도 율법을 준수하지 못한 유대인들의 모습과 비교되면, 유대인들이 훨씬 더 큰 수모를 겪게 될 뿐만 아니라 하나님의 심판을 받아 마땅하다는 사실이 더 분명해진다는 것입니다.

율법을 행한 무할례자와 율법을 범한 할례자

그러면 유대인들은 도대체 할례를 어떻게 이해하고 행했기에 할례를 행하고도 율법을 범한 자가 되고 이방인은 도대체 어떻게 행했기에 할례를 받지 않고도 율법을 온전히 행한 자가 되었을까요? 여기서 말하는 이방인은 예수님을 믿는 이방인 신자들을 뜻합니다. 그 답변이 28-29절에 있습니다. 28절은 유대인이 할례를 어떻게 잘못 이해하고 행했는가를 말합니다. "무릇 표면적 유대인이 유대인이 아니요 표면적 육신의 할례가 할례가 아니니라." "표면적"이라는 말은 "외형적인 조건에 있어서"라는 뜻입니다. 외형적인 조건은 혈통상으로 아브라함의 후손이라든지, 율법을 받았다든지, 할례라는 예식에 참여했다든지 하는 것과 같은 외적으로 보이는 조건들을 뜻합니다. 유대인들은 이와 같은 외적인 조건들을 갖춘 것을 근거로 하여 자신들이 하나님의 선택을 받은 백성이라고 생각했습니다.

유대인이라는 말은 이스라엘의 열두 지파 중에서 유다 지파의 이름을 딴 것인데, 야곱이 임종하기 전에 열두 지파의 미래를 예고

할 때 유다 지파를 하나님의 백성의 계통을 이을 가장 중요한 핵심 지파로 지목하여 예언하고 축복했습니다. 야곱은 유다가 "형제의 찬송이 될 것이라고" 예언했는데창 49:8, 유다의 히브리어 명칭이 "예후다"이고, "찬송"에 해당하는 단어도 신기하게 "유다"라고 발음됩니다. 따라서 유다라는 말을 들으면 열두 지파 가운데 가장 중요한 핵심지파인 유다 지파도 생각나지만 형제들의 "찬송"을 받을 자라는 뜻도 생각나게 되어 있습니다. 야곱은 다른 열한 아들이 유다 지파에게 절을 하게 될 것이라고 예언했고, 유다 지파를 동물의 왕인 사자로 비유했고, 규왕이 지닌 홀와 통치자의 지팡이가 유다 지파에게 있을 것을 예언했고, 모든 백성이 유다 앞에서 절할 것을 예언했고, 나귀를 탈 것을 예언했습니다. 이스라엘 열두 지파 중에서 이처럼 놀라운 예언을 받은 지파는 없습니다. 이 예언에 따라서 유다지파로부터 하나님 나라의 왕인 예수님이 탄생하셨습니다. 따라서 유대인이라는 명칭에는 하나님의 특별한 선택을 받은 백성이라는 뜻이 담겨 있습니다. 그런데 이 명칭에 담겨 있는 이와 같은 어마어마한 구속사적인 배경도 유대인들을 하나님 앞에서 진정한 의미의 하나님의 백성으로 만들어 주는 데 도움이 되지 않았습니다. 표면적 유대인이 진정한 유대인이 아니었던 것입니다. 같은 맥락에서 외형적으로 포피를 제거하는 수술을 받았다는 것이 진정한 의미의 할례자로 만드는데 아무런 도움이 되지 못했습니다. 표면적 육신의 할례가 할례가 아니었던 것입니다.

그러면 진정한 유대인, 곧 선택된 하나님의 백성이자 진정한 할례는 무엇일까요? 29절이 답변합니다. "오직 이면적 유대인이 유대인이며 할례는 마음에 할지니." "이면적 유대인"은 "보이지 않는 은밀한 것 안에 있는 자"라는 뜻입니다. 보이지 않는 은밀한 것은 무엇입니까? 인간의 마음입니다. 유대인이라는 혈통에 속해 있다는 것에 근거하여 진정한 유대인 곧 하나님의 선택된 백성이 되는 것이 아니라 마음에서 특별한 변화가 나타나야만 비로소 진정한 유대인, 곧 하나님의 선택된 백성이 될 수 있습니다. 좀 더 구체적으로 말해서 마음의 할례를 받아야 비로소 참된 유대인, 참된 할례자가 될 수 있습니다. 참된 유대인이 되는 조건은 마음의 할례를 받는 것입니다. 마음의 할례는 마음속에 자리 잡고 있는 죄의 세력과 죄의 오염을 제거하고 나아가서 생활을 죄의 오염으로부터 해방시켜 깨끗한 생활로 변화시키는 것을 뜻합니다. 하나님이 원하시는 할례가 표면적인 육신의 할례 곧, 더러운 포피를 제거하는 것만을 의미하는 것이 아니라 마음의 더러움을 제거하는 마음의 할례를 원하신다는 사실은 이미 모세의 율법에 계시되었습니다. 신명기 10:16은 이렇게 말합니다. "그러므로 너희는 마음에 할례를 행하고 다시는 목을 곧게 하지 말라." 예레미야 4:4은 이렇게 말합니다. "유다인과 예루살렘 주민들아 너희는 스스로 할례를 행하여 너희 마음 가죽을 베고 나 여호와께 속하라 그리하지 아니하면 너희 악행으로 말미암아 나의 분노가 불같이 일어나 사르리니 그것을 끌 자가 없으리라." 예레미야는 이 본문에서 할례를 "마음의 가죽을 베는 것"으로 설명합니다. 예레미야는 이스라엘이 "마음에 할례를 받지 못했다"라고 예레미야

9:26에서 말합니다.

성령을 통해 주어지는 마음의 할례

그러면 마음의 할례는 어떻게 가능한가요? 계속되는 29절 중반
절은 이렇게 말합니다. "영에 있고 조문에 있지 아니한 것이라." 이
구절에서는 영과 조문이 비교되고 있습니다. 영은 성령을 뜻합니다.
조문은 그람마라는 헬라어인데, 이 단어는 비석에 새겨져 있거나 책
에 기록된 글을 가리킵니다. 십계명은 하나님이 돌비석에 새겨 주셨
습니다. 다른 율법들은 하나님이 말씀하시고 모세가 받아 적은 형태
로 기록되었습니다. 따라서 이 문맥에서 그람마 곧 조문은 모세의
율법을 뜻합니다. 모세의 율법과 영이 대립되어 나타날 때는 영은
항상 성령을 가리킵니다. 마음의 할례는 율법의 힘으로 이루어지는
것이 아니라 하나님이신 성령께서 역사하셔야만 비로소 가능합니
다. 그렇습니다. 진정한 할례는 사람의 힘으로 이룰 수 없습니다. 진
정한 할례는 성령을 통해서라야 가능합니다.

구약성경에 이미 마음의 할례는 인간이 하는 것이 아니라 하나
님이 하시는 일임이 예언되어 있습니다. 신명기 30:6에 보면 "네 하
나님 여호와께서 네 마음과 네 자손의 마음에 할례를 베푸사"라고
말합니다. 이 본문에는 마음의 할례를 베푸시는 분이 하나님으로 되
어 있습니다. 또한 에스겔 11:19-20은 이렇게 말합니다. "내가 그들
에게 한 마음을 주고 그 속에 새 영을 주며 그 몸에서 돌 같은 마음을

제거하고 살처럼 부드러운 마음을 주어 내 율례를 따르며 내 규례를 지켜 행하게 하리니 그들은 내 백성이 되고 나는 그들의 하나님이 되리라." "돌 같은 마음을 제거한다"라는 것은 완고하게 죄에 집착하는 마음을 회개하도록 하겠다는 뜻이고, "부드러운 마음을 준다"라는 것은 하나님의 말씀에 순종하는 태도를 의미하며, "내 규례를 지켜 행한다"라는 것은 생활 속에서 율법을 실천하는 태도를 뜻합니다. 이 모든 일을 하나님이 하시겠다는 것입니다. 같은 내용이 에스겔 36:26-27에도 있습니다. "또 새 영을 너희 속에 두고 새 마음을 너희에게 주되 너희 육신에서 굳은 마음을 제거하고 부드러운 마음을 줄 것이며 또 내 영을 너희 속에 두어 너희로 내 율례를 행하게 하리니 너희가 내 규례를 지켜 행할지라." 에스겔의 본문은 두 가지를 말합니다. 첫째로, 하나님은 "새 영" 곧, 성령을 주어서 굳은 마음을 제거하고, 부드러운 마음을 주는 일을 주도하실 것입니다. 이것은 성령으로 베푸는 세례를 뜻합니다. 둘째로, 하나님은 "새 영" 곧, 성령을 인간들 안에 두어서 율법을 행하는 삶을 살도록 하시겠다고 말합니다. 성령을 우리 안에 둔다는 말은 성령의 내주를 뜻합니다. 성령으로 세례를 받는 순간부터 성령께서 우리 안에 내주하시기 시작합니다. 그리고 계속하여 충만하게 역사하셔서 우리가 율법을 행하는 삶을 살도록 도와주십니다. 이것이 바로 진정한 할례이고, 신약시대의 용어로 하면 성령세례입니다. 진정한 할례, 진정한 세례인 성령세례는 인간이 하는 것이 아니라 하나님이 하시는 것입니다.

이렇게 진정한 할례, 진정한 세례를 받으면 하나님의 심판의 날에 어떤 결과가 나타나나요? "그 칭찬이 사람에게서가 아니요 다만 하나님에게서니라." 이 문맥에서 "그 칭찬"은 하나님의 심판의 날에 우리를 심판하신 다음 우리에게 찾아오는 결과를 말합니다. 우리가 예수 그리스도를 구주로 영접하면 성령께서 우리 마음속에 들어오셔서 우리의 속사람 속에 있는 죄의 세력을 제거하고 우리를 깨끗하게 하고 우리를 거듭나게 하십니다. 이것을 성령세례라고 말합니다. 이것이 진정한 할례이며, 진정한 세례입니다. 그리고 동시에 그리스도께서 우리 안에 들어오시고 우리는 그리스도 안에 들어가 그리스도와 연합합니다. 그러면 그리스도의 정결함, 거룩함, 의로움이 우리에게 전가되고, 우리에게 옷 입혀지고, 하나님은 바로 그리스도의 완전한 정결함, 완전한 거룩함, 완전한 의로움을 우리 자신의 정결함, 거룩함, 의로움으로 여겨주십니다. 우리가 마지막 하나님의 심판의 날에 그리스도께서 율법을 완전하게 지키신 공로를 우리의 것으로 내세우면, 하나님은 그것을 보시고 우리를 율법을 완전하게 지킨 자로 여겨주십니다. 이것이 바로 하나님이 주시는 칭찬입니다. 이 칭찬을 받으면 어떤 결과가 찾아올까요? 우리는 바로 영생에 들어갑니다.

IV

죄와 율법의 기능

롬 3:1-20

18 유대인의 나음: 하나님의 말씀을 맡음 (롬 3:1-8)

1절 그런즉 유대인의 나음이 무엇이며 할례의 유익이 무엇이냐
2절 범사에 많으니 우선은 그들이 하나님의 말씀을 맡았음이니라
3절 어떤 자들이 믿지 아니하였으면 어찌하리요 그 믿지 아니함이 하나님의
    미쁘심을 폐하겠느냐
4절 그럴 수 없느니라 사람은 다 거짓되되 오직 하나님은 참되시다 할지어다
    기록된 바 주께서 주의 말씀에 의롭다 함을 얻으시고 판단 받으실 때에
    이기려 하심이라 함과 같으니라
5절 그러나 우리 불의가 하나님의 의를 드러나게 하면 무슨 말 하리요 [내가
    사람의 말하는 대로 말하노니] 진노를 내리시는 하나님이 불의하시냐
6절 결코 그렇지 아니하니라 만일 그러하면 하나님께서 어찌 세상을 심판하
    시리요
7절 그러나 나의 거짓말로 하나님의 참되심이 더 풍성하여 그의 영광이 되었
    다면 어찌 내가 죄인처럼 심판을 받으리요
8절 또는 그러면 선을 이루기 위하여 악을 행하자 하지 않겠느냐 어떤 이들
    이 이렇게 비방하여 우리가 이런 말을 한다고 하니 그들은 정죄 받는 것
    이 마땅하니라

바울은 1:18-2:29까지 이방인이나 유대인이나 모두 차별이 없
이 하나님 앞에 설 때 죄인이며, 하나님의 심판도 공정하게 시행될
것임을 분명하게 보여주었습니다. 유대인이 하나님의 말씀을 맡았
다는 사실이나 할례를 받았다는 것 때문에 똑같은 죄를 범하고도 하
나님으로부터 심판을 면제받는 일은 있을 수 없다고 바울은 말합니
다. 하나님은 이방인의 경우에는 하나님이 이들의 마음속에 심어 주
신 도덕법을 준수하는 삶을 살았는가를 기준으로 하여 심판하실 것
이며, 유대인의 경우에는 마음의 도덕법뿐만 아니라 구약성경에 있

는 도덕법까지도 준수하는 삶을 살았는가를 기준으로 하여 심판하실 것입니다. 이방인이든 유대인이든, 하나님이 주신 도덕법을 지켰는가를 기준으로 하여 판단하신다는 점에 있어서 하나님의 심판은 공정합니다. 다만 유대인들에 대한 심판이 더 엄격하다고 할 수는 있습니다. 왜냐하면 이방인들은 마음의 도덕법 하나에만 근거하여 하나님의 심판을 받지만, 유대인들은 마음의 도덕법에다가 구약성경의 도덕법이라는 더 명확하고 엄격한 또 하나의 도덕법에도 근거하여 하나님의 심판을 받기 때문입니다. 더 좋은 것을 받았으면 책임도 더 많이 져야 하는 것이 공정한 것입니다.

바울이 말하는 하나님의 공정한 심판에 관한 가르침을 듣고 자존심이 크게 상한 유대인들은 바울에게 논쟁을 걸어왔습니다. 유대인들이 제기한 문제는 이것입니다. "당신이 주장하는 것처럼, 하나님의 심판을 받을 때 유대인과 이방인 사이에 아무런 차별이 없다면, 유대인이 되었다는 사실에는 어떤 특별한 점이나 좋은 점이 없다는 뜻이 아니요? 유대인들은 하나님의 특별한 선택을 받은 하나님의 백성인데, 하나님의 특별한 선택을 받았다는 것이 아무짝에도 쓸모없는 일이라는 거요? 하나님이 다른 어떤 이방민족에게도 주지 않으신 구약성경이라는 엄청난 보물을 유대인에게만 주신 것이 사실인데, 이것도 아무런 의미가 없다는 거요? 유대인만이 할례라는 의식을 행했는데, 이것도 아무런 의미가 없다는 거요? 그게 말이 되는 얘기요?" 3:1-8까지는 이 질문에 대한 바울의 답변입니다.

바울은 이런 질문이 들어올 것을 예상하고 1절에서 이렇게 묻습니다. "그런즉 유대인의 나음이 무엇이며 할례의 유익이 무엇이냐?" 이 질문을 풀어서 말하면 이런 뜻입니다. "유대인이 하나님으로부터 특별히 선물로 받은 율법과 할례가 유대인에 대한 하나님의 심판을 면제해주는 역할을 하지 못한다면, 유대인이 되었다는 것, 그리고 할례를 받았다는 것은 도대체 유대인에게 어떤 유익을 주는 것인가?" 바울은 이 질문에 대하여 2절에서 이렇게 답변합니다. "범사에 많으니 우선은 그들이 하나님의 말씀을 맡았음이니라." 바울은 단호하게 하나님의 특별한 선택을 받은 유대인에게는 이방인에게 없는 특권들이 있다고 말합니다. 그것도 그저 한두 가지 있는 정도가 아니라 "범사에 많다"라는 점을 분명히 합니다. 바울이 2장에서 유대인이나 이방인이 차별이 없음을 강조한 것은 하나님의 심판을 받을 때나 구원을 받을 때 유대인에게 특권이 없다는 말을 한 것이지, 일반적으로 유대인에게 특권이 없다는 말을 한 것이 아닙니다. "범사에"라는 말은 "모든 방면에서"라는 뜻입니다. 하나님은 모든 면에서 이방인에게는 없는 많은 특권을 유대인들에게 선물로 주셨습니다.

유대인들에게 주어진 그 많은 특권 가운데 가장 크고 중요한 것은 "하나님의 말씀을 맡은 것"입니다. 바울은 이 본문에서는 이 특권 하나만을 말하고 다른 것들은 유대인들이 받은 특별한 축복의 문제를 본격적으로 다루는 9장부터 11장까지로 넘깁니다. 특히 9:4-5에 유대인들에게 주어진 추가적인 특권들이 소개됩니다: "양자 됨, 영광, 언약들, 율법을 세우신 것, 예배, 약속들, 조상, 육신으로 그리스도의 나심."

하나님의 말씀 안에 담긴 두 가지 비밀

2절에 말씀이라고 번역된 헬라어는 로기아λόγια인데, 신탁神託, oracles을 뜻합니다. 신탁은 "하나님이 특별히 위탁해 주신 신비로운 비밀"이라는 뜻입니다. 로기아는 모세와 선지자들을 통하여 주어진 하나님의 말씀 곧, 구약성경 전체를 뜻합니다. 구약성경 안에 어떤 비밀이 숨어 있습니까? 아주 풍부하고 다양한 비밀들이 숨어 있는데, 그 비밀들 가운데 가장 중요한 것은 두 가지입니다.

첫째로, 로기아, 곧 구약성경 안에는 인간의 참된 모습을 드러내 주는 장치들이 장착되어 있습니다. 구약성경에 등장한 많은 신앙 인물의 생애에 관한 기록을 잘 살펴보면 인간이 어떤 존재인가를 알 수 있습니다. 그런데 이 기록보다 더 중요한 것이 바로 모세의 율법입니다. 모세의 율법을 읽고 이 율법에 인간 자신의 마음과 행동을 비추어 보면 인간이 하나님의 말씀대로 살지 못한 죄인이라는 사실이 분명하게 드러나 인간 자신의 참된 모습을 적나라하게 볼 수 있습니다. 보통 때는 보이지 않던 인간의 참된 모습을 드러내 주는 신비스러운 거울이 바로 모세의 율법입니다.

둘째로, 로기아, 곧 구약성경은 인간이 죄인이라는 진리를 알려 주는 비밀장치를 가지고 있을 뿐만 아니라 죄인이 죄를 용서받고 영생을 얻는 길이 무엇인가를 알려 주는 장치도 갖추고 있습니다. 이 장치를 언약이라고 합니다. 언약이라는 장치를 통하여 장차 오실 구주 예수 그리스도가 우리 죄를 대신 지고 죽으셨다가 부활하실 것이며, 이 구주를 믿으면 죄 사함을 받고 구원을 얻는다는 소식을 담은 언약의 장치들이 구약성경 창세기부터 말라기까지 곳곳에 보물처럼 숨어 있습니다. 가장 대표적이고 중요한 장치가 동물 제사 제도입니다. 이스라엘 백성들이 죄를 범하면 양이나 염소나 소와 같은 동물들을 죽여서 흘린 피를 가지고 지성소에 들어갔고 그때 비로소 죄를 용서받을 수 있었습니다. 죽임을 당한 동물은 장차 십자가 위에서 대속의 죽음을 죽으실 예수 그리스도를 예표 합니다.

이처럼 놀라운 구원의 비밀장치들을 담은 로기아, 곧 구약성경을 하나님으로부터 위탁받았다는 것은 엄청난 특권입니다. 수천 년간 이 세상의 모든 이방인이 구원받지 못하는 상황에서 유대인들이, 비록 전부는 아니지만, 구원을 받을 수 있었다는 것은 얼마나 큰 특권입니까?

우리는 이 원리를 바로 우리 자신에게 적용해 볼 수 있습니다. 바울 당시에 세계가 유대인과 이방인으로 구성되어 있었다면, 오늘은 세계가 기독교인과 비기독교인으로 구성되어 있습니다. 유대인과 이방인이 모두 하나님 앞에 죄인이며, 공정하게 심판을 받았던 것처럼, 기독교인과 비기독교인이 모두 하나님 앞에서 죄인이며 공정하게 하나님의 심판을 받습니다. 이 심판에서 구원을 받는 길은 예수 그리스도를 구주로 영접했는가의 여부입니다. 예수님이 오시기 전에는 장차 오실 예수님을 바라보면서 구원받는 것이고, 예수님이 오신 이후에는 이미 오신 예수님을 회고하면서 구원받는 것인데, 예수님의 대속의 죽음이라는 공로를 통하여 구원받는다는 점에 있어서는 동일합니다. 유대인들에게 구약성경이라는 로기아가 하나님으로부터 위탁된 것이 엄청난 축복이라면, 신약시대의 기독교인들에게는 더 크고 완벽한 로기아가 위탁되어 있습니다. 신약시대의 기독교인들은 구약성경이라는 로기아를 위탁받았을 뿐만 아니라 구약성경에 있는 많은 비밀장치를 풀어 줄 열쇠를 담고 있고, 구약성경에 있는 수많은 약속을 실현해 주는 사건들을 담고 있는 신약성경이 추가로 위탁되었습니다.

말씀에 불충한 유대인

다시 본문으로 돌아가 봅시다. 하나님으로부터 구원의 비밀장치인 로기아, 곧 구약성경을 위탁받았다면 유대인들은 어떻게 반응해야 했을까요? 유대인들은 로기아에 나타난 비밀장치들을 잘 연구하고 이해한 다음, 율법의 말씀을 잘 지키기 위하여 힘쓰고, 율법의 말씀을 잘 지키지 못했을 때는 하나님 앞에서 회개하고, 구약성경에 예고된 장차 오실 메시아를 기다렸다가 예수 그리스도가 오셨을 때 믿음으로 영접하고, 이 메시아를 이방인들에게 증언하고 전하는 일들을 신실하게 행했어야 했습니다. 하나님의 말씀을 위탁받은 청지기로서 신실하게 충성을 다했어야 했습니다.

그런데 유대인들은 자신들에게 하나님의 말씀이 위탁되었다는 사실만 자랑하면서 특권의식에 사로잡히기만 했을 뿐, 율법의 말씀을 잘 지키는 일에 성실하게 임하지 않았고, 율법을 범한 죄를 회개하지도 않았고, 회개하고 하나님께 돌아오라는 경고의 메시지를 전한 선지자들을 핍박하고 죽였으며, 마침내 메시아이신 예수 그리스도께서 오셨을 때 예수 그리스도를 십자가에 못 박아 죽이는 반역과 불충을 범했습니다.

유대인들이 얼마나 큰 불충을 범했는가를 잘 보여주는 비유가 마가복음 12:1-12에 기록되어 있는 포도원농부 비유입니다. 어떤 사람이 포도원을 만들어 산울타리로 두르고 즙 짜는 틀을 만들고 망대를 지어서 농부들에게 세로 주고 타국에 갔습니다. 여기서 말하는 어떤 사람은 하나님을 뜻하고 농부들은 유대인을 뜻합니다. 때가 되어 어떤 사람 곧 포도원 주인이 농부들에게 포도원 소출 얼마를 받으려고 한 종을 보냈습니다. 그러자 농부들이 종을 잡아 심히 때리고 거저 보냈습니다. 포도원 주인이 다른 종을 보냈는데, 이번에는 그의 머리에 상처를 내고 능욕하여 돌려보냈습니다. 포도원 주인은 다른 종을 보냈는데 이번에는 그를 죽이고 그 외 많은 종도 더러는 때리고 더러는 죽였습니다. 포도원 주인이 보낸 종들은 하나님이 보낸 선지자들을 뜻합니다. 마지막으로 포도원 주인은 아들을 보내면서 아들만은 존대해 줄 것을 기대했습니다. 그러나 농부들은 아들을 죽여 없애면 포도원 주인의 유산을 탈취할 수 있을 것으로 기대하고 아들을 잡아 죽여 포도원 밖에 내던져 버렸습니다. 포도원 주인의 아들은 하나님의 아들 예수 그리스도를 뜻합니다. 예수님은 이 경우에 포도원 주인이 어떻게 할 것 같으냐는 질문을 던진 다음 바로 포도원 주인이 직접 와서 농부들을 진멸하고 포도원을 다른 사람들에게 줄 것이라고 답변하셨습니다. 유대인들은 이 농부들처럼 하나님이 보낸 모든 선지자를 괴롭히고 때리고 심지어 죽이기까지 했고, 하나님이 마지막으로 보낸 아들까지도 십자가에 못 박아 죽여 버리는 불충을 범했습니다.

바울은 이와 같은 유대인의 불충을 생각하면서 3절에서 이렇게 말합니다. "어떤 자들이 믿지 아니하였으면 어찌 하리요 그 믿지 아니함이 하나님의 미쁘심을 폐하겠느냐." 바울은 이처럼 유대인들이 구약성경에 나타난 하나님의 말씀에 불충한 태도를 보인 것을 "어떤 사람이 믿지 않았다"라고 표현합니다. "어떤 사람"은 많은 사람 가운데 일부를 가리키는 표현입니다. 그런데 이 표현은 바울이 아주 예의를 갖추어서 상대방이 너무 기분 나쁘지 않게 에둘러 표현한 것입니다. 실제로는 유대인들 가운데 일부가 불충한 것이 아니라 거의 대부분이 불충의 죄를 범했습니다. 정확하게 표현하려면 "거의 모든 유대인이 믿지 않았으니 어찌하리요"라고 말해야 합니다. 그러나 바울은 로마서를 읽는 교인들 가운데 유대인 출신 교인들이 있다는 점을 고려하여 완곡하게 일부라고 표현한 것입니다.

"남은 자": 유대인의 불충이 하나님의 미쁘심을 폐하지 못함

구약성경 말씀에 불충한 유대인들은 결국 구원의 축복에서 밀려나고 멸망에 이르고 말았습니다. 그렇다면 이처럼 유대인들의 불충 때문에 유대인들을 영원히 하나님의 백성으로 삼겠다는 하나님의 약속이 무효가 되어 버렸을까요? 그렇지 않습니다. 바울은 이렇게 묻습니다. "그 믿지 아니함이 하나님의 미쁘심을 폐하겠느냐?" "미쁘심"이라는 말은 "자기가 한 말이나 약속을 철저하게 지킨다"라는 뜻입니다. 유대인들 가운데 다수가 선지자들을 죽이고 하나님의 아들을 죽이는 불충을 범했다고 해서 하나님의 미쁘심이 무효가 되어 버린 것이 결코 아닙니다. 유대인들 가운데 하나님의 약속을 끝까지 믿고 예수 그리스도를 구주로 영접한 "남은 자들"이 있었습니다. 하나님은 이들을 통하여 유대인들을 영원한 하나님의 백성으로 만들겠다는 약속을 100% 신실하게 지키셨던 것입니다. 유대인 대부분이 예수 그리스도를 받아들이지 않았지만 예수 그리스도를 받아들인 최초의 신자들이 모두 유대인들이었습니다. 열두 사도가 모두 유대인이었고, 오순절 다락방에서 성령을 받은 120명의 제자가 모두 유대인이었습니다. 예수님이 팔레스타인 지방에서 말씀을 전하실 때 많은 유대인이 예수님을 구주로 영접했습니다. 이들이 신약시대 최초의 교회, 신자 수가 거의 100만 명에 가까울 정도의 초대형교회인 예루살렘교회를 형성했습니다. 바울이 전도할 때마다 어느 곳을 가든지 항상 회당을 먼저 방문해서 복음을 전하여 유대인 개종자들을 얻었고, 이들이 중심이 되어 교회가 형성되고 점차 이방인들에게로 확장되어 갔던 것입니다. 신약시대의 교회가 유대인들이 철저하게 배제되고 이방인들로만 이루어진 것이 아닙니다. 유대인들이 주축이 되어 시작된 것이 신약시대의 초대 교회입니다.

여기서 우리가 얻게 되는 중요한 교훈이 무엇입니까? 인간이 비록 불충해도 하나님은 신실함을 잃지 않으신다는 사실입니다. 만일 하나님의 신실하심이 인간의 신실함 여부에 달려 있다면 하나님의 신실하심은 중단되고 말 것입니다. 그러나 다행하게도 인간이 아무리 불충하고 신실하지 못해도, 하나님은 신실하심을 중단하지 않으십니다. 여기에 우리의 소망이 있습니다. 우리가 비록 불충해도 하나님은 우리를 향한 신실하심을 거두지 않으십니다.

죄에 대한 심판을 통해 신실하심을 지키시는 하나님

3절에서 유대인들이 아무리 불충해도 유대인을 영원한 하나님의 백성이 되게 하시겠다는 구원의 약속을 철저하게 지키시는 하나님의 신실하심이 무너지지 않는다는 구원의 진리를 말한 바울은 4절에서는 정반대의 영역에서 하나님의 신실하심을 논증합니다. 하나님은 죄에 대하여 반드시 심판하신다는 약속을 철저하게 지키신다는 점에서도 영원한 신실하심을 유지하신다는 것입니다. 4절 상반절입니다. "그럴 수 없느니라 사람은 다 거짓되되 오직 하나님은 참되시다 할지어다." "사람은 다 거짓되되"라는 어구에서 "거짓되되"

라는 말은 "거짓말쟁이"라는 뜻입니다. 사람은 모두 거짓말쟁이입니다. "하나님은 참되시다"라는 어구에서 "참되시다"라는 표현은 "자기가 한 말을 지킨다"라는 뜻인데, 이 말은 특히 죄에 대하여 반드시 심판하시는 하나님의 태도를 염두에 두고 한 말입니다. 하나님은 죄를 그냥 방치하지 않으시고 반드시 심판하시겠다는 자신의 약속을 영원히 그리고 철저하게 지키시는 분입니다. 인간이 죄를 범했을 때 하나님은 죄를 그냥 넘어가지 않으시고 반드시 벌하심으로써 자신의 참되심, 자신의 신실하심을 유지하십니다. 그러므로 "사람은 다 거짓되되 오직 하나님은 참되시다"라는 말은 "사람은 다 거짓말쟁이곧, 죄인이고 하나님은 이런 거짓말쟁이에 대하여 반드시 심판을 내리신다"라는 뜻입니다.

바울은 이 원리를 설명하기 위한 예로서 구약성경 시편 51:4 하반절을 인용합니다. "기록된 바 주께서 주의 말씀에 의롭다 함을 얻으시고 판단 받으실 때에 이기려 하심이라." 시편 51편은 다윗이 자신의 충직한 신하 우리아의 아내인 밧세바를 빼앗기 위하여 우리아를 전쟁터 최전선에 내보내도록 비밀리에 지시하여 전쟁터에서 적군의 손에 죽게 만들고 홀로 된 밧세바를 아내로 맞아들인 죄를 범하고 난 이후에 나단 선지자를 통하여 자신의 죄가 지적당했을 때 회개하는 내용을 담은 시입니다. 나단을 통하여 자신의 죄를 지적받고 하나님의 심판을 받은 후에 다윗은 자신이 지은 죄가 하나님의 의로움을 무너뜨린 것이 아니라 오히려 하나님의 말씀이 의로움을 얻으셨고, 심판하실 때 심판이 정당함을 드러내셨다고 말합니다. 인간의 죄가 하나님의 의로움과 심판의 정당함에 손상을 가한 것이 아니라 오히려 하나님의 의로움을 확립하고 심판이 정당하다는 것을 만천하에 선포했다는 것이 다윗이 말하고자 하는 것입니다. 만일 하나님이 죄를 보시고도 벌을 주시지 않고 그냥 넘어가신다면, 하나님의 의로움과 신실함이 무너집니다. 그러나 죄를 보시고 반드시 벌을 주시면 하나님의 의로움과 신실함이 세워집니다. 그것은 마치 판사가 재판할 때 피고의 죄가 분명한데도 벌을 주지 않으면 사법적 정의가 무너지고, 피고의 죄가 분명할 때는 반드시 벌을 주어야 사법적 정의가 세워지는 것과도 같습니다.

하나님을 불의한 자로 만들지 못하는 인간의 불의

만일 죄를 범한 사람이 없었다면 하나님이 죄에 대하여 벌하시는 분인지 아닌지 확인할 길이 없지 않겠습니까? 그런데 죄를 범한 사람에게 하나님이 죄를 심판하시고 벌을 주시니까 "아, 하나님은 의로우신 분이고, 하나님은 정당하게 심판하시는 분이고, 하나님은 자기 말한 것은 반드시 지키시는 분이라"는 사실이 더 명확해지는 것입니다. 바울이 이렇게 말하니까 바울을 괴롭히는 적들이 바울이 한 말을 트집 잡고 궤변을 늘어놓기 시작합니다. 5절입니다. "그러나 우리 불의가 하나님의 의를 드러나게 하면 무슨 말 하리요 [내가 사람의 말하는 대로 말하노니] 진노를 내리시는 하나님이 불의하시냐." "우리의 불의가 하나님의 의를 드러나게 한다"라는 말은 인간이 불의 곧 죄를 범할 때 하나님이 불의 곧 죄를 심판하심으로써, 하나님의 의로움이 만천하에 드러났다는 것입니다. [내가 사람의 말하는 대로 말하노니라는 어구에서 "사람"은 바울의 대적을 가리킵니다. 이 말은 "나를 공격하는 대적들이 말하기를"이라는 뜻입니다. 바울의 대적은 다음과 같은 매우 잘못된 결론을 끄집어냅니다. "인간의 죄가 하나님의 의로움을 드러나게 하는 좋은 일을 하지 않았소? 그렇다면 죄를 범한 인간이 칭찬받아야 하는 것 아니요? 그런데 하나님이 좋은 결과를 가져온 인간에게 진노를 내린다면, 그것은 불의하지 않소?" 바로 이 논리가 가룟 유다에게도 적용될 수 있습니다. "가룟 유다가 예수님을 팔아넘기는 죄를 범하지 않았소? 가룟 유다가 예수님을 팔아넘겼고, 결국 그게 계기가 되어서 예수님이 십자가 위에서 대속의 죽음을 죽음으로써 모든 인류를 구원하는 길이 열리지 않았소? 그러면 가룟 유다는 인류에게 구원의 길을 열어 준 공로자가 아니오? 가룟 유다가 상을 받아야지 왜 비난을 받아야 하오?" 이런 공격에 대하여 바울은 대답할 가치조차 없다고 단칼에 거부해 버립니다. 6절입니다. "결코 그렇지 아니하니라 만일 그러하면 하나님께서 어찌 세상을 심판하시리요." 바울의 대적들이 주장하는 것처럼 하나님이 불의한 분이라면 하나님이 세상을 심판하실 수가 없다는 것입니다.

정당화될 수 없는 악

바울의 대적들의 공격은 여기서 멈추지 않습니다. 바울의 대적들은 더 깊은 트집을 잡습니다. 그들은 7절에서 만일 자기가 죄를 범한 것이 죄를 범하지 않았을 때보다 하나님의 참되심을 더 풍성하게 드러내어서 하나님의 영광을 만천하에 드러냈다면, 왜 자기가 칭찬을 받아야지 죄인 취급을 받아야 하느냐고 묻습니다. "그러나 나의 거짓말로 하나님의 참되심이 더 풍성하여 그의 영광이 되었다면 어찌 내가 죄인처럼 심판을 받으리요." 이 말도 바울의 생각을 말한 것이 아니라 바울의 대적들의 말을 인용한 것입니다.

바울의 대적들의 기고만장한 트집 잡기는 8절에 이르러서 점입가경의 경지로 들어갑니다. 이들의 논리는 이런 것입니다. '사람이 악을 행했는데, 그 악을 통하여 선한 결과가 나타났다면, 아예 악을 열심히 행해야 한다는 말이냐?' 바울은 이런 비판에 대하여 이렇게 진리를 왜곡하는 자들은 하나님의 무서운 심판을 받아야 한다고 말합니다. "또는 그러면 선을 이루기 위하여 악을 행하자 하지 않겠느냐 어떤 이들이 이렇게 비방하여 우리가 이런 말을 한다고 하니 그들은 정죄 받는 것이 마땅하니라"롬 3:8.

그렇다면 인간이 범한 죄와 죄의 결과가 오히려 하나님의 의로움을 더 명확하게 만천하에 드러내는 좋은 결과를 낳고, 하나님의 영광이 더욱 빛이 나는 경우를 우리는 어떻게 이해해야 할까요? 이 질문에 대하여 칼빈은 이렇게 설명합니다. "인간이 하나님의 말씀을 벗어나 죄를 범하는 행동은 항상 하나님을 욕되게 하는 악한 행위다. 인간이 범한 죄 그 자체가 선한 결과를 낳는 것은 결코 아니다. 그런데 악을 행했는데도 악한 결과가 나오지 않고 전혀 예상하지 않았던 선한 결과가 나오는 것은 하나님이 기적적으로 개입하셔서 하나님만이 아시는 방법으로 방향을 틀어 주셨기 때문이다. 선한 결과는 100% 하나님의 섭리 덕분일 뿐, 인간이 범한 죄의 행위 때문이 아니다."

19 죄 아래 있는 이방인과 유대인 (롬 3:9)

9절 그러면 어떠하냐 우리는 나으냐 결코 아니라 유대인이나 헬라인이나 다
죄 아래에 있다고 우리가 이미 선언하였느니라

유대인들에게 주어진 특권의 문제를 다룬 바울은 다시 본론으로 돌아와서 3:9-20까지 하나님 앞에서는 이방인이든 유대인이든 모두 불의한 죄인이라는 사실을 결론적으로 확정 짓습니다. 바울은 9절에서 모든 사람은 - 유대인이든 이방이든 - 죄 아래 있음을 말한 뒤에, 10-18절까지 이 원리가 바울 자신이 생각해낸 내용이 아니라 유대인이 잘 알고 있는 구약성경이 이미 말하고 있는 내용이라는 사실을 구약성경에 있는 시편과 선지서들로부터 인용해 논증합니다. 계속되는 19-20절에서는 율법의 기능은 모든 사람이 죄인이라는 것과 모든 사람이 하나님의 심판 아래 있음을 보여준다는 점을 밝힘으로써 1:18부터 시작된 주제 곧, 모든 사람이 하나님 앞에서 예외 없이 죄인이라는 논증을 마무리하고, 21절에서부터 죄에서 해방되는 복음의 길에 대하여 본격적인 논의에 들어갑니다. 그러니까 로마서 전체를 볼 때 진정한 의미의 본론은 3:21부터 시작되는 것이고, 그 이전까지는 서론적인 준비과정이라고 볼 수 있습니다.

"그러면 어떠하냐 우리는 나으냐 결코 아니라 유대인이나 헬라인이나 다 죄 아래에 있다고 우리가 이미 선언하였느니라"롬 3:9. "그러면 어떠하냐?" 이 말은 "지금까지 내가 말한 것을 다 들었지요? 그러면 어떤 결론을 내릴 수 있겠습니까?"라고 묻는 것입니다. 바울은 1:18-3:8까지 길게 말한 내용의 결론을 내리기 시작합니다. "우리는 나으냐?" "우리"는 바울을 포함한 유대인들을 가리킵니다. "결코 아니라." 바울은 단호하게 유대인이 이방인과 비교해 볼 때 나은 것이 없다고 답변합니다. 유대인과 이방인은 하나님 앞에서 동등하다는 것입니다. 물론 3:2이 말하는 것처럼 하나님이 유대인을 특별히 선택하시고, 유대인에게만 구원의 비밀장치가 담겨 있는 구약성경이라는 보물을 주셨다는 점에서 유대인이 이방인보다 나은 것은 분명합니다. 그러나 유대인이 이방인과 비교해 볼 때 더 낫다고 볼 수 없는 것, 이방인과 동등한 입장에 있는 것이 있습니다. 그것이 무엇인가요? "유대인이나 헬라인이나 다 죄 아래에 있다고 우리가 이미 선언하였느니라." 유대인이나 헬라인이방인이 모두 "죄 아래 있다"라는 점에서는 "똑같다", 다시 말하면 "유대인이라고 해서 나을 것이 하나도 없다"라는 것입니다. "우리가 이미 선언하였느니라." 여기서 말하는 우리는 "바울 자신"을 가리킵니다. "내가 이미 선언하였느니라"라고 하게 되면 조금 건방져 보이니까 "나"를 드러내지 않고 겸손하게 "우리"라고 표현한 것입니다. 유대인이나 이방인이 모두 죄 아래에 있다는 말은 바울 자신이 이미 선언했다는 것입니다. 어디에서? 1:18-2:29에서!

동족 유대인을 배려하면서 나쁜 소식을 전함

3:9에서 우리가 자세하게 살펴보아야 할 구절은 "죄 아래 있다"라는 어구인데, 이 어구를 살피기 전에 바울의 어법에 나타난 바울의 세심한 배려의 마음에 잠깐 주목할 필요가 있습니다. 유대인이 이방인보다 나은 것을 말하는 것은 유대인들에게 좋은 소식입니다. 그러나 유대인이 이방인보다 나은 것이 없다는 소식은 나쁜 소식입니다. 3:1-2에서 유대인이 이방인보다 낫다는 좋은 소식을 말할 때는 자기를 빼고 "그들"이라고 표현합니다. "범사에 많으니 우선은 그들이 하나님의 말씀을 맡았음이니라." 그러나 3:9에서 유대인이 이방인보다 나은 것이 없다는 나쁜 소식을 말할 때는 자기 자신을 포함해 "우리는"이라고 표현합니다. "우리는 나으냐 결코 아니라 유대인이나 헬라인이나 다 죄 아래에 있다고 우리가 이미 선언하였느니라." 이 같은 어법의 변화는 동족인 유대인들과 아픔을 함께 나누고자 하는 바울의 마음을 보여줍니다. 이것이 바로 기독교인들이 가져야 할 마음가짐입니다. 이웃이 행복하고 좋은 소식을 들었을 때는 자유롭게 그 상태를 즐기도록 하고 구태여 개입하려고 하지 않다가도 이웃이 어렵고 힘든 상황을 맞이했을 때는 그 어려움에 동참하고자 하는 마음이 기독교인이 갖추어야 할 중요한 마음가짐 가운데 하나입니다.

"죄 아래 있다"라는 것은 행위가 아닌 상태의 표현

이제 "죄 아래 있다"라는 어구를 살펴보겠습니다. 바울이 사용한 어구 하나하나가 매우 많은 내용, 바울의 깊은 사상을 함축하고 있기 때문에 상세하게 살펴볼 만한 가치가 있습니다. 모든 사람이 "죄 아래 있다"라는 말은 모든 사람이 때때로 이런저런 죄의 행위를 한다는 뜻이 아닙니다. 그렇게 되면 문제가 생길 수 있습니다. 예를 들어서 갓난아이도 모든 사람의 범주에 들어가는데, 갓난아이가 죄라는 행위를 했다는 것은 말이 되지 않습니다. 그런데 이 본문은 갓난아이까지 포함해서, 아니면 아직 이 세상에 나오지 않고 엄마 뱃속에 있는 태아까지를 포함해서 모든 사람이 죄 아래 있다는 뜻입니다. 모든 사람은 아예 태어날 때부터 죄 아래 있는 자로 태어난다는 것입니다. 모든 사람은 엄마 뱃속에서 형성되기 시작하는 순간부터 죄 아래에서 그 생애를 시작합니다.

그러면 본문에서 말하는 "죄 아래 있다"라는 말은 무슨 뜻인가요? 이 말은 행위가 아닌 상태를 표현한 어구입니다. 본문이 말하는 죄는 좀 더 정확하게 말하면 죄의 힘 또는 세력을 뜻합니다. 모든 사람은 예외 없이 죄의 힘 또는 죄의 세력 아래 있습니다. 본문이 말하는 죄는 사람이 행하는 죄의 행위를 가리키는 것이 아니라 모든 사람을 덮어서 누르고 있는 어떤 커다란 힘을 뜻합니다.

아마도 여러분은 잠을 자다가 가위에 눌리는 경험을 한 일이 있을 것입니다. 가위는 사람의 몸과 마음이 허약할 때 나타나는 현상입니다. 가위의 종류는 사람마다 다른데, 저 같은 경우는 눈에 보이지 않는 투명한 집채만 한 직사각형 물체 밑에 눌리는 형태로 가위를 경험합니다. 그때 그 아득하고 절망적인 심정은 말로 표현할 수가 없습니다. 그런데 이처럼 도저히 빠져나올 수 없는 투명한 직사각형의 거대한 물체보다 훨씬 더 무겁고 무서운 거대한 죄의 힘이 모든 사람을 그 아래 두고 짓누르고 있습니다. 이 죄의 힘을 원죄라고 합니다.

원죄는 어떻게 모든 사람에게 찾아왔나요? 아담과 하와가 하나님의 명령을 어기고 선악과를 따먹었을 때 아담과 하와는 거대한 죄의 힘 아래 들어가기 시작했는데, 아담과 하와만 이 죄의 힘 아래 들어간 것이 아니라 아담과 하와 이후에 태어나는 모든 사람이 다 이 죄의 힘 아래 들어갔습니다. 아담이 인류의 대표로서 범죄 했는데, 하나님께서는 아담과 하와의 죄에 대한 연대책임을 아담과 하와의 모든 후손에게 물으신 것입니다. 아담과 하와 이후에 오는 모든 사람이 아담과 하와가 범한 죄 안에 들어가게 된 것을 신학에서는 "아담과 하와가 지은 원죄가 모든 후손에게 전가되었다"라고 말합니다. 전가되었다는 말은 옮겨졌다는 뜻입니다. 모든 사람은 그 생명이 시작하는 순간부터 아담과 하와로부터 전가된 원죄의 무시무시한 힘 아래 있게 되었습니다. 따라서 다윗은 시편 51:5에서 이렇게 한탄합니다. "내가 죄악 중에서 출생하였음이여 어머니가 죄 중에서 나를 잉태하였나이다." 사람이 잉태하는 순간 눈을 떠 보니 벌써 죄의 거대한 힘 속에 자기 자신이 들어앉아 있다는 것입니다.

죄책과 죄의 오염은 원죄의 증거

그러면 모든 사람이 아담으로부터 기원한 원죄라는 거대한 힘 아래 눌려 있다는 사실을 보여주는 증거가 무엇일까요? 두 가지 확실한 증거가 있는데, 하나는 죄책이고 다른 하나는 죄의 오염입니다.

죄책으로서의 죽음

첫째로, 죄책이라는 것은 범한 죄에 대하여 책임을 진다는 뜻입니다. 사람이 죄를 범했을 때 져야 할 책임이 무엇일까요? 바로 죽음입니다. 하나님은 창세기 2:17에서 아담과 하와에게 이렇게 말씀하셨습니다. "선악을 알게 하는 나무의 열매는 먹지 말라 네가 먹는 날에는 반드시 죽으리라 하시니라." 아담과 하와는 선악과를 따먹었고 그것 때문에 죽음이라는 형벌을 받았습니다. 창 3:19입니다. "너는 흙이니 흙으로 돌아갈 것이니라." 그런데 아담과 하와가 범한 죄에 대한 책임 혹은 형벌로서 찾아온 죽음은 아담과 하와에게만 적용된 것이 아니라 아담과 하와의 모든 후손에게까지 적용되었습니다. "그러므로 한 사람으로 말미암아 죄가 세상에 들어오고 죄로 말미암아 사망이 들어 왔나니 이와 같이 모든 사람이 죄를 지었으므로 사망이 모든 사람에게 이르렀느니라"롬 5:12.

성경은 죽음이라는 단어를 세 가지 의미로 사용합니다. 하나의 의미는 생명의 근원이신 하나님과의 관계가 단절된 상태를 뜻합니다. 이 죽음을 "영적 죽음"이라고 합니다. 현세 안에서 살아 있긴 하지만 하나님과의 인격적인 관계가 끊어져 있는 상태에 처한 사람들 곧, 불신자들이 바로 영적으로 죽은 자들입니다. 에베소서 2:1에 "허물과 죄로 죽었던 너희를 살리셨도다"라고 바울이 말할 때의 "죽음"이 바로 영적 죽음입니다. 우리가 예수 그리스도를 구주로 영접하면 영적 죽음으로부터는 완전히 해방됩니다. 영적인 죽음으로부터 해방되었는가 아닌가를 분별하는 기준은 하나님의 살아계심을 믿는가, 예수 그리스도가 나의 구주이심을 믿는가 하는 것입니다. 유감스럽게도 불신자들은 하나님을 믿지 않는 자신들의 상태가 영적으로 죽어 있는 건지, 살아 있는 건지 알지 못합니다. 따라서 불신자들에게 영적인 죽음을 죄 아래에 있는 증거로 제시하면 받아들이려고 하지 않습니다.

다른 하나의 의미는 "육체적인 죽음"입니다. 육체적 죽음은 자연적인 생명이 끝나는 상태를 가리킵니다. 육체적 죽음은 세상을 떠나 장례식을 치르는 죽음을 말합니다. "너는 흙이니 흙으로 돌아갈 것이니라"창 3:19라는 말씀은 육체적 죽음을 가리키는 것이며, "한 번 죽는 것은 사람에게 정하신 것이요 그 후에는 심판이 있으리니"히 9:27라는 말씀도 육체적 죽음을 뜻합니다. 신자의 경우에는 마지막 재림의 때에 신령한 새 몸을 입고 부활함으로써 육체적 죽음으로부터 해방되지만, 재림 전에는 불신자들과 똑같이 육체적 죽음을 겪어야 합니다. 이처럼 육체적 죽음은 신자든 불신자든 모든 사람에게 찾아오는 것이므로 모든 사람이 죄 아래 눌려 있음을 보여주는 가장 확실한 증거입니다. 육체적인 죽음은 모든 사람에게 가장 큰 두려움의 대상인데, 아무리 애를 써 보아도 육체적인 죽음을 피할 방법이 없습니다. 육체적인 죽음이라는 두렵고 무거운 가위로부터 누구도 빠져나갈 수가 없습니다.

또 다른 하나는 "영원한 죽음"입니다. 영원한 죽음은 인간의 영혼과 몸이 생명의 근원이신 하나님과 영원히 그리고 완전히 단절되어 버리는 상태를 말합니다. 육체적으로 죽는 순간까지, 곧 이 세상을 떠나는 순간까지 예수님을 믿지 않으면 바로 이 영원한 죽음에 들어가게 됩니다. 영원한 죽음에 들어가면 더는 빠져나올 방법이 없습니다. 요한계시록 21:8이 말하는 "둘째 사망"이 영원한 죽음을 가리킵니다. 일단 사람이 육체적으로 죽은 뒤에는 다시는 구원의 기회가 주어지지 않습니다. 신자들은 예수 그리스도를 구주로 영접하는 순간, 이 영원한 죽음으로부터 완전히 해방됩니다. 그런데 영원한 죽음은 미래에 가서야 확실하게 드러날 일이기 때문에 불신자들은 희미하게는 영원한 죽음이 있을 수도 있겠다는 생각을 잠깐잠깐 하긴 하지만 별로 의식하지 않고 살아갑니다.

결론적으로 말하면 신자들은 성경 말씀의 도움을 받아 영적인 죽음, 육체적인 죽음, 영원한 죽음이 모두 인간이 죄 아래 있음을 보여주는 증거임을 확실하게 알고 있는 반면에, 불신자들은 영적인 죽음과 영원한 죽음에 대해서는 무지하고, 다만 모든 사람이 육체적 죽음을 맞이해야 할 운명에 처해 있다는 사실은 잘 압니다. 모든 사람이 육체적 죽음을 피할 수 없다는 사실은 모든 사람이 죄 아래 놓여 있음을 보여주는 부인할 수 없는 증거가 됩니다. 영적인 죽음, 육체적인 죽음, 영원한 죽음으로부터의 해방은 예수 그리스도를 구주로 영접하기만 하면 100% 이루어집니다.

죄의 오염

모든 사람이 죄 아래 있음을 보여주는 또 하나의 증거는 죄의 오염입니다. 죄의 오염이란 원죄 아래 있는 모든 사람의 마음과 생활 속에 나타나는 죄의 흔적들을 가리킵니다. 마음속에 좋은 생각만이 아니라 나쁜 생각들도 많이 있다는 사실은 모든 사람이 공통적으로 경험하는 것입니다. 다른 사람들은 차치하고 우리 자신의 마음을 들여다보기만 해도 이 사실을 금방 알 수 있습니다. 우리들 마음속에 좋은 생각들도 있습니다. 그러나 나쁜 생각들이 너무 많이 자리 잡고 있다는 사실을 누구도 부인할 수 없습니다. 이것이 모든 사람이 죄 아래 있음을 보여주는 증거입니다. 이번에는 모든 사람의 생활을 살펴봅시다. 모든 사람의 생활이 선하고 아름다울 때가 있습니다. 그러나 악하고 나쁜 생활습관이 전혀 없는 사람은 없습니다. 이것이 바로 모든 사람이 죄 아래 있음을 보여주는 또 하나의 증거입니다. 이 증거로부터 벗어날 수 있는 사람은 없습니다.

예수 그리스도를 구주로 영접하는 순간 속사람은 영적인 죽음과 영원한 죽음으로부터 해방되고 육체적 죽음으로부터의 해방도 100% 확실하게 보장받습니다. 그러나 마음과 생활 속에 여전히 남아 있는 죄의 오염으로부터도 완전히 해방되는 것은 아닙니다. 신자들은 예수 그리스도를 구주로 영접한 후 마음과 생활 속에 남아 있는 죄의 오염에 대항하여 싸우는 삶을 시작합니다. 이 싸움은 이 세상을 떠나는 날까지 계속됩니다. 날마다 기도해야 하고, 날마다 성경을 읽고 묵상해야 하고, 성경을 깊이 연구하는 모임에 참여해야 하고, 꾸준히 예배에 참여하여 하나님의 말씀을 듣고 영혼을 깨끗하게 하면서 헌신을 다짐해야 하고, 성도들 간의 교제에도 힘써서 서로 위로하고 격려하고 또 힘을 받아야 합니다. 이 과정을 성화라고 합니다.

무엇을 하느냐 보다 중요한 것은 어떤 상태 아래 있는가 하는 것

이 세상의 모든 사람은 두 상태 가운데 어느 하나에 속해 있습니다. 하나는 "죄 아래"이고, 다른 하나는 "그리스도의 은혜 아래"입니다. 이 두 상태 이외에 다른 곳은 없습니다. "죄 아래"도 아니고 "그리스도의 은혜 아래"도 아닌 중간 지대는 없습니다.

우리가 무엇을 하느냐 하는 것보다 훨씬 더 중요한 것은 우리가 어떤 상태에 있느냐 하는 것입니다. 예를 들어서 여러분이 다른 나라에 여행, 유학, 또는 이민을 갔을 때 여러분의 신분의 상태 곧, 국적이 무엇인가를 확인하는 것이 필요합니다. 왜냐하면 국적이 무엇인가에 따라서 여러분이 받는 처우나 행동의 방향이 결정되기 때문입니다. 이처럼 영적인 차원에서 볼 때 어떤 행동을 하기 전에 "죄 아래 있느냐", 아니면 "그리스도의 은혜 아래 있느냐" 하는 것을 확인하는 것이 중요합니다.

죄의 상태로부터 벗어날 수 있는 길

모든 사람이 "죄 아래 있다"라는 선언 자체는 매우 부정적인 선언입니다. 그러면 왜 이런 부정적인 선언이 필요한 것일까요? 예컨대, 어떤 사람이 몸이 조금 불편하여 의사에게 찾아와서 진찰을 받습니다. 의사가 진찰을 해보니 이 사람에게 치명적인 악성 종양이 있는 것을 발견했습니다. 그래서 이 사람에게 치명적인 악성 종양이 몸을 짓누르고 있다는 청천벽력과도 같은 선언을 합니다. 만일 치료 방법이 없다면 이 선언은 절망적인 선언이 되어 버릴 것입니다. 그러나 치료방법이 있다면 이 선언은 희망의 시발점이 될 것입니다. 악성 종양이 있는데도 환자의 마음을 불편하게 할 것이 염려되어 악성 종양이 있다는 말을 하지 않는 것은 환자를 배려하는 것이 아니라 환자를 죽음으로 몰아넣는 잔인한 행위입니다. 치료방법이 없다면 알려주지 않음으로써 죽는 순간까지 마음이라도 편안하게 해 주는 것이 좋은 방법일 수도 있습니다. 그러나 치료방법이 있다면 아무리 기분 나빠도 솔직하게 말해 주고 치료에 최선을 다하는 것이 환자를 진정으로 사랑하는 태도입니다.

현대사회는 사람들의 인권을 너무 중요시한 나머지 인권지상주의에 빠져서 상대방이 어떤 상태에 빠져 있는가를 전혀 고려하지 않고 무조건 다른 사람을 기분 나쁘게 하는 말을 하면 "혐오"라는 프레임을 덮어씌워서 매도하는 사회가 되어 가고 있습니다. 이것은 정말로 슬픈 일입니다. 이 태도는 다른 사람들을 많이 배려하는 것 같지만 실상은 상대방을 아주 잔인하게 대하는 것입니다. 예를 들어서 새로운 성윤리를 말하는 사람들은 동성 간의 성관계를 아름답게 묘사하면서 동성 간의 성관계에 관한 어떤 부정적인 말도 하지 못하도록 차단해 놓으려고 합니다. 동성 간의 성관계를 하는 사람들의 기분을 상하게 해서는 안 된다는 것입니다. 그러나 이런 태도는 겉으로 보기에는 동성애자들의 인권을 보호하는 것처럼 보이지만 실제로는 동성애자들을 매우 비참하고 잔인한 감옥 속에 영원히 가두어 두는 것입니다. 남성 간의 성교는 성경이 철저하게 금지하고 있는 타락한 성관습일 뿐만 아니라 보건 의료적으로도 당사자들의 육체를 파멸로 떨어뜨리는 행위입니다. 남성 간의 성관계에는 아예 발을 들여놓지 말아야 하며, 단 한 번이라도 하지 않도록 가르쳐야 합니다. 많은 동성애자가 실제로 에이즈에 감염되어 있어서 단 한 번이라도 에이즈에 감염된 동성애자와 접촉하면 바로 에이즈에 감염됩니다. 에이즈는 치료약이 없고, 앞으로도 치료약을 기대하기는 어렵습니다. 병원에서는 다만 진행속도를 약간 늦추어 줄 뿐입니다. 에이즈 자체는 불치병입니다. 또한 남성 동성애는 수많은 유독한 병균들, 바이러스, 박테리아, 미생물들이 머물러 있는 항문과 성 기관이 접촉하는 행위이기 때문에 남성 간의 성교를 하는 자들은 대부분 이런 유독성 물질에 감염되어 있다고 보면 되고, 여기서부터 각종 장 관련 질병들, 각종 성병, 장기 감염 등이 뒤따르고, 남성 동성애를 하다가 결혼하여 여성과 성관계를 가지면 여성 성기에 치명적인 질병을 전염시키게 됩니다. 너무나 무서운 보건 의료적인 문제들이 숨어 있는 것이 남성 동성 간의 성관계입니다. 그런데 차별금지법은 이 문제들을 말하지 못하게 하고, 동성애자들이 그냥 동성애를 계속할 수 있도록 허용하는 법입니다. 이 법은 아주 잔인한 법입니다. 동성 간의 성교가 이렇게 위험한 것이라면 동성애자들이 듣기 싫어해도 정직하게 말해 주어서 경각심을 갖게 하고 동성애에서 하루빨리 빠져나오도록 해야 동성애자들에게 희망의 소식이 되지 않겠습니까?

모든 사람이 "죄 아래 있다"라는 선언은, 만일 "죄 아래 있는" 상태로부터 빠져나올 길이 없다면, 너무나 잔인한 선언이 되고 말 것입니다. 그러나 바울이 이 선언을 하는 이유는 "죄 아래 있는" 상태로부터 빠져나올 수 있는 너무나 좋은 길이 있기 때문입니다. 이 길을 말하기 위하여 바울은 모든 사람이 처해 있는 상태를 있는 그대로, 정직하게, 그 말이 비록 듣는 사람의 기분을 상하게 하는 말일지라도, 조금도 가감 없이 말하는 것입니다. 바울은 이미 1:16-17에서 그 길의 핵심을 선언한 바 있는데, 이제 21절부터 아주 상세하게 "죄의 힘"으로부터 해방될 수 있는 길을 말하기 시작하는 것입니다.

20 구약에 나타난 죄 형성의 단계 (롬 3:10-18)

10절 기록된 바 의인은 없나니 하나도 없으며
11절 깨닫는 자도 없고 하나님을 찾는 자도 없고
12절 다 치우쳐 함께 무익하게 되고 선을 행하는 자는 없나니 하나도 없도다
13절 그들의 목구멍은 열린 무덤이요 그 혀로는 속임을 일삼으며 그 입술에
　　는 독사의 독이 있고
14절 그 입에는 저주와 악독이 가득하고
15절 그 발은 피 흘리는 데 빠른지라
16절 파멸과 고생이 그 길에 있어
17절 평강의 길을 알지 못하였고
18절 그들의 눈 앞에 하나님을 두려워함이 없느니라 함과 같으니라

　　바울은 3:9에서 헬라인이든, 유대인이든, 모든 인간은 무서운 죄의 세력 아래 있다는 인간관을 천명했습니다. 이 인간관은 바울이 처음 생각해낸 것이 아니라 유대인들이 잘 알고 있는 구약성경 여러 곳에서 증언하고 있는 내용입니다. 바울은 이 사실을 10-18절까지 시편과 선지서의 중요한 구절들을 인용하여 보여줍니다. 10-12절은 시편 14:1-3과 전도서 7:20에서 인용하였고, 13절은 시편 5:9과 140:3에서 인용하였고, 14절은 시편 10:7에서 인용하였고, 18절은 시편 36:1에서 인용하였습니다.

　　바울은 구약성경 구절들을 인용할 때 대체로 히브리어 원문을 헬라어로 번역한 70인역을 인용했습니다. 바울은 인용할 때 구약의 본문을 자구 그대로 인용하지 않고, 필요한 경우에는 문장의 의미를

분명하게 드러내기 위하여 수정하거나 첨가하면서 탄력 있게 인용했습니다. 70인 역을 인용할 때나 히브리어로 기록된 마소라 본문을 인용할 때나 동일한 방법을 사용했습니다. 우리가 유의할 점은 바울이 수정하기도 하고, 빼기도 하고, 첨가하기도 한 부분들도 모두 성령의 감동을 받아 기록한 오류가 없는 하나님의 말씀이라는 것입니다. 왜냐하면 바울 자신이 하나님의 특별계시를 기록하는 계시기관이기 때문입니다.

바울이 인용문들을 배열해 놓은 순서를 보면 죄가 형성되는 논리적인 과정을 묘사하고 있음을 알 수 있습니다. 인용문들의 전체적인 윤곽을 먼저 살펴보고, 그 다음에 자세하게 분석하겠습니다.

먼저 전체적인 윤곽은 이렇습니다. 인용문은 10절에서 이렇게 시작합니다. "의인은 없나니 하나도 없으며." 이 말은 모든 사람은 다 죄인이라는 뜻입니다. 11절은 그 원인이 무엇인가를 지적합니다. "하나님을 찾는 자가 없으며." 하나님을 찾지 않는 마음으로부터 죄가 시작됩니다. 그런데 하나님을 찾는 자 앞에 "깨닫는 자가 없다"라는 구절이 있습니다. 하나님을 찾지 않으면 마음에 깨달음이 오지 않는다는 뜻입니다. 깨달음이 없는 마음은 안에만 머물러 있지 않고 점점 외부로 그 모습을 드러내기 시작하는데, 그 첫 단계가 말입니다. 13-14절까지는 마음으로부터 말이 나오는 과정이 순서대로 묘사되어 있습니다. 마음으로부터 목구멍으로 말이 올라오고, 목구멍에서 혀로 나가고, 혀에서 입술로 나가고, 입술에서 입으로 나가면 다른 사람이 들을 수 있는 말이 됩니다. 구강 구조상으로 보면 말은

"목구멍 - 혀 - 입술 - 입"의 순서를 거쳐서 나옵니다. 하나님을 찾지 않아 깨달음이 없는 마음이 말에 실려서 나옵니다. 이 말은 어리석은 행동으로 연결됩니다. 말이 행동화되는 것을 15절은 "발"로 표현합니다. 발이 움직이기 시작하는 순간부터 행동이 시작되기 때문입니다. 깨달음이 없는 어리석은 행동이 시작되면 그 사람의 삶의 길에 파멸, 고생, 평강의 길을 알지 못함 등이 나타납니다. 18절은 다시 처음으로 돌아가 이 모든 일이 나타나는 이유는 하나님을 두려워하는 마음이 없기 때문임을 재차 강조합니다.

10절부터 18절까지 전개된 내용의 큰 구도를 말씀드렸는데, 이제 이 구절들을 세밀하게 살펴보겠습니다. 10절은 "기록된 바"라는 진술로 시작합니다. 어디에 기록되어 있다는 말입니까? 구약성경에 기록되어 있다는 말입니다. 그러면 구약성경에 어떤 내용이 기록되어 있나요? "의인은 없나니 하나도 없으며 깨닫는 자도 없고 하나님을 찾는 자도 없고 다 치우쳐 함께 무익하게 되고 선을 행하는 자는 없나니 하나도 없도다." 유대인들은 하나님이 이방인들을 죄인으로 취급해도 자신들만은 예외로 대우해 줄 것으로 확신하고 있었는데, 유대인들이 기대했던 것과는 달리 구약성경은 이방인들뿐만 아니라 유대인들도 모두 죄인임을 명확히 말하고 있습니다.

첫 번째 단계: 하나님을 찾지 않음

"깨닫는 자도 없고, 하나님을 찾는 자도 없고." 이 문장은 이런 뜻입니다. "깨닫는 자가 없는데, 왜 사람들이 깨달음이 없는가? 하나님을 찾지 않기 때문이다." 하나님을 찾지 않는 것이 선을 행하지 못하는 가장 근원적인 원인입니다. "하나님을 찾는다"라는 말은 단순한 지적인 호기심을 가지고 하나님에 관한 객관적인 정보를 알아보고자 하는 태도를 뜻하는 것이 아닙니다. "찾는다"라는 말은 지성뿐만 아니라 의지와 감성을 포함한 전인적인 태도로 갈증이 심한 사람이 급히 물을 찾듯이, 간절한 마음으로 하나님을 찾는 태도를 뜻합니다. "하나님을 찾는다"라는 것이 무엇을 의미하는지가 잘 나타난 본문이 시편 42편입니다. 사슴이 목이 말라 급하고 간절한 마음으로 시냇물을 찾아 헤매는 것처럼시 42:1, 하나님과의 인격적인 만남과 대화를 간절하게 원하는 태도가 바로 "하나님을 찾는 것"입니다. 하나님을 찾는 사람은 누군가가 하나님이 없다고 말하면 너무 속이 상하고 억울하고 슬프기까지 해서 눈물이 마르지 않고시 42:3, 뼈가 칼에 찔리는 것 같은 마음의 아픔을 느끼며시 42:10, 심지어 낙심하고 불안해하기까지시 42:5,6,11 합니다.

우리는 이 간절한 마음의 한 예를 한국 장로교가 낳은 위대한 신학자 박형룡 박사에게서 만날 수 있습니다. 청년 박형룡은 배편으로 미국으로 유학 가는 도중 선상에서 하나님의 실재를 부인하고 조롱하는 자유주의 신학자들의 글들을 읽고 마음에 깊은 슬픔과 분노를 느끼고 기독교를 변증해야겠다는 결심을 합니다. 유학에서 돌아온 박형룡 박사는 자유주의 신학과 무신론 사상을 비판하는 〈근대신학난제선평〉이라는 책을 썼는데, 이 책이 한국교회사상 가장 위대한 기독교 변증서로 자리매김했습니다.

또한 하나님을 찾는 자는 하나님을 마음 중심에 두고, 하나님을 영화롭게 하기 위하여 전력으로 질주합니다.

두 번째 단계: 깨달음이 없음

몸과 마음과 힘을 다하여 하나님을 찾지 않으면 "깨달음"이 없는 사람이 된다고 바울은 말합니다. 이 문맥에서 말하는 깨달음은 하나님께 속한 일을 이해하는 것, 모든 세상일을 하나님에 관한 진리의 빛 안에서 보는 것을 의미합니다. 하나님을 찾지 않는 사람들도 세상적이고 육적인 일들에 대해서는 어느 정도 알고 있습니다. 이들은 여러 가지 학문에 대해서, 정치나 경제, 문화와 예술에 대해서도 상당한 지식을 가지고 있습니다. 그러나 이들은 이와 같은 것들을 하나님의 진리의 빛 안에서 볼 수 있는 능력이 없습니다. 또한 하나님을 찾지 않는 자들은 인간 자신에 대한 이해에도 심각한 결함을 안고 있습니다. 이들은 특히 죄에 대한 이해가 부족합니다. 이들은 자신 안에 깊은 죄성이 있다는 것도 모르고, 죄에 대하여 내리시는 하나님의 진노도 모르고, 따라서 인간이 왜 구원받아야 하는가도 모릅니다. 현대인들은 "죄"라는 단어를 듣기 싫어하며, "죄"라는 단어 자체를 "혐오"의 단어로 간주하여 아예 입에 담지 못하도록 법을 만들어서 강제하려고 합니다. 이들은 인생의 진정한 행복이 무엇인가도 잘 모르며, 영적인 기쁨에 대한 이해도 부족합니다. 더욱이 이들은 사람이 왜 죽는지 잘 모르며, 죽음 이후에 어떤 세계에 가게 될지도 모릅니다.

세 번째 단계: 치우침

하나님을 찾지 않음으로써 세상의 모든 일을 하나님의 진리의 빛 안에서 이해하는 깨달음이 없는 사람들에게 나타나는 다음 단계의 문제는 "다 치우쳤다"라는 것입니다. "치우치다"라는 단어는 "길에서 이탈하다"라는 뜻입니다. 어떤 길에서 이탈한 것일까요? 하나님이 사람들로 걸어가도록 정해주신 길에서 이탈했다는 것입니다.

네 번째 단계: 무익하게 됨

길에서 이탈한 결과가 "함께 무익하게" 된 것입니다. 무익하게 되었다는 말은 쓸모가 없어졌다는 뜻입니다. 하나님이 정해주신 길로부터 이탈한 사람들은 하나님이 보시기에 쓸모가 없는 사람들로 전락하고 말았습니다.

하나님을 찾지 않고, 그 결과 하나님의 빛 안에서 진정한 깨달음 곧, 하나님에 관한 진리의 관점에서 모든 일을 이해하는 능력을 상실하고, 급기야는 하나님의 길에서 이탈한 사람들의 마음은 혼란 속에 빠졌습니다. 그런데 양동이에 물이 가득 차면 밖으로 넘쳐 흐를 수밖에 없는 것처럼, 혼란 속에 빠져 엉망이 된 이들의 마음은 외부로 드러나기 시작하는데, 그 첫 단계가 말 혹은 언어입니다.

다섯 번째 단계: 악으로 가득 찬 마음

바울은 말이 나오는 경로를 신체 구조적으로 추적하면서 각 단계마다 인간의 마음과 말의 추악함과 더러움을 보여주는 논평을 하나씩 달아 놓았습니다. 부패한 마음은 소리를 통해 외부로 드러나기 시작하는데, 그 첫 통로는 목구멍입니다. 바울은 13절에서 목구멍을 열린 무덤에 비유합니다. 실제로 밖에서 보면 사람의 목구멍 모양은 고대 팔레스타인 지방의 무덤 입구 모양과 비슷했습니다. 팔레스타인 지방에서는 돌산에 구멍을 파고 방을 만들고 그 안에 시신을 안치했습니다. 무덤 입구는 윗부분이 둥근 아치형으로 되어 있었는데, 목구멍도 위쪽이 둥근 아치형으로 되어 있어서 동굴 무덤 입구와 비슷했습니다. 바울이 많은 다른 비유들을 마다하고 구태여 목구멍을 동굴 무덤에 비유한 이유는 동굴 무덤 입구와 목구멍의 모양이 비슷했기 때문이기도 하지만, 더 중요한 것은 동굴 무덤 안에 있는 내용물이 말의 근원인 사람의 마음을 비유적으로 설명하는 데 도움이 되기 때문입니다. 동굴 무덤 안에는 시신이 안치되어 있습니다. 팔레스타인 지방은 날씨가 건조해서 시신에 방부처리를 하여 동굴 무덤 안에 넣어 두면 일정한 기간 썩지 않고 보관하는 것이 가능했습니다. 우리나라의 경우는 날씨가 습할 때가 많아서 시신이 빨리 썩기 때문에 팔레스타인 사람들처럼 장시간 외부에 둘 수가 없습니다. 여

하튼 팔레스타인 지방이 다른 습한 지역에 비해 시신이 부패하는 속도가 느렸던 것은 사실이지만, 동굴 무덤 속의 시신이 썩어 부패하는 것 자체를 피할 수는 없었습니다. 시신이라는 것은 역겨운 물질들의 덩어리이며 역겨운 냄새의 진원지입니다. 동굴 무덤 뒤에 방이 있는 것처럼, 바울은 목구멍 뒤에 - 물론, 생물학적으로는 목구멍 뒤에 식도가 있지만 - 마음의 방이 있는 것으로 비유한 것입니다. 동굴 무덤 안에 안치된 부패하여 역겨운 냄새를 풍기는 시신처럼, 목구멍 뒤 마음의 방에는 원죄라는 치명적인 죄의 세력이 자리 잡고 있고, 이 죄의 세력으로부터 발효되어 나오는 수많은 종류의 악한 생각들이 구더기처럼 꿈틀대고 있습니다. 그리고 악한 생각의 구더기들이 말이나 언어에 실려서 목구멍을 통하여 끊임없이 밖으로 실려 나옵니다.

여섯 번째 단계: 속이는 혀

목구멍을 통과한 말은 혀라는 벨트에 실려 이동합니다. "그 혀로는 속임을 일삼으며." 악한 생각이라는 구더기를 가득 실은 말의 특징들 가운데 하나는 "속이는 것"입니다. "그 혀로는 속임을 일삼으며." "속인다"라는 것은 물론 개인이 하는 일상의 말 안에 속이는 말, 거짓말이 많이 있는 것을 뜻하기도 하지만, 인류문화 전체가 거대한 속이는 행위라는 뜻이기도 합니다. 인류문화 전체가 거대한 속임 혹은 거짓말의 프레임이라는 충격적인 사실은 오직 하나님의 관점을 가진 자들만이 들여다볼 수 있는 진리입니다. 하나님을 모르는 사람들은 이 사실을 거의 간파하지 못합니다. 인류문화가 얼마나 거대한 거짓말에 장악되어 있는가를 잠깐 알아보겠습니다.

하나님은 살아계십니다. 이것이 진리입니다. 그렇다면 하나님이 존재하지 않는다고 주장하는 무신론은 거짓말이요, 인류를 속이는 것입니다. 그런데 어떻습니까? 엄청난 숫자의 인류가 하나님이 살아계신다는 사실을 믿지 않습니다. 온 세계가 속임의 프레임 안에 갇혀 있는 것입니다.

고대 사상들 가운데 서구 사상의 최고봉은 플라톤이라고 할 수 있고, 동양 사상의 최고봉은 석가모니라고 할 수 있습니다. 플라톤과 석가모니가 인간과 세계에 관하여 서로 다른 많은 이론을 제시했는데, 한 가지 주제에 대해서는 같은 관점을 보여주었습니다. 플라톤과 석가모니가 인간의 기원과 사후세계를 모두 윤회론의 관점에서 설명한 것입니다. 윤회론의 요지는 인간이 완전한 선을 행하면 악한 육체를 벗어나 이상세계나 열반의 경지에 들어가서 영원히 존재하지만, 그저 그런 정도로, 아주 악하게 살지도 않고 그렇다고 해서 아주 선하게 살지도 않은 어정쩡한 사람들은 다시 육체를 입고 인간으로 환생하고, 선보다 악을 더 많이 행한 경우에는 악을 행한 정도에 따라서 각종 동물로 환생한다는 것입니다. 플라톤과 석가모니는 인류 최고의 현인으로 추앙받는 자들이지만 이들이 주장하는 윤회론은 한마디로 말해서 거짓말입니다.

진화론은 인간은 무기물에서 유기물로, 유기물에서 단세포 동물로, 단세포 동물에서 다세포 동물로 진화해 왔다고 주장하는데, 진화론은 한마디로 말해서 거짓말입니다. 그런데 어떻습니까? 현대의 생물학이 진화론을 진리인 것처럼 받아들이고 진화론에 근거하여 생물체의 기원과 현상을 설명합니다. 그리고 전 세계의 어마어마한 숫자의 사람들이 진화론 생물학을 그대로 받아들이고 있습니다. 진화론은 생물학에서만 맹위를 떨치는 것이 아니라 현대의 모든 학문에 다 스며들어 있습니다. 사람들은 어떤 현상이 조금 바뀌거나 조금 나아진 현상을 보면 바로 "진화"라는 단어를 씁니다. 그러나 진화라는 현상은 이 세상에 존재하지 않습니다.

마르크스주의는 부르주아 계급을 무너뜨리고 프롤레타리아가 지배하는 세상이 되면 정말로 살기 좋은 이상세계가 건설될 것이라고 확신 있게 말합니다. 한마디로 거짓말입니다. 마르크시즘을 받아들인 러시아, 중국, 북한이 사람이 살기 좋은 이상세계가 되었습니까? 러시아에서 수천만 명, 중국에서 문화혁명 때에만 7천만 명, 북한에서 수백만 명이 잔인하게 살해되었습니다. 마르크스주의에서 벗어난 러시아는 그런대로 사람이 겨우 살만한 사회로 진입했고, 마르크스주의에서 30% 정도 벗어난 중국은 마르크스주의에 100% 지배당했을 때보다는 나아지긴 했으나 러시아보다는 훨씬 살기 힘든 독재 사회에 머물러 있고, 마르크스주의에서 벗어나지 못한 데다가 김일성 주체사상이라는 병적인 이념에 장악되어 있는 북한은 세계에서 가장 살기 어려운 포악한 세습왕조국가로 전락해 버렸습니다. 김일성 주체사상은 기독교 사상을 모방하여 만들어낸 사이비 종교의 경전과 같은 것으로서, 김일성의 일생에 대한 노골적인 왜곡뿐만 아니라 한국 근대역사에 대한 심각한 왜곡으로 점철된 거대한 거짓 말 체계입니다.

프로이트의 성심리학을 차용한 신마르크스주의는 인간에게 있는 성적인 욕구를 자유롭게 발산할 수 있도록 해주면 정말로 행복한 이상사회가 건설될 수 있다고 주장하면서 성욕을 모든 규제로부터 해방할 것을 요구했습니다. 사람들이 동성을 향하여 성적인 욕구를 느끼면 자유롭게 동성 성애를 할 수 있도록 허용하고, 소아를 향하여 성적 욕구를 느끼면 소아 성애를 할 수 있도록 허용하고, 변태적인 방식으로 성적인 욕구를 느끼면 변태적인 성애를 할 수 있도록 허용하고, 짐승을 향하여 성적인 욕구를 느끼면 수간을 행하도록 허용하라는 것입니다. 오늘날 성이라는 말을 할 때는 영어로 sex를 의미하는 것이 아니라 gender를 의미합니다. sex는 생물학적으로 성별을 결정하는 것입니다. 유전자가 XY이면 남자이고 XX이면 여자로 결정하고 이 성별은 절대로 변할 수가 없다고 보는 것이 sex적 성윤리이며, 기독교는 sex적 성윤리를 말합니다. gender는 생물학적 정보와 상관없이 인간의 주관적인 생각에 따라서 성별을 결정하는 것입니다. 내가 생물학적으로 남자라도 여자가 되고 싶어서 여자라고 생각하면 여자라는 것입니다. gender적 성윤리는 한마디로 거대한 거짓말입니다.

현대 세계의 유수한 대학들 - 미국의 하버드, 예일, 프린스턴, 영국의 옥스퍼드와 케임브리지, 독일의 하이델베르크와 튀빙겐 등

- 의 신학부를 자유주의 신학이 장악했는데, 자유주의 신학은 성경을 성령의 감동으로 기록된, 오류가 없는, 하나님이 특별히 주신 계시의 말씀으로 보지 않습니다. 그들은 성경이 고대의 이방 문서들을 가져다가 짜깁기한 고대문헌에 불과하며, 사람이 짜깁기한 것이기에 오류가 많다고 주장합니다. 자유주의 신학은 에덴동산이나 선악과 이야기, 바다가 양편으로 갈라진 출애굽 사건, 여호수아의 명령으로 해가 진행하지 않고 하늘에 머물렀던 사건, 예수님이 물 위를 걸으신 이야기, 물고기 두 마리와 보리떡 다섯 개로 5천 명이 넘는 무리를 먹이신 이야기, 예수께서 죽음을 이기고 부활하신 사건 등은 모두 신화에 불과하다고 주장합니다. 한마디로 말해서 자유주의 신학은 거대한 거짓말 체계입니다.

자, 이 정도만 살펴보아도 인류 문화가 얼마나 넓고 깊은 거짓말 체계 안에 빠져 있는지 알 수 있지 않습니까? 하나님을 찾지 않는 사람은 이 거짓말 체계를 분별해낼 수 없습니다. 하나님을 적극적으로 찾는 사람만이 이 거짓말 체계를 분별해 낼 수 있습니다.

일곱 번째 단계: 독을 품은 말

이제 다시 본론으로 돌아가겠습니다. 혀를 통과한 말은 입술로 나아가는데 13절은 "그 입술에는 독사의 독이 있다"라고 말합니다. "그 입술에는"이라는 어구를 정확히 표현하면 "그 입술 아래에는"으로 번역되어야 합니다. 이 구절은 독사의 독이 있는 자리를 묘사한 것입니다. 독사가 먹이로 잡은 짐승을 물고 엄니로 누르면 입술 밑에 있는 독주머니에서 독이 뿜어져 흘러나오고, 이 독은 상처를 통하여 먹이로 잡힌 짐승의 몸에 들어가 온몸을 마비시켜 죽입니다. 이와 유사하게 말이 다른 사람의 마음에 들어가면 정신적인 독이 되어 마음에 상처와 심각한 피해를 줍니다.

말이 나오는 마지막 단계는 입입니다. 이 입안에는 "저주와 악독이 가득하다"라고 14절에서 바울은 말합니다. 열린 무덤, 속임, 독사의 독, 저주와 악독 등의 단어들이 부패하고 타락한 마음을 묘사하는 것들입니다.

여덟 번째 단계: 말의 행동화

15절에서 바울은 말을 발에 연결하고 있는데, 발로 움직이는 것이 바로 행동을 뜻하므로 말을 발에 연결한 것은 말은 행동으로 드러나게 되어 있다는 뜻입니다. "그 발은 피 흘리는 데 빠른지라." 악한 생각이 담긴 악한 말이 행동화되면 악한 행동이 나올 수밖에 없는데, 모든 악한 행동의 최고봉은 사람의 피를 흘리는 것 곧, 사람을 죽이는 것입니다. 아무리 마음이 악해도 악한 마음에 살인행위를 연결하는 것은 너무 무리한 생각이 아닌가 생각하는 분들도 있을 것입니다. 그러나 바울의 생각은 결코 무리한 것이 아닙니다. 우리에게 사이가 별로 좋지 않은 어떤 사람이 있다고 생각해 봅시다. 사이가 좋지 않다는 것은 정도의 차이는 있겠지만 마음에 그 사람을 미워하는 마음이 있다는 뜻입니다. 우리는 미운 사람을 보고 싶어 하지 않습니다. 할 수만 있으면 영원히 보지 않았으면 하는 마음이 우리에게 있습니다. 그런데 여러분, 우리가 미워하는 사람을 아예 보지 않을 수 있는 가장 확실한 방법이 무엇일까요? 그 사람을 죽이는 것입니다. 죽이고 나면 볼 일이 없지 않겠습니까? 그래서 암살단이라는 것이 등장하는 것입니다. 미워하는 마음에서 한 걸음만 내디디면 살인이 될 수 있습니다.

아홉 번째 단계: 파멸, 고생, 평강을 알지 못함으로 가득 찬 삶

악한 마음이 악한 행동으로 나타나기 시작하면 삶의 길은 파멸, 고생, 평강을 알지 못함 등으로 꽉 차게 됩니다. "파멸과 고생이 그 길에 있어 평강의 길을 알지 못하였고"롬 3:16-17. 바울은 하나님을 찾지 않는 마음으로부터 죄가 형성되기 시작하여 "깨달음이 없는 마음 → 목구멍 → 혀 → 입술 → 입 → 발 → 삶의 길"까지 나아가는 과정을 묘사한 다음, 다시 죄의 기원으로 돌아가 죄는 하나님을 믿지 않는 데서 시작되는 것이라는 사실을 결론적으로 강조하고 인용문을 마무리합니다. "그들의 눈앞에 하나님을 두려워함이 없느니라"롬 3:18.

21 죄를 깨닫게 하는 율법의 기능 (롬 3:19-20)

19절 우리가 알거니와 무릇 율법이 말하는 바는 율법 아래에 있는 자들에게
　　 말하는 것이니 이는 모든 입을 막고 온 세상으로 하나님의 심판 아래
　　 에 있게 하려 함이라
20절 그러므로 율법의 행위로 그의 앞에 의롭다 하심을 얻을 육체가 없나니
　　 율법으로는 죄를 깨달음이니라

바울은 1:18-3:18까지 유대인이든 이방인이든, 모든 사람은 하나님 앞에서 죄인임을 길게 논증했습니다. 이제 3:19-20에서는 율법의 기능이 무엇인가를 간략히 말함으로써 긴 논증을 마무리하고, 3:21부터는 죄의 굴레로부터 벗어나는 길에 대하여 본격적으로 서술하기 시작합니다. 3:19-20에 간략하게 다룬 율법의 기능에 대해서는 7장 전장에 걸쳐서 상세하게 서술됩니다.

유대인도 죄인임을 증언하는 모세의 율법

"우리가 알거니와 무릇 율법이 말하는 바는 율법 아래에 있는 자들에게 말하는 것이니 이는 모든 입을 막고 온 세상으로 하나님의

심판 아래에 있게 하려 함이라"롬 3:19. "우리"는 일차적으로는 바울과 로마서를 읽는 독자들인 로마교회 성도들을 가리킵니다. 로마교회가 유대인 신자들과 이방인 신자들로 구성된 교회이므로 로마교회 성도들은 모든 기독교인을 대표한다고 볼 수 있습니다. 따라서 "우리"는 모든 기독교인을 가리킵니다. "알거니와." 모든 기독교인이 알고 있고 또 반드시 알아야 할 내용이 있다는 것입니다. 그것이 무엇인가요? "무릇 율법이 말하는 바는." 본문이 말하는 율법은 구약성경 안에 있는 율법 곧, 모세의 율법을 뜻합니다. 모세의 율법이 말하는 내용은 누구를 대상으로 하는 것인가요? "율법 아래 있는 자들"이 그 대상입니다. 여기서 말하는 율법도 역시 모세의 율법이니까 "율법 아래 있는 자들"은 유대인들을 뜻합니다. 본문은 모세의 율법이 구약시대에는 유대인들에게 적용되었다고 말하는 것입니다. 모세의 율법이 유대인들에게 적용되었을 때 어떤 결과가 나타났나요? 바울은 그 결과에 대하여 구약성경의 여러 구절을 인용하면서 3:10-18까지 소상하게 말한 바 있습니다. 바울의 결론은 "의인은 없나니 하나도 없다"라는 것입니다. 유대인들은 하나님께서 자신들을 특별하게 선택하셨고 율법이라는 선물까지도 주셨기 때문에 자신들은 이방인들과 같은 죄인일 수가 없다고 확신하고 있었는데, 하나님의 판단은 유대인들도 이들의 영혼의 내면이나 외면적인 삶의 모습을 보았을 때 이방인들과 똑같이 하나님 앞에서 죄인들이라는 것입니다.

바리새인과 세리가 모두 죄인 (눅 18:9-14)

이것은 예수님의 판단이기도 했습니다. 예수님은 유대인들 가운데 율법을 가장 철저하게 잘 지켜서 자신들만은 죄인이 될 수가 없다고 확신해 온 사람들에 대해서까지도 가차 없이 "하나님 앞에서 죄인이다"라고 단언하셨습니다. 예수님의 판단을 잘 보여주는 두 가지 예가 누가복음 18장에 기록되어 있습니다.

누가복음 18:9-14에 바리새인과 세리의 비유가 나옵니다. 비유의 내용은 이렇습니다. 두 사람이 성전에 기도하러 올라갔습니다. 하나는 바리새인이고 다른 하나는 세리입니다. 바리새인은 율법을 철저하게 지키기 위하여 노력해왔을 뿐만 아니라 율법을 가르치는 율법교사였습니다. 우리는 바리새인이라는 말을 들으면 아주 괴팍하고 앞뒤가 꽉 막힌 고집쟁이와 같은 사람을 연상하기 쉽습니다. 왜냐하면 그동안 많은 설교를 통하여 바리새인이 얼마나 위선적인 사람들인가를 귀에 못이 박이도록 들어 왔기 때문입니다. 그런데 이런 인식은 잘못된 것입니다. 유대인의 사회에서 바리새인들은 백성들로부터 많은 존경을 받은 지성적인 엘리트들이었습니다. 오늘날로 말하자면 대학교수라든지 판검사나 변호사와 같은 계층을 생각하면 됩니다.

반면에 세리는 유대인의 사회에서 죄인 계층으로 낙인이 찍힌 하급 세리들을 뜻합니다. 당시의 하급 세리들은 월급을 받지 못했습니다. 이들이 세금은 거두어서 국고에 들여놓고 월급은 재주껏 챙겨

가도록 눈감아 주었습니다. 의도적으로 부정을 조장한 것입니다. 예를 들어서 세금 액수가 만 원이면 만 이천 원을 세금이라고 말하여 거두고는 이천 원은 가로채는 방식으로 자기 몫을 챙겨야 했습니다. 이 사실이 공공연한 비밀로 알려져 있었기 때문에 하급 세리들은 백성들이 증오하는 대상이었고 죄인으로 간주되어 소외되었습니다.

바리새인은 성전에 따로 서서 멀리서 기도하는 세리를 의식하면서 이렇게 기도했습니다. "나는 다른 사람들 곧 토색, 불의, 간음을 하는 자들과 같지 아니하고 이 세리와도 같지 아니함을 감사하나이다. 나는 이레에 두 번씩 금식하고 또 소득의 십일조를 드리나이다"눅 18:11-12. 바리새인은 세리와 비교해 보면서 자신은 율법을 철저하게 지켰기 때문에 하나님 앞에서도 세리와는 당연히 다른 의인이라고 자부하고 있었습니다. 반면에 세리는 성전에 가까이 오지 못한 채 멀리 서서 감히 하늘을 쳐다보지도 못하고 가슴을 치며 "하나님이여 불쌍히 여기소서 나는 죄인이로소이다"눅 18:13라고 기도했습니다.

이 두 사람에 대한 예수님의 평가는 무엇이었을까요? 우리는 예수님이 세리는 의인으로 평가하고 바리새인은 죄인으로 평가했다고 생각해서는 안 됩니다. 예수님의 평가는 이 두 사람이 모두 하나님 앞에서 죄인이라는 것, 의인은 없나니 하나도 없다는 것입니다. 다만 세리는 죄를 고백했기 때문에 용서함을 받고 의인으로 여김을 받은 것이고, 바리새인은 죄인임에도 불구하고 죄를 고백하지 않았기 때문에 의인으로 여김을 받지 못한 것입니다.

선한 사람은 없다 (눅 18:18-30)

그러면 바리새인은 그토록 율법을 철저하게 지키는 생활을 했음에도 왜 죄인으로 판단 받아야 했을까요? 그 이유는 같은 장 18-30절에 나오는 부자관원의 이야기를 통하여 드러납니다. 어떤 부자관원이 예수님께 나와서 질문을 했습니다. "선한 선생님이여, 내가 무엇을 하여야 영생을 얻으리이까?" 예수님을 선한 선생님이라고 호칭한 부자관원의 말은 두 가지 뜻을 가지고 있었습니다. 첫째로, 부자관원은 율법을 가르치는 선생들 중에 율법을 잘 지킨 업적에 근거하여 하나님으로부터 선하다는 평가를 받을 수 있는 사람이 있다고 생각했습니다. 예수님의 관점에서 보았을 때 이 생각은 잘못된 생각이지요? 하나님 앞에서는 의인은 하나도 없는데 말입니다. 둘째로, 부자관원은 예수님을 하나님으로 보지 않고 단순히 선한 인간 선생님으로 보았습니다. 이것도 당연히 잘못된 생각입니다.

부자관원의 질문을 들은 예수님의 첫 번째 답변은 부자관원을 책망하는 것이었습니다. "네가 어찌하여 나를 선하다 일컫느냐 하나님 한 분 외에는 선한 이가 없느니라." 예수님은 "네가 어찌하여 나를 선하다 일컫느냐"라고 책망하셨습니다. 부자관원이 예수님을 선하다고 평가한 것이 왜 책망받을 사유가 될까요? 부자관원이 이 말을 할 때는 예수님을 선한 인간 선생님으로 보는 관점을 가지고 있었기 때문입니다. 부자관원은 예수님을 하나님으로 믿지 않은 것입니다. 예수님은 이와 같은 부자관원의 불신앙을 책망하신 것입니다.

또한 예수님은 인간 중에 선한 사람이 있을 수 있다는 부자관원의 생각을 아울러 책망하신 것입니다. 진정한 의미에서 선한 분은 하나님 한 분뿐이기 때문입니다.

　이처럼 예수님은 인간 가운데 선한 사람이 있을 수 있다는 부자관원의 생각과 예수님을 하나님이자 하나님의 아들로 고백하지 않는 불신앙을 책망하신 후에 부자관원 자신의 문제로 돌아가서 부자관원이 과연 하나님 앞에서 선한 사람인가의 여부를 검토해 보는 작업을 시작하십니다. 예수님은 부자관원이 이미 잘 알고 있는, 선한 사람이 되는 방법을 지적하십니다. "네가 계명을 아나니 간음하지 말라, 살인하지 말라, 도둑질하지 말라, 거짓 증언하지 말라, 네 부모를 공경하라 하였느니라"눅 18:20. 예수님은 십계명들 가운데 인간관계를 다룬 후반부 곧, 5계명부터 10계명 중에서 4개를 예로 제시하시면서 이것들을 다 지키면 선한 사람이 될 수 있다고 말씀하십니다. 한마디로 말해서 하나님이 주신 계명을 다 지키면 선한 사람이 될 수 있다는 것입니다. 이 말을 듣고 부자관원은 안도의 한숨을 내쉬면서 "그 정도면 나는 자신이 있지"라고 생각하고 21절에서 이렇게 답변합니다. "여짜오되 이것은 내가 어려서부터 다 지키었나이다." 부자관원은 자신은 하나님이 요구하시는 바를 98% 이상 다 지켜서 이제 완전한 선한 사람이 되는 일이 거의 마무리 단계에 와 있다고 생각하고 있었습니다. 이제 마지막 2% 모자란 것만 살짝 보충해 주면 된다고 생각하고 그 마지막 2%가 무엇인가를 예수님에게 듣고 싶었던 것입니다.

예수님은 이와 같은 부자관원의 심리를 이미 파악하셨습니다. 22절에서 예수님은 "네가 아직도 한 가지 부족한 것이 있으니"라고 말씀하십니다. "한 가지 부족한 것". 이것은 바로 부자 관원이 생각하고 있었던 것입니다. 예수님은 이렇게 말씀하시는 것입니다. "아하! 2% 부족한 것을 알고 싶다는 말이지? 그렇게 자신이 있단 말이지? 그래 내 대답을 한 번 들어 볼래?" 그러면서 예수님은 그 2% 부족한 것이 무엇인가를 말씀하십니다. "네게 있는 것을 다 팔아 가난한 자들에게 나눠 주라 그리하면 하늘에서 네게 보화가 있으리라 그리고 와서 나를 따르라"눅 18:22.

예수님의 답변을 듣는 순간 부자관원은 번개가 내리꽂히는 것과도 같은 충격을 받습니다. 부자관원은 자기에게 부족한 것이 2%인 줄 알았는데, 알고 보니 98%가 부족하다는 선언을 들은 셈이기 때문입니다. 98% 정도가 아니라 아예 불가능하다는 선언을 들은 것입니다. 부자관원이 자기 재산을 다 팔아 버리는 것은 실제로는 불가능합니다. 부자관원만이 아니라 우리 모두 할 수 없는 일입니다. 이 말을 통하여 예수님이 말씀하고자 하신 것은 사람의 힘으로는 그 누구도 하나님 앞에 완전히 선한 자로 설 수가 없다는 것입니다.

자, 부자관원은 이 말을 듣고 어떻게 반응해야만 했을까요? 예수님이 원하셨던 반응은 어떤 것일까요? 정말로 이 부자관원이 모든 것을 다 팔고 예수님을 따라나설 것을 원하셨던 것일까요? 실제로 예수님을 만나 구원받은 사람들 가운데 이런 결단을 한 사람은 거의 없고, 사도들의 전도를 듣고 구원받은 사람들 가운데에서도 이런 결단을 한 사람은 거의 없습니다. 예수님이 원하셨던 반응은 이 부자 관원이 정말로 재산을 다 팔아 버리고 예수님을 따라 나서는 것이 아니라 예수님 앞에 무릎을 꿇고 "저는 제힘으로는 참된 선을 행할 수 없는 죄인입니다"라고 고백하는 것이었습니다. 유감스럽게도 부자관원은 이 말을 듣고 "심히 근심"했다고 본문이 말하고 있는데, 같은 사건을 기록하고 있는 마태복음과 마가복음에는 "근심하며 가니라"라고 되어 있습니다. 근심한 것까지는 잘한 것입니다. 그러나 근심한 다음에는 예수님 앞에 무릎 꿇고 자신의 무능함과 무력함을 고백했어야 했는데, 부자관원은 근심한 뒤에는 예수님을 떠나가 버렸습니다.

마침내 예수님이 결론을 내리십니다. "예수께서 그를 보시고 이르시되 재물이 있는 자는 하나님의 나라에 들어가기가 얼마나 어려운지 낙타가 바늘귀로 들어가는 것이 부자가 하나님의 나라에 들어가는 것보다 쉬우니라"눅 18:24-25. 어떤 사람은 이 본문을 읽고 "하나님 나라에 들어가는 법"을 이렇게 설명합니다. "낙타가 어떻게 하나님 나라에 들어갈 수가 있느냐? 낙타를 큰 절구통 같은 데다 넣어서 곱게 빻아 가루로 만든 다음에, 바늘귀에 가루를 조금씩 넣으면 된다. 그러면 낙타를 곱게 빻아서 가루로 만드는 것은 무엇을 뜻하느냐? 낙타를 곱게 빻는 것은 자아를 철저하게 죽이는 것을 의미한다. 나의 자아를 철저하게 죽여서 없애 버리면 하나님 나라에 들어갈 수 있다!" 이 해석에 대해서 여러분은 어떻게 생각하시나요? 네, 이 해석은 엉터리입니다. 예수님이 말씀하시고자 하신 뜻은 인간의 힘으로는 결코 하나님의 나라에 들어갈 수 없다는 것입니다. 그러면 하나님 나라에 들어가려면 어떻게 해야 하나요? "이르시되 무릇 사람이 할 수 없는 것을 하나님은 하실 수 있느니라"눅 18:27. 하나님에게 맡겨야 합니다.

모든 사람은 하나님 앞에서 죄인

다시 로마서 3:19로 돌아가겠습니다. "우리가 알거니와 무릇 율법이 말하는 바는 율법 아래에 있는 자들에게 말하는 것이니." 모세의 율법이 말하는 것은 무엇인가요? 율법 아래 있는 자들 곧 유대인들도 이방인들과 같이 하나님 앞에서 볼 때 모두 죄인들이라는 것입니다. 그런데 바울이 이처럼 유대인들도 하나님 앞에서 죄인들이라는 말을 하는 목적이 무엇인가요? 그 다음 구절입니다. "이는 모든 입을 막고 온 세상으로 하나님의 심판 아래 있게 하려 함이니라." 이 구절은 법정을 묘사하고 있습니다. 이 법정에서 재판관은 하나님이십니다. 그러면 피고는 누구인가요? "모든 입", "온 세상"이라는 단어들을 볼 때 이 법정에서는 유대인과 이방인을 포함한 모든 인류가 피고임을 알 수 있습니다. "모든 입을 막고." 하나님이 재판장인 법정에서 모든 인류가 피고의 입장에 서서 변호하려고 하는데 할 말이 없다는 것입니다. "하나님의 심판 아래 있다"라는 구절에서 "심판 아래 있다"라고 번역된 헬라어 휘포디코스ὑπόδικος는 범죄혐의가 너무나 분명해서 유죄 선언을 피할 수 없게 된 절망적인 상태에 처한 피고의 처지를 묘사합니다. 모든 인류는 예외 없이 재판관이신 하나님 앞에 설 때 하나님이 "너는 죄인이다"라고 유죄판결을 내리시는데 한마디도 변호할 수 없습니다. 그것이 모든 인류가 처한 상태입니다.

19절은 언뜻 읽어 보면 바울이 앞뒤가 맞지 않는 말을 하는 것처럼 보입니다. 19절 상반절은 모세의 율법이 "율법 아래 있는 자들" 곧 유대인들을 하나님 앞에서 의인이 아니라고 말하고 있습니다. 그런데 19절 하반절은 모세의 율법이 온 인류가 하나님 앞에서 의인이 아니라고 말하고 있음을 선언합니다. 여기서 이런 의문이 들 수 있습니다. "바울은 유대인이 의인이 아니라고 말하는데, 이 말을 하는 목적이 어떻게 온 인류가 의인이 아니라는 뜻이 되는가?" 바울이 여기서 말하고자 하는 것은 유대인처럼 하나님의 선택을 받고, 모세의 율법이라는 놀라운 특권까지 받은 자조차도 하나님 앞에서 죄인으로 판명된다면, 이런 특권을 받지 못한 이방인이 하나님 앞에서 죄인으로 판명되는 것은 두말할 필요조차 없는 일이 아니냐 하는 것입니다.

새관점 비판: 율법은 죄를 깨닫기 위해 주신 것

유대인이나 이방인이나 율법 앞에 섰을 때 모두 죄인으로 판명될 수밖에 없음을 말한 바울은, 그러면 도대체 율법은 왜 주어진 것이냐, 율법의 기능은 도대체 뭐냐 하는 문제를 20절에서 간략히 다룹니다. 이 문제는 7장에 가서 매우 상세하고 깊이 있게 다루어집니다. "그러므로 율법의 행위로 그의 앞에 의롭다 하심을 얻을 육체가 없나니 율법으로는 죄를 깨달음이니라." "율법의 행위로." 여기서 말하는 율법은 넓은 의미를 가집니다. 이 율법에는 하나님이 유대인들에게 특별히 선물로 주신 모세의 율법뿐만 아니라 모든 이방인의 마음속에 새겨 주신 마음의 율법을 포함하여 하나님이 인류에게 주신 모든 형태의 법체계가 포함됩니다. 이 모든 법체계 가운데 가장 중요한 것은 도덕법 체계입니다. 커다란 쟁반과 같은 원을 본문이 말하는 율법이라고 본다면 쟁반은 모든 형태의 법체계를 다 가리키는 것이고, 이 쟁반 안의 중심부에 작은 원이 그려져 있는데, 이 원이 도덕법입니다.

"율법의 행위로." 이 말은 "하나님이 모든 인류에게 주신 법체계, 특히 도덕법 체계를 행함으로써"라는 뜻입니다. "그의 앞에 의롭다 함을 얻을 육체가 없나니." "그의 앞에"는 "하나님 앞에"를 뜻합니다. "의롭다 함을 얻을 육체가 없나니." 육체라는 단어는 인간의 연약성과 부패성을 가리키는 표현입니다. 육체는 하나님으로부터 떠난 연약성과 부패성 속에서, 이 세상의 기준과 힘을 의지하면서, 자기 자신의 뜻대로 살아가는 불신자들을 가리킵니다. 하나님없이 자기 자신의 힘만을 의지하여 하나님이 주신 법체계를 준수하는 방법으로는 결코 하나님 앞에서 의롭다는 평가를 받을 수 없습니다. 바울은 이 구절을 통하여 율법을 행함으로써 하나님 앞에서 의롭다 함을 받을 수 있다고 주장해 온 유대교의 행위구원론을 비판하고 있습니다.

이 구절과 관련하여 매우 잘못된 이론이 세계 신약학계에 등장하여 아주 큰 인기와 지지자들을 끌어들이면서 교회를 혼란 속에 빠뜨리고 있습니다. 이들이 노골적으로 이 이론을 말하지는 않지만 이 이론을 암시적으로 반영하는 설교를 하고 있습니다. 이 설교를 반복하여 듣다 보면 평신도들은 자기도 모르는 사이에 이 이론과 같은 생각을 하게 됩니다. 자기 자신도 모르는 사이에 일종의 이념화 또는 세뇌를 당하는 것입니다. 이 이론에 영향을 받으면 구원의 확신이 약화되어 내가 구원을 받은 사람인지 받지 않은 사람인지 고민 속에 빠지게 되고, 잘못하면 복음을 바르게 가르치는 목사님들을 비판하는 우를 범하게 됩니다. 따라서 이 이론이 이해하기 어려운 이론이지만 이 이론이 어떤 것인가를 간략하게나마 소개하여 혹시 앞으로 만나게 될 혼란에 빠지지 않도록 예방주사를 놓는 것이 필요하다고 판단됩니다.

이 이론은 이른 바 "새관점"이라고 불리는 이론으로서, 영국의 세계적인 신약학자인 제임스 던James Dunn과 이.피. 샌더스E. P. Sanders 등이 주장했습니다. 새관점은 바울이 여기서 말하는 율법은 모세의 율법이나 인류의 마음속에 새겨져 있는 도덕법 체계를 말하는 것이 아니라 할례, 안식일, 정결 음식에 관한 규례 등과 같은 의식법만을 가리킨다고 보았습니다. 이 규례들 가운데 특히 중요한 것은 할례였습니다. 새관점은 할례를 받는 것은 이스라엘이라는 국가의 국민이 되기 위하여 필요한 의례 절차에 불과했다고 주장합니다. 예를 들어서 다른 나라 사람이 미국 국민이 되려면 일정한 법적 절차를 밟아 시민권을 받아야 하는 것처럼, 할례를 받는 목적은 이스라엘이라는 국가의 국민이 되기 위한 의례 절차에 불과했다는 것입니다. 구약시대에는 이스라엘의 경우에 교회가 국가와 동일시되었기 때문에 이스라엘 국가의 국민이 되는 것은 교회 또는 하나님의 나라 백성이 되는 것을 의미했습니다. 새관점은 할례를 받는 것은 도덕생활을 바르게 하는 것과는 관계가 없다고 주장합니다. 예를 들어서 주민등록센터에 전입신고를 하는 것은 도덕생활을 잘하고 못하는 것과는 아무런 관계가 없는 것처럼, 할례를 받는 것은 그저 남성 성기의 포피를 잘라내는 의식에 지나지 않을 뿐, 도덕생활을 잘하는가 못하는가와는 상관이 없다는 것입니다.

그러므로 바울은 이 본문에서 단순한 의례 절차인 할례를 받는 것만으로는 의롭다 함을 받을 수 없다고 말한 것일 뿐, 도덕법을 지킴을 통해 의롭다 함을 받을 수 없다고 말하는 것이 아니라는 것이 새관점이 주장하는 것입니다.

새관점은 여기서 한 걸음 더 나아갑니다. 할례라는 의례절차를 통하여 이스라엘 국민이 되는 것은 하나님의 언약 안에 들어가는 것을 뜻한다고 새관점은 말합니다. 왜냐하면 이스라엘 국가 자체가 하나님의 언약 안에서 성립된 국가이기 때문입니다. 그러나 하나님의 언약 안에 들어갔다고 해서 하나님의 백성의 신분이 영구히 확정된 것은 아니라는 것이 새관점의 핵심논증입니다. 하나님의 언약 안에 들어간 후에 도덕법을 잘 지키면 언약백성의 신분이 유지되지만, 잘 지키지 못하면 언약백성의 신분에서 탈락할 수 있다는 것입니다. 이 주장은 명확히 행위구원론입니다. 이 주장은 로마 가톨릭교에서 주장하는 공로설과 별반 다를 것이 없는 주장입니다. 이 주장을 받아들이게 되면 구원의 확실성이 없어집니다. 왜냐하면 율법을 제대로 지키지 못하면 언약백성의 지위에서 탈락하기 때문입니다. 사실상 구원은 물 건너갑니다. 왜냐하면 언약백성의 지위에서 탈락하지 않을 만큼 선을 행하는 자는 없기 때문입니다.

결론적으로 말해서 바울은 할례와 같은 의식법을 지키는 것을 통하여 의롭다 함을 받을 수 없다는 주장을 한 것뿐이고, 도덕법을 잘 지킨 생활을 근거로 의롭다 함을 받을 수 없다는 주장을 한 것은 아니라는 것이 새관점의 주장입니다. 새관점은 바울을 행위구원을 주장한 자로 둔갑시켜 놓았습니다. 그러나 우리는 바울이 할례와 같은 의식법을 지키는 것을 통하여 의롭다 함을 받을 수 없다는 주장을 했을 뿐만 아니라 도덕법을 지키는 생활을 통하여도 의롭다 함을 받을 수 없다는 입장을 분명히 가르쳤다는 점을 잊어서는 안 됩니다.

이처럼 율법은 - 의식법이든, 도덕법이든 - 하나님 앞에서 인간을 의로운 자로 세우는 역할을 하지 못합니다. 그러면 율법은 도대체 어떤 기능을 하는 것인가요? 바울은 "율법으로는 죄를 깨달음이라"라고 답변합니다. 성경이 죄라는 단어를 쓸 때는 아담으로부터 전가된 원죄에 강조점을 둘 때도 있고, 인간이 스스로 범한 자범죄에 강조점을 둘 때도 있는데, 이 문맥에서는 자범죄에 강조점이 있습니다.

우리는 율법을 읽고, 율법에 자기의 마음이나 행위를 비추어 봄으로써 우리 자신의 마음이나 행위가 잘못되었다는 사실을 알 수 있습니다. "탐내지 말라"라는 율법을 읽음으로써 욕심으로 가득 차 있는 나의 마음이 잘못된 것임을 깨닫게 됩니다. "부모를 공경하라"라는 율법을 읽음으로써 부모를 함부로 대했던 자기 자신의 행위가 잘못된 것임을 깨닫습니다. 이처럼 율법은 죄가 무엇인가는 알려 주지만 죄에 대하여 내려지는 형벌의 굴레로부터 우리를 풀어 주지 못합니다. 그러면 어떻게 해야 죄의 형벌로부터 해방될 수가 있나요? 바울은 1:18-3:20까지 모든 인간은 하나님 앞에서 죄인이라는 진술 곧, 우리의 마음을 힘들게 하지만 반드시 들어야만 하는 진술을 해왔습니다. 이제 3:21부터는 이 죄의 세력으로부터 해방되어 참된 자유와 구원에 이르는 희망의 소식을 본격적으로 전하기 시작합니다. 1:18-3:20까지 길고 어두운 터널을 통과해야 했다면 3:21부터는 터널을 벗어나서 밝고 따뜻한 햇볕이 내리쬐이는 아름다운 정원으로 들어서기 시작합니다. 이 어두운 터널을 통과하는 것은 우리 마음을 힘들게 하는 과정이지만 이 터널은 햇볕이 내리쬐이는 아름다운 정원으로 가는 유일한 통로이기 때문에 피할 수 없는 길입니다.

V

율법 외에 나타난
하나님의 의

롬 3:21-4:25

22 율법 외에 나타난 하나님의 의 (롬 3:21-23)

21절 이제는 율법 외에 하나님의 한 의가 나타났으니 율법과 선지자들에게
증거를 받은 것이라
22절 곧 예수 그리스도를 믿음으로 말미암아 모든 믿는 자에게 미치는 하나
님의 의니 차별이 없느니라
23절 모든 사람이 죄를 범하였으매 하나님의 영광에 이르지 못하더니라

바울은 1:18-3:20까지 긴 분량을 할애하여 유대인이든, 이방인
이든, 모든 사람은 하나님 앞에서 죄인이며, 죄에 대한 형벌인 사망
을 맞이해야 한다는 사실을 서술했습니다. 죄와 사망의 굴레에 갇힌
인류의 운명에 대해서 충분히 서술했다고 판단한 바울은 3:21에서
부터는 이 비참한 운명으로부터 인류를 해방하기 위하여 하나님이
준비하신 구원의 길에 관한 서술을 시작합니다. 이 본문에서 바울은
인간이 하나님에게서 의롭다는 선언을 받으려면 하나님으로부터 오
는 의로움에 의지해야 하는데, 이 의는 예수 그리스도를 믿을 때 모
든 믿는 자에게 주어시는 것임을 말합니다.

율법을 행함과는 무관하게 나타난
하나님의 속성적 의와 전달적 의

"이제는 율법 외에 하나님의 한 의가 나타났으니 율법과 선지자들에게 증거를 받은 것이라"롬 3:21. 우리말에는 21절이 단순히 "이제는"이라고 되어 있으나, 원문에는 "그러나 이제는"이라고 되어 있습니다. 이 표현은 21절 이하에서는 이전에 전개되는 내용과는 반대되는 내용이 등장할 것임을 예고하는 표현입니다. 이전에는 인류가 죄와 사망의 세력에 사로잡힌 절망적인 상태를 묘사했다면, 이제부터는 이 절망적인 상태로부터 해방되는 길에 대한 희망적인 내용이 전개됩니다.

"율법 외에." 먼저 이 본문에서 사용된 율법이 무엇을 뜻하는가를 살펴보아야 합니다. 21절에서부터 바울은 유대인과 이방인 모두를 대상으로 말하기 시작합니다. 따라서 "율법 외에"라고 했을 때 "율법"은 유대인과 이방인 모두가 알고 있는 율법을 말한다고 보아야 합니다. 따라서 본문이 말하는 율법은 유대인에게는 모세의 율법안에 있는 도덕법 - 사랑의 대강령, 황금률, 십계명, 성윤리 관련 명령들 - 을 의미한다고 볼 수 있고, 이방인들에게는 마음에 심겨 있는 도덕법을 가리킨다고 볼 수 있습니다. 한마디로 말해서 모든 도덕법 체계를 가리킵니다.

또한 본문이 말하는 율법은 율법 그 자체를 말하는 것이 아니라 "율법을 행함"을 축약한 것입니다. 로마서 3:21은 갈라디아서 2:16을 재서술한 것인데, 갈라디아서 2:16은 이렇게 되어 있습니다. "사람이 의롭게 되는 것은 율법의 행위로 말미암음이 아니요…율법의 행위로써가 아니고 그리스도를 믿음으로써 의롭다 함을 얻으려 함이라…율법의 행위로써는 의롭다 함을 얻을 육체가 없느니라." "율법의 행위로써는"이라는 말은 "율법을 행함으로써는"이라는 뜻입니다. 따라서 "율법 외에"라는 표현은 "율법을 행하는 것과 상관없이"라는 뜻입니다.

율법을 행하였느냐의 여부와는 무관하게 하나님의 의가 나타났다고 바울은 말합니다. 바울이 말하는 하나님의 의는 주로 두 가지 의미를 지닙니다. 이 두 가지 의미가 모두 죄를 범한 인간과 관련되어 있습니다.

하나는 죄를 범한 인간에 대하여 하나님이 그 죄에 상응하는 형벌을 내리시는 것입니다. 죄를 범했으면 그 죄에 해당하는 벌을 받는 것이 정의로운 일이 아니겠습니까? 이런 의미로 사용된 사례가 로마서 3:5입니다. "그러나 우리 불의가 하나님의 의를 드러나게 하면 무슨 말 하리요 내가 사람의 말하는 대로 말하노니 진노를 내리시는 하나님이 불의하시냐." 이 본문이 말하는 바는 인간이 죄를 범했기 때문에 하나님이 그 죄에 상응하는 진노 곧 벌을 내리셨다는 것입니다. 이것을 신학에서는 하나님의 '속성적 의'라고 말합니다. 하나님의 속성 곧 성품 그 자체가 불의한 일을 그냥 내버려 두지 못하신다는 것이지요. 하나님의 속성적인 의는 죄를 범한 인간에게 진노, 형벌, 심판을 내리시는 것으로 나타납니다.

또 하나의 의미는 어떤 사람을 의롭다고 선언해 주시는 것입니다. 이것을 신학에서는 하나님의 '공유적' 혹은 '전달적 의'라고 말합니다. 하나님이 사람에게 의롭다는 선언을 해주신다는 것은 하나님 자신이 지니고 계신 공의라는 속성을 사람과 공유하는 것이고 또 그것을 전달하는 것이기도 하기 때문에 이런 이름을 붙이는 것입니다. 어떤 사람에게 "너는 참 의롭구나!"라는 선언을 해주는 것은 그 사람에게 일종의 선물을 주는 것입니다. 어떤 사람을 의롭다고 선언한다는 것은 하나님 나라 백성으로서 자격을 갖추었음을 선언하는 것이고 죄와 사망의 권세로부터 구원하여 천국으로 들어갈 수 있도록 한다는 뜻입니다. 따라서 어떤 사람을 의롭다고 선언하는 것은 바로 그를 구원한다는 뜻입니다.

"그러나 이제": 죄인을 100% 의롭다고 선언하심

그런데, 여기서 아주 중요한 질문이 하나 제기됩니다. 21절이 말하는 하나님의 의는 하나님이 사람을 의롭다고 선언하는 것을 뜻한다고 하지 않았습니까? 그런데 1:18-3:20을 읽어 보면 사람들 가운데 의인은 하나도 없고 모두 하나님 앞에서 죄인이라고 되어 있습니다. 따라서 하나님이 누구라도 인간을 의롭다고 선언하신다는 것은 실제로는 불의한 죄인을 의롭다고 선언하신다는 것을 의미합니다. 정말로 이상하지 않습니까? 죄인을 보시고 벌을 내리셔야 하나님은 의로운 분이 되시는데, 본문은 죄인을 보시고 벌을 내리시지 않고 오히려 의롭다고 선언을 하시는 것이 바로 하나님의 의라고 말하고 있기 때문입니다. 이것은 인간 세상의 법적인 상식과 맞지 않는 이상하고 경이로운 일입니다. 이 질문에 대한 답변이 24-26절에 나옵니다.

그러면 하나님은 다음과 같은 뜻으로 말씀하시는 것일까요? "자, 지금까지 네 모습을 보니 네 안에 원죄가 들어있고 자범죄도 헤아릴 수 없이 많구나. 그런데 이제 손가락을 걸고 한 가지만 약속하자. 지금부터는 율법을 행하기 위하여 힘쓰겠다고! 그러면 지금까지 네가 범한 죄 모두를 없었던 것으로 하고 너를 의롭다고 선언해 줄게." 어떻습니까? 합리적이고 건설적인 제안처럼 보이지 않습니까? 그러나 하나님의 제안은 그게 아닙니다. 하나님은 과거든, 현재든, 미래든, 좌우지간 "율법을 행했느냐의 여부"는 단 1%도 고려하지 않으시고, 죄인인 인간을 의롭다고 선언하기로 결정하신 것입니다.

의심이 많은 우리는 또 이렇게 생각할 수 있습니다. "하나님이 인간을 의롭다고 선언하실 때 어떻게 우리를 100% 의로운 자로 선언하시겠어? 내 꼴을 볼 때 그건 말이 안 돼. 그리고 하나님 앞에 너무 죄송스럽기도 하고! 그저 30%쯤 의롭다고 선언하시는 것이겠지. 그 정도만 해도 감지덕지하지! 아마도 좀 더 욕심을 내면 50%쯤?" 그러나 하나님이 하시는 "의롭다는 선언"은 100% 완전한 의로움입니다. 하나님에게는 절반의 의로움이라는 것은 없습니다. 100% 의로움이 아니면 모두 불의한 것입니다. 99% 의로움도 하나님이 보시기에는 불의한 것입니다. 99.99999% 의로운 삶을 살았어도 하나님 앞에서는 지옥에 떨어져야 할 죄입니다.

21절이 말하고자 하는 것은 하나님이 불의로 찌들대로 찌들어 있는 인간들을 보시고 인간 편에서의 어떤 도덕적 업적도 요구하지 않으시고, "너는 찬란하고 눈부시게 반짝반짝 빛나는 100% 의인이다"라고 선언해 버리시는 것입니다. 이것이 바로 구원이고, 복음입니다.

우리가 우리의 실체를 보면 원죄와 자범죄로 찌들어 있는 것이 현실입니다. 바로 이 현실을 발판으로 이용하여 마귀가 우리에게 자꾸만 이렇게 속삭입니다. "죄에 찌들어 있는 네 꼴을 좀 봐라. 그 꼴이 구원받은 백성에 어울리느냐? 어떻게 영광스러운 하나님 나라의 백성이 그런 꼴을 할 수가 있느냐? 하다못해 하나님 앞에 내어놓을 쥐꼬리만 한 의로운 업적이라도 좀 있어야 얼굴을 들 수 있는 것이 아니냐?" 이런 질문을 들으면 우리는 움찔합니다. 마귀의 진단이 맞거든요. 우리 꼴이 하나님의 자녀로서 어울릴 수가 없는 꼴이기 때문입니다. "그래. 그 말이 맞아. 이런 꼴을 가진 나는 감히 하나님의 자녀라고 불릴 수가 없어." 마귀의 이와 같은 질문은 우리 자신의 도덕생활의 정도를 반성해 볼 것을 요청하는 도덕적이고 거룩한 요구처럼 들리지만 매우 간교한 마귀의 속삭임이라는 사실을 알아야 합니다.

그러면 이런 유혹이 들어올 때 어떻게 해야 할까요? 이런 마귀의 속삭임이 들려 올 때 딱 서서 대항하여 맞서야 합니다. 뭐라고 부르면서 맞서야 할까요? "그러나, 이제!"라고 소리치면서 맞서야 합니다. "그래, 나는 원죄와 자범죄로 찌들대로 찌든 죄인이야. 그러나 이제! 하나님이 과거와 현재와 미래를 통틀어서 율법을 행했느냐를 전혀 문제 삼지 않고 나를 100% 완전하고 찬란한 의인이라고 선언해 주신 거야!" 말씀에 근거하여 이렇게 소리치면서 맞짱 떠야 합니다. 그것이 바로 믿음입니다. 믿음은 마귀의 이 속삭임에 맞짱 뜨면서 저항하고 싸우는 것입니다! 이 속삭임에 주저주저하고 멈칫멈칫하는 것은 불신앙이고 죄악입니다.

의의 선물

본문은 하나님의 의, 곧 죄인을 100% 완전히 의롭다고 선언하시는 의의 선물이 "나타났다"라고 말합니다. "나타났다"로 번역된 헬라어 파네로오φανερόω는 이전에는 없었던 어떤 것이 갑자기 새롭게 나타나는 것을 뜻하는 것이 아니라 이전부터 존재했던 어떤 것을 보자기로 덮어 보이지 않게 숨겨 놓았다가 정한 때가 되자 보자기를 벗겨서 누구나 다 볼 수 있도록 공개하는 행위를 뜻합니다. 죄인을 의롭다고 하시는 선물은 어느 시점 이전까지는 보자기에 가려져 있었습니다. 사람들이 보았을 때 무언가 있는 것은 분명한데 두리뭉실한 외형만 보일 뿐, 실체를 알 수 없었는데, 정한 때가 되자 모든 사람이 다 볼 수 있도록 공개되었습니다. 이 정한 때를 본문은 "이제"라고 표현합니다. 이 정한 때가 언제인가요? 예수 그리스도께서 인간의 몸을 입고 이 세상에 오신 성육신의 순간부터 33년간의 생애를 거쳐서 고난을 받으시고, 십자가 위에서 죽으셨다가 부활하시고 승천하신 다음, 오순절 날에 성령을 보내신 시점까지가 바로 이때입니다. 이 사건들은 모두 역사 안에서 실제로 일어난 사건들입니다.

이 일들은 사람의 머릿속에서 상상해낸 신화가 아닙니다. 죄인을 의롭다고 선언하시는 하나님의 의의 선물이 바로 예수 그리스도를 통해서 역사적인 사건으로 공개적으로 나타난 것입니다. 예수 그리스도는 죄인을 의롭다고 선언하시는 하나님의 의의 선물의 핵심이자 선물 그 자체입니다. 죄인을 의롭다 하시는 하나님의 의의 선물이 바로 예수 그리스도라는 진리는 이미 구약성경 전체가 증언한다고 21절 하반절은 말합니다. "율법과 선지자들에게 증거를 받은 것이라." 율법은 모세 오경을 가리키고, 선지서는 구약의 나머지 책 전체를 가리키므로 "율법과 선지자들"은 구약성경 전체를 뜻합니다. 예수 그리스도가 인류의 구원자이심을 증언하고 있는 구약성경 구절들은 숫자를 셀 수조차 없이 풍부합니다.

바르트 비판: 신자의 믿음은 하나님의 의가 전달되는 통로

그러면 죄인을 의롭다고 선언해 주시는 하나님의 선물인 하나님의 의는 무엇을 통하여, 누구에게 찾아오나요? 22절입니다. "곧 예수 그리스도를 믿음으로 말미암아 모든 믿는 자에게 미치는 하나님의 의니 차별이 없느니라." 죄인을 의롭다고 선언하시는 하나님의 선물인 하나님의 의는 예수 그리스도를 믿음으로 말미암아 온다고 본문은 말합니다. 본문은 죄인을 의롭다고 선언하시는 하나님의 선물인 하나님의 의가 우리에게 전달되는 통로가 무엇인가를 말하고 있습니다. 이 본문에서 우리는 두 가지 점에 주목해야 합니다.

첫째로, "예수 그리스도를 믿음"이라는 표현입니다. 헬라어에서는 예수 그리스도라는 어구와 믿음이라는 단어가 소유격으로 연결되어 있어서 직역을 하면 "예수 그리스도의 믿음"이라고 번역됩니다. 그런데 소유격을 어떻게 해석해야 하는가 하는 문제를 둘러싸고 두 가지 다른 해석이 등장하여 큰 논쟁이 벌어졌습니다.

헬라어에서는 소유격 뒤에 나오는 단어를 주어로 해석할 수도 있고 목적어로 해석할 수도 있습니다. 만일 주어로 해석하면 "예수 그리스도가 가진 믿음"이 되고, 목적어로 해석하면 "예수 그리스도에 대한 믿음 곧 예수 그리스도를 믿는 신자의 믿음"이 됩니다. 문법적으로는 두 해석이 다 가능합니다. 이 두 해석 가운데 어느 해석이 맞을까요? 예수 그리스도가 가진 믿음을 통하여 여러분이 구원받는다고 하는 것이 맞을까요? 아니면 여러분이 예수 그리스도를 믿는 믿음을 통하여 구원받는다고 하는 것이 맞을까요? 여러분은 모두 구주이신 예수 그리스도를 믿는 여러분 자신이 가진 믿음을 통하여 구원받는다고 배워 왔고 이 해석이 맞는 해석입니다. 우리 말 개역개정성경도 바르게 번역했습니다. 특히 21-31절의 내용을 아브라함을 예로 들어서 설명하고 있는 4장에 들어가면, 아브라함이 하나님을 향하여 가진 믿음을 통하여 의롭다는 선언을 받는다는 것을 여러 곳에서 분명히 밝히고 있습니다. 4:3은 "아브라함이 하나님을 믿으매 그것이 그에게 의로 여겨진 바 되었느니라"라고 말하고 있습니다. 5절에도 "의롭다 하시는 이를 믿는 자"라고 하고 있고, 9절에도 "아브라함에게는 그 믿음이 의로 여겨졌다"라고 하고 있습니다. 이 말은 아브라함이 자신의 믿음을 통하여 의로운 자로 여겨짐을 받았다는 뜻이지 예수님이 가진 믿음이 아브라함을 의로운 자로 만든다는 뜻은 아닙니다. 정통주의 계열에 속한 많은 신학자가 3:22을 인간이 예수 그리스도를 향하여 가진 믿음으로 바르게 해석했습니다.

그런데 일부 신학자들이 이 해석을 받아들이지 않고 예수 그리스도가 가진 믿음을 통해서 구원받는다는 해석을 받아들였습니다. 특히 최근에 강력한 영향력을 발휘하는 유명한 신학자들이 그런 주장을 전개했습니다. 그 가운데 대표적인 신학자가 칼 바르트K. Barth라는 신학자입니다. 바르트는 신학 저서를 저술한 분량이나 영향력에 있어서만 본다면 20세기 최고의 신학자입니다. 바르트는 될 수 있으면 예수 그리스도에 대하여 인간이 가진 믿음을 말하지 않으려고 애를 썼습니다. 바르트는 하나님의 사랑은 절대적이기 때문에 사람이 예수님을 믿든 믿지 않든 상관없이 모두 구원받는다는 잘못된 보편구원론을 주장한 신학자입니다. 만일 22절의 관련 구절을 인간이 예수 그리스도를 향하여 가진 믿음으로 해석하면 예수 그리스도를 믿는 것이 구원의 제한조건이 되어 자기가 주장한 보편구원론이 무너지기 때문에 본문을 예수 그리스도가 가진 믿음으로 해석하기를 고집한 것입니다.

둘째로, 우리 말 성경은 예수 그리스도를 믿음으로 "말미암아"

라고 번역했는데, 이 번역은 신학적으로 좋은 번역이 아닙니다. "말미암아"라는 단어를 국어사전에서 찾아보면 "원인" 또는 "근거"라고 되어 있는데, 신자가 예수 그리스도를 믿는 것은 죄인을 의롭다고 선언하시는 선물인 하나님의 의가 인간에게 주어지는 원인이나 근거가 될 수 없습니다. 헬라어 원어는 디아διά인데, 디아는 "통하여" 곧, "통로"라는 뜻입니다. 신자의 믿음은 통로 역할을 할 뿐입니다. 예를 들어서 수도관을 통하여 물이 가정에 공급됩니다. 이때 물이 흘러나오는 원인 또는 근원이 무엇입니까? 수도관이 물이 흘러나오는 원인 또는 근원이라고 말할 수 있을까요? 아닙니다. 물이 흘러나오는 근원은 많은 물을 담고 있는 수원지입니다. 수도관은 수원지의 물을 흘려보내는 통로 역할을 할 뿐입니다. 이처럼 예수 그리스도에 대하여 신자가 가진 믿음은 하나님으로부터 흘러나오는 구원의 선물 곧, 죄인을 의롭다고 선언하시는 하나님의 의의 선물을 전달하는 통로 역할을 할 뿐입니다. 그러면 이 선물의 근거 또는 근원은 무엇인가요? 하나님 자신, 특히 하나님의 긍휼하심, 하나님의 사랑이 바로 이 선물을 보내는 근거입니다. 신자가 가진 믿음이 구원의 선물이 전달되는 근거가 된다고 말하는 것은 믿음이라는 행위가 구원의 근거가 된다는 뜻이므로 행위구원론이 됩니다.

믿는 자에게 임하는 하나님의 의

그러면 죄인을 의롭다고 선언하시는 하나님의 선물은 누구에게 임하나요? "모든 믿는 자에게 미치는 하나님의 의니." 예수 그리스도를 믿는 모든 신자에게 차별이 없이 이 선물이 주어집니다. 성경은 구원의 제한성과 보편성을 동시에 말하고 있습니다. 구원의 제한성은 무엇입니까? 오직 예수 그리스도를 믿는 자에게만 죄인을 의롭다고 선언하시는 구원의 선물을 주십니다. 구원의 보편성은 무엇입니까? 예수 그리스도를 믿기만 하면 누구에게든지 차별이 없이 주어집니다.

자, 그러면 인간 자신이 하나님 앞에서 의인으로 서는데, 왜 인간 자신이 율법을 행한 의를 내세워서는 안 되고, 인간 자신이 율법을 행한 공로나 업적은 100% 배제된 상태에서, 100% 하나님으로부터 오는 의만을 내세워야 할까요? 23절입니다. "모든 사람이 죄를 범하였으매 하나님의 영광에 이르지 못하더니." 인간은 예외 없이 모두 "죄를 범했기" 때문이라고 바울은 말합니다. "죄를 범하였으매"라는 구절에서 바울이 사용한 시제는 부정과거시제입니다. 부정과거시제는 과거의 어느 한순간에 범한 행위를 뜻합니다. 그러니까 이 말은 모든 인류가 과거 어느 한순간에 다 함께 죄를 범했다는 말입니다. 그런데 이 구절은 아주 이상한 말입니다. 왜냐하면 태초로부터 오늘날을 거쳐서 종말의 날까지 역사 안에 등장한 모든 사람이 어느 한순간에 다 함께 모일 수가 없기 때문입니다. 한 사람의 일생만을 보더라도 어느 한순간에만 범죄 하는 것이 아니라 평생 꾸준히 죄를 범하지 않습니까? 그러면 이 말은 무슨 뜻인가요? 이 말은 아담이 선악과를 따먹는 죄의 행위를 할 때 모든 인류가 함께 죄를 범한 것으로 하나님이 간주하신다는 뜻입니다. 이 죄를 원죄라고 합니다. 거기다가 자범죄까지 합쳐져서 모든 인류는 하나님 앞에서 죄인이 되었습니다. 그 결과가 어떻게 나타났을까요? 하나님의 영광에 이르지 못하게 되었습니다. 영광이라는 단어는 문맥에 따라서 다양한 의미로 사용되는데, 본문에서는 그 다양한 의미들 가운데 하나인 "칭찬" 혹은 "인정"이라는 뜻으로 사용되었습니다. 영광이라는 단어가 "칭찬"이라는 뜻으로 사용된 좋은 예는 요한복음 12:43입니다. "그들이 사람의 영광을 하나님의 영광보다 더 사랑하였더라." 이 본문에서 영광이라는 단어는 명확히 "칭찬, 인정, 승인"이라는 뜻입니다. 그들이 사람의 칭찬이나 인정을 받는 것을 하나님의 칭찬이나 인정을 받는 것보다 더 중요시했다는 말이지요. 따라서 본문에 하나님의 영광에 이르지 못하게 되었다는 말은 하나님으로부터 의인이라는 인정과 칭찬을 받아 내는 데 실패했다는 뜻입니다. 인간 자신이 행한 선행을 가지고 하나님으로부터 의롭다는 인정을 받는 데 실패했기 때문에 인간이 의롭다는 선언을 받는 길은 인간이 율법을 행한 업적이나 공로는 전혀 고려하지 않은 상태에서 하나님이 의롭다고 선언해 주시는 길밖에는 없습니다.

23 의롭다 하심의 근거 (롬 3:24-26)

24절 그리스도 예수 안에 있는 속량으로 말미암아 하나님의 은혜로 값 없이
의롭다 하심을 얻은 자 되었느니라
25절 이 예수를 하나님이 그의 피로써 믿음으로 말미암는 화목제물로 세우
셨으니 이는 하나님께서 길이 참으시는 중에 전에 지은 죄를 간과하심
으로 자기의 의로우심을 나타내려 하심이니
26절 곧 이 때에 자기의 의로우심을 나타내사 자기도 의로우시며 또한 예수
믿는 자를 의롭다 하려 하심이라

값없이 은혜로 의롭다 하시는 하나님의 마음

바울은 1:18-3:20에서 모든 인간은 하나님 앞에서 죄인이며, 하
나님은 의로우신 분이시기 때문에 죄를 범한 인간에 대하여 반드시
벌을 내리신다고 말했습니다. 그런데 바울은 3:21부터는 이와 같은
하나님의 의로우심에는 맞지 않는 것처럼 생각되는 말을 하기 시작
합니다. 바울은 3:21에서 "율법 외에 하나님의 한 의가 나타났다"라
고 말하고 있는데, 이 말부터가 죄를 반드시 벌하시는 하나님의 속
성과는 조화될 수 없는 말입니다. "율법 외에"라는 말은 "율법을 행
한 공로나 업적을 보지 않고"라는 뜻입니다. 이 말은 인간이 얼마나
바르게 살아왔는가를 보지 않는다는 말입니다. 그러므로 이 말은 하

나님의 의로움이 인간이 "율법을 잘 지켰는가, 바르게 살았는가" 여부와는 상관없이 주어진다는 것을 뜻합니다. 하나님은 의로우신 분이기 때문에 당연히 인간이 율법을 완전히 지킨 것을 확인하신 다음에 의롭다 함을 선언하셔야 마땅한데, 이제 인간이 율법을 지켰는가의 여부를 아예 보지 않으시고 의롭다 함을 주신다는 것입니다. 이 모순을 어떻게 설명해야 하나요?

이 모순은 24절에 이르러서 더 선명하게 나타납니다. 헬라어 원문상으로 24절은 이렇게 배열되어 있습니다. "그들이 의롭다 함을 받는다. 어떻게? 값없이 하나님의 은혜로." "값없이"로 번역된 헬라어 도레안δωρεάν은 "선물로"라는 뜻입니다. 선물은 어떤 조건을 걸지 않고 그냥 주는 것입니다. 여기서 우리는 선물을 주는 사람은 어떤 마음인가를 잠깐 생각해 볼 필요가 있습니다. 선물은 상대방을 아끼고 사랑하는 마음으로 줍니다. 하나님이 죄인에게 "의롭다 함"을 선물로 주실 때 바로 이 마음이 있습니다.

또한 이 의롭다 하심은 "은혜"로 주어집니다. 은혜라는 말은 갖추어야 할 조건을 충족시키지 못했는데도 마치 조건을 충족시켜준 사람에게 주는 것처럼 주는 것을 뜻합니다. 예를 들어서 고용주가 피고용인에게 하루에 여덟 시간을 일하면 10만 원을 주기로 계약했다고 가정해 봅시다. 그런데 계약을 맺고 일을 하기로 한 피고용인이 어떤 사정이 있어서 일을 하지 못했습니다. 이때 고용주는 10만 원을 피고용인에게 줄 의무가 없습니다. 그런데 뜻밖에도 고용주가 일을 전혀 하지 못한 피고용인을 불러다 놓고 10만 원을 선뜻 주었습니다. 이 광경을 보고 우리는 고용인이 "은혜를 베풀었다"라고 말합니다. 하나님이 죄인인 인간들을 이렇게 대하셨습니다. 하나님은 의로운 분이시기 때문에 죄인인 인간이 "의롭다 함"을 받으려면 반드시 "율법의 완전한 수행"을 제시해야만 합니다. 그런데 인간이 "율법의 완전한 수행"을 제시하지 않았는데도 하나님은 "의롭다 함"을 주신 것입니다.

여기서도 우리는 하나님이 어떤 마음으로 이렇게 하시는가에 주목할 필요가 있습니다. 도대체 하나님은 무슨 마음으로 인간이 율법을 완전히 수행하지 못했음에도 불구하고 인간에게 "의롭다 함"을 주셨을까요? 이 하나님의 마음을 잘 보여주는 성경의 이야기가 있는데 그 이야기는 바로 마태복음 20:1-16까지 기록되어 있는 포도원 품꾼의 비유입니다. 어느 포도원 주인이 포도원에서 하루 동안 일할 품꾼을 모집하기 위하여 이른 새벽에 장터에 나갔습니다. 이 당시 장터에는 새벽에 일일 노동자들을 위한 일종의 인력시장이 형성되었습니다. 일하고 싶은 품꾼들이 장터에 나가서 모여 기다리면 농장주 등이 와서 품꾼들과 계약을 맺고 데리고 가서 일을 시키고 일당을 지불했습니다. 관례대로 포도원 주인은 이른 아침에 장터에 나가서 한 데나리온을 주기로 계약을 맺고 품꾼을 고용했습니다. 하루 종일 일을 시키려면 이른 새벽에 일꾼과 계약을 맺어야 합니다. 본문에 제 삼시 곧 오늘로 따지면 오전 9시에 나가보니 여전히 품꾼들이 있었습니다. 오전 9시는 일을 시작한 이후이기 때문에 계약하기에는 늦은 시간입니다. 그러나 포도원 주인은 오전 9시에도 역시 한 데나리온을 주기로 계약하고 품꾼을 고용했습니다. 12시에도, 오후 3시에도, 심지어는 일이 거의 다 끝나갈 무렵인 오후 5시에도 장터에 나가보니 여전히 일을 찾지 못한 품꾼들이 있어서 한 데나리온을 주기로 계약을 맺고 데리고 와서 일을 하도록 했습니다.

일이 다 끝나고 일당을 정산할 때 포도원 주인은 이른 아침에 온 품꾼이든, 오전 9시에 온 품꾼이든, 오전 12시에 온 품꾼이든, 오후 3시에 온 품꾼이든, 오후 5시에 온 품꾼이든, 한 데나리온을 정산해 주었습니다. 그러자 먼저 와서 더 오래 일한 품꾼들이 불만을 터뜨립니다. "나중 온 이 사람들은 한 시간밖에 일하지 아니하였거늘 그들을 종일 수고하며 더위를 견딘 우리와 같게 하였나이다." 충분히 나올 수 있는 불만 아닙니까? 포도원 주인의 정산이 공정하지 못하다는 것입니다. 그러나 포도원 주인의 반응은 단호했습니다. 우선 포도원 주인은 하루 종일 일하고 한 데나리온의 일당을 주기로 계약한 조건을 이행했기 때문에 자신은 모든 품꾼을 공정하게 대우했음을 분명히 했습니다. "주인이 그 중의 한 사람에게 대답하여 이르되 친구여 내가 네게 잘못한 것이 없노라 네가 나와 한 데나리온의 약속을 하지 아니하였느냐"마 20:13. 포도원 주인은 일을 덜 한 품꾼들에게 어떻게 대우해 주느냐 하는 것은 전적으로 자신의 소관이기 때문에 품꾼들이 관여할 문제가 아님을 분명히 합니다. "네 것이나 가지고 가라 나중 온 이 사람에게 너와 같이 주는 것이 내 뜻이니라"마 20:14.

그러면 포도원 주인은 어떤 마음으로 하루를 온전히 일하지 않은 사람에게도 한 데나리온을 주었을까요? 그 답변은 15절에 있습니다. "내 것을 가지고 내 뜻대로 할 것이 아니냐 내가 선하므로 네가 악하게 보느냐"마 20:15. 포도원 주인은 자기가 가진 소유물을 어떻게 쓰느냐 하는 것은 전적으로 자기 마음대로 할 수 있는 일일 뿐, 다른 사람이 관여할 문제가 아님을 분명히 합니다. 그러면서 포도원 주인은 자신이 취한 조치는 선한 행동이라고 선언합니다. 포도원 주인은 어떤 의미에서 자신이 한 행동을 선한 행동이라고 말하고 있는 것일까요? 앞에서 이미 말씀드린 것처럼 인력시장은 새벽에 열리고 계약이 끝나 버립니다. 오전 9시는 이미 계약시간이 지나버린 때입니다. 따라서 오전 9시 이후에 장터에 나와 있는 사람들은 일감을 얻지 못한 품꾼들입니다. 이들은 가족을 거느리고 있는 가장들이기 때문에 이들이 하루 일당을 벌지 못하면 가족이 굶어야 합니다. 그러니 일자리를 못 얻고 장터에 나와 있는 품꾼들은 얼마나 속이 타겠습니까? 포도원 주인은 장터에 나와 있는 품꾼들의 이와 같은 사정을 알고 있었습니다. 포도원 주인은 장터에 있는 품꾼들의 속이 타는 마음과 굶어야 하는 가족을 생각하면서 "안쓰럽구나, 가족들이 밥은 굶지 말아야지"하는 마음으로 오전 9시, 12시, 오후 3시, 오후 5시에 장터에 있는 사람들을 다 불러들여 한 데나리온을 준 것입니다. 포도원 주인의 마음은 곤경에 처한 사람을 불쌍히 여기는 마음이었습니다.

　　"율법의 완전한 수행"이라는 조건을 지키지 않았는데도 "의롭다 함"을 주기로 결정하신 하나님의 결단에는 바로 이 마음이 자리 잡고 있습니다. 하나님이 사람들을 구원하시는 방법을 보면 포도원 주인이 취한 조치와 비슷하다는 사실을 발견할 수 있습니다. 인간적인 기준으로 보았을 때 하나님의 기준에서 볼 때는 이런 계산을 하는 것 자체가 말이 안 되지만 하나님은 90점 수준의 선행을 한 사람이나, 70점 수준의 선행을 한 사람이나, 20점 수준의 선행을 한 사람이나, 0점 수준의 선행을 한 사람이나 예수님을 믿기만 하면 동일한 구원의 선물을 주십니다. 구약성경에 등장하는 에녹이나 욥과 같은 사람은 90점 수준의 선행 - 다시 말씀드리지만 이것은 어디까지나 우리의 기준에서 말하는 것입니다 - 을 한 사람이라고 본다면, 십자가에 달린 두 강도 중에서 예수님으로부터 "너는 오늘 나와 함께 낙원에 있으리라"라는 선언을 받고 구원받은 강도는 5점 수준의 선행을 한 사람이라고 할 수 있습니다. 이 모든 사람을 똑같이 구원해 주시는 하나님의 마음에는 "안 됐구나, 비록 죄를 범했어도 지옥에 들어가서 영원히 고통받는 것으로부터는 해방되고 천국에서 살아야지!" 하는 마음, 인간을 불쌍히 여기는 마음이 담겨 있습니다.

복음의 비경秘境속으로:
하나님의 공의와 사랑을 충족시키는 그리스도의 속전

그런데 여기 매우 중요한 문제가 있습니다. 하나님은 사랑의 하나님이십니다. 그러나 동시에 하나님은 공의의 하나님이십니다. 사랑의 하나님은 율법의 완전한 수행을 하지 않은 자들에게도 의롭다 함을 주시기를 원하십니다. 그러나 공의의 하나님은 율법을 완전히 수행하지 않은 죄인들에게 엄중한 심판을 내려서 영원한 형벌을 받게 하기를 요구하십니다. 서로 모순되는 이 두 가지 요구를 그대로 두면 하나님은 이러지도 못하고 저러지도 못한 채 아무 일도 할 수 없는 무기력한 존재가 되고 맙니다. 하나님은 이 모순과 위기를 넘어서서 사랑의 속성도 전혀 손상되지 않을 뿐만 아니라 공의의 속성도 전혀 손상되지 않으셔야 하고, 완전한 사랑의 하나님으로 서실 뿐만 아니라 완전한 공의의 하나님으로도 동시에 서셔야 합니다. 어떻게 하면 이 일이 가능할까요? 바울은 마침내 이 중차대한 문제에 대하여 답변하기 시작하는데, 이 문제에 답변하는 과정에서 우리는 너무나 신비롭고, 너무나 아름답고, 심지어 무섭기까지 한 깊은 복음의 비경 속으로 들어서기 시작합니다. 그 비경의 문이 살짝 열리기 시작하는 구절이 24절의 "그리스도 예수 안에 있는 속량으로 말미암아"라는 구절입니다. 그리스도 안에 속량이 있다, 그리스도가 곧 속량이 되셨다는 것이 이 구절의 뜻입니다. "속량"으로 번역한 헬라어 아포루트로시스ἀπολύτρωσις라는 단어는 "속전"이라고 번역할 수 있습니다. 속전은 고대사회에서 노예를 데리고 올 때 지불하는 돈이나 전쟁 포로를 데리고 올 때 지불해야 하는 돈을 뜻합니다. 고대사회에서 돈을 지불하고 노예 신분에 얽매여 있는 사람을 데리고 와서 노예의 결박으로부터 해방해 주거나 적국에 포로로 잡혀 있는 전쟁포로를 포로의 결박으로부터 해방해 주는 것처럼, 하나님은 그리스도 예수라는 속전을 지불하고 죄인들을 죄와 사망의 결박으로부터 풀어 주신 것입니다.

인류의 죄를 향한 진노를 가라앉히신 예수님의 피

그렇다면 예수 그리스도 안에 있는 무엇이 속전의 역할을 하나요? 그리고 그 속전은 어떻게 하나님의 공의의 속성을 충족시켜 드렸나요? 그리고 그 결과는 어떻게 나타났나요? 이 세 가지 복음의 핵심을 구성하는 질문들에 대한 답변이 25-26절에 나옵니다. "이 예수를 하나님이 그의 피로써 믿음으로 말미암는 화목제물로 세우셨으니 이는 하나님께서 길이 참으시는 중에 전에 지은 죄를 간과하심으로 자기의 의로우심을 나타내려 하심이니 곧 이 때에 자기의 의로움을 나타내사 자기도 의로우시며 또한 예수 믿는 자를 의롭다 하려 하심이라."

첫째로, 바울은 속전의 역할을 한 것은 예수님이 흘리신 피라고 말합니다. 예수님의 피는 예수님이 인류가 받아야 할 죄의 짐을 인류를 대신하여 짊어지시고, 인류가 받아야 할 죽음의 형벌을 대신 받으신, 예수님의 수난과 십자가상의 죽음을 뜻합니다.

둘째로, 속전은 성부 하나님께 드리는 화목제물의 역할을 했다고 바울은 말합니다. "화목제물"로 번역된 헬라어 힐라스테리온 ἱλαστήριον은 성막이나 성전 안에 있는 속죄소를 가리키는 제사 용어였습니다. 구약시대 때 하나님과 이스라엘 백성들은 직접 만날 수가 없었고, 다만 일 년에 한 번 찾아오는 대속죄일에 대제사장이 제물의 피를 가지고 성막이나 성전의 지성소 안에 들어가서, 지성소 안에 있는 속죄소에 뿌릴 때만 간접적으로 만날 수 있었습니다. 대제사장이 속죄소에 피를 뿌리면 하나님이 구름 가운데서 속죄소 위에 나타나셔서 대제사장을 만나 주셨다고 레위기 16:2이 말합니다. 그러면 대제사장이 속죄소에 제물의 피를 뿌리면 어떤 일이 일어났을까요? 제물의 피는 예수 그리스도께서 흘리신 피를 상징합니다. 인간이 범죄한 것을 보시고 털끝만큼의 불의도 용납하실 수 없는 의로우신 하나님이 제물의 피를 보시는 순간, 곧, 성자 하나님이 인간들이 받아야 할 모든 형벌을 대신 받으시되 완전하게 받으신 것을 멀리 내다 보시고 분노를 완전히 가라앉히시는 엄청난 사건이 일어난 것입니다. 이 하나님의 분노는 아담과 하와 때부터 종말의 날까지 모든 인류가 범한 죄를 향한 엄청난, 천문학적인 분노였고, 모든 인류를 심판하여 지옥의 영원한 형벌 속에 떨어뜨리는 가공할 만한 분노였습니다. 그런데 이 엄청난 천문학적인 규모의 분노가 속죄소에 피가 뿌려지는 순간 완전히 가라앉아 버리는 초유의 사건이 일어난 것입니다. 예수 그리스도께서 십자가 위에서 모든 인류의 죄의 짐을 대신 지시고 십자가 위에서 죽으심으로써 인류가 받아야 할 형벌을 대신 받으시고, 이를 속전으로 성부 하나님께 드리자, 온 인류를 향한 성부 하나님의 천문학적인 크기의 분노가 완전히 가라앉아 버린 것입니다. 예수 그리스도의 죽음이 성부 하나님의 엄청난 분노를 가라앉히고 하나님과 인간의 화목을 이루어내는 화목제물이 되신 것입니다.

구약시대에는 이 놀라운 사건이 비공개로 은밀하게 이루어졌습니다. 지성소에 막이 드리워져 있었고, 이 막 안에는 대제사장 이외에는 누구도 들어갈 수가 없었습니다. 왜냐하면 아직 예수 그리스도께서 십자가 위에서 죽으시는 구속사건이 일어나지 않았기 때문입니다. 그러나 예수 그리스도께서 십자가 위에서 죽으심으로써 구속사건을 공개적으로 성취하신 이후에는 이 놀라운 사건이 은밀한 가운데 이루어지지 않고 공개적으로 알려지고 적극적으로 선포되기 시작했습니다. 누가복음 23:45에 보면 예수님이 십자가에 달리셨을 때 성전 휘장 한가운데가 찢어졌습니다. 이것은 구약시대 동안에 지성소에서 은밀하게 이루어진 일이 앞으로는 공개적으로 이루어질 것임을 뜻하며, 구약시대에는 대제사장만이 하나님의 분노를 가라앉힐 수 있었으나, 이제부터는 모든 인류, 모든 죄인이 직접 하나님의 분노를 가라앉힐 수 있게 되었음을 뜻합니다.

그런데 이 일이 모든 인류에게 조건 없이 허용된 것이 아니라는 점에 주목해야 합니다. 25절은 "그의 피로써 믿음으로 말미암는 화목제물"이라고 했습니다. 본문을 잘 보면 "믿음으로 말미암는"이라는 조건이 붙어 있지요? 그렇습니다. 예수 그리스도께서 십자가 위에서 흘리신 피로써 성부 하나님의 분노를 가라앉힌 사건은 모든 인류에게 선포되지만 예수 그리스도를 믿는 자에게만 그 의미가 알려지며, 예수 그리스도를 믿음으로 받아들인 자들에 대해서만 하나님이 분노를 가라앉히십니다.

이방종교와 기독교의 화목 개념

그런데 기독교에서 말하는 화목의 개념과 비슷한 개념이 이방 종교에도 있습니다. 예를 들어서 무속신앙에서 사람들이 굿을 하는 이유는 심술 때문에 화가 난 귀신들을 달래서 살아 있는 사람들에게 해를 끼치지 못하게 하기 위한 것입니다. 이 같은 무속신앙의 관습을 생각하면서 하나님의 분노를 달래는 것이나 화가 난 귀신을 달래는 것이나 뭐가 다르냐는 주장이 등장했습니다. 이 주장은 기독교를 무속신앙과 별 차이가 없는 종교라고 말합니다. 그러나 무속신앙에서 귀신을 달래는 것과 하나님의 분노를 달래는 것은 질적으로 다릅니다. 그 차이로서 네 가지를 지적할 수 있습니다.

첫째로, 무속신앙에 등장하는 귀신들이 화를 내는 것은 자신들의 탐욕이 충족되지 않기 때문에 심술을 부리는 것입니다. 귀신들에게 복채를 바치고 굿을 하는 것은 심술쟁이 귀신들의 마음을 달래려고 바치는 뇌물과 같은 것입니다. 그러나 하나님의 분노는 하나님의 탐욕과는 아무런 관련이 없고, 불의를 보고 느끼는 거룩한 분노로서, 뇌물로 가라앉힐 수 있는 것이 아니라 불의에 대한 정의로운 처벌이 가해져야 가라앉는 것입니다. 귀신의 분노는 탐욕과 심술의 표현인 반면에 하나님의 분노는 거룩함과 의로움의 표현입니다.

둘째로, 무속신앙에서 귀신들이 화를 내느냐의 여부는 귀신의 기분에 따라 좌우됩니다. 기분이 좋으면 화를 내지 않고 기분이 나쁘면 화를 벌컥 냅니다. 그러나 하나님의 분노는 하나님의 기분에

좌우되지 않습니다. 하나님은 기분과는 상관없이 공의의 속성상 불의가 있으면 필연적으로 분노하게 되어 있습니다.

셋째로, 무속신앙에서 귀신의 분노를 가라앉히기 위한 노력은 이 세상에서 물질적인 복을 받아 내려는 의도로 하는 것이지만, 하나님의 분노를 가라앉히는 것은 영적인 죄 문제를 해결하고 영적인 생명을 얻기 위한 것입니다.

넷째로, 무속신앙에서 귀신의 화를 달래는 것은 귀신이 주도한 일이 아니라 인간이 주도한 일입니다. 그러나 하나님의 분노를 가라앉히는 일은 인간은 전혀 그 필요를 느끼지 못하고 할 생각조차도 없었는데, 하나님이 계획을 세우시고 그 계획에 따라서 주도하신 것입니다.

하나님의 분노가 가라앉았을 때 나타나는 결과

그러면 하나님의 분노가 가라앉았을 때 어떤 결과가 나타나겠습니까? 본문은 그 결과를 세 가지로 제시하고 있습니다.

첫 번째 결과는 "전에 지은 죄를 간과하시는 것"입니다. "간과한다"라는 말은 "처벌하지 않고 넘어간다"라는 뜻입니다. "간과한다"라는 것은 어떤 행동이 죄가 아니기 때문에 처벌하지 않는다는 뜻이 아니라 죄임을 분명히 알고 또 처벌해야 한다는 사실이 분명한데도 의도적으로 처벌하지 않고 넘어간다는 뜻입니다. 간과한다는 말이 지닌 의미를 잘 보여주는 사례는 사무엘하 12장에 기록되어 있는 나단 선지자가 다윗을 책망하는 사건입니다. 나단은 다윗이 범한 죄를 지적하면서 준엄하게 책망했습니다. 나단의 책망을 듣고 다윗이 자신이 범한 죄를 고백합니다. "다윗이 나단에게 이르되 내가 여호와께 죄를 범하였노라." 그러자 나단이 이렇게 말합니다. "여호와께서도 당신의 죄를 사하셨나니 당신이 죽지 아니하려니와." 물론 나단은 현세 안에서 다윗이 받아야 할 하나님의 징계를 선언했습니다. 그러나 나단은 "당신이 죽지 않는다"라고 말함으로써 다윗이 죄에 대하여 내리는 하나님의 형벌인 사망의 형벌을 받지 않는다는 점을 분명히 밝혔습니다. 이것이 바로 "간과한다"라는 말의 의미를 잘 보여주는 사례입니다. 그렇습니다. 예수 그리스도께서 우리가 받아야 할 형벌을 대신 받으셨기 때문에 우리는 형벌을 받지 않고 그냥 넘어갈 수 있게 되었습니다.

두 번째 결과는 "자기의 의로우심을 나타내는 것"입니다. 만일 인간이 죄를 범하여 "율법의 완전한 수행"을 이루지 못했음에도 불구하고 하나님이 근거도 없이 죄인을 의롭다고 선언하셨다면 하나님의 중요한 속성 가운데 하나인 의로움이 무너져 버렸을 것이며, 하나님의 하나님 되심이 심대한 타격을 입었을 것입니다. 그러나 예수 그리스도께서 십자가 위에서 인류의 죄와 죄책을 대신 짊어지고 죽으심으로써 성부 하나님이 죄인을 의롭다 하실 수 있는 근거를 마련하셨기 때문에 성부 하나님의 공의가 무너지지 않고 우뚝 설 수 있었습니다.

세 번째 결과는 "예수 믿는 자를 의롭다 하신" 것입니다. 성부 하나님은 예수님이 십자가 위에서 인류가 범한 죄와 죄에 대한 책임인 사망의 형벌을 완전히 받으심으로써 "율법의 완전한 수행"을 요구하시는 하나님의 공의를 충족시켜드리자 예수님이 십자가 위에서 지불하신 속전을 받으시고 예수님을 믿는 신자들에게는 "율법을 지킨 업적"을 전혀 요구하지 않으시고, 값없이, 오직 은혜로, 의롭다함을 선언하셨습니다. 예수님을 믿는 자 모두가 이 선언을 받은 자들입니다.

우리는 이 선언에 사용된 시제에 주목해야 합니다. 24절에 "의롭다 하심을 얻은 자 되었느니라"라고 했을 때 "의롭다 하심을 얻은"은 헬라어 시제로 현재분사로 되어 있습니다. 26절에 "예수 믿는 자를 의롭다 하려 하심이라"에서도 24절과 같은 현재분사가 사용되고 있습니다. 예수님을 믿는 자들은 언제 "의롭다 함"을 얻나요? 예수님을 믿는 현재 바로 그 순간에 의롭다 함을 얻습니다. 이때 받은 의롭다 함은 단 한 번만 주어지는 것이며, 단 한 번 주어지는 이 의롭다 함으로 신자는 하나님의 구원받은 자녀가 되는 것이며, 천국에 들어가는 완전한 조건을 갖추는 것입니다. 이 점을 강조하는 것이 매우 중요합니다. 새관점이나 로마 가톨릭교회는 예수님을 믿고 신앙생활을 출발하는 시점은 의롭다 함을 받기 위한 첫 발걸음을 떼어 놓는 것 정도에 지나지 않고, 완전한 의롭다 함은 일생이 다 끝난 후, 하나님 앞에 설 때, 이 세상에서 얼마나 의롭게 살았는가를 보고 결정한다고 주장합니다. 이것은 바울이 전한 복음과는 다른 복음이며, 전혀 복음이 아닌, 하나님으로부터 저주를 받을 거짓된 구원관입니다.

24 자랑할 데가 어디 있느냐 (롬 3:27-28)

27절 그런즉 자랑할 데가 어디냐 있을 수가 없느니라 무슨 법으로냐 행위로
냐 아니라 오직 믿음의 법으로니라
28절 그러므로 사람이 의롭다 하심을 얻는 것은 율법의 행위에 있지 않고
믿음으로 되는 줄 우리가 인정하노라

바울은 1:16에서 복음은 모든 믿는 자에게 구원을 주시는 하나님의 능력이 된다고 말하고 나서, 1:17에서는 그 구원이 주어지는 방법을 말합니다. 바울은 구원을 하나님의 의로 표현하면서, 하나님의 의가 주 예수 그리스도를 믿는 자에게 이르는 것이 바로 구원이라고 말합니다. 이것이 로마서 전체의 핵심 주제입니다. 그러면 인간 자신이 의롭다 함을 받는 근거로 자기 의를 제시하지 않고 하나님의 의를 근거로 제시해야 하는 이유는 무엇일까요? 그 이유는 바울이 1:18-3:20까지 자세하게 서술한 것처럼, 헬라인이나 유대인이나 모든 인간은 하나님 앞에 내세울 만한 자기 의의 업적이 없는 죄인들이며, 하나님의 심판만을 촉발할 자들이기 때문입니다. 바울은 3:21-26에서 1:16-17에서 간략하게 핵심만 소개한 복음의 내용을 더

상세하게 설명합니다. 하나님의 의는 예수 그리스도를 믿는 자들에게 값없이 그리고 은혜로 주어집니다. 그러면 하나님은 정말로 아무런 조건 없이 불의한 자를 의롭다고 여겨주시는 것일까요? 그렇지 않습니다. 아주 중요하고 빼놓아서는 안 될 조건이 있습니다. 바로 예수 그리스도를 믿는 것입니다.

그러면 예수 그리스도께서 무슨 일을 하셨기에 예수 그리스도를 믿으면 불의로 점철된 우리가 하나님 앞에서 완전히 의로운 자로 여겨짐을 받게 되는 것일까요? 전쟁 포로를 데리고 올 때나 노예를 데리고 올 때 몸값을 지불하고 데리고 오는 것처럼, 예수 그리스도께서 우리가 받아야 할 죗값을 대신 치르시고 십자가 위에서 피를 흘리심으로써 성부 하나님께 속전, 곧 화목제물로 자신을 드리시자 죄에 대한 성부 하나님의 진노가 가라앉았고, 그 결과 하나님이 진노를 거두시고 우리를 의롭다고 선언하심으로써 우리를 죄와 사망의 세력으로부터 구해 주셨습니다. 이것이 바울이 로마의 성도들에게 나누어 주고 싶어 한 신령한 은사 곧, 복음입니다.

로마서 3:27-31은 이 복음을 받아들인 신자들에게 나타나는 세 가지 결과 혹은 그 열매가 어떤 것인가를 소개하고 있습니다. 첫 번째 결과는 27-28절에 있으며, 그 내용은 "자기 자랑"을 할 수 없게 된다는 것입니다. 두 번째 결과는 29-30절에 있으며, 그 내용은 유대인이든 헬라인이든 구원의 문제에 있어서 한 분 하나님으로부터 동일한 하나의 방법으로 구원을 받는다는 것입니다. 세 번째 결과는 31

절에 있으며, 그 내용은 바울이 전하는 구원의 복음은 율법을 파기하는 것이 아니라 오히려 율법을 세운다는 것입니다.

27절을 보겠습니다. "그런즉 자랑할 데가 어디냐 있을 수가 없느니라 무슨 법으로냐 행위로냐 아니라 오직 믿음의 법으로니라." 이 말은 간단한 말이지만, 바울의 의도와는 정반대로 이해할 수 있도록 미숙하게 번역되어 있습니다. 저는 이 본문을 읽으면서 다음과 같은 뜻으로 이해했고 많은 성도가 저와 같은 방법으로 이해할 것 같습니다. "자랑할 데가 어디냐 있을 수 없느니라_{자랑할 데가 없다는 뜻}, 무슨 법으로냐 행위로냐_{무슨 법, 행위로 자랑할 수 없다는 뜻} 아니라 오직 믿음의 법으로니라_{오직 믿음의 법으로라야 자랑할 수 있다는 뜻}." 우리 말로 이렇게 이해하면 자연스러울 것 같은데, 이렇게 이해하는 것은 본문이 의도하는 것을 정반대로 이해하는 것입니다. 본문은 이렇게 이해해야 합니다. "자랑거리가 어디 있느냐?_{자랑거리가 없다는 뜻} 자랑거리는 들어오지 못하도록 차단되어 있다. 그러면 어떻게 차단되어 있느냐? 무슨 법이나 행위로 차단되어 있느냐? 아니다! _{법이나 행위는 자랑거리를 차단하지 못한다 - 자랑하게 만든다는 뜻} 오직 믿음의 법으로라야 자랑거리가 차단된다_{자랑을 하지 못하게 만든다}." 그러면 이 본문의 뜻을 차근차근 살펴보겠습니다.

자랑할 데는 없다

복음을 받아들일 때 나타나는 첫 번째 결과는 자기 자랑거리가 없어진다는 것입니다. 바울은 이렇게 묻습니다. "그런즉 자랑할 데가 어디냐?" "자랑할 데"라는 말은 마치 어떤 장소를 자랑하는 것 같은 느낌을 주어서 의미가 모호해집니다. "자랑거리가 어디 있느냐?"라고 하면 더 명확해집니다. 본문의 뉘앙스를 더 잘 살리면 "자랑거리가 있기는 하냐?"라고 번역할 수 있습니다. 바울은 자랑거리가 없다는 것이 너무나 당연하다는 생각으로 이 질문을 합니다. 자랑이란 자기가 가진 어떤 것을 내세워서 "내가 이렇게 잘난 사람이요"하고 말하는 것을 뜻합니다. 사람들은 복음을 받아들이기 전에는 자기가 행해온 삶의 업적을 내세우면서 "자, 이만하면 당신이 요구하는 바를 충족시켜 줄 만하지 않습니까?"라고 자랑을 합니다. 자랑은 인간 중심적이며, 자기중심적입니다.

바울은 자신이 물은 질문에 대하여 자신이 직접 답변합니다. 자문자답입니다. "있을 수가 없느니라." "있을 수가 없다"라고 번역된 헬라어 에크클레이오ἐκκλείω는 "문을 닫아걸다"라는 뜻입니다. 어떤 사람이 들어오려고 하는데 안에서 문을 잠가 버려 들어오지 못하게 차단해 버리는 것을 뜻합니다. 혹은 "배제한다"는 뜻도 있습니다. 복음을 받아들이고 나면 자랑에 대하여 문을 닫아 버려서 들어오려고 해도 들어 올 길이 없게 된다는 뜻입니다.

그러면 도대체 어떤 일이 일어났길래 자기 자랑에 여념이 없던 인간이 갑자기 생각의 문을 꽉 걸어 잠그고 자기 자랑이 들어오지 못하게 차단해 버리게 되었을까요? 자기 자랑을 하던 입을 꾹 다물게 되었을까요? "무슨 법으로냐 행위로냐?" 자, 이 말은 바울이 말하는 어법을 잘 이해해야 합니다. 바울은 지금 법과 행위라는 두 가지 항목을 따로따로 말하려고 하는 것이 아닙니다. 바울은 지금 법과 행위가 연결된 하나의 개념을 말하려고 했는데 마음이 약간 급하여 법과 행위를 따로따로 말하게 된 것입니다. 말하자면 다음과 같은 어법을 생각해 보시면 됩니다. 어떤 사람이 버스 정류장에서 마을버스를 기다리고 있습니다. 그런데 이 사람은 자기가 타고 가려고 하는 마을버스가 정류장에 서는지 안 서는지를 몰라서 옆에 서 있는 다른 사람에게 묻습니다. "말 좀 묻겠습니다. 저, 마을, 아, 저, 버스가 여기 서나요?" 이때 이 사람은 마을과 버스라는 두 개의 개념을 말하는 것이 아니라 마을버스라는 한 개의 개념을 말하려고 하는 것입니다. 마찬가지로 바울이 "무슨 법으로냐 행위로냐"라고 말할 때 법과 행위라는 두 개념을 말하려고 한 것이 아니라 "행위의 법"이라는 한 가지 개념을 말하려고 한 것입니다.

"행위의 법"은 무엇입니까? 여기서 말하는 "법"이란 모세의 율법이나 마음의 도덕법과 같은 도덕적인 규칙을 뜻하는 것이 아니라 "원리" 혹은 "방법"을 뜻합니다. 어떤 원리 혹은 방법을 가리키는 것일까요? 하나님 앞에서 의롭다 함을 얻는 원리 혹은 방법! 어떻게요? "행함"을 통해서! 따라서 "행위의 법"이란 인간이 행한 업적을 근거로 하나님 앞에서 의롭다는 평가를 받으려고 하는 구원의 원리 또는 방법을 뜻합니다. 따라서 이 질문을 통하여 바울이 말하고자 하는 것은 "행위의 법"을 따르면 자기 자랑이 들어오는 것을 막을 수 없다는 것입니다. "행위의 법"을 따르면 자기 자랑을 하게 된다는 것입니다. 인간이 행한 행위에 근거하여 하나님으로부터 의롭다 함을 받아내야 한다면, 자기 자랑거리를 최대한 찾아내서 보여주어야 하지 않겠습니까?

그러면 자기 자랑을 하지 않으려면 어떻게 해야 할까요? "아니라 오직 믿음의 법으로니라." 자기 자랑을 하지 않는 단 하나의 길은 "믿음의 법"을 따르는 것입니다. 믿음의 법이 바로 바울이 전한 복음입니다.

인간은 율법을 행함으로 의롭다 함을 받을 수 없다

바울은 27절에서 믿음의 법이라고 말한 복음을 28절에서 좀 더 자세하게 설명합니다. "그러므로 사람이 의롭다 하심을 얻는 것은 율법의 행위에 있지 않고 믿음으로 되는 줄 우리가 인정하노라." 이 내용은 1:16-17, 그리고 3:21-26에서 훨씬 더 상세하게 말한 내용을 요약한 것이라는 사실을 어렵지 않게 알 수 있습니다. 바울은 인간이 의롭다 함을 받는 것은 "율법의 행위" 곧, 인간이 얼마나 율법을 지켰는가에 근거하여 이루어지는 것이 아님을 분명히 합니다. 의롭다 함을 받는 근거가 인간에게 전혀 없다면 인간이 자랑할 이유가 전혀 없습니다. 그러면 어떻게 의롭다 하심을 얻나요? "믿음으로 되는 줄 우리가 인정하노라." "믿음으로"라는 말은 "믿음을 통로로 하여"라는 뜻입니다. 믿음은 예수 그리스도를 향한 믿음이며, 예수 그리스도께서 십자가 위에서 우리의 죄를 대신 담당하시고 피를 흘리심으로써 하나님께 속전을 지불하시고 화목제물이 되신 것, 이 예수 그리스도를 구주로 영접하면 예수 그리스도께서 이루신 의가 나에게 전가된다는 것을 믿는 것을 의미합니다. 이것이 바로 바울이 말하는 복음입니다. 우리가 하나님 앞에서 의롭다 함을 받고자 할 때 우리가 얼마나 바른 삶을 살았는가에 근거하지 않기 때문에 하나님 앞에서 자기 자랑거리도 전혀 없고 또 그렇게 할 수도 없습니다. 우리가 하나님 앞에서 의롭다 함을 받고자 할 때 행함은 아무런 기능도 하지 못합니다.

믿음은 의롭다 함을 받는 근거가 아니라 필수적인 통로

본문은 믿음이 의롭다 함을 받는 통로가 된다고 말하고 있고 결코 믿음이 의롭다 함을 받는 근거가 된다고 말하지 않고 있다는 점에 유의할 필요가 있습니다. 인간이 가지고 있는 믿음을 의롭다 함을 받는 근거로 제시하면 또 하나의 행위구원론이 됩니다. 인간의 믿음이라는 행위가 구원의 근거가 되는 것입니다. 의롭다 함의 근거는 어디까지나 예수 그리스도께서 십자가 위에서 이루신 의로움입니다.

그렇다면 믿음은 통로에 불과하니까 있어도 그만, 없어도 그만이 아닌가 하고 생각할 수도 있습니다. 만민구원론, 또는 보편구원론은 예수님이 모든 인류를 위하여 죽으셨기 때문에 하나님으로부터 의롭다 함을 받을 때 믿음을 조건으로 걸면 안 된다고 주장합니다. 예수님을 믿든 믿지 않든, 모든 인류가 궁극적으로 다 구원받게 된다는 것이지요. 오늘날 많은 자유주의 전통의 신학자들이 이런 주장을 전개합니다. 그러나 이 주장은 잘못된 주장입니다. 믿음을 구원의 근거로 제시해서도 안 되지만, 그렇다고 믿음이라는 조건을 빼도 안 됩니다. 믿음은 의롭다 함의 근거 혹은 구원의 근거가 되는 것은 아니지만, 의롭다 함 또는 구원을 받기 위해서는 반드시 있어야 합니다. 한마디로 말해서 예수 그리스도를 믿는 믿음이 없으면 의롭다 함을 받을 수 없습니다.

이해를 돕기 위하여 기차를 한번 생각해 보겠습니다. 기관차와 객차 사이는 고리로 연결되어 있습니다. 객차를 끌고 가는 것은 기관차입니다. 고리가 객차를 끌고 갈 수 없습니다. 그러나 고리가 없으면 또한 기관차가 객차를 끌고 갈 수 없습니다. 기관차가 예수 그리스도의 의라면 고리는 우리의 믿음입니다. 우리를 의롭다 하시는 근거는 예수 그리스도의 의입니다. 그러나 믿음이라는 고리가 없으면 예수 그리스도의 의가 작동을 하지 않습니다.

바울과 야고보의 칭의관은 충돌하는가

로마서는 인간이 의롭다 함을 받을 때 행함이 전혀 고려되지 않는다고 명확히 말합니다. 그런데 야고보서는 이와는 정반대되는 말을 합니다. 야고보의 가르침에 따르면 행함이 없는 믿음은 죽은 것으로서 자기를 구원하지 못한다고 말합니다약 2:14,17. 여기서 매우 중요한 문제가 하나 제기됩니다. 바울의 구원론과 야고보의 구원론이 다른 것인가?

만일 야고보가 바울과 똑같은 주제를 다루면서 행함이 없는 믿음이 죽은 것이라고 주장한다면 정말 큰 일입니다. 왜냐하면 성경이 서로 전혀 다른 두 개의 구원의 방법을 제시하고 있다는 말이 되고, 교회와 성도들은 큰 혼란 속에 빠지고 말 것이기 때문입니다. 그러나 바울의 구원론과 야고보의 구원론이 다르다고 생각해서는 안 됩니다. 왜냐하면 바울이 다루는 주제와 야고보가 다루는 주제가 각각 다르기 때문입니다.

성경이 말하는 구원에는 두 가지 유형이 있습니다. 하나는 인간을 영원한 지옥의 형벌에 빠뜨리는 죄의 세력으로부터의 영원한 구원이고, 다른 하나는 생활 속에서 성도들을 옭아매는 죄의 세력으로부터 잠시 풀려난다는 의미의 구원입니다. 두 번째의 구원을 받았는가의 문제는 첫 번째의 구원 여부에 영향을 주지 않습니다. 바울은 첫 번째 구원의 문제를 다루고 있고, 야고보는 두 번째 구원의 문제를 다루고 있습니다.

이 말을 달리 표현하면, 바울은 예수님을 처음 믿기 시작할 때 이방인이었던 사람이 어떻게 신자가 되는가 하는 문제를 다루고 있습니다. 야고보는 이미 신자가 된 자들이 어떻게 믿음 생활을 해야 하는가 하는 문제를 다루고 있습니다. 예수님을 처음 믿고 신자의 삶을 시작하고자 할 때는 행함이 전혀 고려되어서는 안 되고, 단지 예수님이 나의 죄를 대신 짊어지고 죽으셨다는 사실을 믿고 예수님을 자신의 구주로 영접하기만 하면 됩니다. 바울이 지금 로마서 3장에서 말하는 믿음은 이 믿음입니다. 반면에 야고보는 이방인이 신자가 되는 방법에 대해서는 전적으로 바울의 가르침과 똑같은 견해를 가지고 있었습니다. 자, 그런데, 예수님을 구주로 영접한 것으로 모든 것이 끝나나요? 아닙니다. 이제부터 죽는 날까지, 아니 영원히 계속되는 신자의 삶이 시작됩니다. 이 생활이 믿음 생활입니다. 야고보는 신자들이 구원받은 후에 믿음 생활을 할 때 믿음은 어떤 특징을 가지는가를 다루고 있습니다. 이때 하나님을 믿는다고 하면서 하나님이 원하시는 행동을 하지 않는다면 그 믿음은 죽은 믿음이라고 야고보는 말하는 것입니다.

우리 성도들이 믿음 생활을 하면서 칭찬을 받을 때가 있습니다. 교회 봉사를 잘했다거나, 이웃에게 사랑을 실천했다거나, 손양원 목사님처럼 원수까지도 사랑하는 등의 행동을 하면 신행이 일치한다는 칭찬을 듣지 않습니까? 그렇다고 해서 이런 모범적인 행동을 했기 때문에 성도들이 구원받는 것은 아닙니다. 칭찬을 아무리 많이 받아도 그 칭찬이 그를 구원하는 것이 아닙니다. 이미 구원받은 자로서 구원받은 신분에 합당하게 행했기 때문에 칭찬을 받은 것입니다. 또 우리 성도들이 제대로 된 삶을 잘 살아내지 못하여 책망을 받을 때가 있습니다. 그럴 때 "네가 과연 믿음이 있는 것이 맞느냐? 너를 보니 믿음이 죽었다고 볼 수밖에 없어"라는 책망을 받습니다. 그런데 이런 말을 들었다고 해서 신자의 지위가 박탈당하는 것이 아닙니다. 우리 성도들이 살아가면서 이런 책망들을 헤아릴 수 없이 많이 들을 텐데, 그때마다 구원이 취소된다면 구원이 취소되었어도 수백 번, 수천 번 취소되어 버렸을 것입니다. 야고보는 이런 말을 하는 것이 아니라 신자들이 믿음 생활을 할 때 믿음이 죽어 버린 것처럼 보이는 나쁜 행실을 하지 말라는 도덕적인 권고를 하는 것입니다. 신자들이 믿음 생활을 할 때 믿음 따로, 행함 따로 있다고 생각하면 안 된다는 것입니다. 믿음과 행함이 일치되는 삶을 사는 것이 구원받은 백성에게 합당한 모습입니다.

TULIP

복음을 받아들인 신자에게는 자기 자랑거리가 있을 수 없다는 점에 대하여 좀 더 생각해 보겠습니다. 신학에서 신자의 신앙생활을 튤립TULIP이라는 약자를 써서 묘사합니다. 튤립은 성도들이 반드시 알아야 할 정통교회의 핵심교리들을 다섯 개의 명제로 요약한 영문 단어들의 첫글자를 모은 것입니다. 튤립은 신자의 구원과 신자의 믿음 생활을 풍부하게 묘사하는 중요한 교리들의 집합체로서, 이 다섯 가지 명제는 모두 자기 자랑을 하지 않는 것으로 귀결됩니다.

첫 단어는 T로서 Total Depravity의 약자이며, 이 어구의 의미는 "전적인 타락"입니다. 전적 타락이라는 말은 아담과 하와가 하나님의 명령을 어기고 죄를 범한 이후, 인류에게는 아담이 범한 원죄가 덮어 씌워졌고, 또 이 세상에 사는 날 동안 자범죄가 추가되어 인간은 온통 죄에 장악되었고, 인간이 가진 모든 것, 양심, 의지, 이

성, 감정, 생활 등이 모두 타락하고 왜곡되었다는 것입니다. 로마서 1:18-3:20에서 말하는 것이 바로 인간이 이처럼 타락했다는 것입니다. 따라서 인간이 자기가 가진 것이나 자기가 살아온 삶을 돌이켜 볼 때 하나님 앞에 내어놓고 "하나님, 어때요? 봐줄 만하지 않나요?" 라고 자기를 자랑할 여지가 하나도 없습니다.

둘째 단어는 U로서 Unconditional Election의 약자이며, 이 어구의 의미는 "무조건적인 선택"입니다. 우리가 예수님을 믿는 것은 우리 스스로가 결정한 것처럼 보이고 실제로 예수님을 구주로 영접할 때 우리의 의지가 작동하는 것은 사실입니다. 그런데 사도행전 13:48은 우리가 어떻게 믿음을 가지게 되었는가에 대하여 이렇게 말합니다. "이방인들이 듣고 기뻐하여 하나님의 말씀을 찬송하며 영생을 주시기로 작정된 자는 다 믿더라." 사도행전의 기자 누가는 하나님이 영생을 주시기로, 곧 구원하시기로 작정하신 자는 모두 믿었다고 말합니다. 하나님의 작정이 믿음에 선행합니다. 작정이라는 말은 예정이라는 말과 같은 뜻이고, 예정은 선택이라는 말과 같은 뜻이고, 선택은 사랑이라는 말과 같은 뜻입니다.

이 같은 패러다임은 인간 간의 사랑 관계에도 대체로 그대로 나타납니다. 어떤 사람이 누군가를 사랑하기 시작할 때는 먼저 마음 안에서 그 사람에게 사랑을 고백하고 프러포즈를 하기 위한 계획을 수립한 다음에 그 사람을 선택합니다. 왜 선택하나요? 그 대상을 사랑하기 때문에! 인간관계에서도 계획, 선택, 사랑은 항상 함께 갑니다. 인간이 하나님을 믿게 된 것이 하나님의 작정의 결과라면 인간이 자랑할 것이 있을 수 없습니다. 하나님이 다 하신 일인데 내가 자랑할 것이 뭐가 있겠습니까? 로마서 9:11에 보면 이런 말이 있습니다. "그 자식들이 아직 나지도 아니하고 무슨 선이나 악을 행하지 아니한 때에 택하심을 따라 되는 하나님의 뜻이 행위로 말미암지 않고 오직 부르시는 이로 말미암아 서게 하려 하사." 야곱이 하나님을 믿는 하나님의 백성이 된 것은 야곱에게 특별히 예쁜 구석이 있었기 때문이 아니라 하나님이 야곱을 선택하셨기 때문이라는 것입니다. 그렇다면 야곱이 하나님의 백성이 된 것에 대하여 하나님 앞에서 자기 자랑거리가 있을까요? 전혀 없습니다.

자, 이제 우리 자신에게로 시선을 돌려 봅시다. 우리가 예수님을 믿게 된 과정에는 두 유형이 있습니다. 하나는 모태신앙입니다. 모태신앙의 경우는 신자가 엄마 뱃속에 있을 때 이미 하나님이 하나님의 백성으로 삼아 버린 경우입니다. 신자가 엄마 뱃속에 있을 때 바른 행위를 한 것이 있고 그래서 하나님 앞에서 자랑할 수 있을까요? 전혀 없습니다. 다른 하나는 스스로 신앙을 고백할 만큼 자란 후에 전도를 받고 신자가 된 경우입니다. 여러분, 이 경우에 그 당시 우리의 모습을 한번 잘 살펴봅시다. 정말로 하나님 앞에 내놓을 만한 예쁜 구석이 있었습니까? 하나님이 "얘는 너무 바르고 아름다운 삶을 사니까 내가 내 백성으로 삼아야겠구나!"하고 감탄하실만한 모습을 가지고 있었느냐 하는 것입니다. 아마도 그런 모습이 없었을 것입니다. 자기 자랑거리가 없었던 것이 분명하지 않습니까?

셋째 단어는 L로서 Limited Atonement의 약자인데, 이 어구의 의미는 "제한속죄"입니다. 제한속죄는 예수 그리스도를 믿는 자에 한하여 속죄가 이루어진다는 것입니다. 제한속죄는 속죄와 구원을 받는 필수적인 조건으로서 예수 그리스도에 대한 믿음을 강조합니다. 자, 그렇다면 구원의 근거가 어디에 있습니까? 예수 그리스도에게 구원의 근거가 있지 않습니까? 그렇다면 신자가 자기 자랑을 할 수 있는 여지가 전혀 없지 않습니까?

넷째 단어는 I로서 Irresistible Grace인데, 이 어구의 의미는 "불가항력적 은혜"입니다. 불가항력적 은혜란 인간이 하나님을 대항하여 온갖 나쁜 짓을 다 했는데도 불구하고 하나님이 은혜로 오래 참으시고 기다려 주셨다는 것입니다. 바울은 갈라디아서 1:15에서 자신이 사도가 된 과정을 이렇게 고백합니다. "그러나 내 어머니의 태로부터 나를 택정하시고 그의 은혜로 나를 부르신 이가." 바울은 자신이 어머니의 뱃속에 잉태되었을 때 이미 하나님이 자신을 하나님의 백성이자 사도로 정하셨다고 말합니다. 그런데 그 이후에 바울은 어떤 삶을 살았습니까? 바울은 하나님이 당신의 백성과 사도로 선택한 사람임에도 불구하고, 상당한 기간 동안 교회를 핍박하고 스데반의 순교에 앞장서는 등 결국은 예수님을 박해하는 삶을 살고 있었습니다. 이 시간의 바울의 악행을 생각한다면 하나님이 바울에 대하여 실망하고 바울을 버리셨어야 하는데, 하나님은 그렇게 하지 않으시고 끝까지 참아 주셨다가, 마침내 다메섹 도상에서 바울을 만났을 때는 바울이 꼬꾸라져서 도저히 항거하지 못하고 개종하지 않을 수 없게끔 하셨던 것입니다. 바울로 불리기 전의 사울이 교회를 핍박하는 만행을 저지르고 있었던 기간에 하나님이 참아주지 않으셨다면 사도 바울은 없었을 것입니다. 이런 하나님 앞에서 자기 자랑을 늘어놓을 수가 있을까요?

다섯째 단어는 P로서, Perseverence of the Saints인데, 이 어구의 의미는 "성도의 견인"입니다. 성도의 견인이란 성도들 자신은 너무나 약해서 이리저리 흔들리고 때로는 신앙생활에 있어서 퇴보하기도 하고 악에 빠지기도 하지만, 하나님이 끝까지 붙들어 주시기 때문에, 결국은 구원의 대열에서 이탈하지 않는다는 것입니다.

성도의 견인을 이해하기 위해서 비유를 들어 보겠습니다. 어떤 사람이 타이타닉과 같은 큰 배를 타고 목적지가 있는 북쪽을 향하여 항해하고 있습니다. 그런데 이 승객이 눈만 뜨면 남쪽으로 발길을 향하여 발걸음을 떼어 놓습니다. 이 사람이 남쪽을 향하여 걸으면, 북쪽으로 향하는 여객선에서 벗어날 수 있을까요? 불가능합니다. 여객선이 이 사람을 붙잡아 결국은 북쪽의 목적지로 데려다줄 것입니다. 북쪽의 목적지에 도착한 이 승객이 자기 자랑을 할 수 있을까요? 없습니다. 그저 미안하고 창피할 뿐입니다. 이것이 바로 성도의 견인입니다. 신자들이 아무리 실수하고 범죄하고 잘못을 범해도 하나님은 끝까지 신자들을 붙들어 주셔서 예수님을 처음 믿을 때 시작한 구원받은 하나님의 백성의 삶을 끝까지 살아내도록 도우신다는 것입니다.

이 세상을 살아가는 동안 하나님과 성도는 두 손을 맞잡고 있습니다. 하나는 우리가 하나님을 향하여 내밀어 잡은 손입니다. 다른 하나는 하나님이 우리를 향하여 내밀어 잡은 손입니다. 우리가 하나님을 향하여 내밀어 잡은 손은 우리가 수시로 놓아 버릴 수 있습니다. 그러나 하나님이 우리를 향하여 내밀어 잡은 손은 절대 놓지 않으십니다. 그래서 우리가 우리에게 주어진 믿음의 경주를 완주할 수 있는 것입니다. 수시로 손을 놓아 버린 경력을 생생하게 가진 우리들이 하나님 앞에 설 때 자기 자랑을 할 수가 있을까요?

25 구원의 길은 하나 (롬 3:29-31)

29절 하나님은 다만 유대인의 하나님이시냐 또한 이방인의 하나님은 아니시
냐 진실로 이방인의 하나님도 되시느니라
30절 할례자도 믿음으로 말미암아 또한 무할례자도 믿음으로 말미암아 의롭
다 하실 하나님은 한 분이시니라
31절 그런즉 우리가 믿음으로 말미암아 율법을 파기하느냐 그럴 수 없느니
라 도리어 율법을 굳게 세우느니라

로마서 3:27-31은 복음을 받아들인 신자들에게 나타나는 세 가
지 결과 혹은 그 열매를 소개하고 있습니다. 첫 번째 결과는 27-28절
에 있습니다. 그 내용은 "자기 자랑"을 할 수 없게 된다는 것입니다.
두 번째 결과는 29-30절에 있습니다. 그 내용은 유대인이든 헬라인
이든 구원의 문제에 있어서 한 분 하나님으로부터 동일한 하나의 방
법으로 구원을 받는다는 것입니다. 세 번째 결과는 31절에 있습니
다. 그 내용은 바울이 전하는 구원의 복음은 율법을 파기하는 것이
아니라 오히려 율법을 세운다는 것입니다. 이 세 가지 결과 중에서
첫 번째 결과에 대하여는 지난 장에서 다루었고, 이 장에서는 두 번
째 및 세 번째 결과에 대하여 알아보겠습니다.

민족신론과 지역신론 비판

복음을 받아들인 신자에게 나타나는 두 번째 결과는 모든 인류가 한 분 하나님에 의하여, 그리고 하나님이 제시하신 하나의 방법으로 구원받는다는 것입니다. 이 점에서도 유대인과 이방인 사이에 차별이 없습니다. "하나님은 다만 유대인의 하나님이시냐 또한 이방인의 하나님은 아니시냐 진실로 이방인의 하나님도 되시느니라"롬 3:29. 하나님은 유대인뿐만 아니라 이방인들의 하나님이기도 하다는 바울의 선언은 바울 당시 유대인들이 가지고 있었던 두 가지 신관을 비판합니다. 당시 유대인들이 가지고 있었던 두 가지 잘못된 신관은 민족신론과 지역신론입니다. 이 두 가지 신론은 이방사회에서 형성된 왜곡된 신론들인데 유대인들도 이 왜곡된 신론의 미혹으로부터 자유롭지 못했습니다.

민족신론은 하나님이 이스라엘 백성을 특별히 선택하셨다는 사실과 이스라엘 백성에게 율법이라는 특별한 선물을 주셨다는 사실을 근거로 하여 하나님은 오직 유대인만을 위한 하나님이라고 생각하는 신관을 가리킵니다. 유대인은 자신들이 이방인보다 월등히 우월하며 특권을 가진 민족이라는 자부심을 가지고 있었습니다.

민족신론과 절묘하게 뒤섞여서 유대인의 신론을 한층 더 왜곡되게 만든 신론은 지역신론이었습니다. 지역신론이라는 것은 수많은 신이 있고 이 수많은 신이 각각 지역을 분할하여 관장한다는 주장입니다. 지역신론은 한 지역에서 다른 지역으로 옮기면 믿는 신도 바꿔야 한다는 신관입니다. 믿는 신이 바뀌면 구원을 받는 방법도 바뀌고 종교생활 체계도 바뀌는 것은 자연스러운 일입니다. 성경에 등장하는 하나님의 백성들조차도 지역신론을 가지고 있었음을 보여 주는 증거들이 있습니다.

구약성경 룻기에는 유대인 엘리멜렉이 아내 나오미 그리고 두 아들 및 두 며느리와 함께 모압 지방에서 살았던 일이 기록되어 있습니다. 불행하게도 엘리멜렉이 죽고 엘리멜렉의 두 아들도 죽어서 시어머니인 나오미와 두 며느리인 오르바와 룻 세 과부만 남게 되었습니다. 당연히 생활이 곤궁하고 어려웠겠지요? 이때 나오미에게 여호와께서 자기 백성을 돌보아 주시고 자기 백성에게 양식을 주셨다는 소식이 들려 왔습니다룻 1:6. 나오미는 여호와 하나님께서 자기 백성을 돌보아 주시는 장소가 나오미가 살고 있는 모압 땅이 아니라 유대 땅이라고 생각했기 때문에, 여호와 하나님의 돌봄을 받기 위해 두 며느리를 이끌고 유다 베들레헴 땅으로 돌아가는 여정에 나섰습니다. 여호와 하나님은 유대 베들레헴 지역만 관장한다고 생각한 것입니다. 나오미가 가지고 있었던 신관이 바로 지역신론입니다. 나오미가 지역신론을 가지고 있었다는 사실은 두 며느리를 모압 땅으로 돌려보낼 때도 드러납니다. 나오미의 권고를 듣고 오르바는 모압 땅으로 돌아갔으나 룻이 여전히 나오미를 따라오자 나오미가 이렇게 말합니다. "나오미가 또 이르되 보라 네 동서는 그의 백성과 그의 신들에게로 돌아가나니 너도 너의 동서를 따라 돌아가라 하니"룻 1:15. 나오미는 모압 땅으로 돌아간 오르바가 모압 땅의 신들에게로 돌아갔다고 말하고 있는데, 이 말은 모압 땅을 관할하는 신들과 유대 베들레헴을 관할하는 신들이 다르다는 뜻입니다. 이 생각이 전형적인 지역신론입니다.

요나 선지자도 지역신론을 가지고 있었습니다. 요나가 하나님의 명령을 어기고 다시스로 도망쳐서 여호와 하나님의 손길을 피하려고 시도했던 것도 다시스는 여호와 하나님이 아닌 다른 신의 관할을 받는 곳이어서 여호와 하나님의 손길을 피할 수 있다는 지역신론에 잠시 미혹되었음을 의미합니다.

심지어 초대 예루살렘교회 성도들도 지역신론의 잔재를 벗어나지 못하고 있었습니다. 이들은 "예루살렘과 온 유대와 사마리아와 땅 끝까지 이르러 내 증인이 되리라"행 1:8는 말씀을 통하여 온 땅에 하나님이 계시며 온 세상 사람들을 구원하는 것이 하나님의 뜻이라는 가르침을 들었음에도 불구하고 여호와 하나님과 하나님의 나라, 그리고 구원이 유대-예루살렘 지역에만 임하는 것이라는 생각에서 벗어나지 못했고, 유대-예루살렘 지역밖에도 여호와 하나님이 계시고 구원을 베푸신다는 생각을 미처 하지 못했습니다. 예루살렘교회 성도들도 지역신론을 극복하지 못했던 것입니다. 하나님이 스데반의 순교를 통하여 예루살렘교회 성도들을 강제로 흩으시자 어쩔 수 없이 지역신론의 미혹으로부터 조금씩 벗어나기 시작했습니다.

바울은 하나님을 민족적으로 편협하게 제한하는 민족신론과 지역적으로 편협하게 제한하는 지역신론을 단숨에 뛰어넘어 하나님은 유대인의 하나님이실 뿐만 아니라 이방인의 하나님도 되신다고 선

368

포합니다. 하나님은 민족의 경계와 지역의 경계를 모두 뛰어넘어 실재하시는, 모든 민족과 모든 지역의 하나님이십니다.

바울은 이처럼 하나님이 민족과 경계를 뛰어넘어 존재하신다는 것은 곧 하나님은 한 분이시며, 하나님이 제시하신 구원의 길도 오직 하나임을 의미한다고 해석합니다. "할례자도 믿음으로 말미암아 또한 무할례자도 믿음으로 말미암아 의롭다 하실 하나님은 한 분이시니라"롬 3:30. 할례자는 유대인을 뜻하고 무할례자는 이방인을 뜻합니다. 이 본문을 통하여 바울은 신자들의 신앙생활의 골격을 형성하는 중요한 두 중심축을 선언합니다. 하나는 우리가 믿는 하나님은 한 분이라는 선언이고, 다른 하나는 우리가 구원받는 방법도 하나라는 선언입니다.

유대인의 하나님과 이방인의 하나님은 다른 하나님이 아니라 동일한 한 분 하나님입니다. 물론 하나님은 성부와 성자와 성령, 세 독립된 인격체로 계십니다. 그래서 삼위라고 합니다. 그러나 성부와 성자와 성령이 하나님이라는 본질에 있어서는 완전히 하나이십니다. 성부와 성자와 성령이 동등하게 전능성, 전지성, 완전성, 영원성, 편재성, 무한성 등과 같은 속성들을 지니고 계시며, 동등하게 사랑의 하나님이시면서 공의의 하나님이십니다. 성부와 성자와 성령이 독립된 세 인격으로 계시면서 어떻게 한 분 하나님이실 수 있는지는 인간이 아무리 깊이 탐구해도 그 깊이를 들여다볼 수 없는 무한한 신비이고 무한한 지혜이기 때문에, 우리는 우리의 이성으로 이

신비를 다 알아내려고 해서는 안 되고, 다만 경외하는 마음으로 그 앞에 머리를 숙이고 경배할 뿐입니다.

한 분 하나님이 타락한 인류를 위하여 마련하신 구원의 길도 단 하나뿐입니다. 할례자 곧 유대인도 믿음을 통하여 의롭다 함을 받고, 무할례자 곧 이방인도 믿음을 통하여 의롭다 함을 받습니다. 유대인이나 이방인이나 구원받는 길은 동일하며 따라서 구원의 길은 단 하나입니다. 그 단 하나의 길은 하나님이시자 인간이신 예수 그리스도께서 나의 죄를 대신 지시고 십자가 위에서 죽으셨음을 믿음으로 받아들이는 것입니다. 그러면, 예수 그리스도께서 십자가 위에서 이루신 의로움이 나에게 전가되어 내가 하나님 앞에서 완전히 의로운 자로 여겨지고, 죄와 사망의 권세로부터 해방되고, 영원한 하나님 나라의 백성이 됩니다. 이 길 이외에 다른 구원의 길은 없습니다. "내가 곧 길이요 진리요 생명이니 나로 말미암지 않고는 아버지께로 올 자가 없느니라"요 14:6. "다른 이로써는 구원을 받을 수 없나니 천하 사람 중에 구원을 받을 만한 다른 이름을 우리에게 주신 일이 없음이라 하였더라"행 4:12.

아담과 하와 시대부터 구약시대가 끝날 때까지 구원에 이르는 길은 단 하나였습니다. 대제사장이 이스라엘 백성들이 범한 죄를 대신 짊어지고 죽은 동물의 피를 가지고 지성소에 들어갈 때만 이스라엘 백성들의 죄가 용서받았습니다. 하나님이 대제사장을 통하여 이스라엘 백성들을 만나 주셨는데, 짐승의 피는 예수 그리스도께서 십자가 위에서 흘리신 대속의 피를 상징하며, 대제사장은 중보자이신 예수 그리스도를 상징합니다. 구약시대에는 장차 오실 예수 그리스도를 멀리 바라보면서 구원을 받고 신앙생활을 했고, 신약시대에는 이미 오신 예수 그리스도를 회상하면서 구원을 받고 신앙생활을 합니다. 이 길 이외에 다른 구원의 길, 다른 신앙생활의 길은 없습니다.

종교다원주의 배격

구원의 길이 하나뿐이라는 진리는 현대 자유주의 전통의 신학자들과 교회들이 추구하는 종교다원주의를 배격합니다. 종교다원주의는 구원을 받는 길은 하나가 아니라 다양하다는 것입니다. 모든 종교는 나름대로 구원의 길을 제시하고 있는데, 이 모든 구원의 길이 각각 방법은 달라도 죄와 사망의 세력으로부터 구원받고 하나님 나라 백성이 되는 최종적인 목표에 이르는 것은 동일하다는 것이 종교다원주의의 주장입니다. 서울에서 부산에 가는 방법은 하나가 아니라 여러 가지가 있습니다. 고속철도를 타고 갈 수도 있고, 완행열차를 타고 갈 수도 있고, 버스를 타고 갈 수도 있고, 비행기를 타고 갈 수도 있고, 배를 타고 갈 수도 있고, 자가용을 타고 갈 수도 있고, 심지어는 걸어갈 수도 있습니다. 교통수단이 발달하지 않았던 시절에는 서울에서 부산까지 '한양 천 리 길'을 걸어서 다녔습니다. 어떤 방법으로 가든 서울에서 부산에 가는 결과가 똑같다면 각자의 기호에 맞는 대로 가는 방법을 선택하면 되고, 특별히 어떤 한 가지 방법만 고집할 필요는 없을 것입니다. 이처럼 어떤 종교를 믿던, 궁극적으로 구원받는다는 결과는 동일하니까, 예수님을 믿는 길만 고집하지 말고 다른 종교가 말하는 구원의 길도 인정해 주라는 것이 종교다원주의의 논리입니다. 그러면 종교 간에 갈등도 일으키지 않고 평화롭게 살 수 있다고 종교다원주의는 주장합니다.

종교다원주의를 받아들이면 타종교인들과 갈등을 일으키지 않고 편안하고 평화롭게 신앙생활을 할 수 있을 것으로 보입니다. 그러나 우리는 잠언 14:12과 16:25에 반복하여 제시되어 있는 말씀을 들어야 합니다. "어떤 길은 사람이 보기에 바르나 필경은 사망의 길이니라." 그렇습니다. 종교다원주의는 우리의 신앙생활을 편안하게 해 주는 것처럼 보이지만 실제로는 망하게 하는 길임을 유념해야 합니다. 왜냐하면 하나님이 구원에 이르는 유일한 길은 예수 그리스도를 통한 길뿐이라고 말씀하셨기 때문입니다.

율법을 파기하지 않고 세우는 복음

복음을 받아들인 신자에게 나타나는 세 번째 결과는 율법을 파기하는 것이 아니라 율법을 세운다는 것입니다. 31절입니다. "그런즉 우리가 믿음으로 말미암아 율법을 파기하느냐 그럴 수 없느니라 도리어 율법을 세우느니라." "그런즉 우리가 믿음으로 말미암아 율법을 파기하느냐"롬 3:31. 이 문맥에서 바울은 유대인과 이방인을 불문하고 모든 신자를 대상으로 말하고 있습니다. 따라서 이 문맥에서 바울이 율법이라고 할 때는 유대인이나 이방인 모두에게 주어져 있는 율법체계 전체를 가리키는 것으로 볼 수 있는데, 그 가운데서도 특별히 도덕법 체계를 주로 가리킵니다. 하나님이 이방인에게는 마음에 도덕법을 주셨고, 유대인에게는 마음의 도덕법 이외에 기록된 도덕법을 추가로 주셨습니다. 이처럼 율법이 하나님 앞에서 의롭다 함을 받는 일에 있어서 전혀 역할을 하지 못한다면, 율법은 이제 쓸모가 없어져서 폐기되어야 하는 것이 아니냐 하는 의문이 제기될 수 있습니다. 이 질문에 대하여 바울은 절대 그렇지 않고 오히려 복음은 율법을 세운다고 답변합니다. 그러면 복음이 율법을 세운다는 말이 무슨 뜻일까요?

율법은 사람에게 완전한 삶을 살아낼 힘을 제공하기 위하여 주어진 것이 아닙니다. 율법은 하나님 앞에서 바른 삶이 무엇인가를 알려주는 지침으로 주어진 것입니다. 그런데 율법이 원래부터 가지고 있는 이 역할은 값없이 은혜로 의롭다 함을 받고 하나님의 백성이 된 신자들에게도 매우 중요합니다. 값없이 은혜로 구원을 받은 신자들은 이 세상에서 살아가는 동안 하나님의 구원받은 백성의 신분에 합당한 삶을 살아내야 합니다. 이 삶을 살아내고자 할 때 이 삶이 어떤 삶인가를 알아야 하고, 어떻게 살아야 하는가를 알아야 하지 않겠습니까? 무엇을 보고 그 삶을 알 수 있나요? 바로 율법을 읽음으로써 신자들이 살아내야 할 삶이 어떤 삶인가에 관한 정보를 얻을 수 있습니다. 그런 의미에서 신자들에게 율법은 반드시 필요한 것입니다. 율법을 지킨 업적이 하나님 앞에서 의롭다 함을 받고 구원을 받는데 필요한 것은 아니지만, 의롭다 함을 받고 구원받은 이후에 이 세상에서 사는 동안 어떻게 살아가야 하는가에 관한 정보를 알려주는 장치로서 율법은 신자들의 생활에 꼭 필요합니다.

그런데 바르게 사는 법을 아는 것만으로는 부족합니다. 바르게 사는 법에 관한 정보를 알았다면 실제로 실행에 옮겨야 합니다. 실행에 옮기지 않으면 바르게 사는 법에 관한 정보를 아무리 많이 알고 있어도 소용이 없습니다. 율법은 정보만 알려줄 뿐, 실행에 옮기도록 강제하지는 못합니다. 바울은 이것을 "율법의 연약함"이라고 로마서 8:3에서 표현하고 있습니다. 바르게 사는 법에 관한 정보를 가르쳐 줄 뿐만 아니라 의지를 세워서 바르게 살도록 하는 힘을 주어야 비로소 신자의 삶이 완성되는 것입니다. 바울이 본문에서 말한 "율법을 굳게 세운다"라는 것은 바로 이런 뜻입니다. 예수 그리스도를 믿음으로 의롭다 함을 받는 칭의의 사건 곧, 구원의 사건은 율법을 실행에 옮길 수 있는 근거가 되어 줍니다. 이것을 바울은 로마서 8:3에서 "율법이⋯연약하여 할 수 없는 그것을 하나님은 하시나니"라고 말하고, 로마서 8:4에서는 "율법의 요구가 이루어지게 하려 하심이니라"라고 말하는 것입니다.

칭의의 복음은 어떤 방식으로 신자들에게 율법의 요구를 실행에 옮길 수 있는 근거가 될까요? 칭의의 복음이 신자들로 하여금 의지를 세워서 율법을 행하게 하는 방법은 아주 풍부하고 다양합니다. 그 가운데 저는 두 가지만 말씀드리고자 합니다.

율법 행함을 위한 동기를 제공하는 칭의의 복음

첫째로, 칭의의 복음은 신자들이 율법을 지키지 않을 수 없도록 강력한 동기를 제공합니다.

어떤 사람이 카드로 대출을 받아 돈을 쓰기 시작했습니다. 이 사람이 대출받은 돈을 갚지 못해 또 대출을 받아 돌려막기를 반복했고, 마침내는 이자가 눈덩이처럼 불어나서 수백억 원에 달하는 카드 빚을 지게 되었습니다. 마침내는 도저히 빚을 갚을 수 없게 되었고, 직장에서도 해고당해 파산했고, 대출받은 돈을 갚으라는 독촉에 몰려서 날마다 지옥과도 같은 삶을 영위하고 있었고, 심지어는 자살하고 싶은 충동까지도 느끼고 있었습니다. 그런데 어느 날 어떤 사람이 찾아와서 아무런 조건 없이 수백억 원의 카드빚을 모두 갚아 주고 이 사람에게 일할 수 있는 직장까지 마련해 주었습니다. 이때 이 사람의 기분이 어떨까요? 하늘을 날 것 같은 행복감으로 가득 찰 것이며, 정말로 신나는 마음으로 열심히 그리고 즐겁게 직장생활을 하지 않겠습니까?

인간이 하나님 앞에 범한 죄를 하나하나 다 찾아내서 모으기 시작한다면 어느 정도의 크기가 되겠습니까? 행동으로 범한 죄, 행동으로 범했으면서도 기억조차 못 하는 죄, 죄인 줄 알지도 못한 채 범한 죄, 게다가 하루에도 떠올랐다가 사라지는 온갖 종류의 악하고 추하고 더러운 수만 가지 이상의 생각 - 이 모든 것들을 다 합하면 아마도 수백억 원의 빚과도 같은 크기가 될 것이며, 이 거대한 빚의 무게에 눌리기 시작하면 우리는 빠져나올 수가 없을 것입니다. 그런데 우리가 예수 그리스도를 믿는 순간 하나님이 수백억 원에 해당하는 빚을 단번에 시원하게 제거해 주시고, 우리에게 하나님 백성의 자격증을 주셨습니다. 여러분은 이런 상황에서 어떻게 행동하실 것 같습니까? 정말로 하늘을 나는 행복감에 젖어서 하늘이 주신 이 기회를 놓치지 않고 열심히 일하지 않겠습니까? 이처럼 칭의의 복음은 하나님의 율법을 신나는 마음으로 지키는 삶을 살 수 있도록 강력한 동기를 부여함으로써 율법을 세웁니다.

성령께서 내주하심

예수 그리스도를 믿음을 통하여 의롭다 함을 받는 순간 엄청난 구원의 축복들이 주어지는데, 그 가운데 하나는 성령께서 바로 우리 안에 들어오신다는 것입니다. 하나님이 우리를 의롭다고 선언하시는 바로 그 순간에 성령께서 우리 안에 들어오셔서 죄로 인하여 죽어 버린 우리 영혼의 속사람을 거듭나게 하십니다. 그리고는 우리 안에 영원토록 내주하십니다. 그리고 우리가 율법을 실행하는 힘을 달라고 구하기만 하면 언제든지 우리의 겉 사람 속에 충만하게 찾아오셔서 우리를 강력하게 붙들어서 율법을 실행하는 삶을 살 수 있도록 힘을 주십니다.

여러분은 독수리나 매가 비행하는 모습을 보신 일이 있으실 것입니다. 독수리나 매는 날개도 많이 움직이지 않고 살짝 살짝만 움직이면서 아주 쉽고 가볍게 높은 하늘 낮은 하늘을 가리지 않고 비행합니다. 비결이 무엇일까요? 기류를 타고 비행하기 때문입니다.

하늘을 오를 때는 상승기류를 타고 힘들이지 않고 높이 올라갔다가 또 힘들이지 않고 하강합니다. 철새들은 수천 킬로미터, 때로는 수만 킬로미터나 되는 장거리를 몇 달 동안에 걸쳐서 이동하고, 군함조 같은 새는 한번 하늘에 뜨면 몇 주 동안 땅에 내리지 않고 날 수 있습니다. 비결이 무엇일까요? 기류를 타고 이동하기 때문입니다. 근육과 날개짓으로만 비행하면 몇 시간 정도만 지나도 힘이 소진되어버릴 것입니다. 그러나 강력한 기류를 타고 비행하기 때문에 그 높은 하늘이나 그 먼 장거리도 가볍게 비행할 수 있는 것입니다. 그렇습니다. 인간의 힘만으로 율법을 지키는 것은 너무나 어렵고 힘겨운 일이 될 것입니다. 그러나 성령의 기류를 타고 율법을 지키는 일에 나서면 율법을 지키는 일은 가볍고 쉬운 멍에가 될 것입니다. 이것이 바로 복음이 율법을 세우는 것입니다.

복음과 율법 행함의 차이는 리프트와 스키의 차이

신자들이 이 세상에 사는 동안 율법을 완전히 시킬 수 있는 것은 아닙니다. 칭의의 복음이 율법을 지키는 삶을 살아야 하는 강력한 동기를 제공하고 성령께서 힘을 주시지만 이 세상에서 율법을 지키는 삶을 영위하는 것은 인간이 해야 하는 일이며, 인간이 하는 일인 이상 완전할 수가 없기 때문에 신자들이 아무리 최선을 다하여 율법을 지키는 삶을 산다 하더라도 그 삶을 마지막 날에 하나님 앞에 내어놓았을 때는 초라하기 이를 데 없는 것으로 드러날 것입니다. 그러나 하나님은 우리가 비록 율법을 완전하게 지키지는 못하더라도 성령의 도움을 의지하면서 율법을 준수하는 삶을 살기 위하여 최선을 다해 노력하는 것을 소중하게 보시고, 인정해 주시고, 칭찬해 주시고, 적절한 상급까지도 주십니다.

성도들이 의롭다 함을 받고 율법을 지키는 삶을 사는 것은 마치 스키를 타는 것과도 같습니다. 스키를 타려면 높은 산 정상까지 올라가야 합니다. 그런데 스키어들이 산 정상까지 걸어서 올라가는 일은 없습니다. 그러면 등산하다가 힘이 다 빠져서 정작 스키를 탈 수가 없습니다. 산 정상까지는 리프트가 스키어들을 데려다줍니다. 리프트를 타고 산 정상에 올라가는 것은 예수 그리스도라는 리프트를 타고 하나님 나라의 백성이 되는 것과 같습니다. 산 정상에 오른 후에 많은 즐거움이 뒤따르는 스키 타는 일이 시작됩니다. 스키 타는 일은 의롭다 함을 받은 하나님의 백성이 이 세상에서 살아내야 하는 삶과 유사합니다. 스키는 많은 즐거움을 가져다주지만, 스키를 타는 장소는 사실은 매우 위험한 곳입니다. 급경사인 데다가 미끄러운 눈덩어리로 덮여 있기 때문입니다. 스키를 타는 기술이 반드시 필요합니다. 기술을 제대로 익히지 않고 타면 100% 큰 사고로 이어집니다. 스키를 타는 기술은 구원받은 하나님의 백성들에게 주어진 율법에 해당합니다. 율법이 없이 살아가는 세상은 위험하기 짝이 없는 곳입니다. 그런데 스키장이 있고, 스키 타는 기술이 있다고 해서 저절로 스키를 탈 수 있게 되는 것은 아닙니다. 스키를 타고 싶어 하는 동기 유발이 되어야 하고, 체력과 힘이 뒷받침되어야 합니다. 하나님의 백성이 율법을 가지고 있다고 해서 하나님의 백성다운 삶을 살 수 있는 것이 아닙니다. 하나님의 백성에게 주어진 구원이 얼마나 크고 놀라운 것인가를 묵상하여 율법을 지키는 삶을 살게 만드는 동기를 얻어야 하고, 성령의 강력한 힘을 받아야만 비로소 하나님의 백성다운 삶을 살 수 있는 것입니다.

26 믿음만으로 의롭다 함을 얻은 아브라함 (롬 4:1-3)

1절 그런즉 육신으로 우리 조상인 아브라함이 무엇을 얻었다 하리요
2절 만일 아브라함이 행위로써 의롭다 하심을 받았으면 자랑할 것이 있으려
   니와 하나님 앞에서는 없느니라
3절 성경이 무엇을 말하느냐 아브라함이 하나님을 믿으매 그것이 그에게 의
   로 여겨진 바 되었느니라

바울은 1:18-3:20에서 모든 인류는 - 유대인이든, 이방인이든 -
하나님 앞에 죄인이며, 하나님의 무서운 심판 아래 있다는 논증을
전개했습니다. 이 말은 인간 자신이 행한 의로운 삶의 업적을 가지
고는 하나님 앞에 의인으로 설 수 없음을 뜻합니다. 하나님으로부
터 의롭다는 선언을 받을 수 있는 업적이 인간 안에 없다면, 그 업적
은 어디로부터 올 수 있을까요? 인간이 아닌 다른 동물이나 식물로
부터 올 수 있을까요? 의롭다 함을 받는다거나 구원을 받는다거나
하는 것은 모두 인격을 가진 존재들과의 관계 안에서 일어나는 일인
데, 인격이 없는 동물이나 식물로부터 이런 일들의 근거를 찾는 것
은 불가능한 일입니다. 생명체가 아닌 사물들로부터 온다는 것은 더
더욱 말이 안 됩니다. 그러면 천사들로부터 올 수 있을까요? 천사들
은 인격체이긴 하지만 천사들과 인간 사이에 어떤 연결 고리도 찾을

수 없습니다. 그렇다면 이제 남은 것은 하나님밖에 없습니다. 하나님은 우선 인격적인 존재라는 점에서 칭의나 구원문제에 관여하실 수 있는 자격을 갖추고 계십니다. 동시에 인간이 죄를 범한 것은 하나님과의 관계성 안에서입니다. 그러므로 인간이 하나님 앞에서 하나님이 인정해 주실 만한 의로움을 얻는 길은 하나님 자신이 가지고 계신 의로움을 받는 방법밖에는 없습니다. 그러므로 바울은 3:21-31에서 인간이 의롭다함을 받는 길은 오직 예수 그리스도 안에 나타난 하나님의 의를 믿음을 통하여 받아들이는 길밖에는 없다는 칭의의 복음을 제시합니다.

바울은 3:21-31에서 칭의의 복음의 핵심을 간략히 정리한 후에, 4장에서는 아브라함을 예로 들면서 믿음을 통하여 하나님 앞에서 의롭다 함을 받는다는 칭의의 복음이 이미 구약시대 때 계시되었다는 논증을 전개합니다. 그 가운데 4:1-8까지는 사람이 하나님 앞에서 의롭다 함을 받는 것은 행위에 근거하여 이루어지는 것이 아니라 믿음을 통하여 이루어지는 것이라고 말한 3:27-28의 내용을 아브라함을 예로 들고 다윗을 보조적인 예로 들면서 논증합니다. 바울이 아브라함과 다윗을 예로 들면서 논증하는 이유는 유대교에서 인간이 행함을 통하여 의롭다 함을 받는다는 행위구원론을 주장할 때 아브라함과 다윗을 근거로 제시했기 때문입니다. 아브라함은 유대인들의 혈통상의 조상으로서 큰 비중을 차지하는 인물이었고, 다윗은 장차 오실 메시아의 모형으로서 메시아가 다윗의 가문에서 나오는 것으로 예고되어 있었습니다.

아브라함과 다윗이 행위에 근거하여 의롭다 함을 받은 것이 아니며, 행위구원론을 주장한 일도 없다는 점을 바울이 증명하면, 유대교가 주장하는 행위구원론의 근거를 무너뜨릴 수 있을 것입니다. 이 단계에서 한 걸음 더 나아가 바울이 아브라함이나 다윗이 값없이 은혜로 믿음을 통하여 의롭다 함을 받았음을 증명한다면, 유대교의 행위구원론 그 자체까지도 효율적으로 붕괴시킬 수 있습니다.

육신의 의미

"그런즉 육신으로 우리 조상인 아브라함이 무엇을 얻었다 하리요"롬 4:1. "그런즉"이라는 접속사는 앞에서 말한 내용을 출발점으로 삼고 계속 다루되 새로운 관점에서 이 주제를 좀 더 깊이 설명해 보겠다는 뜻을 담고 있습니다. 바울은 유대교인들이 자신들의 입장을 철저하게 뒷받침하는 사례로 자신 있게 제시하고 있는 아브라함이 "육신으로 얻은 것이 뭐냐"라고 묻습니다.

"육신으로"라는 구절에서 육신은 인간의 몸 또는 인간이 지닌 능력, 또는 인간이 가지고 있는 어떤 것을 뜻합니다. "육신으로"를 한마디로 요약하면 "인간 자신의 능력에 의지하여"라는 뜻입니다. 바울이 1절에서 물은 질문은 이것입니다. "아브라함은 자기 자신의 능력이나 자기 자신이 가진 어떤 것에 의지하여 살았을 때 하나님 앞에서 어떤 평가를 받았는가?" 자기 자신의 능력, 자기 자신이 가진 어떤 것이 무엇을 뜻하는가를 좀 더 구체적으로 설명하고 있는 본문은 빌립보서 3:4-6입니다. 4절에서 바울은 "나도 육체를 신뢰할 만하며, 만일 누구든지 다른 이가 육체를 신뢰할 것이 있는 줄로 생각하면 나는 더욱 그러하니." 이 본문에서 말하는 육체는 로마서 4:1이 말하는 육신과 같은 뜻입니다. 바울은 자기 자신의 능력이나 자기 자신이 가진 것을 열거한다면 유대인들 가운데 그 누구에게도 뒤지지 않는다고 단언합니다. 5-6절에서 바울은 자기의 육체, 곧 자기 자신이 가진 것, 자기 자신의 능력에는 어떤 것들이 있는가를 열거합니다.

첫째, "팔 일 만에 할례를 받은 것". 유대인에게 할례를 받는 것은 율법의 가장 중요한 법을 지키는 것입니다.

둘째, "이스라엘 족속이요 베냐민 지파요 히브리인 중의 히브리인". 나중에 이스라엘로 이름이 바뀐 야곱은 열두 아들을 낳았습니다. 야곱은 원래 라헬하고 결혼할 생각이었는데, 라반의 계략에 의하여 언니인 레아까지 아내로 맞아야 했습니다. 라헬에게서 낳은 두 아들이 요셉과 베냐민이었는데, 야곱은 요셉이 죽었다고 생각하고 베냐민을 가장 사랑했습니다. 후일 이스라엘 국가가 남북으로 분열할 때 열 지파는 북왕국 이스라엘 편에 섰으나 베냐민 지파만은 왕가의 정통혈통을 잇는 유다 지파가 수립한 남왕국 유다 편에 섰습니다. 이런 과정을 통하여 유다 지파와 베냐민 지파는 이스라엘의 열두 지파 중 최고 엘리트 지파로서 왕가의 정통성을 계승하는 지파가 되었습니다. 하나님의 선택을 받은 지파라는 사실 만으로도 특별한 의미가 있는데, 그 가운데 엘리트 지파로 인정받는다는 것은 어마어마한 특권입니다.

셋째, "율법으로는 바리새인". 바리새인은 율법에 통달한 전문가로서 유대 백성들로부터 존경을 받은 율법 선생이자 종교 지도자들이었습니다.

넷째, 열심을 다하여 "교회를 박해". 바울이 교회를 핍박했던 이유는 교회의 가르침이 하나님은 한 분이시라는 진리를 깨뜨리고 예수 그리스도를 하나님으로 주장했기 때문입니다. 유대교에서는 하나님이 아닌 자가 자신을 하나님으로 사칭하면 사형이라는 형벌을 받을 수 있었습니다.

다섯째, "율법의 의로는 흠이 없는 자". 율법의 의로 흠이 없다는 말은 율법을 모두 준수했다는 엄청난 자신감입니다. 이런 것들이 모두 육신 혹은 육체가 담고 있는 내용들입니다. 물론 바울은 개종하고 난 후에 빌립보서 3:7-8이 말하는 것처럼 이 모든 것을 배설물로 여겨서 버렸습니다.

행함에 근거하여 하나님 앞에서 얻은 것이 없는 아브라함

이제 다시 로마서 4장으로 돌아오겠습니다. 2절은 1절이 말하고 있는 "육신으로"라는 부사구의 의미를 설명합니다. "만일 아브라함이 행위로써 의롭다 하심을 받았으면 자랑할 것이 있으려니와 하나님 앞에서는 없느니라." 1절이 말하는 "육신으로"의 의미를 2절은 "행위로써"라고 해설합니다. "육신으로 무엇을 얻었다 하리요"라는 질문은 "율법을 행한 업적에 근거하여 하나님 앞에서 의롭다 함을 받았느냐?"라는 질문입니다. 이 질문에 대하여 바울은 아브라함이 행한 것이 없어서 하나님 앞에서 자랑할 것이 없다고 잘라서 말합니다.

우리는 여기서 바울이 세상 사람들이 보았을 때 너무나 형편없는 삶을 살아서 누가 봐도 개망나니라고 인정할 수밖에 없는 그런 사람을 대상으로 하나님 앞에서 자랑할 것이 없다고 말하는 것이 아니라는 사실에 주목해야 합니다. 아브라함은 신앙인 중에도 가장 모범적인 신앙생활을 했던 사람입니다. 창세기 26:5에 보면 하나님 자신이 아브라함의 삶의 모습을 보고 "내 말을 순종하고 내 명령과 내 계명과 내 율례와 내 법도를 지켰다"라고 어마어마하게 높은 평가를 하셨습니다. 히브리서에서는 아브라함을 신앙의 영웅으로까지 소개하고 있습니다. 아마도 평범한 신자 중에서 아브라함의 신앙생활의 수준에 이른 사람은 극히 드물 것입니다. 그런 아브라함이 하나님 앞에서 내세울 행함의 업적이 없어서 자랑할 것이 없다고 바울은 말하는 것입니다.

바울이 아브라함을 특별히 중요하게 다루고 있는 이유는 유대교의 중요한 문헌들이 아브라함을 행함을 통하여 하나님으로부터 의롭다는 평가를 받은 전형적인 인물로 제시하고 있기 때문입니다. 실제로 유대문헌에 보면 아브라함을 향유나 최고의 향신료가 가득 들어 있는 가방과도 같이, 의의 행함으로 가득 차 있는 가방과 같고, 모든 의인 가운데 으뜸인 자로 간주하는 표현이 나옵니다. 유대교의 문헌들 가운데 아브라함을 행함을 통하여 의롭다는 평가를 받은 자로 제시하는 문헌들로는 마카비1서 2:52, 시락 44:19-21, 쥬빌리 23:10 등입니다. 이상의 경외 문헌들보다 더 결정적인 본문은 아브라함이 세상을 떠나고 난 이후에 하나님이 아브라함의 일생을 평가하신 내용을 담고 있는 창세기 26:5입니다. "이는 아브라함이 내 말을 순종하고 내 명령과 내 계명과 내 율례와 내 법도를 지켰음이라 하시니라." 그런데 실제로 하나님이 아브라함을 의롭다고 평가해 주신 것은 창세기 15:6입니다. "아브람이 여호와를 믿으니 여호와께서 이를 그의 의로 여기시고." 이 본문은 아브람이 여호와를 믿는 것을 보시고 이를 근거로 하나님이 아브람을 의인으로 여겨주셨음을 분명히 하고 있습니다.

유대교의 행위구원론으로 바라본 아브라함

유대교는 창세기 15:6에서 하나님이 아브람을 의인으로 여겨주신 것은 완결된 것이 아니라 "의인으로 여겨주시는 긴 여정의 시작에 지나지 않는다"라고 주장했습니다. 아브람은 창세기 15:6에서 100% 완전한 의인이 된 것이 아니라 이제 의인의 길에 들어서기 시작한 것일 뿐, 최종적인 의인이 되는가의 여부는 아직 미정이라는 것입니다. 이후에도 계속하여 아브라함은 자기의 믿음을 행함으로 표현하는가의 여부를 시험받아야 했고, 시험받을 때마다 의로움의 비율이 조금씩 늘어나 차곡차곡 쌓여 갔다는 것입니다. 유대교는 아브라함이 열 번에 걸쳐서 시험을 받았으며, 이 모든 시험을 무사히 통과했기 때문에 아브라함이 현세에서의 삶을 마치고 난 이후에 창세기 26:5과 같은 최종적인 높은 평가를 받은 것이라고 주장했습니다. 이 열 번의 시험 가운데 중요한 시험이 두 개가 있는데, 하나는 창세기 17장에 기록되어 있는 사건 곧, 아브라함이 할례를 받은 사건이라는 것입니다. 유대교는 아브라함이 할례를 받음으로써 행함을 보였고, 이에 따라 의로움의 크레딧이 더 많이 쌓였다고 보았습니다. 그러다가 최종적으로 결정적인 의의 크레딧이 쌓인 것은 창세기 22장에 기록되어 있는 사건, 곧 이삭을 제물로 드리려고 했던 사건이었다고 합니다. 이 사건을 통하여 아브라함은 100% 완전한 의의 크레딧을 쌓아서 창세기 26:5의 결정적인 선언을 받아 낼 수 있었다는 것입니다. 결국 유대교는 아브라함이 의롭다는 선언을 받은 것은 생애 전체에 걸쳐서 행함을 통하여 믿음을 증명할 수 있었기 때문에 가능한 것이었다고 본 것입니다. 유대교의 주장을 받아들이면 하나님으로부터 의롭다는 선언을 받는 것은 현세에서의 삶이 끝난 후에 이루어지는 것이며, 그 근거는 철저하게 행함에 근거하는 것이라는 행위구원론이 나오게 됩니다. 그런데 대부분의 신자는 아브라함의 수준에 이르지 못하므로 아브라함의 수준에 이르는 극소수의 신자를 제외하면 대부분의신자는 하나님으로부터 의롭다는 평가를 받을 수 없게 됩니다. 유대교의 주장과 같은 구원론을 주장하고 있는 것이 바로 로마 가톨릭교이며, 새관점파도 결국은 유대교의 주장과 같은 구원론을 말하고 있습니다. 새관점파가 유대교의 구원론과 같은 구원론을 주장하게 되는 이유는 유대교의 문헌을 연구한 결과를 가지고 바울의 구원론을 수정하려고 하기 때문입니다.

새관점의 아브라함 해석

여기서 새관점파의 로마서 4:2에 대한 왜곡된 해석을 비판하고 넘어가겠습니다. 새관점파의 해석을 소개하고 비판하는 이유는 오늘날 소장 신학자들과 목사들 가운데 새관점파에 미혹된 자들이 많고, 새관점파가 주장하는 잘못되고 왜곡된 바울 해석과 구원론을 설교를 통하여 전파하여 성도들을 정통신앙에서 떠나도록 부추기고 구원의 확신을 잃게 만드는 사태가 실제로 많이 발생하고 있기 때문입니다.

새관점파는 바울이 이 구절에서 아브라함이 행함을 통하여 의롭다 함을 받았다는 것을 비판한 것이 아니라 이방인에 대하여 유대인들이 가지고 있었던 민족적인 특권의식을 비판했다고 주장했습니다. 그러면 유대인들은 자신들이 가지고 있었던 민족적인 특권의식을 어떤 방식으로 표현했는가? 모세의 율법 가운데 있는 의식법 곧, 할례를 받는다든가, 불결하다고 간주한 음식을 먹지 않는다든가, 안식일을 지키는 것과 같은 종교의식을 지키는 것을 통하여 표현했다고 합니다. 바울은 유대인들이 이런 종교의식을 지킨 것을 근거로 의롭다 함을 받으려고 시도한 것을 비판한 것이지, 사랑의 명령이나 부모를 공경한다든지, 살인을 금한다든지, 간음을 금한다든지, 도둑질을 금한다든지, 거짓 증거를 금하는 것과 같은 십계명 상의 도덕법 조항들을 행한 것에 근거하여 의롭다 함을 받으려고 시도한 것을 금지한 것이 아니라고 주장했습니다.

이 주장은 사람은 행함을 통해서 의롭다 함을 받는다는 행위의를 주장하려는 속셈을 품고 본문을 왜곡하여 해석한 것으로서, 로마서 4:2의 문맥으로만 보더라도 잘못된 해석임을 금방 알 수 있습니다. 2절에 있는 "행위로써"라는 구절은 헬라어 엑스 에르곤ἐξ ἔργων을 번역한 것인데, "에르곤"이라는 헬라어는 명확하게 "행함"이라는 뜻을 지니고 있습니다. 4절과 5절에는 동사형인 에르게조메나이 ἐργάζομαι가 사용되고 있는데, 이 단어는 명확하게 "행한다"라는 뜻을 지니고 있습니다. 행한다는 것은 율법을 행한다는 것을 의미하는데, 4:1-8에서 율법의 의미를 의식법에 한정하여 말하고 있다는 어떤 증거도 없습니다. 행함이나 행한다는 동사는 명백히 도덕적인 실천행위를 염두에 둔 용어들입니다. 게다가 지금 바울은 아브라함의 경우를 다루고 있는데, 의식법은 아브라함보다 430년 후인 모세 시대에 주어진 것으로서, 아브라함 당시에는 존재하지 않던 법체계였습니다. 의식법의 경우와는 대조적으로 도덕법은 하나님이 태초부터 모든 인류의 마음속에 심어 두신 법으로서 아브라함 시대에도 당연히 존재했던 법입니다. 따라서 바울이 4:2에서 아브라함을 염두에 두면서 말할 때 아브라함 당시에는 등장하지도 않았던 의식법을 행한 것을 가리킨다고 보는 것은 역사적으로 맞지 않으며, 아브라함 시대에 이미 존재하는 도덕법을 행함에 근거하여 의롭다 함을 받는다는 행위구원론을 비판하는 것이 아니라고 보는 것도 역사적으로 성립되기 어렵습니다.

믿음만으로 의롭다 함을 받은 아브라함

그러면 아브라함이 행함을 통하여 의롭다 함을 받았다는 유대교의 주장에 대한 바울의 답변은 무엇일까요? 바울은 이미 4:2에서 아브라함이 하나님 앞에서는 자랑할 것이 없다고 단호하게 잘라 말함으로써 아브라함이 행함을 통하여 의롭다 함을 받았다는 주장을 이미 거부했습니다. 그러면 아브라함은 어떻게 구원을 받았나요? 이 질문에 대하여 바울은 4:3에서 적극적으로 명확하게 다음과 같이 답변합니다. "성경이 무엇을 말하느냐 아브라함이 하나님을 믿으매 그것이 그에게 의로 여겨진 바 되었느니라." "성경"은 구약성경을 뜻합니다. 바울은 구약성경이 아브라함이 율법을 행함으로 의롭다 함을 받은 것이 아니라 하나님을 믿는 믿음을 통하여 의롭다 함을 받았음을 말하고 있다고 설명합니다. 바울이 인용한 구약의 본문은 창세기 15:6입니다. 창세기 15:6은 아브라함이 믿음을 통하여 하나님으로부터 의롭다 함을 받았음을 명확히 말하고 있습니다. 이 본문은 사람이 어떻게 하나님 앞에서 의롭다 함을 받는가 하는 중요한 문제에 대하여 중요한 두 가지 원리를 우리에게 가르쳐 주고 있습니다.

먼저 우리가 살펴보아야 할 문제는 창세기 15:6에서 아브라함이 하나님으로부터 의롭다는 평가를 받을 때 과연 아브라함이 율법을 행한 것이 근거가 되고 있느냐 하는 문제입니다. 먼저 이 당시 아브라함이 처해 있었던 상황이 어떤 상황이었는가를 살펴보도록 하겠습니다. 이 무렵 롯이 살고 있었던 도시국가인 소돔을 중심으로 연합한 5개 도시 연합군과 시날을 중심으로 한 4개 도시 연합군 사이에 전쟁이 벌어졌는데, 이 전쟁에서 소돔 연합군이 패전했습니다. 패전한 결과 소돔 사람들이 포로로 잡혀갔는데, 이 포로 중에 아브람의 조카 롯이 포함되어 있었습니다. 이 소식을 들은 아브람은 집에서 훈련한 사병 318명을 거느리고 기습공격을 감행하여 롯을 구해냈습니다. 그런데 이런 기습공격은 한 번 정도는 성공할 수 있지만 만일 시날 연합군이 대군을 이끌고 보복공격을 해 오면 아브람이 감당할 수 없습니다. 따라서 아브람은 예상되는 시날 연합군의 보복공격에 대한 두려움에 사로잡혀 있었던 것으로 추정됩니다.

이런 상황에서 아브람이 스스로 두려움을 극복하고 의지를 딱세워서 먼저 하나님을 찾고 하나님께 기도하기로 결심하는 경건의 실천을 보여 준 것이 아닙니다. 그런 기록은 성경에 없습니다. 이때 하나님은 아브람이 어떤 상황과 마음상태에 있는가를 따지지 않으시고 아무런 조건 없이 먼저 아브람에게 찾아오셨습니다. 그리고 아브람에게 이렇게 말씀하셨습니다. "이후에 여호와의 말씀이 환상 중에 아브람에게 임하여 이르시되 아브람아 두려워하지 말라 나는 네 방패요 너의 지극히 큰 상급이니라"창 15:1. 하나님의 말씀은 아브람의 마음을 무겁게 짓누르고 있던 두 가지 고민을 정확하게 딱 짚어서 해결해줍니다.

첫 번째 고민은 시날 연합군의 보복공격에 대한 두려움이었습니다. 아브람에게 찾아오신 하나님은 먼저 이렇게 아브람을 위로하셨습니다. "두려워하지 말라." 무엇을 두려워하지 말라는 말일까요? 시날 연합군의 보복공격을 두려워하지 말라는 것입니다. 왜 두려워하지 않아도 되나요? 하나님은 "내가 네 방패"임을 말씀하셨습니다. 방패는 전쟁용어입니다. 적이 공격해 올 때 공격을 막아내는 역할을 하는 것이 방패입니다. 하나님은 자신이 직접 방패가 되어 시날 연합군의 보복공격으로부터 지켜 줄 테니까 걱정하지 말라는 것입니다. 얼마나 딱 들어맞는 약속입니까? 방패가 되어 주시겠다는 약속은 아브람이 하나님께 얼마나 기도하는가, 얼마나 간절한 마음으로 하나님을 찾는가를 가늠해 보신 다음에 주신 것이 아닙니다. 그저 두려움에 사로잡혀 어쩔 줄 몰라 하면서, 하나님께 기도하고 하나님을 찾아야겠다는 생각조차 못 하는, 행함이 없는 아브람에게 무조건 하나님이 찾아오셔서 응답해 주신 것입니다.

두 번째 고민은 아들을 낳지 못한 일이었습니다. 아들이 없는 것이 아브람의 고민임을 아신 하나님은 아브람에게 "상급"을 약속하셨습니다. 상급이라는 말을 듣는 순간 아브람은 아들로 대를 잇는 것을 하나님이 말씀하신다는 사실을 바로 직감하고, 자기가 가지고 있었던 계획을 말합니다. 사라는 계속 불임이어서 인간의 방법으로 아기를 낳는 것이 불가능한 상태였고, 게다가 생리조차 끊어진 것이 분명한 시기였습니다. 따라서 아브람은 아들을 낳는 것을 포기하고 집사로 데리고 있었던 엘리에셀에게 후사를 물려줄 계획이었고 그 계획을 하나님께 말씀드렸습니다. 아브람의 계획을 들으신 하나님은 아브람의 계획을 단호하게 거부하시고 아브람의 몸에서 날 자가 상속자가 될 것을 명확히 하셨습니다. 그리고 아브람에서 날 자에게서 하늘의 별과 같은 수많은 후손이 탄생할 것을 약속하셨습니다.

자, 아브람이 처한 상황이 어떤 상황입니까? 인간의 힘으로는 아들을 낳을 수 없는 상황입니다. 아들을 낳으려면 어떤 방법만 있을까요? 전능하신 하나님이 역사하셔야만 가능한 상황입니다. 아브람은 인간의 힘으로는 불가능한 일이지만 하나님은 하실 수 있음을 믿었습니다. 하나님은 아브람의 믿음을 보시고 의로 여기셨습니다. 아브람이 하나님으로부터 의로 여김을 받은 것은 인간의 능력으로 할 수 없는 일을 하나님이 하신다는 것을 아브람이 믿음으로 받아들였기 때문입니다. 아브람이 하나님으로부터 의롭다는 여김을 받은 근거에는 아브람 자신의 능력으로 무엇인가를 행한 공로가 전혀 들어있지 않습니다. 아브람은 도덕법을 행함에 근거하여 의롭다는 선언을 받지 않았습니다.

아브라함의 일생동안 의롭다 여김을 받은 것은 창세기 15:6에서뿐입니다. 창세기 17장에서 아브람이 할례를 받은 것은 이미 의롭다 함을 받은 후에 이루어진 일이므로 시간상으로 볼 때 아브람이 의롭다 함을 받은 근거가 될 수 없습니다. 할례가 아브람이 의롭다 함을 받는 근거가 되려면 창세기 15:6 앞에 등장해야 합니다. 할례 받은 후에 하나님이 다시 한번 새롭게 아브라함을 의롭다고 선언하신 일이 없습니다. 할례는 아브람이 이미 의롭다 함을 받았다는 사실을 확인하는 절차에 지나지 않습니다. 창세기 22장에 등장하는, 아브라함이 독자 이삭을 제물로 바친 사건도, 시간상으로 아브라함이 의롭다 함을 받은 후에 일어난 사건이기 때문에 아브라함이 의롭다 함을 받는 근거가 될 수 없습니다. 아브라함이 독자 이삭을 제물로 드릴 수 있었던 것은 하나님으로부터 의롭다 함을 받은 열매로 나타난 것으로서, 결코 의롭다 함을 받는 근거가 될 수 없습니다. 아브라함이 독자 이삭을 드리는 시험을 통과했을 때 하나님이 아브라함의 행위를 훌륭한 믿음의 모범으로 칭찬하신 것은 사실이지만 새롭게 의롭다는 선언을 하신 것은 아닙니다.

우리는 아브람이 의롭다 함을 받은 직후에 한 행동에 주목할 필요가 있습니다. 창세기 16장을 보면 언뜻 납득하기 어려운 아브람과 사래의 행동이 기록되어 있습니다. 사래의 몸에서 아들이 태어나리라는 약속을 아브람이 믿고 하나님으로부터 의롭다 함이라는 엄청난 축복의 선언을 받은 아브람의 믿음의 잉크가 채 마르기도 전에 아브람은 사래의 권고를 받아들여 인간적인 방법으로 아들을 얻기 위하여 하갈과 동침한 것입니다. 그리고 이스마엘이라는 아들을 얻었습니다. 아브람의 이 행위에 대해서 우리는 어떤 평가를 내려야 할까요? 이 행위는 하나님의 약속을 불신하고 직전에 아브람을 의롭다고 여겨주신 하나님의 선언을 내팽개쳐 버리는 불신앙이자 심각한 죄악입니다. 이런 불신앙과 죄를 범한 아브람이 어떻게 행함에 근거하여 하나님으로부터 의롭다 함을 받아낼 수가 있겠습니까?

성경은 아브라함이 예수 그리스도가 오시는 때를 믿고 바라보면서 신앙생활을 했다는 점을 분명히 밝히고 있습니다. 요한복음 8:56에서 예수님이 직접 이렇게 말씀하셨습니다. "너희 조상 아브라함은 나의 때 볼 것을 즐거워하다가 보고 기뻐하였느니라." 히브리서 11:13도 "멀리서 보고 환영했다"라고 예수님의 말씀을 뒷받침하고 있습니다. 아브라함은 독자 이삭을 받치는 시험을 통과한 다음에 "네 씨로 말미암아 천하 만민이 복을 받으리라"라는 축복의 약속을 받은 후 자신의 후손 가운데 태어날 "씨"를 통하여 온 세상 사람이 복을 받을 것을 멀리 내다보았습니다. 아브라함은 이 씨가 보통 씨가 아니며, 이 씨를 통하여 천하 만민이 구원을 받을 것을 믿었습니다. 이 씨가 멀리 바라보면서 이 씨를 통하여 천하 만민이 구원받는 것을 상상하는 아브라함의 태도를 예수님은 예수님 자신의 때를 바라본 것으로 해석한 것입니다.

27 행함이 없이 의로 여기심을 받은 아브라함과 다윗

(롬 4:4-8)

4절 일하는 자에게는 그 삯이 은혜로 여겨지지 아니하고 보수로 여겨지거니와
5절 일을 아니할지라도 경건하지 아니한 자를 의롭다 하시는 이를 믿는 자에
　　게는 그의 믿음을 의로 여기시나니
6절 일한 것이 없이 하나님께 의로 여기심을 받는 사람의 복에 대하여 다윗이
　　말한 바
7절 불법이 사함을 받고 죄가 가리어짐을 받는 사람들은 복이 있고
8절 주께서 그 죄를 인정하지 아니하실 사람은 복이 있도다 함과 같으니라

　　바울은 4:3에서 "아브라함이 하나님을 믿으매, 그것이 그에게 의로 여겨진 바 되었느니라"라고 말하고 있습니다. 이 말씀은 사람의 구원문제에 있어서 두 가지 중요한 진리를 우리에게 알려주고 있습니다. 하나는 아브람은 하나님을 믿음을 통하여 의롭다 여김을 받은 것이지 결코 율법을 행함을 통하여 의롭다는 여김을 받은 것이 아니라는 것입니다. 또 하나의 진리는 "여겨진"이라는 단어에 들어 있습니다. "여긴다"로 번역된 헬라어 동사 로기조마이λογίζομαι는 두 가지 의미를 지니고 있습니다. 하나는 "덤터기를 씌운다"라는 뜻이며, 다른 하나는 회계할 때 "대차대조표를 맞추어 준다"는 뜻입니다.

여기심의 의미 1: 덤터기를 씌움

"덤터기를 씌운다"라는 말이 무슨 뜻일까요? 덤터기를 씌운다는 말은 누명을 씌운다는 뜻입니다. 누명을 씌운다는 것은 어떤 사람이 나쁜 행동을 하지 않았는데, 나쁜 행동을 한 것으로 간주하는 태도를 뜻합니다. 예컨대, 어떤 사람이 사람을 죽인 일이 없는데, 살인자로 몰아서 처벌할 때 덤터기를 씌운다고 말합니다. 레위기 17:3-4에 보면 이스라엘 백성들이 하나님께 동물제사를 드릴 때 동물을 회막 문으로 끌고 가서 성막 앞에서 여호와께 예물로 드릴 것을 명령한 다음, 이 규정을 어기면 "피 흘린 자" 곧, 사람을 죽인 자로 여겨서 이스라엘 백성 중에서 끊어지는 벌을 내리라고 되어 있습니다. 이 규정을 어기고 제물을 드렸다 하더라도 실제로 피를 흘린 것 곧, 사람을 죽인 일은 없지 않습니까? 그런데 하나님은 제물을 드린 사람을 "사람을 죽인 죄를 범한 사람"으로 간주하십니다. 사람을 죽인 일이 없는데 사람을 죽인 자라는 덤터기를 씌운 것입니다. 이것이 바로 "여긴다"라는 말이 뜻하는 것입니다. 디모데후서 4:16에서 바울은 이렇게 말합니다. "내가 처음 변명할 때에 나와 함께 한 자가 하나도 없고 다 나를 버렸으나 그들에게 허물을 돌리지 않기를 원하노라." 이 본문에서 "처음 변명할 때"는 바울이 체포되어 법정에 서는 상황을 뜻합니다. 디모데후서에서 바울이 체포되는 상황은 사도행전이 말하는 바울이 체포되는 상황과는 다른 상황입니다. 사도행전에서는 네로 황제가 기독교를 박해하기 이전의 로마 정부에 의해 바울이 체포된 상황을 말하는데, 이때만 해도 기독교에 대한 박해가 본격화되지 않았던 때였고, 바울이 감옥에 갇혀 있긴 해도 비교적 관대하게 대우받을 수 있었습니다. 사도행전의 기록이 끝난 이후에 바울은 석방되어 스페인 선교를 했던 것으로 알려지고 있습니다. 그러나 디모데후서가 말하는 바울의 법정심문은 네로황제의 광적인 기독교박해가 시작된 이후에 바울이 새롭게 체포된 상황을 말하는 것으로서 바울은 매우 가혹한 대우를 받았고 석방될 가망이 없는 상태에서 순교를 기다리고 있는 어려운 상황이었습니다. 이때 바울이 체포되어 네로황제 정부의 법정에 서게 되었는데, 순교를 앞둔 이 어려운 법정상황에서 바울이 심문을 받고 외롭게 변호를 해야 했을 때, 바울 주변에 있던 성도들이 모두 바울을 외면했고, 바울을 버렸습니다. 이것이 당시 성도들이 실제로 한 행동이었습니다. 그런데 바울이 무엇이라고 말합니까? "그들에게 허물을 돌리지 않기를 원하노라." "그들에게 허물을 돌리지 않기를 원한다는 말은 그들이 "마치 자기를 버리는 행동을 하지 않은 것처럼" 대하겠다는 뜻입니다. 이것이 여긴다는 동사의 의미입니다. 어떤 행동을 분명히 했는데, 그 행동을 전혀 하지 않은 것처럼 간주해 주는 것, 실제 상태와는 정반대의 상태에 있는 것으로 간주해 주는 것이 바로 여긴다는 동사의 의미입니다.

여기심의 의미 2: 대차대조표를 맞추어 줌

여긴다는 단어는 회계할 때 대차대조표를 맞추어 준다는 뜻으로도 사용되었는데, 이때도 덤터기를 쓴다고 할 때와 동일한 태도를 묘사하고 있습니다. 어떤 사람이 연말에 일 년 동안 쓴 내역을 회계 장부를 통하여 살펴보았습니다. 장부상으로는 수입으로 들어온 돈 이 1억 원이라고 기재되어 있고 지출은 9천만 원으로 되어 있고 잔 액이 천만 원으로 기재되어 있습니다. 그런데 실제 통장을 살펴보니 까 잔액이 백만 원밖에 없어서 9백만 원 차이가 나는데 아무리 지출 항목을 살펴보아도 9백만 원을 쓴 기록이 남아 있지를 않습니다. 이 때 수입과 지출항목을 맞추기 위하여 9백만 원에 대한 가상 지출 항 목을 만들어 "마치 9백만 원을 어떤 항목에 지출한 것처럼" 간주하 여 수입과 지출을 딱 맞추어 줍니다. 정확하게 말하자면 회계상의 부정을 범하는 것입니다. 이때 실제로 지출하지 않았는데, 마치 실 제로 지출을 한 것처럼 간주해 주는 것이 바로 여긴다는 말의 의미 입니다.

빌레몬서 18절에 보면 바울이 노예 주인인 빌레몬에게 노예 오 네시모를 받아들여 달라고 부탁하면서 이렇게 말합니다. "그가 만 일 네게 불의를 하였거나 네게 빚진 것이 있으면 그것을 내 앞으로 계산하라." 바울은 오네시모가 빌레몬에게 빚진 것이 있다면 자기에 게로 돌리고 오네시모가 실제로는 빚을 갚지 않았지만 빚을 다 갚은 것으로 간주하라고 말합니다. 이것이 여긴다는 말의 의미입니다.

하나님이 인간을 의롭다고 여겨주실 때 바로 이런 의미로 말하 는 것입니다. 인간의 실제 상태를 보면 전혀 의롭지 못합니다. 그런 데 인간이 예수 그리스도께서 십자가 위에서 나의 죄를 대신 짊어지시고 죽으셨음을 믿고 예수님을 나의 마음 안에 영접해 들이자 하나님이 인간을 "마치 완전히 의로운 자인 것처럼" 대우해 주시는 것입니다. 이것이 칭의의 핵심 내용입니다.

어떤 사람이 사람을 죽이는 흉악한 범죄를 저질렀습니다. 그리고 심문을 받기 위하여 법정에 섰습니다. 그런데 교도관이 이 죄수가 입고 있던 죄수복을 벗기고 일반 시민들이 입고 있는 말끔한 평상복으로 갈아 입혔습니다. 그러자 판사는 이 사람이 실제로 범한 죄를 보지 않고 이 사람이 입고 있는 평상복을 보고 "너는 평상복을 입었으니 무죄다"라고 선언하고 석방해 주었습니다. 세상 법정에서는 이런 일이 일어날 수가 없습니다. 만일 판사가 이렇게 판결을 내린다면 심각한 사회문제가 될 것입니다. 그런데 이 이상하고 경이로운 일이 바로 하늘 법정에서 일어난 것입니다. 우리의 실제 모습은 불의하고 죄악으로 뒤덮여 있어서 우리는 도저히 하나님 앞에서 의인으로 설 수 없는 자들입니다. 그런데 우리가 예수 그리스도를 구주로 영접하고, 예수 그리스도의 의의 옷을 입고 하나님 앞에 서자 하나님께서 예수 그리스도의 의의 옷만을 보시고 "마치 우리가 어떤 죄도 범한 일이 없는 완전한 의인인 것처럼" 여기시고, 우리를 하나님의 백성으로 삼으시고 천국에 들어가 영생을 누릴 수 있는 신분으로 올려 주신 것입니다. 이것이 칭의의 복음이며, "여김"의 복음, 조금 어려운 말로 하면 "전가의 복음"입니다.

로마서 5장에 있는 원죄의 전가까지 통합하여 말하면 전가의 복음은 삼중으로 전개됩니다. 첫째로, 아담이 지은 죄가 아담과 같은 죄를 범하지 않은 모든 인류에게 전가 곧 덤터기 씌워졌습니다. 그리하여 아담과 하와의 모든 후손이 아담과 하와가 범한 죄와 같은 죄를 범하지 않았음에도 불구하고 아담과 하와가 범한 죄와 같은 죄를 범한 것으로 여겨졌습니다. 둘째로, 모든 인류에게 전가된 아담의 원죄와 모든 인류가 스스로 범한 자범죄가 죄가 전혀 없으신 예수님에게 전가, 곧 덤터기 씌워졌습니다. 그리하여 예수님이 죄가 없으심에도 불구하고 죄인으로 여겨졌고, 죄에 대한 형벌인 사망의 형벌을 받으셨습니다. 셋째로, 예수 그리스도께서 십자가 위에서 죽으셨다가 부활하심으로써 성취하신 완전한 의로움이 예수님을 믿는 신자들에게 전가되어서, 곧 덤터기 씌워져서, 모든 믿는 자들이 예수님과 같은 수준의 완전히 의로운 자들로 여겨지게 되었습니다. 이것이 삼중 전가의 복음입니다.

하나님으로부터 의롭다는 선언을 받는 순간은 향후에 도덕적인 성품의 변화와 내적 마음 상태의 변화, 삶의 변화를 위한 터전이 되지만, 칭의 그 자체가 사람의 도덕적인 성품이나 내적인 상태의 변화를 뜻하는 것은 아닙니다. 칭의는 다만 법적인 신분을 바꾸어 놓는 것뿐입니다. 그런데 이 법적인 신분의 변화는 완전한 것이고 다시 취소되거나 하는 일은 없습니다. 칭의 시에 하나님 나라의 시민의 권리를 받게 되는데, 이때 받은 하나님 나라의 시민권은 영원히 유지되는 권리입니다.

의롭다는 평가의 의미 (시편 106편)

어떤 신학자들은 시편 106:30-31을 예로 들면서 하나님이 의롭다는 선언을 하는 것은 행함의 업적에 근거하여 이루어지는 것이라고 주장합니다. 시편은 이렇게 말하고 있습니다. "그 때에 비느하스가 일어서서 중재하니 이에 재앙이 그쳤도다 이 일이 그의 의로 인정되었으니 대대로 영원까지로다." 비느하스의 중재 사건은 민수기 25:1-15까지 기록되어 있는 사건으로서, 이스라엘 백성들이 광야를 여행하던 도중 싯딤이라는 곳에 이르렀을 때 일어난 일입니다. 바알 우상에 제사 드린 음식을 먹었다는 것은 바알 우상을 숭배하는 행위를 했다는 뜻입니다. 이스라엘 백성들은 바알 우상을 숭배하는 행위의 일환으로서 모압의 여인들과 음행을 하고 바알신전에 드렸던 음식을 먹었습니다. 진노하신 하나님은 이스라엘 백성들에게 염병을 보내셨고 하나님은 이스라엘 백성들의 수령들을 잡아 태양을 향하여 목매달라는 명령을 내리셨고, 모세는 이 명령에 따라서 바알 숭배에 가담한 사람들을 죽이라는 명령을 내렸습니다. 마침 이때 이스라엘 남자가 미디안의 여인 하나를 데리고 자기 형제에게로 들어가는 모습이 이스라엘 백성들 눈에 들어왔습니다. 이 남자는 바알 숭배에 참여하고 모압 여인과 음행을 하고 돌아온 것으로 판단됩니다. 이때 엘르아살의 아들 비느하스가 창을 들고 이스라엘 남자와 미디안 여인의 배를 찔러 죽였습니다. 그러자 비로소 이스라엘 백성을 향한 하나님의 진노가 그치고 염병이 중단되었습니다. 시편 기사는 이 사건에서 비느하스가 하나님과 이스라엘 백성 사이에서 중재자로서 선한 행동을 한 것으로 보고 하나님이 이 행위를 영원히 그의 의로 인정하셨다고 평가합니다. 자, 이 본문은 분명히 비느하스가 한 행동 곧 행함을 보고 하나님이 의롭다고 인정해 주신 것 아니겠습니까? 그렇다면 이 본문은 하나님의 의롭다 함은 행함에 근거하지 않는다는 말과 모순되는 것이 아닌가 하는 의문이 제기됩니다.

그러나 바울이 말하는 하나님의 의롭다 함과 시편 106편이 말하는 하나님의 의롭다 함은 성격이 다릅니다. 바울은 한 사람의 인품과 생애 전체에 대하여 하나님이 평가하시는 문제를 다루고 있습니다. 사람이 순간적으로 어떤 옳은 생각을 할 수도 있고, 특정한 때에 옳은 행동을 할 수도 있습니다. 그러나 그 사람의 마음 전체, 이 세상에 살면서 행하는 모든 행동을 종합했을 때는 평가가 달라질 수 있습니다. 반면에 시편 106편에서는 비느하스의 마음이나 행동 전체를 종합적으로 다루는 것이 아니라 바알 숭배에 빠진 이스라엘 백성들에게 행한 행동 하나에 대한 평가를 다루고 있습니다. 시편 106편은 그 순간 비느하스가 한 하나의 행동이 의로운 행동이라고 평가해 주는 것뿐입니다. 이 평가 때문에 비느하스가 하나님의 백성이 되었다거나 영생을 얻었다거나 하는 것이 아니라 비느하스의 행동 하나가 옳은 행동이라는 평가에 지나지 않습니다. 이 평가는 비스하스의 삶 전체에 대한 평가가 아닙니다. 간단히 말해서 시편 106편은 로마서 4장과는 전혀 다른 맥락의 사건을 다루기 때문에 두 본문이 서로 충돌을 일으키는 것은 아니라는 것입니다.

전가의 원리를 떠나면 복음을 버리는 것

전가의 원리는 다양한 신학 학파 중 한 학파가 주장하는 작은 교리가 아니라 전 교회의 자산이며, 종교개혁의 영광스러운 힘이며, 성경이 말하는 복음의 절대적인 핵심으로서 이 원리를 떠나면 복음을 떠나는 것입니다. 전가의 원리는 성도들의 취향에 따라서 받아들일 수도 있고, 거부할 수도 있는 교리가 아닙니다. 이 교리를 받아들이지 않으면 성경적 기독교를 거부하는 것이고 성경이 말하는 구원을 거부하는 것입니다. 루터와 칼빈이 성례론과 같은 문제에서는 입장을 달리했지만 전가의 원리에 대해서는 100% 입장을 같이했다는 점을 유념해야 합니다.

바울은 아브라함의 경우를 예로 들어 말한 다음에, 4절과 5절에서 행위구원론과 대조하면서 믿음을 통한 전가의 복음의 핵심을 다시 한번 정리하여 제시합니다. "일하는 자에게는 그 삯이 은혜로 여겨지지 아니하고 보수로 여겨지거니와"롬 4:4. "일하는 자"라는 어구에서 일한다는 단어는 헬라어로 에르가조마이έργάζομαι인데, 이 단어는 "율법을 행한다"라는 뜻입니다. "일하는 자"는 "율법을 행함을 통하여 의롭다 함을 받고자 하는 자"입니다. 그런데 율법을 행함을 근거로 하여 의롭다 함, 구원 그리고 영생을 받으려고 하는 자는 의롭다 함 혹은 구원 혹은 영생을 어떤 방식으로 얻으려고 하는가? 그는 마치 고용계약을 맺고 일을 하는 사람이 임금을 받는 것과 똑같은 태도로 의롭다 함을 받아내려고 합니다. 고용계약을 맺고 일을 하는 사람은 "그 삯을 은혜로 여기지 아니하고 보수로 여기거니와." 고용 계약을 맺고 일을 한 사람은 계약상 규정한 임금을 받을 때 받지 않아도 되는 돈을 선물처럼 받는 것이 아니라 자기가 일한 업적에 근거하여 법적으로 마땅히 받아야 하는 보수를 받는 것입니다. 계약상 규정한 보수를 지급하지 않으면 법적으로 문제가 됩니다. 이처럼 율법을 행한 업적에 근거하여 의롭다 함을 받고자 하는 행위구원론자는 하나님으로부터 의롭다 함을 받는 것을 하나님이 법적으로 지불해야 할 의무가 있는 것처럼 요구하게 됩니다. 단 그 조건은 하나님이 원하시는 수준의 선행을 해야 한다는 것입니다. 과연 이 조건에 부합하는 행함의 업적을 하나님 앞에 내어놓을 수 있는 사람이 있을까요?

5절은 이와는 반대되는 방식으로 의롭다 함을 받고자 하는 자를 묘사합니다. "일을 아니할지라도 경건하지 아니한 자를 의롭다 하시는 이를 믿는 자에게는 그의 믿음을 의로 여기시나니." "일을 아니할지라도"라는 말은 "하나님 앞에 내어놓을 만한 행함의 업적이 없다 할지라도"라는 뜻입니다. "경건하지 아니한 자를." 하나님 앞에 내어놓을 만한 행함의 업적이 없으니 당연히 자기 자신을 경건하지 않은 자로 여길 수밖에 없겠지요? 그런데 지금 바울이 "일을 아니한 자", 그래서 "경건하지 아니한 자"라고 할 때 염두에 두고 있는 대상은 바로 아브라함입니다. 바울은 하나님으로부터 의롭다 함을 받고자 할 때 아브라함은 행함이라는 업적을 내어놓을 수 없는 자인 동시에 하나님 앞에서 경건하지 않은 자임을 분명히 하고 있습니다.

현세 안에서 영위한 신앙생활의 면면을 살펴보면 아브라함은 그 어떤 신앙인보다도 더 훌륭하게 살았고, 하나님의 백성으로서 살아내야 할 바른 삶의 고결한 모범이 되는 사람입니다. 아브라함은 우리가 본받아야 할 훌륭한 삶의 모델입니다. 이와 같은 높은 평가를 받는 아브라함조차도 하나님 앞에 섰을 때는 하나님의 의롭다는 선언을 보상으로 요구할 정도의 행함의 업적은 없는 자이며 죄인일 뿐입니다.

죄가 가리어진 다윗

아브라함을 예로 들면서 오직 믿음을 통하여 하나님으로부터 의롭다 함을 받을 수 있음을 명확히 한 바울은 4:6-8에서는 또 한 사람의 위대한 신앙인을 예로 들면서 믿음을 통한 의롭다 함을 논증합니다. 6절은 이렇게 말합니다. "일한 것이 없이 하나님께 의로 여기심을 받는 사람의 복에 대하여 다윗이 말한 바." "일한 것이 없이"라는 말은 이미 말씀드린 것처럼 "행함의 업적이 없이"라는 뜻입니다. 행함이라는 업적에 의지하지 않고 하나님으로부터 의롭다는 여기심을 받은 또 한 사람이 있는데, 그는 바로 다윗이라는 것입니다. 그러면서 바울은 다윗이 지은 시편 32:1-2을 인용합니다. 7-8절입니다. "불법이 사함을 받고 죄가 가리어짐을 받은 사람들은 복이 있고 주께서 그 죄를 인정하지 아니하실 사람은 복이 있도다 함과 같으니라." 이 본문에서는 의롭다 함을 받는다는 말을 죄를 사해 준다는 어구로 대체했습니다.

시편 32편은 다윗이 아주 교활한 전략을 은밀하게 사용하여 충직한 장군이었던 우리아를 전쟁터 최전방에 내보내 적의 공격을 받아 죽게 하고 우리아의 아내인 밧세바를 아내로 받아들인 다음에, 나단 선지자의 지적을 받고 하나님 앞에서 회개하면서 지은 시입니다. 시편 32편을 읽을 때 우리는 결코 다윗을 율법을 행한 업적을 세운 자로 내세울 수가 없습니다. 왜냐하면 다윗이 범한 죄는 너무나 끔찍한 불법 행위임이 분명했기 때문입니다.

7-8절의 인용문은 의롭다 함을 받는다는 표현 대신에 죄 사함에 초점을 맞추고 있습니다. 하나님으로부터 의롭다 함을 받는 순간 바로 죄 사함을 받습니다. "불법"은 하나님의 율법을 범한 것을 뜻하는데, 다윗의 경우는 "살인하지 말라"라는 명령과 "간음하지 말라"라는 십계명을 범했습니다. 여기서 다시 한번 새관점파의 주장이 잘못된 주장이라는 사실이 증명됩니다. 새관점파는 바울이 이스라엘 백성들로 하여금 이방 백성들에 대하여 특권의식을 갖게 한 종교의식과 관련된 규례들인 의식법 규정들을 준수함으로써 의롭다 함을 받으려고 하는 태도를 비판한 것일 뿐, 십계명과 같은 도덕법 규정들을 지켜서 의롭다 함을 받으려고 하는, 행함을 통하여 의롭다 함을 받아야 한다는 구원관을 비판한 것이 아니라고 주장합니다. 그러나 본문에서 다윗이 범한 것은 의식법이 아니라 도덕법인 십계명이며, 다윗이 우리아를 죽이고 밧세바를 취한 행동은 이스라엘의 국가적 특권과는 아무런 상관도 없는 개인적인 죄일 뿐입니다. 이 행동은 다

윗 개인이 하나님과의 관계에서 범한 죄의 문제입니다.

"죄가 가리어짐을 받는다"라는 표현에서 가리어진다는 것은 보자기 같은 것으로 덮어서 눈에 보이지 않게 한다는 뜻입니다. 중요한 표현은 8절에 있는 "그 죄를 인정하지 아니하실 사람"이라는 구절입니다. 여기 등장하는 인정한다는 동사가 바로 전가의 복음을 말할 때 사용된 동사인 여긴다로 번역된 로기조마이입니다. 의롭다고 여긴다고 할 때와 똑같은 동사가 여기서 사용되고 있는 것입니다. 이 말의 의미는 하나님이 불의한 자를 의롭다고 여겨주시는 것과 죄를 인정하지 아니하시는 것이 같은 방식으로 진행된다는 것입니다. 하나님은 우리가 정말로 불의한 자임에도 불구하고 우리가 예수 그리스도를 믿을 때 "마치 완전히 의로운 사람인 것처럼" 우리를 대우해 주십니다. 이와 동시에 어떤 일이 일어나나요? 하나님은 우리가 수많은 죄를 범했음에도 불구하고 "마치 우리가 죄를 전혀 범하지 않은 사람인 것처럼" 우리를 대우해 주십니다.

과거, 현재, 미래의 모든 죄가 사함 받는 칭의의 순간

하나님은 과거, 현재 그리고 미래에 걸쳐서 우리가 범하는 모든 죄에 대하여, "마치 우리가 전혀 죄를 범하지 않은 사람인 것처럼" 대우해 주시며, 이 태도는 영원히 유지됩니다. 종교개혁자 마르틴 루터는 예수님을 믿음으로써 의롭다 함을 받는 자들과 행함의 업적에 근거하여 의롭다 함을 얻고자 하는 자들의 차이를 이렇게 묘사했습니다. "예수님을 믿는 자들은 자신의 내면을 들여다볼 때 항상 죄인임을 발견한다. 그러므로 그들은 밖으로부터 곧, 하나님의 심판석 앞에서는 의롭다 하심을 얻는다. 반면에 행함의 업적에 근거하여 의롭다 함을 받고자 하는 자들은 자신의 내면을 들여다볼 때는 언제나 자신이 의롭다는 사실을 발견한다. 그러므로 그들은 항상 밖으로부터 곧, 하나님의 심판석 앞에서는 죄인이라는 선언을 받는다."

우리는 예수 그리스도를 구주로 영접하는 순간, 하나님으로부터 의롭다고 여김을 받을 때, 하나님은 우리가 예수 그리스도를 구주로 영접하기 직전까지 범한 모든 죄를 용서해 주신다고 생각하고, 예수님을 영접하고 난 이후에 범한 죄에 대해서까지 모두 사해 주시는 것은 아니라고 생각하는 경향이 있습니다. 이 생각은 한편으로는 맞는 부분이 있고 또 다른 한편으로는 로마 가톨릭이나 새관점파나 유대교의 주장에 말려 들어갈 수 있는 위험한 생각이기 때문에 매우 조심할 필요가 있습니다.

우리가 예수 그리스도를 영접하는 순간 과거와 현재와 미래에 범했고, 범하고 있고 또 범하게 될 어떤 죄도 하나님 앞에서 의롭다 함을 받은 우리의 신분에 변화를 줄 수 없으며, 우리가 하나님의 천국백성이 된 것을 변경시킬 수 없으며, 우리를 영원한 죽음 곧, 하나님과의 영원한 단절상태에 빠뜨릴 수가 없으며, 우리를 지옥의 영원한 형벌에 빠뜨릴 수 없으며, 우리로부터 영생을 박탈해갈 수 없습니다. 그런 의미에서 우리의 과거, 현재, 미래의 모든 죄가 총체적으로 용서받습니다.

그러나 우리가 예수님을 믿기 시작한 이후에 범하는 모든 죄에 대해서는 죄를 범할 때마다 새롭게 그 죄를 심각하게 생각하며 하나님 앞에 회개하고 하나님으로부터 용서를 받아야 합니다. 물론 이 죄들 때문에 우리가 다시 영원한 멸망에 빠지거나 하나님의 백성의 신분이 박탈당하는 것은 아니지만, 이 세상에 사는 동안 이 죄에 대하여 하나님이 우리를 징계하실 수 있고, 죄에 뒤따르는 후유증 혹은 죗값을 치르지 않을 수 없으며, 그 후유증이 우리의 삶에 매우 심각한 고통을 초래할 수 있기 때문입니다.

28 할례와 약속 (롬 4:9-16)

9절 그런즉 이 복이 할례자에게냐 혹은 무할례자에게도냐 무릇 우리가 말하기를 아브라함에게는 그 믿음이 의로 여겨졌다 하노라
10절 그런즉 그것이 어떻게 여겨졌느냐 할례시냐 무할례시냐 할례시가 아니요 무할례시니라
11절 그가 할례의 표를 받은 것은 무할례시에 믿음으로 된 의를 인친 것이니 이는 무할례자로서 믿는 모든 자의 조상이 되어 그들도 의로 여기심을 얻게 하려 하심이라
12절 또한 할례자의 조상이 되었나니 곧 할례 받을 자에게뿐 아니라 우리 조상 아브라함이 무할례시에 가졌던 믿음의 자취를 따르는 자들에게도 그러하니라
13절 아브라함이나 그 후손에게 세상의 상속자가 되리라고 하신 언약은 율법으로 말미암은 것이 아니요 오직 믿음의 의로 말미암은 것이니라
14절 만일 율법에 속한 자들이 상속자이면 믿음은 헛것이 되고 약속은 파기되었느니라
15절 율법은 진노를 이루게 하나니 율법이 없는 곳에는 범법도 없느니라
16절 그러므로 상속자가 되는 그것이 은혜에 속하기 위하여 믿음으로 되나니 이는 그 약속을 그 모든 후손에게 굳게 하려 하심이라 율법에 속한 자에게뿐만 아니라 아브라함의 믿음에 속한 자에게도 그러하니 아브라함은 우리 모든 사람의 조상이라

바울이 4장에서 말하는 복음은 예수 그리스도의 십자가상의 죽으심에 근거하여 전개되는 "여김의 복음"입니다. 바울은 4:1-8까지 칭의와 죄사함이 "여김"의 방식으로 이루어진다고 말합니다. "여김"은 실제로는 그렇지 않은데 그런 것처럼 간주해 주는 태도를 뜻합니다. 칭의가 여김이라는 방식을 통하여 이루어진다는 말은 실제로 우

리가 완전하게 불의한 자임에도 불구하고 예수 그리스도를 구주로 영접하여 예수 그리스도의 의의 옷을 입고 하나님 앞에 설 때 하나님이 예수 그리스도의 의로움을 우리 자신의 의로움으로 간주하셔서 우리를 완전한 의인으로 여겨주신다는 뜻입니다. 아브라함과 다윗의 예를 들어 여김의 복음을 설명한 바울은 4:9-16에서는 두 가지 주제를 중심으로 여김의 복음에 대한 설명을 계속합니다. 9-12절에서는 할례라는 주제를 다루면서 여김의 복음에 대한 설명을 계속하고 있고, 13-16절에서는 약속이라는 주제를 다루면서 여김의 복음에 대한 설명을 이어 갑니다. 이 설명을 할 때 아브라함이 계속하여 예로 등장합니다.

할례에 나타난 여김의 복음

먼저 할례라는 주제를 다루면서 여김의 복음을 설명하고 있는 9-12절의 내용을 살펴봅시다. "그런즉 이 복이 할례자에게냐 혹은 무할례자에게도냐 무릇 우리가 말하기를 아브라함에게는 그 믿음이 의로 여겨졌다 하노라"롬 4:9. 바울은 "이 복이 할례자에게냐 혹은 무할례자에게도냐"라고 묻습니다. "이 복"은 바울이 바로 앞 절인 7-8절에서 인용한 시편 32:1-2이 말하는 복을 가리킵니다. 바울이 인용한 시편 32:1-2은 다윗이 우리아의 아내 밧세바를 강탈한 죄를 범한 후에 회개하고 하나님으로부터 용서받은 후에 지은 시편입니다. 이 시편에서 다윗은 "불법이 사함을 받고 죄가 가리어심을 받고, 주께서 그 죄를 인정하지 아니하실 사람은 복이 있다"라고 말합니다. 하나님은 다윗이 회개하고 죄를 고백했을 때 다윗이 범한 죄를 용서해 주시고 다윗을 죄가 없는 사람으로 여겨주셨습니다. 바로 "여김의 복음"입니다. 이것이 9절이 말하는 "이 복"의 내용입니다.

아브라함과 다윗은 할례와 무관하게 죄 사함을 받음

바울은 다윗이 이 복을 받을 때 할례를 받은 자라는 사실 때문에 이 복을 받은 것인가, 아니면 무할례자 곧, 할례를 받지 않았음에도 불구하고 이 복을 받은 것인가 묻습니다. 우선 다윗이 죄 용서함을 받은 과정을 보면 다윗이 받은 할례가 아무런 역할도 하지 못하고 있음을 알 수 있습니다. 다윗이 죄 사함을 받은 것은 할례와는 상관없이 다윗의 마음의 결정과 하나님의 마음의 결정 사이에서 이루어졌습니다. 다윗이 마음으로 회개했고, 또한 하나님이 마음으로 다윗의 결정을 받아들여서 죄 사함을 선언하신 것입니다. 하나님이 "너는 할례를 받았기 때문에 네 죄가 용서받는 것이다"라는 말씀을 하지 않으셨습니다.

그런데 다윗의 경우에는 시편 32:1-2이 말하는 복을 받기 이전에 이미 할례를 받은 사람이니까 죄 사함을 받는 행동 그 자체는 할례와 상관없다 하더라도 할례를 받은 것이 전제되어 있어서 죄 사함이 주어진 것이 아니냐는 의문이 제기될 수 있습니다. 이 의문에 대하여 바울은 아브라함이 어떻게 의롭다 함을 받았는가를 말하고 있는 창세기 15:6을 인용하는 것으로 답변을 대신합니다. "아브라함에게는 그 믿음이 의로 여겨졌다 하노라." 창세기 15:6은 이렇게 되어 있습니다. "아브람이 여호와를 믿으니 여호와께서 이를 그의 의로 여기시고." 여기서도 아브라함이 여호와를 마음으로 믿는 결단에 대하여 하나님이 마음으로 응답하시는 것만이 있을 뿐, 할례가 아무런 역할도 하지 못하고 있음을 알 수 있습니다. 게다가 아브라함의 경우에 더욱 결정적인 것은 이때 아브라함이 아직 할례를 받지 않았다는 점입니다. 아브라함이 할례를 받은 때는 창세기 15장의 일이 있은 후 적어도 14년 이상 뒤인 창세기 17장에 이르러서였습니다. 바울은 10절에서 이 점을 지적합니다. "그런즉 그것이 어떻게 여겨졌느냐 할례시냐 무할례시냐 할례시가 아니요 무할례시니라."

9-10절의 결론을 말한다면, 의롭다 함을 받는 것이나 죄 사함을 받는 것은 할례를 받고 안 받는 것과는 아무런 상관이 없다는 것입니다. 중요한 것은 아브라함이나 다윗이 하나님을 향하여 어떤 마음을 가지고 있었느냐 하는 것이었습니다.

할례의 기능은 표징과 인

하나님으로부터 의롭다는 선언을 받는다거나 죄 사함을 받는다는 것은 하나님의 영적인 자녀가 되는 것, 아브라함의 영적 후손이 되는 것을 뜻합니다. 여기서 이런 의문이 제기될 수 있습니다. 할례가 사람을 의롭다고 여겨주거나 죄 사함을 받게 하는 데 아무런 역할을 하지 못하는 것이라면 할례는 쓸모없는 예식에 지나지 않는 것인가? 이 질문에 대하여 "그렇다, 할례는 쓸모없는 것이니까 폐기해도 상관없다"라고 답변할 수가 없습니다. 왜냐하면 하나님이 모든 이스라엘 백성들에게 할례를 받을 것을 명령하고 있기 때문입니다창 17:11-12. 할례에는 하나님이 주신 고유한 기능이 분명히 있습니다. 그 기능이 무엇인가요? 11절 상반절이 이 질문에 답변을 주고 있습니다. "그가 할례의 표를 받은 것은 무할례 시에 믿음으로 된 의를 인친 것이니." 이 본문은 할례의 기능을 두 개의 용어를 통하여 묘사하고 있습니다.

첫째로, 바울은 할례를 "표"라고 말하고 있습니다. "표"라는 말은 세메이온σημεῖον이라는 헬라어의 번역어인데, "세메이온"은 "표징"이라는 뜻입니다. 표징은 어떤 실체를 지시하는 기호와 같은 것입니다. 예를 들어서 도로에 서 있는 많은 표지판이 바로 표징들입니다. 요철기호가 있는 표지판은 도로 앞에 실제로 요철이 있다는 것을 지시해 줍니다. 요철기호가 요철이 아닙니다. 요철기호는 요철이 있다는 것을 지시하는 표식입니다.

둘째로, 바울은 할례를 인으로 표현하고 있습니다. "인"은 스프라기스σφραγίς라는 헬라어를 번역한 것인데, "스프라기스"는 정부의 관계자가 어떤 중요한 문서를 보낼 때 문서의 내용이 거짓이 아니라 참된 것임을 확인한다는 뜻에서 하는 서명날인이나 도장을 가리킵니다. 서명날인이나 도장은 그 자체가 실체나 내용은 아니고, 실체나 내용이 참되다는 것을 확인하는 것일 뿐입니다. 서명날인이나 도장 때문에 실체나 내용이 새로 생기거나 변하는 일은 없습니다.

이처럼 할례는 이미 의롭다 함을 받았다는 것과 죄 사함을 받았다는 것, 그 결과 하나님의 영적인 자녀가 되고, 아브라함의 영적인 후손이 이미 되었다는 사실을 지시하고 확인해 주는 기호와 같은 것으로서, 할례 그 자체가 하나님의 백성이 아닌 사람을 하나님의 백성으로 만들어 주는 기능을 하는 것이 아닙니다.

할례의 세 가지 필요성

그러면 할례가 왜 필요한가요? 세 가지 이유 때문에 할례라는 표식이나 도장이 필요합니다.

첫째로, 마음 안에서 일어난 일은 눈에 보이지 않습니다. 그러나 마음 안에서 일어난 일을 시청각적인 방법으로 확인해 주는 장치가 있으면 이 일을 이해하는 데 크게 도움이 됩니다. 어떤 사람을 사랑하는 것은 마음의 일이지만 그것을 말로나 행동으로 시청각적으로 표현하면 자신의 마음을 전달하는 데 훨씬 더 큰 도움을 주는 것처럼, 사람이 의롭다함이나 죄 사함을 받고 하나님의 영적인 자녀가 되는 것은 마음의 일이지만 할례라는 시청각적인 표징이나 도장을 통하여 재차 확인하면 우리가 하나님의 자녀가 되었음을 확신하는 데 도움이 됩니다. 말하자면 할례는 보조적인 시청각교재라고 할 수 있습니다.

둘째로, 할례는 앞으로 신자들이 어떻게 살아야 하는가를 보여 주는 상징으로서도 의미가 있습니다. 할례는 남성 성기의 포피를 잘라내는 것인데, 이 포피를 잘라내는 목적은 이 포피에 나쁜 균이나 바이러스나 박테리아들이 서식하기 때문입니다. 할례는 이 나쁜 것들이 서식하는 서식지를 제거함으로써 성기를 깨끗하게 유지하는데 그 목적이 있습니다. 따라서 할례는 신앙생활을 시작하는 신자들의 생활이 정결함과 거룩함을 유지하는 생활이 되어야 한다는 것을 상기시켜 주는 표징입니다.

셋째로, 하나님의 자녀들은 함께 모여서 공동체 생활을 해야 하는데, 공동체의 구성원들이 누가 하나님의 자녀인지 서로 알아야 하지 않겠습니까? 물론 하나님의 자녀가 되었는지의 여부는 마음 상태가 결정하는 것이지만, 유감스럽게도 우리는 다른 사람의 마음을 들여다볼 수 없습니다. 우리는 외부로 나타나는 시청각적인 특징들만을 볼 수 있을 뿐입니다. 따라서 하나님의 백성들로 이루어진 공동체를 구성할 때 하나님의 자녀인가 아닌가를 확인해 줄 수 있는 외형적인 표지가 필요합니다. 그 표지가 바로 할례입니다. 할례라는 표지를 보고 공동체의 회원으로 받아들이고 공동체의 원활한 운영을 위하여 회원으로서 의무도 부과하고 권리도 행사하도록 허용할 수 있습니다. 그래야 공동체가 질서 있게 운영될 수 있으니까요.

할례는 이런 세 가지 중요한 기능을 가지고 있기 때문에 할례 그 자체가 어떤 사람을 영적인 하나님의 자녀로 만들어 주는 것은 아니지만 하나님의 백성이 이 세상에 사는 동안에는 필요한 것입니다. 구약의 할례는 신약시대에는 물세례로 대체되었습니다. 신약시대에 하나님의 자녀가 되는 길은 예수님을 구주로 영접할 때 성령께서 우리 마음의 깊은 곳에 들어오셔서 거듭나게 하시고_{성령세례} 의롭다고 여겨주시고 죄를 사해 주시는 것입니다. 물세례가 우리를 하나님의 자녀로 만드는 것이 아닙니다. 물세례는 우리가 이미 하나님의 자녀가 되었음을 지시하는 표징이며, 확인해 주는 도장일 뿐입니다. 그러나 이미 거듭난 사람이 물세례를 받으면 자기가 이미 거듭났다는 것을 시청각적인 방법으로 확인할 수 있으니까 자신이 하나님의 자녀가 되었다는 사실을 좀 더 분명하게 인식할 수 있습니다. 또한 물세례를 받을 때 앞으로 정결하고 거룩한 삶을 살아야겠다는 결심을 하게 됩니다. 교회는 물세례를 받은 사람을 안심하고 교회의 회원으로 받아들일 수 있으며, 회원의 의무와 권리를 행사하도록 하여 교회를 운영해나갈 수가 있습니다.

믿는 자의 조상이 된 무할례자 아브라함

하나님의 영적인 자녀가 되는 과정에 할례가 아무런 역할도 하지 않기 때문에 중요한 한 가지 결과가 나타납니다. 믿음의 조상인 아브라함이 인종적인 장벽을 넘어서서 믿는 유대인들의 조상이 될 뿐만 아니라 믿는 이방인들의 조상도 된다는 것입니다. 11절 후반부는 아브라함이 믿는 이방인들의 조상이 된다는 점을 말하고 있고, 12절은 믿는 유대인들의 조상이 된다는 점을 말합니다.

11절 하반절을 보겠습니다. "이는 무할례자로서 믿는 모든 자의 조상이 되어 그들도 의로 여기심을 얻게 하려 하심이라"롬 4:11. "무할례자로서 믿는 모든 자"는 예수님을 믿는 이방인들을 뜻합니다. 아브라함은 할례받지 않은 상태에서 의롭다 함을 얻었기 때문에 할례받지 않은 이방인들이 할례를 받지 않고 의롭다 함을 얻는 것이 가능함을 보여주는 모델이 될 수 있습니다.

　"또한 할례자의 조상이 되었나니 곧 할례 받을 자에게뿐 아니라 우리 조상 아브라함이 무할례 시에 가졌던 믿음의 자취를 따르는 자들에게도 그러하니라"롬 4:12. 그런데 이 구절은 번역이 잘못되어 있습니다. 본문은 아브라함이 두 그룹의 조상이 되는 것처럼 번역되어 있습니다. 한 그룹은 "곧 할례 받을 자"이고 다른 한 그룹은 "아브라함이 무할례시 곧, 할례를 받기 전에 가졌던 믿음의 발자취를 따르는 그룹"입니다. 그러나 이 본문은 한 그룹만을 가리킵니다. 이 그룹은 "할례를 받는 동시에 무할례시에 아브라함이 가졌던 믿음의 발자취를 따르는 사람들"입니다. "할례를 받는다"라는 것은 유대인이라는 뜻입니다. 바로 이 유대인들이 "아브라함이 무할례시에 가졌던 믿음의 발자취를 따른다"라는 것입니다. 무할례시에 믿음을 통하여 의롭다 여김을 받는 사람은 예수님을 믿는 신자들을 가리키는 것이니까 이 그룹은 유대인 출신 신자들이라는 한 그룹을 가리킵니다. 할례 받은 유대인 중에서도 믿음을 통하여 의롭다 함과 죄 사함을 받은 자들이 얼마든지 있을 수 있습니다. 할례를 받았느냐의 여부가 하나님의 자녀가 되는가를 결정하는 것은 아니지만, 할례를 받았느냐의 여부가 하나님의 영적인 자녀가 되는 데 방해가 되는 것도 아닙니다. 아브라함은 믿음으로 의롭다 여김을 받은 후에 할례를 받음으로써 유대인이 되었기 때문에 유대인들도 신자가 되면 아브라함을 자신들의 영적인 조상으로 말할 수 있게 되었습니다.

　결론적으로 말해서 아브라함은 예수님을 믿는 할례 받지 않은 자 곧 믿는 이방인의 조상인 동시에 예수님을 믿는 할례 받은 자 곧 믿는 유대인의 조상이 됩니다. 이때 할례를 받았느냐의 여부는 아브라함을 믿음의 조상으로 부르는데 아무런 기여도 하지 않지만 방해를 하지도 않습니다.

언약에 나타난 여김의 복음

바울은 13절에서는 이제 주제를 전환하여 언약이라는 관점에서 여김의 복음을 설명합니다. "아브라함이나 그 후손에게 세상의 상속자가 되리라고 하신 언약은 율법으로 말미암은 것이 아니요 오직 믿음의 의로 말미암은 것이니라"롬 4:13. "아브라함이나 그 후손에게." 후손은 단수로 사용되었지만 이 단어는 단수로도 쓰이고 집합명사로도 쓰이는데, 집합명사일 때는 복수를 가리킵니다. 이 문맥에서는 복수표시의 집합명사로 사용되어 모든 아브라함의 후손들을 가리킵니다. 아브라함과 아브라함의 모든 후손에게 약속이 하나 주어졌는데, 그 약속의 내용은 "세상의 상속자"가 되는 것입니다. 세상의 상속자가 된다는 말은 아담의 타락을 통하여 상실한 세계를 하나님께서 되찾는다는 것을 의미합니다. 되찾음의 핵심은 당연히 하나님을 믿지 않는 자들을 하나님께로 돌아오게 하는 것입니다. 아브라함이 처음으로 이 약속을 받은 것은 창세기 12장에서인데, 특히 3절은 "땅의 모든 족속이 너로 말미암아 복을 얻을 것이라"라고 말하고 있고, 창세기 13:16은 "땅의 티끌같이" 많은 자손을 주실 것을 약속하셨고, 창세기 15:5은 "뭇별"과 같이 많은 자손을 주실 것을 약속하셨고, 창세기 17:5은 "여러 민족의 아버지"가 될 것을 약속하셨고, 마침내 창세기 22:17-18은 아브라함의 자손이 "하늘의 별과 같고 바닷가의 모래와 같게" 하실 것이며, "네 씨" - 여기서 말하는 "씨"는 예수 그리스도를 가리킴 - 로 말미암아 천하 만민이 복을 받을 것을 말씀하셨습니다.

그런데 이 축복이 "약속"의 형태로 주어졌습니다. 이 약속은 어떻게 실현될까요? 바울은 "율법으로 말미암아" 실현되느냐고 묻습니다. "율법으로 말미암아"라는 말은 "율법을 행함에 근거하여"라는 뜻입니다. 하나님은 아브라함이 율법을 행한 것을 보시고 이 엄청난 축복을 실현시켜 주실까요? 바울은 그렇지 않다고 말합니다. 그러면 이 엄청난 축복이 어떻게 실현될까요? "오직 믿음의 의로 말미암은 것이라." 아브라함은 인간적인 관점에서 볼 때 자식이 없고 자식을 낳을 수도 없는 상황에서 하늘의 뭇별과도 같이 많은 후손을 주실 것이라는 약속을 하나님이 주셨을 때 "내가 율법을 잘 행했기 때문에 이에 대한 보상으로 하나님이 이 엄청난 약속을 이루어주시겠구나"라고 생각하지 않았다는 것입니다. 아브라함은 하나님이 전능하신 분이신 것과 약속을 반드시 지키시는 신실하신 분이라는 사실을 믿고 이 약속을 받아들인 것입니다. 그리고 하나님은 아브라함의 이런 태도가 옳은 태도라고 평가하시고 아브라함을 의인으로 여겨주셨습니다. 하나님이 아브라함을 의인으로 여겨주셨다는 말속에는 하나님이 주신 약속을 이루어주시겠다는 뜻을 담고 있습니다.

약속을 실현하지 못하는 행함

바울은 14절에서 왜 율법을 행함을 통하여 이 약속이 실현된다고 생각해서는 안 되는가를 말합니다. "만일 율법에 속한 자들이 상속자이면 믿음은 헛것이 되고 약속은 파기되었느니라." "율법에 속한 자들"은 "율법을 행함으로써 세상의 상속자가 되는 엄청난 축복을 받아내려고 시도하는 자들"이라는 뜻입니다. 율법을 행함을 조건으로 하여 이 축복을 받아내려고 하면 어떤 결과가 초래될까요? 인간에게는 - 아브라함이라 하더라도 - 하나님이 원하시는 만큼 완전하게 율법을 행할 사람이 없기 때문에, 이런 시도를 하게 되면 100% 축복을 받아내는 일에 실패하게 됩니다. 그렇게 되면 하나님을 향하여 가지고 있었던 믿음은 헛것이 됩니다. 하나님의 약속도 파기될 수밖에 없습니다.

바울은 율법을 행함에 의지하여 하나님의 약속을 받아내려고 하면 실패할 수밖에 없는 이유를 15절에서 보다 구체적으로 말합니다. "율법은 진노를 이루게 하나니 율법이 없는 곳에는 범법도 없느니라." "율법은 진노를 이루게 하나니." 율법은 "무엇 무엇을 하라"든가, "무엇 무엇을 하지 말라"라든가 하는 내용으로 구성되어 있습니다. 그런데 이 명령을 어기면 하나님이 진노하십니다. 예를 들어서 회사에서 상사가 부하 직원에게 "내일까지 이 서류를 다 작성해 놓으시오"라고 명령을 내렸다고 생각해 봅시다. 이 서류는 계약을 체결하는 데 매우 중요한 서류입니다. 그런데 부하 직원이 게을러서 서류작성을 하지 않았습니다. 그러면 상사가 어떤 반응을 보이겠습니까? 당연히 화를 낼 것입니다. 또 상사가 어떤 일을 하지 말라고 명령했는데, 부하 직원이 그 일을 했다면 어떤 반응을 보이겠습니까? 역시 화를 낼 것입니다. 이처럼 율법이 어떤 일을 하라, 또 어떤 일은 하지 말라는 명령을 내렸는데, 인간이 그 명령을 수행하지 않으면, 율법을 주신 하나님이 화를 내십니다. 이것이 율법이 진노를 이룬다는 말의 뜻입니다. "율법이 없는 곳에는 범법도 없느니라." 그렇습니다. 하라고 명령한 일이 없거나 하지 말라고 명령한 일이 없으면 명령을 어길 일도 없지 않겠습니까?

약속을 실현하는 믿음을 통한 은혜

따라서 16절은 상속자가 되게 해주시겠다는 약속은 율법을 행함을 근거로 하지 않고, 믿음을 통하여 은혜로 이루어져야 확실하고 안전하게 실현될 수 있다고 말합니다. 16절 상반절입니다. "그러므로 상속자가 되는 그것이 은혜에 속하기 위하여 믿음으로 되나니 그 모든 후손에게 굳게 하려 하심이라." 아브라함 자신과 그 후손으로 하여금 세상의 상속자가 되게 하겠다는 하나님의 약속, 다시 말해서 하나님의 구원받은 자녀가 되게 하겠다는 약속은 율법을 행함으로써가 아니라 믿음을 통하여 주어지는 하나님의 은혜에 의하여 이루어집니다. 이 약속은 유대인들과 이방인들이 모두 구원받고 하나님의 백성이 되어 세상의 상속자가 될 수 있음을 뜻합니다. 그러므로 아브라함은 유대인들뿐만 아니라 이방인들 가운데 믿는 자들의 조상이 될 수 있는 것입니다. 이것이 16절 하반절이 말하는 것입니다.

"율법에 속한 자에게뿐 아니라." 여기서 "율법"은 모세의 율법을 뜻하며, "율법에 속한 자"는 하나님으로부터 모세의 율법을 받은 자 곧 유대인을 뜻합니다. 아브라함은 믿는 유대인들의 조상이 될 수 있습니다. "아브라함의 믿음에 속한 자들에게도 그러하니." 여기서 "아브라함의 믿음"은 아브라함이 할례를 받기 전에 할례와 상관없이 하나님의 약속을 믿음으로 받아들인 행위를 뜻하며, "이 믿음에 속한 자들"은 아브라함이 가진 것과 같은 믿음을 가진 이방인 신자들을 뜻합니다. 결론적으로 말해서 아브라함은 유대인 출신 신자들뿐만 아니라 이방인 출신 신자들의 조상도 된다는 것입니다. 이 말은 아브라함이 이 세상의 모든 믿는 자들의 조상이 된다는 뜻입니다.

본문이 주는 가르침은 이렇게 요약할 수 있습니다. "유대인이든 이방인이든 모든 사람이 의롭다 여김을 받고, 죄가 없는 자로 여김을 받고, 하나님의 자녀가 되고, 아브라함의 영적인 후손이 되는 것은 할례를 행했느냐 혹은 율법을 행했느냐를 조건으로 하여 주어지는 것이 아니라 하나님의 약속을 믿을 때 하나님의 은혜로 주어진다."

29 아브라함과 신약시대 성도들의 믿음 (롬 4:17-25)

17절 기록된 바 내가 너를 많은 민족의 조상으로 세웠다 하심과 같으니 그가
   믿은 바 하나님은 죽은 자를 살리시며 없는 것을 있는 것으로 부르시는
   이시니라
18절 아브라함이 바랄 수 없는 중에 바라고 믿었으니 이는 네 후손이 이같으
   리라 하신 말씀대로 많은 민족의 조상이 되게 하려 하심이라
19절 그가 백 세나 되어 자기 몸이 죽은 것 같고 사라의 태가 죽은 것 같음을
   알고도 믿음이 약하여지지 아니하고
20절 믿음이 없어 하나님의 약속을 의심하지 않고 믿음으로 견고하여져서 하
   나님께 영광을 돌리며
21절 약속하신 그것을 또한 능히 이루실 줄을 확신하였으니
22절 그러므로 그것이 그에게 의로 여겨졌느니라
23절 그에게 의로 여겨졌다 기록된 것은 아브라함만 위한 것이 아니요
24절 의로 여기심을 받을 우리도 위함이니 곧 예수 우리 주를 죽은 자 가운데
   서 살리신 이를 믿는 자니라
25절 예수는 우리가 범죄한 것 때문에 내줌이 되고 또한 우리를 의롭다 하시
   기 위하여 살아나셨느니라

예수님의 제자들이 한밤중에 바람이 거세게 불고 파도가 높게
이는 갈릴리 바다를 항해하고 있을 때 예수님이 물 위를 걸어서 제
자들에게 다가오셨습니다. 제자들은 유령이 다가오는 줄 알고 공포
에 사로잡혔습니다. 그러나 가까이 다가오는 모습을 보니 예수님이
셨습니다. 그래도 믿지 못한 베드로가 "주여 만일 주님인 것이 분명
하다면 나를 명하여 물 위로 오라 하소서"라고 소리쳤습니다. 그 소
리를 듣고 예수님이 "오라"고 말씀하셨습니다. 베드로가 예수님의

말씀을 듣고 물 위를 걷기 시작했습니다. 물 위를 잘 걷던 베드로가 갑자기 물속으로 빠져들어 가기 시작했습니다. 왜 베드로는 물 위를 잘 걷다가 물속으로 빠져들어 가기 시작했을까요? 이 질문을 마음에 두고 본문을 살펴보겠습니다.

바울은 4:16에서 아브라함은 혈통상으로는 유대인들만의 조상이지만 영적인 의미에서는 유대인 출신이든 이방인 출신이든, 믿음을 가진 모든 자의 조상이라는 점을 분명히 했습니다. 이제 우리는 다음과 같은 질문을 하게 됩니다. "도대체 아브라함과 모든 믿는 자들이 공통으로 가지고 있는 믿음의 내용은 무엇인가?" 바울은 이 질문에 대한 답변을 4:17-25까지 제시합니다.

바울은 먼저 4:17-22까지 아브라함이 가진 믿음의 내용이 무엇인가를 소개하고, 23-25절까지는 아브라함의 후손들 특히 신약시대의 신자들이 가진 믿음의 내용을 소개하고 있습니다. 아브라함은 17절이 말하는 것처럼 "죽은 자를 살리시며 없는 것을 있는 것으로 부르시는" 하나님을 믿었고, 아브라함의 후손들 특히, 신약시대의 신자들은 24절이 말하는 것처럼 "예수 우리 주를 죽은 자 가운데서 살리신" 이, 곧 하나님을 믿습니다. 아브라함의 믿음과 신약시대 성도들의 믿음의 공통점은 죽은 자를 살리신 하나님을 믿는다는 것입니다.

아브라함의 믿음

그러면 먼저 아브라함이 가졌던 믿음의 내용을 다루고 있는

17-22절을 살펴보겠습니다. 바울은 아브라함이 유대인 출신 신자들뿐만 아니라 이방인 출신 신자들의 조상도 될 것이라는 점은 이미 하나님이 아브라함에게도 알려 주신 것임을 17절 전반부에서 말합니다. 먼저 17절 전체를 보겠습니다. "기록된 바 내가 너를 많은 민족의 조상으로 세웠다 하심과 같으니 그가 믿은 바 하나님은 죽은 자를 살리시며 없는 것을 있는 것으로 부르시는 이시니라."

17절 상반절에서 바울은 하나님이 아브라함에게 주신 구약성경 창세기 17:5 말씀을 인용합니다. "기록된 바 내가 너를 많은 민족의 조상으로 세웠다 하심과 같으니." 그리고 그 다음에 "그가"라고 나옵니다. 여기서 말하는 "그"는 16절 하반절에 등장한 아브라함을 뜻합니다. 아브라함은 누구를 믿었나요? 하나님을 믿었습니다. 이 하나님은 어떤 분이신가요? 17절 하반절에 질문에 대한 답이 있습니다. "죽은 자를 살리시며 없는 것을 있는 것으로 부르시는 이시니라." 이 구절은 하나님이 하시는 두 가지 일을 제시하고 있습니다. 첫째로, 하나님은 "죽은 자를 살리시는 분"입니다. 둘째로, 하나님은 "없는 것을 있는 것으로 부르시는 분"입니다.

죽은 자를 살리시는 하나님을 믿음

먼저 아브라함이 "죽은 자를 살리시는" 하나님을 믿었다는 구절을 살펴보겠습니다. 우리말에는 "죽은 자"가 단수형으로 되어 있으나 헬라어에는 분명하게 복수형으로 되어 있습니다. 본문이 말하려고 하는 것은 하나님은 죽은 자들을 살리시는 분이라는 점입니다.

그러면 여기서 바울이 누구를 염두에 두고 죽은 자들이라고 했을까요? 바울은 아브라함과 사라를 염두에 두고 죽은 자들이라고 한 것입니다. 그러면 바울은 죽어서 세상을 떠난 아브라함과 사라를 가리키는 것일까요? 아닙니다. 바울은 살아 있는 아브라함과 사라를 가리키는 것입니다. 그러면 바울은 왜 멀쩡히 살아 있는 아브라함과 사라를 죽은 자로 말하는 것일까요? 바울은 아브라함과 사라의 생식기관이 죽은 것을 염두에 두고 "죽은 자"라고 말하는 것입니다.

창세기 17장에서 하나님이 아브라함에게 찾아오셔서 말씀하실 때 아브라함의 나이는 99세였고 아브라함보다 10살 아래인 사라는 그 이전에 이미 생리가 끊어진 상태였던 것 같습니다. 창세기 17장 이전에는 아브라함의 나이가 86세였고창 16:16, 이때는 아브라함의 생식능력이 살아 있어서 하갈과 동침하여 아이를 낳은 것이 가능했던 것 같습니다. 그러나 창세기 17장에 들어와서 하나님을 만났을 때는 또 13년이 지나 99세였고, 이때는 아브라함도 생식능력이 끊어졌다고 볼 수 있습니다. 바울은 이처럼 아브라함과 사라의 생식기관이 죽은 것을 보고 "죽은 자들"이라고 말하는 것입니다.

죽은 생식기관을 다시 살려내는 것은 인간의 힘으로는 불가능합니다. 이 일은 전능하신 하나님만 하실 수 있습니다. 그러므로 죽은 자를 살려내시는 하나님을 믿었다는 말은 하나님의 전능하심을 믿었다는 뜻입니다. 바울은 21절에서 "약속하신 그것을 능히 이루실 줄을 확신하였으니"라고 말하고 있는데, 이 구절은 바울이 하나님의 전능하심을 믿었다는 뜻입니다.

없는 것을 있는 것으로 부르시는 하나님을 믿음

두 번째로 아브라함이 "없는 것을 있는 것으로 부르시는" 하나님을 믿었다는 구절을 생각해 보겠습니다. 상당수의 학자가 이 구절은 무_{없는 것}로부터 유_{있는 것} 곧, 세상을 만드신 하나님의 창조행위를 뜻하는 것으로 해석하는 경향이 있습니다. 그러나 이 구절도 문맥 안에서 해석하는 것이 더 좋은 해석입니다. 문맥으로 볼 때 "있다"거나 "없다"거나 하는 대상은 아브라함에게서 태어날 후손을 뜻합니다. "없다"라는 것은 하나님이 아브라함을 만나는 순간에 아브라함의 후손이 없다는 뜻입니다. 그런데 하나님은 아브라함이 하나님을 만나는 순간에 아브라함의 후손이 하늘의 별과 같고 바닷가의 모래와 같이 많이 "있는 것"으로 말씀하십니다. 인간적인 관점에서 볼 때 아브라함에게 후손이 태어날 가능성이 전혀 보이지 않는 상황에서 하늘의 별과 같고 바닷가의 모래와 같이 헤아릴 수 없이 많은 후손이 태어나는 것을 기정사실로 하고 하나님이 말씀하시는 것을 받아들일 수 있는 근거가 무엇입니까? 하나님의 신실하심입니다. 우리는 하나님이 자신이 하신 약속을 반드시 지키시는 분임을 신뢰할 때 이 약속을 받아들일 수 있습니다. 20절은 "믿음이 없어 하나님의 약속을 의심하지 않고 믿음으로 견고하여져서 하나님께 영광을 돌리며"라고 말하고 있는데, "하나님의 약속을 의심하지 않았다"라는 말은 하나님의 신실하심을 믿었다는 뜻입니다.

결론적으로 말해서 아브라함은 하나님의 전능하심과 신실하심을 믿었습니다.

바랄 수 없는 중에 바라고 믿음

이 믿음이 어떤 양상으로 나타났습니까? 18절은 이렇게 말합니다. "아브라함이 바랄 수 없는 중에 바라고 믿었으니 이는 네 후손이 이같으리라 하신 말씀대로 많은 민족의 조상이 되게 하려 하심이라." 바울은 아브라함이 "바랄 수 없는 중에 바라고 믿었다"라고 아브라함의 믿음의 내용을 설명합니다. "바랄 수 없는 중에 바라고"라고 번역된 헬라어 원어는 파르 엘피다 에프 엘피디παρ᾽ ἐλπίδα ἐπ᾽ ἐλπίδι인데, 이 구절을 직역하면 "소망에 대항하여, 그리고 소망에 근거하여"라고 번역할 수 있습니다. "소망에 대항하여"가 "바랄 수 없는 중에"로 번역되었고, "소망에 근거하여"가 "바라고"로 번역되었습니다.

"소망에 대항하여"는 무엇인가가 소망을 갖지 못하도록 "대항한다", 곧 "방해를 놓는다"라는 뜻입니다. 아브라함이 소망을 갖지 못하도록 방해를 놓는 것은 아브라함과 사라의 생식기관이 죽은 상태를 가리킵니다.

그러면 다음 구절인 "소망에 근거하여"는 무엇을 뜻할까요? "하나님이 주신 약속"입니다. 이 약속 이외에는 어디에도 소망의 근거가 없습니다. 아브라함이 이 약속을 믿을 수 있었던 근거가 무엇인가요? 하나님의 전능하심과 신실하심입니다. 아브라함은 하나님은 전능하시기 때문에 인간이 하지 못하는 일도 얼마든지 하실 수 있다고 믿었습니다. 동시에 하나님은 신실하시기 때문에 한 번 하신 약속을 반드시 실행하신다는 것을 믿었습니다. 따라서 아브라함은 사라의 생식기관이 죽어 있는 현실 속에서도 하늘의 별과 같고 바닷가의 모래와도 같은 많은 후손이 탄생할 것이라는 예고를 받아들일 수 있었습니다. 이것이 바로 아브라함의 믿음입니다.

신약시대 성도들의 믿음

이제 우리 자신으로 눈을 돌려 봅시다. 우리 자신의 마음의 상태를 한번 곰곰이 생각해 봅시다. 지금까지 수십 년 동안 우리가 마음으로 품었던 생각들을 돌아볼 때 과연 하나님 앞에서 "이만하면 의롭지 않습니까?"라고 자신 있게 말할 수 있을까요? 지난 수십 년 동안 우리가 드러나게 또는 드러나지 않게 행한 행동들을 돌아볼 때, 과연 하나님 앞에서 "이만하면 의롭지 않습니까?"라고 자신 있게 말할 수 있을까요? 우리 자신의 마음이나 생활을 돌아볼 때, 우리 자신의 힘에 의지하여 하나님으로부터 의롭다 함을 받을 수 있는 근거가 전혀 없습니다. 우리가 소망을 가질 수 있다면 딱 하나, 하나님이 주신 약속 한마디입니다. "예수 그리스도를 구주로 영접하면 아무런 조건 없이, 너희가 아무리 불의한 자라 할지라도, 완전히 의로운 자로 여겨주겠다"라는 약속 한마디가 우리가 소망을 걸 수 있는 전부입니다. 전능하고 신실하신 하나님의 말씀 한마디 이외에는 천상천하 어디에도 우리의 구원의 소망은 없습니다. 또한 사람이 부활한다는 것도 예수님이 부활하신 것 이외에는 아무도 부활체로 이 세상에 다시 온 사람이 없으며, 생물학적으로 볼 때 부활의 가능성을 받아들이기도 어렵습니다. 이런 상황 속에서 우리가 붙들 수 있는 한줄기 소망의 빛은 신실하신 하나님이 하신 약속 하나뿐입니다. 이처럼 인간의 힘으로 100% 불가능한 상황에서 전능하시고 신실하신 하나님의 약속의 말씀에만 전적으로 의존하는 것 - 이것이 우리의 믿음의 본질입니다.

이제 베드로가 "오라"는 예수님의 말씀을 듣고 물 위를 걷다가 물속에 빠져들어 가기 시작한 이유가 무엇인지 알 수가 있게 되었습니다. 베드로가 하늘과 바다와 자기 자신을 포함한 사람들을 바라볼 때 물 위를 걸을 수 있을까요? 하늘에는 강풍이 몰아치고 있고, 바다에는 파도가 넘실거리고 있고, 사람들에게는 중력을 거슬러서 공중부양을 할 수 있는 능력이 없습니다. 어디에도 희망이 없습니다. 희망은 딱 한군데 있습니다. 베드로 앞에 서 계신 예수님, 그리고 그 예수님이 주신 "오라"는 말씀 한마디뿐입니다. 이 말씀에 의지하면 물 위를 걷는 것이고, 이 말씀을 떠나면 물속에 빠져 버리는 것입니다.

18절은 누가 진정한 아브라함의 후손인가를 다루고 있습니다. "네 후손이 이같으리라 하신 말씀대로 많은 민족의 조상이 되게 하려 하심이라." "네 후손이 이같으리라"라는 구절은 창세기 15:5을 인용한 것입니다. "네 후손이 이같으리라"라는 말은 아브라함의 후손이 뭇별과 같이 많이 태어나리라는 뜻입니다. 아브라함이 이 약속을 믿음으로 받아들인 결과 모든 민족의 조상이 되었다는 말은 아브라함이 가졌던 그 믿음을 가진 자들이 - 혈통 상으로 아브라함의 후손이든, 아니든 상관없이 - 아브라함의 후손이 된다는 뜻입니다.

19절은 아브라함의 믿음이 지닌 또 한 가지 중요한 특징을 소개합니다. "그가 백 세나 되어 자기 몸이 죽은 것 같고 사라의 태가 죽은 것 같음을 알고도 믿음이 약하여지지 아니하고." 그런데 이 본문에 대한 개역개정판의 번역은 문제가 있습니다. 본문은 아브라함의 몸과 사라의 태가 "죽은 것 같다"라고 했는데, 헬라어 원문은 "죽었다"라고 되어 있습니다. "죽은 것 같다"와 "죽었다"는 아주 큰 차이가 있습니다. "죽은 것 같다"라고 하게 되면 실상은 "죽지 않았다"라는 말이니까 아브라함과 사라에게 생식능력 곧, 아기를 낳을 수 있는 능력이 있었다는 말이 되고, 이삭의 출생이 하나님의 기적적인 역사가 아니라는 뜻이 됩니다. 따라서 과거완료형으로 되어 있는 헬라어 원문을 직역하여 "아브라함의 몸 - 아브라함의 생식기관 - 과 사라의 몸 - 사라의 자궁 - 이 죽었다"고 해야 합니다. 이미 죽은 것을 전능하신 하나님이 기적적으로 살려내신 사건으로 보아야 문맥에 맞습니다. 아브라함과 사라의 생식기관을 살려내서 아기를 갖게 한 사건이 24절에서는 십자가에 달려 죽으신 예수님을 살리신 하나님의 기적적인 역사와 짝을 이루고 있습니다. 따라서 아브라함과 사라를 "죽은 것 같다"라고 하게 되면 예수님도 실제로 죽으신 것이 아니라 "죽으신 것 같다"라고 해야 하는 모순에 빠집니다. 예수님이 죽지는 않으셨는데, 다만 죽으신 것 같은 상태에서 깨어나신 것이라고 하게 되면 예수님이 부활하셨다는 말이 거짓말이 되고 맙니다.

아브라함은 자신의 생식기관과 아내인 사라의 생식기관이 죽은 것을 "알고도"라고 본문은 말합니다. "알고도"를 풀어서 쓰면 "알았다. 그럼에도 불구하고"라고 쓸 수 있습니다. 이 구절은 두 가지 의미를 지닙니다.

현실을 객관적으로 냉정하게 판단함

"알았다"라는 단어는 "관찰하다, 생각해 보다"라는 뜻입니다. 알았다는 것은 감정의 상태를 묘사한 것이 아니라 지성적으로 냉정하게 들여다보고 생각하는 태도를 뜻합니다. 아브라함은 자신과 아내의 생식기관이 죽었다는 사실을 외면하지 않고 냉정한 태도로 직시했습니다. 아브라함과 사라는 사실을 외면하고 맹목적이고 감정적인 신앙주의fideism에 빠지지 않았습니다. 아브라함과 사라는 인간의 힘으로 할 수 있는 일은 아무것도 없다는 사실을 냉정하게 있는 그대로 인정했습니다.

아브라함과 사라가 현실을 냉정하게 직시했다는 사실은 아브라함과 사라가 하나님께 대하여 보인 반응에도 그대로 나타납니다. 하나님은 후손을 약속하셨지만, 아브라함과 사라는 현실을 사실 그대로 인정했기 때문에 후손을 낳는 것은 불가능하다는 생각을 하나님께도 그대로 말씀드렸습니다. 창세기 15장에서 하나님이 후손을 의미하는 상급을 말씀하셨을 때, 아브라함은 자신이 자식을 낳을 수 없는 것이 냉엄한 현실이었기 때문에 하인이었던 엘리에셀을 상속자로 지정할 계획을 밝혔습니다창 15:2-3. 창세기 17:17-18을 읽어 보면 하나님이 사라에게서 아들이 태어날 것을 약속하실 때 아브라함은 자신의 나이가 100세이고 사라의 나이는 90세임을 거론하면서 아이를 낳는 것은 인간적으로 불가능한 일이라고 여전히 생각하고 있음을 하나님께 말씀드린 뒤에 이스마엘을 상속자로 세우고자 하는 의중을 드러내기도 했습니다. 사라는 창세기 18:11-12에서 하나님이 자신이 아들을 낳게 될 것이라고 예고하실 때 허탈하게 웃으면서 자신들이 아이를 낳을 수 있는 때는 이미 지났음을 토로했습니다.

현실을 냉정하게 직시한 아브라함은 하나님에 관한 사실도 냉정하게 따져보고 나서 하나님의 약속을 받아들였습니다. "하나님은 어떤 분이신가? 전능하신 분이시다. 신실하신 분이시다." 이것은 과학적으로도 오류가 없는 객관적인 사실입니다. 따라서 아브라함은 하나님의 약속을 받아들일 수 있었습니다.

견인의 은혜

둘째로, "알고도"의 "도"는 "그럼에도 불구하고"인데, 이 표현은 아브라함의 믿음이 아무런 고민도 뒤따르지 않은 것은 아니었음을 시사합니다. "알았지만, 그럼에도 불구하고." 아브라함은 아들을 낳는 것이 불가능한 현실을 알고 난 후에 현실에 적응한 것이 아니라 현실을 거슬러서 현실에도 불구하고 아들을 낳는다는 것을 받아들였습니다. 현실을 거스를 때 거스르는 것을 방해하는 것들과 치열하게 싸워야 합니다. 이렇게 싸우는 과정에서 항상 앞으로 돌진만 하는 것이 아니라 싸우다가 잠시 후퇴할 때도 있고 잠시 패배할 때도 있습니다. 일진일퇴의 공방전이 전개됩니다. 그러면서 조금씩 앞으로 나아갑니다. 온 천하가 어둡기 때문에 돌부리에 걸릴 수도 있고, 진흙탕 속에 빠질 수도 있고, 넘어질 수도 있습니다. 왜냐하면 빛은 약하고 어두워서 길이 잘 보이지 않기 때문입니다.

아브라함은 하나님의 전능하심과 신실하심을 사실로 믿었지만 100살이 되어 이제 세상을 떠날 때가 다 된 때까지 후손과 관련하여 하나님의 약속이 실행되지 않으니까 마음이 흔들리고 시험에 들기까지 한 흔적이 창세기에 기록으로 나타나 있습니다. 창세기 15장에서 하나님이 아브라함에게 말씀하실 때 "네 몸에서 날 자가 상속자가 되리라"라고만 하셨고 사라를 구체적으로 명시하지는 않으셨습니다. 그러나 하나님의 약속은 당연히 사라를 염두에 둔 약속이라고 생각하는 것이 상식적인 일이 아니겠습니까? 그러나 계속 불임이 이어지자 사라는 마음이 조급해져서 하나님이 출산을 허락하지 않으셨다고 예단하고 하갈과 아브라함이 성관계를 갖도록 하여 자녀출산을 시도했고, 이스마엘을 낳았습니다. 아브라함과 사라가 돌부리에 걸려 넘어진 것입니다. 아브라함도 하나님이 사라를 구체적으로 명시한 것이 아니었기 때문에 혹시나 하는 마음에 하갈에게 들어가는 것에 동의했는지도 모르겠습니다.

창세기 17장에서 하나님이 찾아오셔서 사라가 아들을 낳으리라는 약속을 주실 때도 아브라함은 사라가 아들을 낳으리라는 것에 대하여 반신반의하면서 이스마엘을 상속자로 삼으려는 생각을 간접적으로 비추기도 했습니다. 아브라함이 진흙에 발을 내디딘 것입니다. 하나님이 아브라함의 계획을 거부하시고 사라의 아들 출산을 명확히 말씀하시자 그때에서야 정신을 차리고 진흙 구덩이에서 벗어납니다.

창세기 18장에서는 사라가 아이를 낳을 것이라는 하나님의 약속을 듣고 반신반의하는 반응을 보여줍니다. 잠시 길을 잃은 것입니다. 그러자 하나님은 재차 사라가 아들을 낳을 것을 확인해 주심으로서 사라의 믿음을 독려하셨고, 사라는 바른길로 돌아올 수 있었습니다.

하나님은 이처럼 믿음이 흔들리는 조짐을 보일 때마다 아브라함과 사라를 은혜로 독려하여 주셨고, 하나님의 독려를 받고 아브라함과 사라는 마음에 생기는 의문을 풀고 약속을 다시 확신할 수 있었습니다. 이처럼 하나님은 하나님의 백성들이 믿음을 잃지 않도록 도와주시는데, 이것을 신학에서는 견인이라고 합니다. 하나님이 이끌어 주신다는 것입니다. 하나님이 우리 모두를 견인의 은혜로 붙드시기 때문에 우리가 믿음을 견지할 수 있습니다.

아브라함이 보여준 실수와 연약함은 하나님의 전능하심과 신실하심에 대한 근본적인 불신이 아니라 하나님이 약속을 이행하시는 방법과 때를 정확하게 알 수 없었기 때문에 초래된 것입니다. 약속 시행의 방법에 대해서는 약속하신 후손이 하갈을 통하여 태어난 이스마엘을 가리키는 것이 아닌가 하고 오해했고, 후손이 생기는 때를 정확하게 가늠하지 못하여 예상했던 때에 후손이 태어나지 않자 사라가 아브라함을 하갈에게 보낸 것 같습니다. 아브라함처럼 하나님과 동행하는 삶을 사는 사람이라 할지라도 하나님의 속마음과 계획을 꿰뚫어 안다는 것은 불가능한 일이고, 또 하나님도 그것을 허용하지 않으십니다. 우리의 신앙생활의 여정 중에도 하나님이 일하시는 방법과 시점의 핀트를 잘 맞추지 못하는 일이 비일비재합니다. 문제는 마음의 중심이 어떤가 하는 것입니다. 바울은 이처럼 아브라함이 돌부리에 걸려 넘어지기도 하고, 진흙 속에 빠지기도 하고, 잠시 길을 잃기도 한 것까지 다 고려한 후에, "아브라함이 믿음이 약해지지 아니하고"라고 평가를 하고 있습니다. 바울은 이런 혼란 속에서도 창세기 15:6에 했던 평가 곧, "하나님이 아브라함을 의로 여겨주셨다"라는 평가가 변함이 없음을 22절에서 분명하게 확인하고 있습니다. "그러므로 그것이 그에게 의로 여겨졌느니라."

신약시대 성도들에게도 적용되는 아브라함의 믿음

17-22절까지 아브라함의 믿음의 내용에 대하여 말한 바울은 23-25절까지는 신약시대의 신자들이 가지는 믿음의 내용에 대하여 말합니다. 23-24절 상반절은 아브라함이 전능하고 신실하신 하나님을 신뢰하고 하나님의 약속을 받아들인 것을 보고 의로 여겨주신 것은 아브라함의 경우에만 적용되는 것이 아니라 신약시대의 신자들에게도 똑같이 적용된다는 점을 분명히 했습니다. "그에게 의로 여겨졌다 기록된 것은 아브라함만 위한 것이 아니요 의로 여기심을 받을 우리도 위함이니." 바울은 아브라함이 죽은 생식기관을 다시 살

리시는 하나님을 믿었던 것처럼, 신약시대의 신자들은 죽은 예수님의 몸을 다시 살리신 하나님을 믿는 자들이라는 점에서 곧, 죽은 몸을 살려내시는 하나님을 믿는 자들이라는 점에서 아브라함의 후손들임을 분명히 합니다. "곧 예수 우리 주를 죽은 자 가운데서 살리신 이를 믿는 자니라"롬 4:23. 바울은 예수님이 행하신 구속사역의 핵심이 무엇인가를 25절에서 설명하는 것으로 4장의 진술을 마무리합니다. "예수는 우리가 범죄한 것 때문에 내줌이 되고 또한 우리를 의롭다 하시기 위하여 살아나셨느니라." 이 한 절 안에 예수님의 구속사역의 핵심이 요약되어 있습니다. 하나님은 우리의 범죄를 해결하시기 위하여 대속의 제물로 예수님을 십자가의 죽음에 내어 주셨고, 예수님이 십자가 위에서 대속의 죽음을 죽으심으로써 하나님의 의의 요구를 충족시키셨기 때문에 예수님을 살리셨고, 살아나신 예수님을 의지하여 우리는 의롭다 여김을 받을 수 있게 되었다는 것입니다.